CHINESE YEARBOOK
OF
LEGAL EDUCATION

# 中国法学教育年刊

Chinese Yearbook of Legal Education

主　办／中国法学会法学教育研究会

主　编／张文显

副主编／韩大元

2021

（第九卷）

法律出版社
LAW PRESS·CHINA
北京

**图书在版编目(CIP)数据**

中国法学教育年刊. 2021 ：第九卷 / 张文显主编
. -- 北京 ：法律出版社，2023
ISBN 978 - 7 - 5197 - 8134 - 7

Ⅰ. ①中… Ⅱ. ①张… Ⅲ. ①法学教育 - 中国 - 2021 - 年刊 Ⅳ. ①D92 - 4

中国国家版本馆 CIP 数据核字（2023）第 138244 号

**中国法学教育年刊(2021 · 第九卷)**
**ZHONGGUO FAXUE JIAOYU NIANKAN (2021 · DI-JIU JUAN)**

张文显 主编

策划编辑 沈小英
责任编辑 毛镜澄
装帧设计 汪奇峰

**出版发行** 法律出版社
**编辑统筹** 法治与经济出版分社
**责任校对** 张翼羽
**责任印制** 吕亚莉
**经　　销** 新华书店

**开本** 710 毫米 × 1000 毫米 1/16
**印张** 19.25 **字数** 430 千
**版本** 2023 年 8 月第 1 版
**印次** 2023 年 8 月第 1 次印刷
**印刷** 北京虎彩文化传播有限公司

地址：北京市丰台区莲花池西里 7 号(100073)
网址：www.lawpress.com.cn
投稿邮箱：info@lawpress.com.cn
举报盗版邮箱：jbwq@lawpress.com.cn

销售电话：010 - 83938349
客服电话：010 - 83938350
咨询电话：010 - 63939796

**书号**：ISBN 978 - 7 - 5197 - 8134 - 7
**定价**：126.00 元

凡购买本社图书，如有印装错误，我社负责退换。电话：010 - 83938349

# 编辑说明

《中国法学教育年刊》由中国法学会法学教育研究会主办,中国法学会党组成员、学术委员会主任、中国法学会法学教育研究会会长张文显教授任主编,研究会常务副会长韩大元教授任副主编,是以法学教育研究为主题的学术文集,也是中国法学会法学教育研究会的文集。

在中国法学会的指导下,中国法学会法学教育研究会和编辑部全体工作人员的共同努力下,《中国法学教育年刊》(2012~2013)、《中国法学教育年刊》(2014·第二卷)、《中国法学教育年刊》(2015·第三卷),以及《中国法学教育年刊》(2016·第四卷)、《中国法学教育年刊》(2017·第五卷)、《中国法学教育年刊》(2018·第六卷)、《中国法学教育年刊》(2019·第七卷)、《中国法学教育年刊》(2020·第八卷)分别于2014年、2015年、2016年、2017年、2018年、2019年、2020年、2021年顺利编辑出版,在中国法学教育界产生了深远且良好的影响。2022年,编辑部在广泛征求稿件和2021年年会论文集中遴选的基础上,《中国法学教育年刊》(2021·第九卷)顺利编辑并交付出版。现就本书中的各部分内容作如下说明:

"党的二十大学习专题笔谈"收录5篇论文。张文显结合党的二十大精神,提出要深刻把握中国式现代化的科学概念和丰富内涵。何勤华从党的二十大报告的表述和学者的解读中,提出法治现代化:中国式现代化的基本蕴意。马怀德提出在法治轨道上全面建设社会主义现代化国家。王轶结合党的二十大报告提出以习近平法治思想为指导推进法治化中国建设。杜焕芳结合党的二十大报告强调"加强重点领域、新兴领域、涉外领域立法,统筹推进国内法治和涉外法治,以良法促进发展、保障善治",提出要着力提升涉外法治体系和能力现代化。

"学习习近平总书记在中国人民大学考察时重要讲话精神"共收录4篇论文,主要探讨新时代如何更好建设法学学科、培养法律人才的问题。米传振在对405篇博士学位论文(2001~2019年)进行实证分析的基础上,提出新文科建设背景下法学交叉学科建设的现状、问题与路径。王晨光指出,在国际法律人才培养方面,要按照人才培养的规律,科学设计教学项目、课程和教学方法,全面更新和改革国际法律人才的培养模式。王鹏飞以西北政法大学法学课程思政建设为例,探讨课程思政视域下理论自信融入法学教育的现实路径。姜朋以20世纪90年代的吉林大学法学院为中心,对法学本科专业与课程设置展开历史考察。

"法治人才培养的新举措"共收录6篇论文。司马俊莲以湖北民族大学法学专业为例,探讨新时代民族院校法治人才2.0培养路径。郑宁以中国传媒大学教学实践为例,提出要运用新媒体探索社会主义法治文化传播新路径,创新文化传媒+法律复合型人才培养模式。杨垠红基于对福建省法学教育的调研分析,有针对性地探索新文科语境下法学教育的理论图景与实现路径。袁钢对落实法律博士生的具体招录和培养工作进行探讨。杨城新在《十年司考反思录》一书的基础上进行再思考,试图探知"司考"改"法考"对法学教育的影响。龙迎湘对我国涉外律师技能培养课程的构建进行探讨。

"法治人才培养的新方式"共收录5篇论文。靳文辉、关佳探讨应当如何构建法律硕士实践教学基地评估指标体系。廖振中、高晋康、汤火箭分析法学课堂内实践性教学中"双向场景案例讨论法"的实践问题与解决路径。这些论文主要结合典型的具体院校案例,从实际出发,深入探索法学教育,具有较强的针对性。韩桂君探讨法学理论教育与诊所法律教育的衔接。陈海平对法律职业能力体系及培养路径进行探讨。宋亚辉提出法科研究生培养目标的新定位。

"信息动态"部分收录了习近平法治思想大讲堂启动仪式,教育部高校法学类专业教学指导委员会、中国法学会法学教育研究会会员大会暨2021年年会"中国共产党百年与中国法学教育"论坛,中国诊所法律教育2021年年会暨"习近平法治思想指引下的中国诊所法律教育"论坛,模拟法庭教学专业委员会2021年年会暨"模拟法庭实践与创新",财经类特色专业委员会第十三届全国财经高校法学教育论坛暨第六届法律职业技能大赛,"中国法学会法学教育研究会理工类大学法学教育专业委员会成立暨复合型法治人才培养"高端论坛,全国政法院校"立格联盟"第十一届高峰论坛,法学教育创新联盟涉外法治人才培养高端论坛,"涉外法治人才培养机制探索与实践"高端论坛暨《法学教育研究》第五届专题研讨会,以及包括河北等省(自治区、直辖市)法学教育研究会的2021年年会综述。

"研究资料"部分主要包括法学教育研究著作目录和法学教育研究论文目录,提供有关法学教育研究的相关著作和学术论文,供有兴趣的同仁进一步检索参考。

《中国法学教育年刊》(2021・第九卷)的顺利出版,得到中国法学会和北京市曾宪义法学教育与法律文化基金会的支持。本书的出版也离不开法律出版社的支持,责任编辑负责、高效、专业的工作,使本书增色不少。当然,在本书编辑过程中不免存在一些不足,在论文收集、论文选择等方面也可能不够周全,恳请各位读者、各位理事的理解和支持,并提出批评和建议,努力使《中国法学教育年刊》日臻完善。

联系邮件:zgfxjy821@163.com。

《中国法学教育年刊》编辑部

2023年1月

# 目　录

## 党的二十大专题笔谈



## 学习习近平总书记在中国人民大学考察时重要讲话精神



## 法治人才培养的新举措

## 法治人才培养的新方式



## 信息动态

## 研究资料

# 党的二十大专题笔谈

# 深刻把握中国式现代化的科学概念和丰富内涵*

张文显**

党的二十大报告提出，从现在起，中国共产党的中心任务就是团结带领全国各族人民全面建成社会主义现代化强国、实现第二个百年奋斗目标，以中国式现代化全面推进中华民族伟大复兴。

中国式现代化，是习近平新时代中国特色社会主义思想的一个原创性科学概念，是贯穿党的二十大报告全篇的一个关键词。2021年，在庆祝中国共产党成立100周年大会的讲话中，习近平总书记首次提出这一科学概念。党的十九届六中全会《中共中央关于党的百年奋斗重大成就和历史经验的决议》在概述习近平新时代中国特色社会主义思想一系列原创性成果时，包含"以中国式现代化推进中华民族伟大复兴"。在党的二十大报告中，习近平总书记就"中国式现代化""以中国式现代化全面推进中华民族伟大复兴"作出系统深刻的论述，阐明了"中国式现代化"的丰富内涵和本质要求，创造性地丰富和发展了现代化理论，为我们深刻理解和准确把握"中国式现代化"这一科学概念铸就了思想理论基础，也为我们深入研究人类社会现代化的基本规律构建了科学范式。

中国式现代化是现代化的新形态新道路，既有各国现代化的共同特征，更有基于自己国情和实际的中国特色，从学理上可从以下六个方面把握其精髓要义。

**中国式现代化是中国共产党领导的社会主义现代化**

在一个960多万平方千米领土和广阔海洋、有56个民族、有超大规模人口、经济和社会发展不充分不平衡的发展中社会主义大国，如何实现全面现代化？这是历史、时代、人民交给中国共产党人的考题。中国共产党人以卓越实践和伟大成就交出了一份优异的答卷。

中国共产党自诞生之日起，就为了争取民族独立、人民解放和实现国家富强、人民幸福，孜孜不倦地探索适合中国国情的现代化道路。在现代化的"赶考"路上，在长期探索和实践的基础上，以习近平同志为核心的党中央高举中国特色社会主义伟大旗帜，全面

---

* 原载《经济日报》，2022年10月23日，第7版。

** 党的二十大代表，中国法学会党组成员、学术委员会主任。

贯彻习近平新时代中国特色社会主义思想,坚持走中国特色社会主义发展道路,从中国国情出发,确立适合自己的发展理念、政策、策略,依靠全党和全国各族人民的共同努力,成功走出一条中国式现代化新道路,创造了在世界上人口规模最大的国家推进社会主义现代化的空前奇迹,科学回答了中国现代化的历史之问、时代之问、人民之问、世界之问。事实证明,只有中国共产党人才能领导中国人民开辟中国现代化的正确道路。

中国共产党领导的中国式现代化具有鲜明的社会属性和时代特征,它是社会主义性质的现代化,是中国特色社会主义道路、理论、制度和文化范畴内的现代化,是以人民为中心、全体人民共同富裕的现代化,是不断满足人民日益增长的美好生活需要的现代化。正如习近平总书记多次申明的,我们推进的现代化,是中国共产党领导的社会主义现代化,必须坚持以中国式现代化全面推进中华民族伟大复兴,既不走封闭僵化的老路,也不走改旗易帜的邪路。坚持中国共产党领导全面现代化的政治方向和中国特色社会主义的正确道路,在这个问题上,我们必须头脑特别清晰,立场特别坚定。

**中国式现代化是全面现代化**

西方现代化,通常是指经济现代化。中国式现代化则涵括经济、政治、文化、社会、生态等在内是民富国强、政治民主、精神文明、社会和谐、生态美丽的全方位现代化。所以,党的二十大报告提出,要全面建设社会主义现代化国家、全面推进中华民族伟大复兴。

中国式现代化的"全面性"不仅体现在总体的国家现代化上,也体现在各领域的现代化上。以"全体人民共同富裕"为例,这是具有鲜明中国特色的"全面富裕",即物质和精神(包含制度)等方面都富裕。在物质意义上,共同富裕,是指全体人民在更高水平上实现幼有所育、学有所教、劳有所得、病有所医、老有所养、住有所居、弱有所扶、环境宜居、衣食无忧、安居乐业等。在精神意义上,共同富裕,是指全体人民拥有共同价值,特别是社会主义核心价值;享有多样化、多层次、多方面的精神文化需求和平等而自由发展的机会,全民获得感、幸福感、安全感、尊严感、公平感持续增强。在制度意义上,共同富裕,是指全体人民共享社会公正和制度文明;人民当家作主,共享民主荣光,依法参与全过程人民民主等。多方面、多层次的共同富裕是有机统一的,集中反映出人民群众的综合性需要,反映出已经实现"小康"的中国人民对民主、法治、公平、正义、安全、环境、尊严等方面日益增长的美好生活需求。

**中国式现代化是创造人类文明新形态的现代化**

在庆祝中国共产党成立100周年大会上的讲话中,习近平总书记指出:"我们坚持和发展中国特色社会主义,推动物质文明、政治文明、精神文明、社会文明、生态文明协调发展,创造了中国式现代化新道路,创造了人类文明新形态。"在党的二十大报告中,习近平总书记进一步把"创造人类文明新形态"作为中国式现代化的本质要求之一。

把"现代化新道路"和"文明新形态"相提并论并非偶然,而是历史和逻辑的统一。党的十八大以来,中国特色社会主义进入新时代,我们坚持和加强党的全面领导,统筹推进"五位一体"总体布局、协调推进"四个全面"战略布局,创造了现代化新道路,创造了人类文明新形态。2018 年，对现行《宪法》进行第五次修改时，将序言中“推动物质文明、政治文明和精神文明协调发展”修改为“推动物质文明、政治文明、精神文明、社会文明、生态文明协调发展”，并相应地把“把我国建设成为富强、民主、文明的社会主义国家”修改为“把我国建设成为富强民主文明和谐美丽的社会主义现代化强国”。这一修改，使经济建设、政治建设、文化建设、社会建设、生态建设对应物质文明、政治文明、精神文明、社会文明、生态文明，并对应富强中国、民主中国、文明中国、和谐中国、美丽中国，使中国特色社会主义事业总体布局更加完善、内在逻辑更加严整，反映了我们党对社会主义建设规律和社会主义现代化发展规律认识的深化。

**中国式现代化是独立自主的现代化**

独立自主是中华民族精神之魂，是我们立党立国的重要原则。走自己的路，是党百年奋斗的全部主题和历史结论。党历来坚持独立自主开拓前进道路，坚持把国家和民族发展放在自己力量的基点上，坚持中国的事情必须由中国人民自己说了算、自己来做主。中国式现代化不是国外现代化的翻版，而是自主开拓的现代化新道路。正如党的二十大报告深刻提出的，中国人民和中华民族从近代以后的深重苦难走向伟大复兴的光明前景，从来就没有教科书，更没有现成答案。党的百年奋斗成功道路是党领导人民独立自主探索开辟出来的，马克思主义的中国篇章是中国共产党人依靠自身力量实践出来的，贯穿其中的一个基本点就是，中国的问题必须从中国基本国情出发，由中国人自己来解答。

世界上既不存在定于一尊的现代化模式，也不存在放之四海而皆准的现代化标准。在既往的现代化理论中，“现代化”是指从传统社会向现代社会转变的历史过程与结果状态。人类历史上出现过的现代化有两种主要途径：一是自下而上的演进式现代化，像英国、法国、德国等发达国家的现代化；二是自上而下的构建式现代化，像日本、韩国、新加坡等新兴国家的现代化。中国式现代化是既不同于英国、法国、德国等发达国家内生演进型道路，也不同于日本、韩国、新加坡等东亚国家外发推进型道路，而是走自上而下、自下而上双向互动地推进现代化的新道路。我们党把现代化理论构建和顶层设计与亿万人民的实践探索紧密结合，坚持“先试点、后推广”的改革模式，在先行先试形成集成制度创新、改革示范效应后再全面铺开，党带领人民开创中国式现代化新道路的过程也是中国式现代化科学范式形成的过程。实践证明，中国式现代化是符合中国国情、依靠人民创造的正确道路，是一条面向未来、立足当下、蹄疾步稳的现代化新道路，也为人类社会实现现代化提供了新选择。

**中国式现代化是科技创新赋能的现代化**

中国式现代化与西方工业革命时期的现代化不同，我们 21 世纪的现代化是在新科技革命推动下弯道超车、加速发展的现代化。数字社会的生产力代表是数字科技，数字科技是一个综合概念、集成概念，几乎涵盖了现代科技的方方面面，互联网、物联网、大数据、云计算、区块链、人工智能等，甚至包括基于数字科技的其他领域的科技等。自进入

21世纪以来,人类社会的发展呈现加速变革的态势。大数据、互联网、云计算、人工智能等数字科技融合发展、广泛运用,物联网、区块链脱颖而出,空前地改变人类社会的生产方式、生活方式、生存方式、学习方式、行为方式,甚至改变国家的治理体系、治理体制和治理能力,改变政府的决策程序和实施机制,塑造一个全新的现代化社会。现代数字科技已经成为现代化的重要引擎。在中国式现代化新道路上,我们提出,建设数字中国,统筹数字科技革命和现代化发展,推进经济社会的数字化、智能化、程序化、法治化,充分发挥数字科技对现代化的强有力可持续的支撑和推动作用,加快建设社会主义现代化强国。

**中国式现代化体现了中华文明传统和全人类共同价值的融通融合,是21世纪人类社会现代化的康庄大道**

中国式现代化是自主的也是开放的,既对历史开放,也对世界开放,更向未来开放。习近平总书记指出:“西方很多人习惯于把中国看作西方现代化理论视野中的近现代民族国家,没有从五千多年文明史的角度来看中国,这样就难以真正理解中国的过去、现在、未来。”中华文明源远流长、博大精深,是中华民族独特的精神标识,是当代中国文化的根基。在漫长的历史进程中,中华民族以自强不息的决心和意志,筚路蓝缕、跋山涉水,走过了不同于世界其他文明体的发展历程。新中国成立以来特别是改革开放以来,我们党团结带领人民探索中华民族复兴之路和中国发展的现代化道路,从中华文明传统中寻找现代化的文化根基和源头活水,是推动中国式现代化的基本经验。

同时,我们也注重借鉴世界各国现代化的有益经验。例如,在经济现代化上,构建高水平社会主义市场经济体制,坚持和完善社会主义基本经济制度,创造了经济快速增长高质量发展的奇迹。

在国家治理现代化上,我们不但坚持中国特色社会主义政治发展道路,坚持人民民主专政的国体,坚持并不断完善人民代表大会制度,坚持和发展中国共产党领导的多党合作和政治协商制度、民族区域自治制度、基层群众自治机制,而且秉持“民主是全人类共同价值”的理念,借鉴国际社会民主文明的有益成果,坚持和发展全过程人民民主,完善人民当家作主的制度体系,使各方面制度和国家治理更好体现人民意志、保障人民权益、激发人民创造,形成了生动活泼、安定团结的政治局面,创造了发展中大国充满活力、和谐有序、社会公正、人民幸福的奇迹。在法治现代化上,我们基于“法治和人治问题是人类政治文明史上的一个基本问题,也是各国在实现现代化过程中必须面对和解决的一个重大问题”的科学认识,在对中华优秀传统法律文化进行创造性转化、创新性发展的同时,认真研究和批判借鉴世界各国法治建设的有益经验和优秀成果,诸如依法而治、权力制约、尊重人权、税收法定、法律面前人人平等、契约自由、罪刑法定、疑罪从无、非法证据排除、正当程序、权利推定等法治理念,使之与中国本土资源相贯通,彰显中国法治现代化的开放性、包容性和科学性。

中国式现代化是走和平发展道路的现代化,坚定维护世界和平与发展中谋求自身发展，又以自身发展更好维护世界和平与发展，鲜明体现了全人类共同价值。习近平总书记在提出中国式现代化概念和理论的过程中，坚持胸怀天下的立场观点方法，对人类文明发展进程所积淀下来的共同价值进行了科学提炼和概括，响亮提出“和平、发展、公平、正义、民主、自由是全人类的共同价值”，强调“和平与发展是我们的共同事业，公平正义是我们的共同理想，民主自由是我们的共同追求”。“全人类共同价值”概念是基于文明互鉴而形成的价值共识，而非西方少数人立足于文明冲突而强加于人类社会的所谓“普世价值”，这是二者根本区别所在。全人类共同价值是对人类社会交往活动的理性总结，顺应了人类文明进步的历史趋向，体现了全人类的共同价值关切，为 21 世纪的现代化提供了价值引领，必将开辟人类社会现代化的历史新篇章。

# 法治现代化:中国式现代化的基本蕴意*

何勤华**

党的二十大报告进一步明确了中国式现代化的伟大实践意义,强调它是推进中华民族伟大复兴的必由之路,而且对如何实现中国式现代化作出了重要部署和周密安排,尤其是阐明了法治为中国式现代化的实现所应当发挥的功能和作用。

从党的二十大报告的表述和学者的解读中,我们可以体会中国式现代化蕴含了中国特色社会主义法治现代化的各项元素。比如,中国式现代化强调了党的领导,这是中国特色社会主义法治的核心元素;强调了中国式现代化的人口规模巨大且是独立自主的现代化,这是突出了中国特色社会主义法治中的中国特色;强调了中国式现代化是全体人民共同富裕的现代化,这是体现了中国特色社会主义法治的社会主义属性和人民主体地位(人民性);强调了中国式现代化是物质文明和精神文明相协调、科技创新赋能以及人与自然和谐共生的全面的现代化,显示了中国特色社会主义法治是人类法治文明中重要一极(物质文明、精神文明和生态文明的集大成)的基本属性;强调了中国式现代化是走和平发展道路的、中华文明传统和全人类共同价值融通融合的现代化,体现了中国特色社会主义法治的全球化、国际化以及融入人类法治文明发展进程的先进属性。

正是因为中国特色社会主义法治是中国式现代化的有机组成部分,因此,在我们全面推进中国式现代化的进程中,法治可以起到保驾护航的巨大作用。

**法治引领中国式现代化规范有序进行**

中国特色社会主义法治建设通过科学立法可以引领中国式现代化规范有序进行。而在科学立法方面,习近平总书记有非常系统的论述,他指出:“用明确的法律规范来调节社会生活、维护社会秩序,是古今中外的通用手段。”“因此,我们需要继续完善法律……一个是要适时制定新的法律,另一个是要及时修改和完善现行法律。”“要完善立法规划,突出立法重点,坚持立改废并举,提高立法科学化、民主化水平,提高法律的针对性、及时性、系统性。”现在“人民群众对立法的期盼,已经不是有没有,而是好不好、管用

---

* 原载《探索与争鸣》2022年第11期。

** 华东政法大学法律文明史研究院教授。

不管用、能不能解决实际问题”。[①] 而科学立法的目标就是达到“良法善治”。

比如,中国式现代化的推进,需要坚持党的全方位领导,需要坚持社会主义,需要推进全过程人民民主,这就需要国家根本法宪法来予以规定和明确(1982年《宪法》颁布后所经历的5次重大修改,是这方面的典型事例);中国式现代化的推进,需要政治体制的改革,需要干部队伍的建设,需要法治政府、阳光政府、服务政府等的建设,这就需要加强行政立法,完善行政法治,最近两年学术界关于编纂行政法典的大讨论就是回应这一社会需要的重要表现;中国式现代化的推进,涉及经济、科技、教育、文化以及人们的精神世界等各领域的建设,既需要民法、商法、经济法、科技法、教育法、文化产业法和知识产权法等的引领、规范和调整,也需要刑法、刑事诉讼法等的全力保护;中国式现代化的推进,其根本目标是为了让人民过上更好的生活,促进人与自然和谐共生,而要达到这个目标,就需要加强环境与资源立法,加大公益诉讼保障人们绿色生活的力度;中国式现代化的推进,还需要处理与周边国家乃至世界各国的关系,构建人类命运共同体,创造人类文明新形态,这就需要加大国际法治和涉外法治建设,营造一个和平、协调、诚信和安全的国际环境。

**法治促进中国式现代化的发展进程**

中国式现代化的推进,除加强科学立法外,还需要提升政府的执政能力和执政水平,实现国家治理体系和治理能力的现代化。而这一点离不开严格执法,离不开法治政府的建设。

严格执法、建设法治政府是全面依法治国的主体工程,是彰显习近平法治思想时代精神和实践伟力的主要场域。政府严格执法,履行其各项法定职能,既是法治政府建设的关键环节,也是与人民群众之间联系最紧密、最直接的途径,是构筑法治社会的基础和保障。习近平总书记10年来在多次重要讲话中论及严格执法和法治政府建设的重要意义、实践要求和推进措施,形成了内涵丰富、逻辑严密、系统完备的严格执法理论。[②] 严格执法、建设法治政府对实现中国式现代化的意义,首先是体现在完善以人民为中心的各项政府职能建设方面。如形成政府的组织、行为、程序、责任和救济等各项法治在内的全方位建设理念,用以引领和规范法治政府、服务政府、责任政府的一体建设。尤其是在服务政府建设方面,如同党的二十大报告所总结的那样,必须深入贯彻以人民为中心的发展思想,“在幼有所育、学有所教、劳有所得、病有所医、老有所养、住有所居、弱有所扶上持续用力,人民生活全方位改善”。[③] 其次是落实好《法治政府建设实施纲要(2021—2025年)》,以中国速度和中国效率提升政府的服务水平、工作能力和执法效率。通过数字法治政府建设,促进各类信息技术与数字方式适用于行政权,提升行政执法的公正、效

① 习近平:《论坚持全面依法治国》,中央文献出版社2020年版,第19~20页。

② 参见章志远:《习近平法治思想中的严格执法理论》,载《比较法研究》2022年第3期。

③ 《党的二十大文件汇编》,党建读物出版社2022年版,第8页。

率与精准度。

**法治排除中国式现代化的阻碍因素**

在中国式现代化推进过程中,各种矛盾和纠纷也会层出不穷。此时,法治的保障功能就开始凸显:通过法律的实施,法治体系的推进,对各种行政、民商事和刑事案件的审理,彰显社会的公平正义价值,排除中国式现代化面临的各种阻碍因素,为其顺利推进保驾护航。

排除中国式现代化进展的阻碍因素,必须坚持公正司法,这是推进全面依法治国的重要保障。党的十八届四中全会《中共中央关于全面推进依法治国若干重大问题的决定》指出:"司法公正对社会公正具有重要引领作用,司法不公对社会公正具有致命破坏作用。"①"司法是维护社会公平正义的最后一道防线",②如果失守,中国式现代化事业就会遭受重大挫折。因此,随着我国法治国家建设进程的不断加快,习近平法治思想将促进社会公平正义提升到一个新的高度,而新时代对公正司法也提出了更深层次的要求。具体而言,包括三个领域的创新。

首先是行政诉讼法治建设领域里的创新。主要体现在以下四个方面。一是处理好行政诉讼类型化,如分为行政撤销诉讼、行政给付诉讼、行政确认诉讼,这是近20年来学术界的主要议题之一。二是从宪法解释学角度,进一步强化中国行政诉讼的性质和功能定位。以《宪法》第41条为依据,塑造了当下行政诉讼法律关系的新型结构:相对人权利保障、行政机关依法行政和司法机关合法性审查。③ 三是逐步确立(法院认可)和完善(法理指导、立法完善)权力清单制度。四是强化2015年《行政诉讼法》在简易程序适用范围、启动方式、转换条件等方面的制度设定,并增设当事人的异议权等。

其次是民事诉讼领域里的创新。一方面,推进民事诉讼法典化,以完善程序法治,向良法善治的境界推进;另一方面,推动电子数据的合法性、关联性、证明力等的法理研讨和立法完善工作,以消除对电子数据认知上的误区,满足司法实践的需求。此外,为了更好地保障中国式现代化的推进,必须紧紧围绕人工智能、5G、区块链等新技术来建设智慧法院、互联网法院、移动微法院,并推进相应的法律、法规的制定工作,减轻法官等审判人员的工作负荷,减少积案,更好地解决社会矛盾。

最后是刑事诉讼领域的创新发展。一是进一步妥善处理好控辩关系。新中国成立以来,控辩关系一直在以控辩平等为追求,沿着从"法制"转向"法治"的轨道,并表现出正向的、积极的、合乎诉讼法治规律的发展。④ 二是加大对个人信息的保护。2021年11月1日《个人信息保护法》出台,推动了个人信息保护从私法、实体法领域向公法、程序法领域延伸。对个人信息的保护,赋予了诉讼主体更多权利,遏制了政府信息处理行为的

---

① 中共中央文献研究室编:《十八大以来重要文献选编》(中),中央文献出版社2016年版,第168页。

② 习近平:《习近平谈治国理政》(第2卷),外文出版社2018年版,第131页。

③ 参见翟国强:《行政诉讼制度功能展开的宪法基础重思》,载《中外法学》2022年第4期。

④ 参见冀祥德:《从控辩关系看我国刑事诉讼制度的演进发展》,载《中国刑事法杂志》2022年第1期。

不当扩张，弥补了国家保护义务的体系疏漏，从而成为今后完善刑事诉讼立法的重要内涵。① 三是将人工智能引入刑事诉讼，充分做到司法数据共享化、办案材料数据化、法律决策智能化，以提高诉讼效率、保障诉讼质量、减少司法腐败，克服控辩不平等、压缩辩护空间、司法能动性受限等缺陷，以强化人权保障。②

通过上述行政、民商事、刑事之三大诉讼领域的创新，逐步建立和健全实现公正司法的体制和机制，以保障中国式现代化顺利推进。

**法治激发中国式现代化的建设热情**

党的二十大报告指出，从现在起，中国共产党的中心任务就是团结带领全国各族人民全面建成社会主义现代化强国、实现第二个百年奋斗目标，以中国式现代化全面推进中华民族伟大复兴。这意味着，中国式现代化是一个必须由全国各族人民共同参与的伟大事业。而法治通过落实全民守法这一环节，将全体民众的积极性和创造性动员到建设中国式现代化的伟大事业之中，以推进这一现代化的早日实现。

习近平总书记指出："全面推进依法治国，必须坚持全民守法。"③法治既是治国理政的基本方式，也是人民群众的生活方式。习近平总书记强调："法治建设需要全社会共同参与，只有全体人民信仰法治、厉行法治，国家和社会生活才能真正实现在法治轨道上运行。"④"全民守法是法治社会的基础工程。"⑤"法治的根基在人民。要加大全民普法工作力度，弘扬社会主义法治精神，增强全民法治观念，完善公共法律服务体系，夯实依法治国社会基础。"⑥

全民守法的前提，就是全社会信仰法治。习近平总书记指出，"宪法法律的权威源自人民的内心拥护和真诚信仰，加强宪法学习宣传教育是实施宪法的重要基础"。⑦ 全民守法有两种情形：一种是出于内心认同的自觉守法；另一种是法律强制力威慑下的被动守法。只有信仰法治才能自觉守法。而民众信仰法治，其前提有四点。一是法律是切实保护人民之各项权益的良法，且方便民众遵守。二是政府的执法是严格且温情的，这里的严格不是严厉，而是对所有人一视同仁，从而使法律具有公信力；温情即执法是文明的，是有温度的，是人性化的。三是法院、检察院等司法机关对案件的处理是公平的，以事实为依据，以法律为准绳，人民群众能够从每一个案件的审理中体会到司法公正。四是领导干部必须带头守法。唯有如此，才能使全体人民都成为社会主义法治的忠实崇尚者、自觉遵守者、坚定捍卫者，使尊法、信法、守法、用法、护法成为全体人民的共同追求。

---

① 参见王仲羊：《刑事诉讼中个人信息的权利保护》，载《中国刑事法杂志》2022 年第 3 期。

② 参见白文静：《刑事诉讼人工智能化转型研究》，载《学术探索》2022 年第 3 期。

③ 习近平：《论坚持全面依法治国》，中央文献出版社 2020 年版，第 23、218、275、276 页。

④ 习近平：《论坚持全面依法治国》，中央文献出版社 2020 年版，第 23、218、275、276 页。

⑤ 习近平：《习近平谈治国理政》（第 4 卷），外文出版社有限责任公司 2022 年版，第 294 页。

⑥ 习近平：《论坚持全面依法治国》，中央文献出版社 2020 年版，第 23、218、275、276 页。

⑦ 习近平：《论坚持全面依法治国》，中央文献出版社 2020 年版，第 23、218、275、276 页。

# 在法治轨道上全面建设社会主义现代化国家*

马怀德**

党的二十大报告提出,“全面建设社会主义现代化国家”,“以中国式现代化全面推进中华民族伟大复兴”,并且专章论述了“坚持全面依法治国,推进法治中国建设”,为我们在法治轨道上全面建设社会主义现代化国家指明了方向。

中国式现代化既有各国现代化的共同特征,更有基于自己国情的中国特色。因此,在法治轨道上全面建设社会主义现代化国家,要坚持走中国特色社会主义法治道路。只有自信自立,才能确保全面依法治国始终保持正确的政治方向,为全面建设社会主义现代化国家、实现中华民族伟大复兴夯实法治基础。

**全面依法治国对中国式现代化的重大意义**

法治的功能在于按照一套公开、明确、普遍适用的规则来为社会主体设定行为规矩,确保人们能够预见各自行为的后果并在此基础上开展交往与合作;同时也要求公共权力依据这套规则以一种可预见、可解释和可问责的方式运行。面对世界百年未有之大变局加速演进、新一轮科技革命和产业变革深入发展,法治能够最大限度地凝聚社会共识、稳定社会预期,增强国家治理体系回应各种风险挑战的系统性、规范性和协调性。具体而言,全面依法治国对中国式现代化的意义体现在以下几个方面。

(一)全面依法治国事关党执政兴国

中国式现代化是中国共产党领导的社会主义现代化。在全面建设社会主义现代化国家新征程上,我们要充分发挥党总揽全局、协调各方的领导核心作用,关键之一就是充分发挥社会主义法治的功能,确保党的领导和执政制度化、法律化。全面依法治国是党因应新的历史条件,推动党的领导自我完善的重大战略。建设中国特色社会主义法治体系,建设社会主义法治国家,既确保了党的政策主张更好、更系统地法律化为国家意志,也加强了国家治理体系的系统性、规范性、协调性和稳定性,从而有利于党更高效地实施对国家和社会的领导,履行执政兴国重任。

---

* 摘自《中国高校社会科学》2022 年第 6 期。

** 中国政法大学教授。

(二)全面依法治国事关人民幸福安康

中国式现代化是全体人民共同富裕的现代化,是物质文明和精神文明相协调的现代化,是促进人自由全面发展的现代化。要实现这种现代化,就需要通过完善的法治体系来提供基本的制度框架。推进全面依法治国,根本目的就是依法保障人民权益,保证人民依法享有广泛的权利和自由,确保公共政策选择体现人民的共同利益。法治通过法律规则在社会主体之间科学地分配权利义务,并借助制度化的监督与救济途径将权力关进制度的笼子,从根本上化解社会矛盾冲突、保障公民权利,确保人民幸福安康。

(三)全面依法治国事关党和国家长治久安

跳出"历史周期率",实现党长期执政,确保党和国家长治久安,是事关中国式现代化前途命运的根本性问题,全面依法治国对此承载了重大使命。法治事关制度治党水平的提升,我们必须形成完备的制度安排来永葆党的先进性和纯洁性。其中,运用法治方式和法治思维,以党内法规制度体系为基础,坚持制度治党、依规治党是关键。法治也事关中国特色社会主义制度的坚持和完善。夯实党和国家长治久安的基础,需要我们不断开拓中国特色社会主义更加广阔的发展前景,发挥法治固根本、稳预期、利长远的保障作用。全面深化改革的成果也需要用制度化的方式予以固化,进而通过法律动态性、立体性地实施,来确保相关国家制度各环节彼此衔接、相互协调、结构严整地运行。

**以良法善治支撑中国式现代化全方位推进**

在法治轨道上全面建设社会主义现代化国家,要围绕社会主义现代化建设的需求来统筹法治建设。法治中国建设需要围绕中国特色社会主义事业总体布局,聚焦人民群众对美好生活的向往,回应各领域的法治需求,为社会主义现代化建设提供引领标准、规范工具、保障方式和促进机制。

(一)以法治助推高质量发展

高质量发展是全面建设社会主义现代化国家的首要任务,也是推进中国式现代化的必由之路。推动高质量发展,必须坚持和完善社会主义基本经济制度。一方面,应当进一步巩固和发展公有制经济,建立健全国有资产监督管理体系,提高国有资产利用效率;另一方面,应当强化产权保护、公平竞争等法律制度建设,从制度上鼓励、支持非公经济健康有序发展。同时,还应当持续提升监管能力和水平,依托更加符合经济运行规律、更加精细化的监管手段,依法规范和引导资本健康发展。

推动高质量发展,必须加快构建高效规范、公平竞争、充分开放的全国统一大市场。国家须提供权威、理性、统一的法律规则,并将其作为市场基础设施,打通制约经济循环的关键堵点,破除阻碍开放发展的深层次障碍,真正推动我国市场由大到强的转变。

(二)以法治领航科技创新

创新驱动发展是新时代的重要战略,以法治领航科技创新、为科技创新提供坚实的法治保障是新时代推动科技进步和创新发展的鲜明特征。科技创新作为一种具有创造性、引领性、超前性的活动,既需要成熟健全的法治体系提供制度保障,也要受到法律的规范,以确保始终服务于国家战略和人民福祉。

领航科技创新,必须依法推进科技体制改革。法治可以通过优化科研成果相关权益收益分配机制,鼓励创新能力提升;还可以通过促进科研与市场结合、加强科技成果转化,保障创新驱动发展。同时,法治也必须为科技创新设置必要的规范框架。应当将科技创新活动需要遵循的伦理要求和行为规则以适当的方式纳入法律系统,确保科技创新活动始终沿着正确路径前行。

(三)以法治促进全过程人民民主

全过程人民民主是我国社会主义民主理论和实践的全新概括,充分反映我国社会主义民主政治的鲜明特色和显著优势,集中体现了社会主义民主现代化的制度成果。

促进全过程人民民主,必须保障人民在法治框架下行使民主权利。我国宪法赋予人民广泛的民主权利,这些权利的行使既需要法治保障,也需要在法治框架下进行。因此,在民主治理过程中,要逐步实现民主制度化法律化,用法律和制度来保证人民民主"全过程"地发挥自身的制度功能。

此外,中国共产党领导的多党合作和政治协商制度、民族区域自治制度、基层群众自治制度都内含"全过程人民民主"的治理要求,其民主价值的实现也需要法律制度的支撑。法律制度可以其制度化的成熟、稳定,法定化的权威、有效,将民主价值贯注社会主义民主政治实践,真正保障人民当家作主。

(四)以法治增进人民权益和民生福祉

中国特色社会主义进入新时代,社会主要矛盾已经转化为人民日益增长的美好生活需要和不平衡不充分的发展之间的矛盾。法律可以通过制度化的方式相对稳定地确认全体公民的社会权利,重点保护社会弱势群体的相关权利,规范政府公共服务提供标准和方式,提升社会整体福祉,彰显社会主义制度优越性。

增进人民权益和民生福祉,需要用制度手段压实政府提供公共服务的基本职责。法律可以通过明确界定"公共服务职责",驱动政府的民生保障职能进一步完善,不断优化体制机制、完善服务标准、严格政府责任、调整法律关系,形成更加合理有序的收入分配格局,建立更加公平可持续的社会保障制度,提供更加优质高效的公共服务,实现依法全面履行职责。

(五)以法治护航绿色发展

绿色发展既是新发展理念的内在要求,也是重要的法治价值。以法治保障生态良好,就是要将"最严生态法治观"转化为以法治思维与法治方法推进生态文明建设的各种具体举措,促进"生态与法治的联姻"。

实现绿色发展,需要强化对环境污染的法律治理,实现精准治污、科学治污、依法治污的有机结合。要进一步完善生态环境法律体系,提高生态环境领域法律规则的系统化程度,减少法律适用的负担和成本;要强化生态环境领域执法,综合运用多种执法工具,保障生态环境法律制度得到普遍遵守和有效实施。

实现绿色发展,需要以法治手段保障发展方式的绿色转型。应充分发挥法治的引导作用,为生态文明建设的要求融入改革发展的各领域提供指引,形成绿色低碳的生产方式和生活方式。

(六)以法治护卫国家安全

当前,国家安全环境复杂多变,维护国家安全和社会稳定的任务异常繁重。推进国家安全体系和能力现代化,既需要提升国家安全能力,又需要深入推进国家安全思路、手段、体制创新,促进各方面协同高效。法治可以在其中发挥基础性、保障性作用。

护卫国家安全,需要以法治推动监管体制持续优化。在整体国家安全观之下,国家安全涉及领域众多,各领域之间的关联度很强,容易形成"连锁效应"。针对国家安全的这种特性,需要通过制度手段强化央地之间、部门之间、军地之间、地区之间、政社之间的协调联动,以体制优化、组织法治促进效能提升。

护卫国家安全,需要完善国家安全法治体系,以法治保障各项机制严格实施。国家安全法治体系可以通过加强内外部约束,依法依规综合运用多种监督手段,压实主体责任,持续提升国家安全的"善治"效力。

**全面推进国家各方面工作法治化**

在法治轨道上全面建设社会主义现代化国家,要全面推进国家各方面工作法治化。这实质上是国家治理和社会管理的全面法治化。在这一过程中,要特别注意坚持问题导向和系统思维,立足全面依法治国新要求,回应人民对法治的新期待,在"完善""扎实""严格""加快"上下功夫,以更高标准推进法治中国建设,将中国特色社会主义法治体系建设全面引向深入。

(一)全面加强重点领域、新兴领域立法

法治建设应当坚持马克思主义唯物史观,推动法律体系因应社会现实并不断调适。当前,我们在国家安全、科技创新、公共卫生、生物安全、生态文明、风险防范、涉外法治等重点领域还存在不少法律制度空白。为此,必须积极主动回应人民群众对良法善治的新期待,适应经济社会发展的现实之需,坚持急用先行,区分轻重缓急,推动"大部头"和"小快灵"相结合,持续加快立法步伐,从完善法律入手进行规制,补齐制度漏洞和短板,加快形成完备的法律制度体系。

与此同时,新一轮科技革命和产业变革深入发展,要求增强立法对新兴领域科技发展的回应性,解决"时间差""立法空白""步速难题"等现实问题,协调好创新发展、权益保护、权力规范等多维关系。

高质量的发展需要高质量的立法。转变经济发展方式,扩大社会主义民主,推进行政体制改革,保障和改善民生,加强和创新社会管理,保护生态环境,都会对立法提出新要求。这种新要求特别关注立法对战略目标、中心工作的回应性,特别关注通过科学立法从源头上提升立法质量,增强立法针对性、适用性和可操作性,促进末端法律适用环节制度实效的提升,更好地发挥立法在表达、平衡、调整社会利益方面的重要作用。

(二)扎实推进依法行政,将政府行为全面纳入法治轨道

法治政府建设是全面依法治国的重点任务和主体工程,我们需要加快构建职责明确、依法行政的政府治理体系,用法治为行政权力划界线、定规矩,使政府各项权力运行规范化、制度化、程序化,切实规范政府行为,保障相对人合法权利。

推进国家各方面工作全面纳入法治轨道,重点是扎实推进依法行政,将政府行为全面纳入法治轨道。要紧扣"加快形成职责明确、依法行政的政府治理体系"这条主线,进一步优化政府职责体系和组织结构,重点推进政府职能转变,加快建设人民满意的服务型政府;进一步加强程序法治建设,重点关注严格规范公正文明执法,促进政府权力依法高效行使;进一步增强综合监督实效,重点关注政府工作人员为民用权、依法用权、廉洁用权,健全行政权力制约与监督体系;进一步创新体制机制,搭建社会矛盾纠纷行政预防化解体系;进一步强化科技支撑和人才保障,为法治政府建设全面赋能。

(三)加快建设法治社会

法治社会是社会关系和社会生活的法治化,构成法治国家建设的基础。中国式现代化的一个特殊背景在于,我们要进行一场"时空压缩"型的现代化,即要在一个相对短的时期内完成现代化。这会面临很多挑战,关键之一便是如何引领社会从传统的人情社会、身份社会向契约社会、法治社会转型,培育社会主体办事依法、遇事找法、解决问题用法、化解矛盾靠法的自觉,建立社会公众对法治的真心信仰和坚决拥护。

这要求我们加快法治社会建设,坚持在法治轨道上统筹社会力量、平衡社会利益、调节社会关系、规范社会行为,依靠法治解决各种社会矛盾和问题,确保我国社会在深刻变革中既生机勃勃又井然有序。特别是要扎实推进社会治理法治化,把社会治理实践作为培育法治社会的土壤。一方面,要继续大力弘扬社会主义法治精神,传承中华优秀传统法律文化,深入开展"八五"普法宣传活动和"谁执法谁普法"工作,进一步发挥好领导干部示范带头作用,提升并改善全社会法治氛围和法治风气;另一方面,要努力让人民群众在每一个法律规定、每一个执法决定、每一起案件处理中都能感受到公平正义,以实际行动增强社会公众的安全感、幸福感和法治获得感。此外,要坚持共有共建共享理念,充分发挥自治组织在社会治理中的积极作用,丰富自治形式,规范自治实践,创新自治内容,推动社会公众对法治的自觉践行和不断内化。

# 以习近平法治思想为指导推进法治中国建设

王　轶*

法治兴则民族兴,法治强则国家强。① 党的十八大以来,社会主义法治国家建设深入推进,全面依法治国总体格局基本形成,中国特色社会主义法治体系加快建设,司法体制改革取得重大进展,社会公平正义保障更坚实,法治中国建设开创新局面,为我们胜利完成脱贫攻坚、全面建成小康社会的历史任务,实现第一个百年奋斗目标提供了有力保障。全面依法治国是国家治理的一场深刻革命,关系党执政兴国,关系人民幸福安康,关系党和国家长治久安。党的二十大报告首次单独专章论述、专门部署法治建设,充分体现了以习近平同志为核心的党中央对全面依法治国的高度重视,进一步宣示了我们党矢志不渝推进法治建设的坚定决心,进一步丰富和发展了习近平法治思想,进一步深化和拓展了新时代党和国家工作布局。新时代新征程,为全面建成社会主义现代化强国、实现第二个百年奋斗目标,以中国式现代化全面推进中华民族伟大复兴,必须更好发挥法治固根本、稳预期、利长远的保障作用。这就要求我们必须坚持全面依法治国,推进法治中国建设。坚持习近平法治思想指导地位,是坚持全面依法治国,推进法治中国建设的必然选择。

**一、习近平法治思想开辟了马克思主义法治理论中国化时代化新境界**

党的二十大报告指出,马克思主义是我们立党立国、兴党兴国的根本指导思想。坚持和发展马克思主义,必须同中国具体实际相结合,同中华优秀传统文化相结合,立足中华民族伟大复兴战略全局和世界百年未有之大变局,开辟马克思主义中国化时代化新境界。习近平法治思想就是将马克思主义法治理论同法治中国建设实际相结合、同中华优秀传统法律文化相结合的典范。我国拥有 14 亿多人口,地域辽阔、民族众多、国情复杂。全面依法治国的战略布局就铺展于这片沃土之上,这是我们党要保证国家统一、法治统一、政令统一、市场统一,要实现经济发展、政治清明、文化昌盛、社会公正、生态良好,必

* 中国人民大学民商事法律科学研究中心研究员、习近平法治思想研究中心学术委员会主任、法学院教授,中国人民大学副校长。

① 习近平:《习近平谈治国理政》(第 4 卷),外文出版社、线装书局 2022 年版,第 300 页。

须作出的选择。习近平法治思想把求真务实的实践理性运用于中国本土的法治建设,不断深化对法治国情和法治规律的认识,科学回答了我们这个时代法治建设所面临的一系列理论、制度和实践难题。习近平法治思想深耕于中华法治文明的土壤,既把中国古典文献中的法理精华作为新时代法治理论的弥足珍贵的文化资源,又将那些经典论语融入现代话语体系之中,使古老的中华法系继续在中国式法治现代化的图谱中发出光亮。①习近平法治思想实现了马克思主义法治理论中国化时代化的历史性飞跃、创造性升华,开辟了马克思主义法治理论中国化时代化的新境界。

习近平法治思想内涵丰富、论述深刻、逻辑严密、系统完备,其核心要义是"十一个坚持":坚持党对全面依法治国的领导;坚持以人民为中心;坚持中国特色社会主义法治道路;坚持依宪治国、依宪执政;坚持在法治轨道上推进国家治理体系和治理能力现代化;坚持建设中国特色社会主义法治体系;坚持依法治国、依法执政、依法行政共同推进,法治国家、法治政府、法治社会一体建设;坚持全面推进科学立法、严格执法、公正司法、全民守法;坚持统筹推进国内法治和涉外法治;坚持建设德才兼备的高素质法治工作队伍;坚持抓住领导干部这个"关键少数"。习近平法治思想从历史和现实相贯通、国际和国内相关联、理论和实际相结合上,深刻回答了新时代为什么实行全面依法治国、怎样实行全面依法治国等一系列重大问题,②包含新时代全面依法治国,建设法治中国的世界观和方法论,提出了许多立时代之潮头、把时代之脉搏、发时代之先声的法治新范畴新命题新理论,作出了一系列原创性理论贡献。在法治地位论上,习近平法治思想从经世济民、治国安邦等方面,创造性地提出了法治强国、法安天下、法治固根本稳预期利长远等重要命题。在法治道路论上,习近平法治思想把法治道路选择问题置于法治首要地位,深入阐释了中国特色社会主义法治道路的理论精髓、实践精义,构建起了系统完备的法治道路理论。在法治结构论上,习近平法治思想原创性地提出法治体系范畴,并对法治宏观结构作了多重划分,开辟了法治结构论发展新境界。在法治关系论上,习近平法治思想深刻揭示了政与法、党与法、法与民、法与德等重大关系,揭开了法治关系论发展新篇章。在法治与发展论上,习近平法治思想系统阐释了法治与国家治理、经济发展、政治发展、文化发展、社会发展、生态文明发展的关系,形成了当代世界最具原创性的法治和发展理论。在法治方法论上,习近平法治思想系统提出了领导推进法治建设的科学思维、正确策略、有效方法,创造性地构建起了一个全新的法治方法论体系。③

马克思指出:"哲学家们只是用不同的方式解释世界,问题在于改变世界。"④马克思

---

① 张文显:《论习近平法治思想的原创性理论贡献》,载《马克思主义理论学科研究》2022 年第 4 期。

② 中央全面依法治国委员会办公室:《坚持以习近平法治思想为指导　奋力开创全面依法治国新局面》,载《求是》2022 年第 5 期。

③ 黄文艺:《习近平法治思想原创性贡献论纲》,载《交大法学》2022 年第 4 期。

④ 韦建桦主编、中共中央马克思恩格斯列宁斯大林著作编译局编译:《马克思恩格斯文集》(第 1 卷),人民出版社 2009 年版,第 502 页。

主义不是书斋里的学问，而是实践的理论，是为人类求解放而创立的，指引人民改造世界的行动，实践性是马克思主义理论区别于其他理论的显著特征。习近平法治思想源于经验的升华，[①]具有鲜明的实践品格，拓展了中国特色社会主义法治新道路，具有实践的指导力，[②]为建设中国特色社会主义法治体系，建设社会主义法治国家，探索人类法治文明新形态提供了根本遵循和行动指南。

**二、以习近平法治思想为指导推进法治中国建设**

坚持全面依法治国，推进法治中国建设，必须明确目标。习近平法治思想核心要义"十一个坚持"的第六个坚持强调，坚持建设中国特色社会主义法治体系。党的二十大报告重申，建设中国特色社会主义法治体系，建设社会主义法治国家。这就是坚持全面依法治国，推进法治中国建设的总目标，既明确了性质和方向，又突出了工作重点和总抓手，对坚持全面依法治国，推进法治中国建设具有纲举目张的意义。[③] 全面依法治国各项工作都要围绕总目标来部署、来展开，要加快形成完备的法律规范体系、高效的法治实施体系、严密的法治监督体系、有力的法治保障体系，形成完善的党内法规体系。[④]

坚持全面依法治国，推进法治中国建设，必须明确时代使命。习近平法治思想核心要义"十一个坚持"的第五个坚持强调，坚持在法治轨道上推进国家治理体系和治理能力现代化。党的二十大报告重申，在法治轨道上全面建设社会主义现代化国家。这就是全面依法治国，推进法治中国建设的时代使命。确立这一时代使命是深刻总结我国社会主义建设成功经验和深刻教训作出的重大抉择。正、反两方面经验表明，社会主义建设只有在法治轨道上推进才能行稳致远，什么时候厉行法治，社会主义建设就能顺利发展，什么时候法治不彰，社会主义建设就会停滞不前。[⑤] 从我国古代来看，凡属盛世都是法制相对健全的时期；从世界历史来看，国家强盛往往同法治相伴而生。习近平总书记深刻指出，"法律是治国之重器，法治是国家治理体系和治理能力的重要依托"，[⑥]"法治体系是国家治理体系的骨干工程"，[⑦]"推进国家治理体系和治理能力现代化，当然要高度重视法治问题"。[⑧]

坚持全面依法治国，推进法治中国建设，需要明确领导力量。习近平法治思想核心要义"十一个坚持"的第一个坚持旗帜鲜明，坚持党对全面依法治国的领导。领导力量问

① 张文显：《习近平法治思想的实践逻辑、理论逻辑和历史逻辑》，载《中国社会科学》2021年第3期。

② 陈一新：《习近平法治思想是全面依法治国的行动指南》，载《学习时报》2021年3月31日，A1版。

③ 习近平：《论坚持全面依法治国》，中央文献出版社2020年版，第4、111～112页。

④ 习近平：《论坚持全面依法治国》，中央文献出版社2020年版，第4、111～112页。

⑤ 本书编写组编著：《党的二十大报告辅导读本》，人民出版社2022年版，第386页。

⑥ 习近平：《论坚持全面依法治国》，中央文献出版社2020年版，第85、112页。

⑦ 习近平：《论坚持全面依法治国》，中央文献出版社2020年版，第85、112页。

⑧ 中共中央文献研究室编：《习近平关于全面依法治国论述摘编》，中央文献出版社2015年版，第3、34页。

题的核心是党和法的关系。党和法的关系是一个根本问题,处理得好,则法治兴、党兴、国家兴;处理得不好,则法治衰、党衰、国家衰。党和法的关系是政治和法治关系的集中反映。法治当中有政治,没有脱离政治的法治。每一种法治形态背后都有一套政治理论,每一种法治模式当中都有一种政治逻辑,每一条法治道路底下都有一种政治立场。① 党的领导是中国特色社会主义法治之魂,是推进全面依法治国、建设法治中国的根本保证。我们必须深刻领悟"两个确立"的决定性意义,坚决做到"两个维护",把党的领导落实到全面依法治国,建设法治中国各领域各方面各环节。

坚持全面依法治国,推进法治中国建设,需要明确根本立场。习近平法治思想核心要义"十一个坚持"的第二个坚持明确宣示,坚持以人民为中心。这是中国特色社会主义的本质要求。全面依法治国,建设法治中国的根本宗旨就是为了人民,依靠力量就是人民。我们必须站稳人民立场、把握人民愿望、尊重人民创造、集中人民智慧。要积极回应人民群众新要求新期待,系统研究谋划和解决法治领域人民群众反映强烈的突出问题,不断增强人民群众获得感、幸福感、安全感,用法治保障人民安居乐业。要把体现人民利益、反映人民意愿、维护人民权益、增进人民福祉落实到法治中国建设各领域全过程。

坚持全面依法治国,推进法治中国建设,需要明确方向道路。如果路走错了,南辕北辙了,那再提什么要求和举措也都没有意义了。② 习近平法治思想核心要义"十一个坚持"的第三个坚持明确,坚持中国特色社会主义法治道路。这是建设社会主义法治国家的唯一正确道路。中国特色社会主义法治道路本质上是中国特色社会主义道路在法治领域的具体体现,党的领导、中国特色社会主义制度、中国特色社会主义法治理论这三个方面实质上是中国特色社会主义法治道路的核心要义,规定和确保了中国特色社会主义法治体系的制度属性和前进方向。

坚持全面依法治国,推进法治中国建设,必须明确首要任务。习近平法治思想核心要义"十一个坚持"的第四个坚持明确,坚持依宪治国、依宪执政。这是建设社会主义法治国家的首要任务和基础性工作。宪法是国家的根本法,是治国安邦的总章程,具有最高的法律地位、法律权威、法律效力,具有根本性、全局性、稳定性、长期性。坚持依法治国首先要坚持依宪治国,坚持依法执政首先要坚持依宪执政,坚持宪法确定的中国共产党领导地位不动摇,坚持宪法确定的人民民主专政的国体和人民代表大会制度的政体不动摇。加强宪法实施和监督,健全保证宪法全面实施的制度体系,更好地发挥宪法在治国理政中的重要作用,维护宪法权威。

坚持全面依法治国,推进法治中国建设,必须明确工作布局。习近平法治思想核心要义"十一个坚持"的第七个坚持明确,坚持依法治国、依法执政、依法行政共同推进,法

① 中共中央文献研究室编:《习近平关于全面依法治国论述摘编》,中央文献出版社 2015 年版,第 3、34 页。

② 《习近平谈治国理政》(第 2 卷),外文出版社 2017 年版,第 113 页。

治国家、法治政府、法治社会一体建设。这是对全面依法治国，建设法治中国工作布局的回答。其中，法治政府建设是全面依法治国的重点任务和主体工程。我们要深化行政执法体制改革，全面推进严格规范公正文明执法，强化行政执法监督机制和能力建设，全面提高法治政府建设水平。法治社会是构筑法治国家的基础。我们要弘扬社会主义法治精神，传承中华优秀传统法律文化，深入开展法治宣传教育，引导全体人民做社会主义法治的忠实崇尚者、自觉遵守者、坚定捍卫者。

坚持全面依法治国，推进法治中国建设，必须明确重要环节。习近平法治思想核心要义“十一个坚持”的第八个坚持明确，坚持全面推进科学立法、严格执法、公正司法、全民守法。这就明确了推进全面依法治国，建设法治中国的重要环节和重点任务。“立善法于天下，则天下治；立善法于一国，则一国治。”实现全面依法治国的目标，要坚持立法先行，坚持立改废释纂并举，加快完善法律、行政法规、地方性法规体系，加快补齐相关法律领域短板弱项。我们要完善以宪法为核心的中国特色社会主义法律体系，加强重点领域、新兴领域、涉外领域的立法工作，推进科学立法、民主立法、依法立法，增强立法系统性、整体性、协同性、时效性，努力以良法促进发展、保障善治。公正司法是维护社会公平正义的最后一道防线。我们要深化司法体制综合配套改革，全面准确落实司法责任制，规范司法权力运行，强化对司法活动的制约监督，加快建设公正高效权威的社会主义司法制度，让人民群众在每一个司法案件中感受到公平正义。

坚持全面依法治国，推进法治中国建设，必须明确迫切任务。习近平法治思想核心要义“十一个坚持”的第九个坚持明确，坚持统筹推进国内法治与涉外法治。法治体系是国家治理体系的骨干工程，法治是国家软实力的核心内容。当前，世界百年未有之大变局加速演变，和平与发展仍然是时代主题，但国际环境不稳定性不确定性明显上升。我国不断发展壮大，日益走近世界舞台中央。要加快涉外法治工作战略布局，协调推进国内治理和国际治理，更好维护国家主权、安全、发展利益。

坚持全面依法治国，推进法治中国建设，必须明确基础性保障。习近平法治思想核心要义“十一个坚持”的第十个坚持就此明确，坚持建设德才兼备的高素质法治工作队伍。推进全面依法治国，建设一支德才兼备的高素质法治队伍至关重要。我国专门的法治队伍主要包括在人大和政府从事立法工作的人员、在行政机关从事执法工作的人员、在司法机关从事司法工作的人员。推进全面依法治国，首先要把这几支队伍建设好。

坚持全面依法治国，推进法治中国建设，必须明确关键所在。习近平法治思想核心要义“十一个坚持”的最后一个坚持就此明确，坚持抓住领导干部这个“关键少数”。领导干部具体行使党的执政权和国家立法权、行政权、监察权、司法权，是全面依法治国的关键。我们要发挥领导干部示范带头作用，推动习近平法治思想深入人心，使尊法学法守法用法在全社会蔚然成风。

# 坚持习近平法治思想指引 提升涉外法治体系和能力现代化*

杜焕芳**

党的十八大以来,党中央高度重视涉外法治建设。2021年12月6日,习近平总书记在中央政治局第三十五次集体学习时强调,国际竞争越来越体现为制度、规则、法律之争,必须运用法治手段开展国际斗争。当前,我国正处在实现中华民族伟大复兴的关键时期,世界百年未有之大变局加速演进,改革发展稳定任务艰巨繁重,对外开放深入推进,需要更好发挥法治固根本、稳预期、利长远的作用。习近平总书记以深邃的历史眼光、宽广的国际视野把握国内国际两个大局,高瞻远瞩、审时度势地提出统筹推进国内法治和涉外法治。这是以习近平同志为核心的党中央深刻把握时代潮流和国家发展需要作出的重大战略部署,也是习近平法治思想的重要组成部分,为涉外法治建设提供了根本遵循、指明了前进方向。

加快推进涉外法治建设,是一项系统工程,要完善集中统一、高效权威的涉外法治领导体制,把党的领导贯穿涉外法治建设各方面全过程,确保涉外法治工作牢牢掌握在以习近平同志为核心的党中央手中。要坚持习近平法治思想指引,在党中央集中统一领导统筹部署下,党政机关、立法机关、涉外法治部门、行业部门和法学法律界等同向同行、协同推进,着眼维护和塑造涉外法治的战略使命,抓紧填补空白点、补强薄弱点,着力提升涉外法治体系和能力现代化。

第一,加强涉外领域重点立法,加快我国法域外适用体系建设。党的二十大报告强调,“加强重点领域、新兴领域、涉外领域立法,统筹推进国内法治和涉外法治,以良法促进发展、保障善治”。完善的涉外立法是我国完善涉外执法司法体制、提高涉外执法司法能力的基本前提。在当前复杂形势下,我国应加强涉外领域立法的论证和制定工作,以切实保障其他各项涉外法治工作的顺利推进。按照急用先行原则,进一步完善反制裁、反干涉、反制“长臂管辖”等重点法律法规,及早制定对外关系法、国家豁免法等涉外基础

* 原载《中国社会科学报》2022年10月12日,第4版。

** 中国人民大学习近平新时代中国特色社会主义思想研究院研究员,法学院党委书记,教授。

性支撑性法律,同时制定和修改对外开放领域相关的国内法时增加立法的开放性和包容性,扩大中国法律的域外适用,尤其在公法、经济行政法、金融法等领域加快推进我国法域外适用的法律体系建设,为我国涉外执法司法活动提供充分的法律依据。

近年来,发达国家对华自然人和实体的各种打压制裁措施有增无减,针对发达国家打着"法治"幌子的霸权行径,要加强反制理论和实践研究,建立阻断机制,以法律形式明确我国不接受任何国家的"长臂管辖"。在已出台《反外国制裁法》的基础上制定相关实施条例和细则,使相关具有反制功能的阻断法更具实操性,我国相关部门在外国滥用"长臂管辖"时可以及时采取反制措施。在推行国民待遇加负面清单管理模式的基础上,加强外商投资的保护、促进和管理,在国际投资领域维护我国作为东道国的利益和我国投资者在海外的投资利益。

第二,推进涉外法律法规有效实施,发展涉外法律服务业,强化企业合规管理。"徒法不足以自行",涉外法律法规的有效实施是涉外法治建设的关键环节。在这方面,需要进一步提升我国涉外执法司法的国际化水平,凸显我国应有的法律、司法方面话语权的大国地位。要始终坚持主权意识、大局意识和责任意识,站在党和国家工作大局的战略高度,围绕"一带一路"国际合作,推进国际商事法庭建设,运用法律手段参与国际问题处理,通过涉外司法活动增强在国际规则制定中的话语权。尊重国际法原则和规则,依法行使管辖权妥善解决平行诉讼,准确适用准据法、国际条约和国际惯例,探索司法协助互惠合作以及判决的承认与执行,不断增强大国司法的自信和自觉,保障和服务高水平对外开放。

发展涉外法律服务业是加强涉外法治建设的重要举措。近年来,我国涉外法律服务业有了长足发展,但同快速增长的需求并不相配。我国进一步扩大对外开放使涉外法律服务业从传统的在境内提供法律服务为主的模式,转化为延伸至境外提供法律服务的新模式。涉外法律服务业面临新机遇,也提出新要求,特别是要为"一带一路"等国家重大发展战略、中国企业和公民"走出去"、我国外交工作大局、打击跨境犯罪和追逃追赃等工作提供法律服务。要注重培育一批国际一流的仲裁机构、律师事务所,把涉外法治保障和服务工作做得更有成效,更好地维护我国公民、法人在海外及外国公民、法人在我国的正当权益,依法维护海外侨胞权益。同时,要强化企业合规意识,我国企业走出去都会面临经营管理合规的问题,走出去的企业在合规方面不授人以柄才能行稳致远。

第三,优化涉外法治工作战略布局,关注涉外法治重点领域。习近平总书记指出,"面对新一轮对外开放,涉外法治工作必须加强战略布局,占领制高点,掌握主动权"。工作应对机制要跟上,司法、外交、商务、援外等部门要加强协调和配合,及时了解掌握最新情况,从法治上有效应对各种国际摩擦纠纷。有的发达国家以国内法名义对我国公民、法人实施所谓的"长臂管辖",我们必须综合运用政治、经济、外交、法治等多种手段加以应对。当前中美在卫生、教育、体育、科技、交通等传统领域呈现了较多关键的涉外法律问题。各部委应在相关司局增设涉外法律专员岗位,打通高校与部委以及地方政府之间的协调衔接机制,更好地发挥专家在对发达国家法律斗争中的作用。

涉外执法、司法和法律服务保障的推进,还需要关注一些重点领域。比如,当前卫生领域的疫情防控国际条约修改谈判和应对大流行条约的谈判研究机制开启,我国应多边和区域并举,对相关专家给予制度化工作支持,争取在这些问题上拿出完整的中国草案,贡献更多的中国智慧和中国方案。同时,在当前美欧主导国际多边机构的现实情况下,我们在疫苗生产分配、资金支持等方面应当将相当精力放在建立区域性机制,摸索积累主导经验,同时通过社会领域制度化为“一带一路”倡议的升级准备积累。推动共建“一带一路”,营造良好法治环境,构建公正、合理、透明的国际经贸规则体系,需要法治进行保障。

第四,建立涉外工作法务制度,提升涉外法治的实践应用能力,增强国际规则制定话语权。高水平对外开放意味着工作的复杂程度增加,涉外因素增多,涉外工作的重要性不断彰显,亟须加强涉外法治工作体制机制,建立涉外工作法务制度,在重点国家和地区使领馆设立法务参赞。推行专业化的法律顾问、法律服务,为长远、规范、有效地做好包括政治、经济、文化等不同领域的对外交往工作提供法律保障。同时,提升涉外法治的实践应用能力,及时发现问题、预警问题、防范和解决法律风险,预判发展态势,主动运用法律维护当下和长远的国家主权、安全和发展利益。

党的二十大报告指出,“坚定维护以联合国为核心的国际体系、以国际法为基础的国际秩序、以联合国宪章宗旨和原则为基础的国际关系基本准则,反对一切形式的单边主义,反对搞针对特定国家的阵营化和排他性小圈子”。在国际立法层面,要主动参与并努力引领国际规则制定,着力参加并推动气候、网络、公共卫生等国际新兴热点领域的条约谈判工作,提高我国在全球治理体系变革中的话语权和影响力。在国际司法层面,重视国际条约的运用实践,处理好我国缔结、签署、批准、生效的诸多国际条约与国内法的关系,深化司法领域国际合作,完善我国司法协助体制,扩大国际司法协助覆盖面。在国际执法层面,要把拓展执法司法合作纳入双边多边关系建设的重要议题,延伸保护我国海外利益的安全链。继续积极参与执法安全国际合作,共同打击暴恐势力、贩毒走私和跨国有组织犯罪等。

第五,加强涉外法治人才培养,强化思政铸魂、知识教育与实践能力结合,提高涉外法律斗争能力。建设一批通晓国际法律规则、善于处理涉外法律事务的涉外法治人才队伍,是推进涉外法治建设的先导力量和基础工程。习近平总书记指出,“要加强能力建设和战略投入,加强对全球治理的理论研究,高度重视全球治理方面的人才培养”,“要加强涉外法治人才建设”。应从国家战略高度认识加强涉外法治人才队伍建设的重大意义,坚持国家利益第一,坚持立足国情、服务大局,坚持德法兼修、明法笃行,努力造就一支高素质涉外法治工作队伍,领悟“国之大者”,心怀“国之大者”,更好地维护国家主权、安全和发展利益。

在当前国内国际两个大局下,要加大涉外法学教育力度,提升国际法在我国法律体系中的地位。要及时调整学位授予和人才培养学科目录,在有条件的高校设置国际法学一级学科,建设国际经济法等本科专业。推进课程体系改革,形成有中国特色和国际视野的国际法学专业课程群,以及相应的教学体系和教材体系。要立足并服务涉外法治实践,不断探索形成中国自主的涉外法治人才培养机制。重点做好涉外执法司法和法律服务人才、国际组织法律人才培养推送工作。积极推行以问题为导向的法律实践型教学,推广支持国际模拟法庭教学项目,提升涉外法治人才的专业实践能力、跨学科解决问题能力和跨文化沟通能力等核心素养,更好地服务党和国家对外工作大局。

在以习近平同志为核心的党中央坚强领导下,在习近平法治思想的科学指引下,立足中华民族伟大复兴战略全局和世界百年未有之大变局,不断增强涉外法治建设的信念伟力、思想定力、前进动力,我国涉外法治体系一定能不断完备,涉外法治能力现代化的目标也一定能早日实现。

# 学习习近平总书记在中国人民大学考察时重要讲话精神

# 新文科建设背景下法学交叉学科建设的现状、问题与路径：基于405篇博士学位论文(2001～2019年)的实证分析

米传振*

## 一、问题的引入

2016年5月17日，习近平总书记在哲学社会科学工作座谈会上的讲话中提道："现在，我国哲学社会科学学科体系已基本确立，但还存在一些亟待解决的问题，主要是一些学科设置同社会发展联系不够紧密，学科体系不够健全，新兴学科、交叉学科建设比较薄弱。"①2018年5月24日，在教育部产学合作协同育人项目对接会上，时任教育部高等教育司司长吴岩指出，高等教育创新发展势在必行，要全面推进"新工科、新医科、新农科、新文科"建设。教育部法学类学科教学指导委员会主任委员徐显明提到，新文科将是文理打通、人文与社科打通、中西打通、知行打通、古今打通的"五通文科"，新文科在法学领域的展开就是新法学，而进入新时代后，法学教育面临许多新的挑战。② 由此可知，强化交叉学科、新兴学科，健全学科体系是新文科建设和构建中国特色哲学社会科学的重要内容。

法学是对完善中国特色哲学社会科学具有支撑作用的学科之一，对法律交叉学科的实际状况进行实证考察有益于我们厘清新法学建设、法学交叉学科建设亟须加强和改进的地方。本文将运用经验数据，以在中国知网检索到的运用法律交叉学科研究方法的405篇博士学位论文为研究对象，对法学交叉学科建设和人才培养的现状进行考察。具体而言，笔者将通过对这些博士学位论文的诸多特征把握法学与其他学科交叉的实际状况和存在的问题，并从构建中国特色哲学社会科学和新文科建设的视角提出培养法学交叉学科人才的路径。本文主要内容如下：首先对法律交叉学科研究的相关情况进行文献综述；其次对运用法律交叉学科研究方法的博士学位论文进行实证分析并揭示其中所隐

* 成都大学法学院讲师，法学系副系主任。

① 习近平：《在哲学社会科学工作座谈会上的讲话》，载《人民日报》2016年5月19日，第2版。

② 参见徐显明：《新文科建设与卓越法治人才培养》，载《中国高等教育》2021年第1期。

藏的问题;最后提出完善法学交叉学科建设的建议。

## 二、文献综述

总体上看,在诸多法学分支领域均有学者提倡交叉学科研究、多学科视野。早在1990年,金瑞林便发现,法学学位论文“学科交叉和渗透的现象日益加强,某些学科甚至跨越社会科学和自然科学两大领域”。[①] 2004年成凡发现,法学论文对哲学的引证数量最多,对经济学的引证数量最少,对社会学和政治学的引证数量居中。[②] 可见,直到21世纪初,哲学对法学的影响仍然很大。王利明和常鹏翱提出学科的分立和固守阻碍了交叉学科研究,法学既要加强学科内的知识融合,又要加强与其他学科的知识融合。[③] 陈瑞华提到中国法律制度的主要问题恰恰发生在不同法律学科的交叉地带,对于这些交叉性问题,规范法学几乎提不出富有创新性的观点。[④] 在刑法学领域,陈兴良认为,社科刑法学拓展了刑法学的知识范围,值得大力提倡;[⑤]齐文远认为,刑法学研究应该适当引入其他社会科学的方法,倡导多学科交叉研究。[⑥] 在知识产权领域,吴汉东则主张:“要用一种多学科的视野来看待一个复杂的知识产权问题。”[⑦]具有政法法学理论偏好的冯象表示社会科学的理论方法便于国际交流,提出有学术意义的问题,立足学术前沿。[⑧] 陈甦认为,鼓励交叉学科、新兴学科法学研究有利于打破法学分科研究的弊端。[⑨] 可以说,鼓励法学与其他学科交叉、融合是法学界的共识。

交叉学科研究方法在法学二级学科、法学与其他一级学科的实际应用情况并不均衡,尽管学科交叉是发展方向,但并未成为主流。经济学家史晋川和吴晓露认为:“在众多的交叉边缘学科中,法经济学是结合较好、影响较大的学科之一;迄今为止,还没有一门社会科学的交叉边缘学科能有法经济学这样的影响力。”[⑩]《中外法学》编辑部发现交叉学科研究方法在法理学领域的运用最广泛,在2010~2011年发表在知名法律期刊的法理学论文中,法律交叉学科研究论文为80篇,占比最高,其中,法律与社会研究65篇,

---

① 参见金瑞林:《硕士学位论文的指导与写作》,载《中外法学》1990年第6期。

② 参见成凡:《是不是正在发生?外部学科知识对当代中国法学的影响,一个经验调查》,载《中外法学》2004年第5期。

③ 参见王利明、常鹏翱:《从学科分立到知识融合——我国法学学科30年之回顾与展望》,载《法学》2008年第12期。

④ 参见陈瑞华:《法学研究方法的若干反思》,载《中外法学》2015年第1期。

⑤ 参见陈兴良:《注释刑法学经由刑法哲学抵达教义刑法学》,载《中外法学》2019年第3期。

⑥ 参见齐文远:《中国法学该转向教义主义还是实践主义》,载《法学研究》2011年第6期。

⑦ 参见熊琦、陈柏峰等:《对话吴汉东:在知识产权与法学教育之间》,载苏力主编:《法律和社会科学》第14卷第1辑,法律出版社2015年版,第347页。

⑧ 参见冯象:《法学三十年:重新出发》,载《读书》2008年第9期。

⑨ 参见陈甦:《当代中国法学研究的研究》,载《中国社会科学评价》2015年第3期。

⑩ 史晋川、吴晓露:《法经济学:法学和经济学半个世纪的学科交叉和融合发展》,载《财经研究》2016年第10期。

法律与经济研究15篇,[①]而在2012~2013年刊发在法学类CSSCI期刊的法理学交叉研究中,法律与社会学交叉研究同样最多,其余依次为:法律与政治学的交叉研究、法学与伦理学交叉研究、法学与文学交叉研究、法学与经济学交叉研究。[②] 熊谋林对2001~2011年发表在《中国社会科学》《法学研究》《中国法学》上的抽样论文进行统计分析印证"中国法学研究从注重规范到实证,从纯法学到与社会学、经济学跨学科交叉的发展方向"。[③] 然而,也有结论相反的研究,赵磊以《中国社会科学》1980~2015年发表的法学论文进行考察发现在403篇文章中只有19篇文章的选题为"交叉学科",交叉学科选题占总论文选题的4.71%,"法学间跨学科以及与其他领域的横跨在整体上还不够"。[④] 该文对交叉学科的界定不是以研究进路为标准而是基于《中国社会科学》的"交叉学科"专栏分类。那么,中国的法律交叉学科研究、法学交叉学科建设、法学交叉高层次人才培养的实际情况如何?

## 三、以博士学位论文透视法学交叉学科的发展状况

为了考察法学交叉学科建设、法学交叉学科人才培养和法律交叉学科研究的实际情况,本部分以在"中国知网"检索到的运用法律交叉学科研究方法的博士学位论文为实证研究对象。

### (一)以博士学位论文透视法学交叉学科发展状况的合理性

科斯曾提出,报纸、电视、广播构成的言论市场,彼此争奇斗艳,互相竞争,[⑤]霍姆斯也曾用言论自由隐喻"观念市场""言论市场""思想市场",[⑥]李·爱泼斯坦等也曾假设存在"司法劳动力市场",主张把法官看作一个劳动力市场的参与者。[⑦] 这些论述启示我们运用市场的观点切入法学教育市场、学术研究市场也许能得到不一样的收获。

国内一些研究者也表达了对教育市场、学术市场观念的认可。比如,在解决研究生

---

① 参见本刊编辑部:《中国法理学科发展评价(2010—2011):基于期刊论文的分析》,载《中外法学》2013年第2期。

② 参见本刊编辑部:《中国法理法史学发展评价(2012—2013):基于期刊论文的分析》,载《中外法学》2015年第2期。

③ 参见熊谋林:《三十年中国法学研究方法回顾——基于中外顶级法学期刊引证文献的统计比较(2001—2011)》,载《政法论坛》2014年第3期。

④ 参见赵磊:《当代中国法学学术生态分布——基于〈中国社会科学〉(1980—2015)法学论文的考察》,载《清华法学》2017年第1期。

⑤ See Ronald H. Coase, *The Market for Goods and the Market for Ideas*, 64 (2) American Economic Review 384 (1974).

⑥ 参见[美]波斯纳:《法理学问题》,苏力译,中国政法大学出版社2002年版,第278页。

⑦ 参见[美]李·爱泼斯坦、[美]威廉·兰德斯、[美]理查德·A.波斯纳:《法官如何行为》,黄韬译,法律出版社2017年版,第22页。

教育数量、质量问题上,苏力表示更信任中国研究生教育长期发展和实际存在的市场,[①]认为法学教育必须向社会提供不同质量、不同用途的产品,满足不同消费市场的需求。[②]侯猛认为,知识竞争以学术市场为取向,对社会生活更富有解释力和影响力的理论会胜出;[③]尤陈俊认为,学术研究范式是否有价值和说服力应放置到学术市场中来加以检验。[④] 总体上,学者对学术市场机制给予了积极评价。法学教育市场和学术研究市场并非封闭的完全垄断市场,而是一个具有一定竞争性的垄断竞争市场。比如,在20世纪90年代初市场经济曾给法学教育界带来冲击促使一些中青年教师"下海"经商。

法学博士研究生群体可以被视为法学教育市场和学术市场的重要参与者,他们是法学教育市场生产出来的"产品",同时也是学术研究市场上学术研究方法、学术研究产品的"消费者"和"生产者",他们通过自己的实际行动对法学教育市场和学术研究市场的产品"用脚投票"。比如,白建军认为,博士学位论文选题更自由及学位论文匿名评议制度等因素使博士学位论文选题能够展现某个法学领域的学术现状。[⑤] 程金华发现,从英美法系留学回来的研究者从博士学位论文选题到出版发表坚持交叉学科研究的进路。[⑥]循此,博士学位论文是观察中国法学教育市场和学术市场实际情况的一个切片,博士学位论文在研究主题、研究方法等方面的实际情况真实反映了法学交叉学科建设、法学交叉学科人才培养状况和法律交叉学科研究的一个侧面。

(二)博士学位论文中是否运用法律交叉学科研究方法的考量

法学界对法学博士学位论文的研究比较少。刘南平最早专门对法学博士学位论文进行了研究,他发现国内的法学博士学位论文缺乏命题,法学论文的固定模式是把论文写成介绍性的文章。[⑦] 白建军以国家图书馆馆藏的1987~2005年的全部刑法、犯罪学博士学位论文为对象研究了论文选题与学术创新之间的关系,发现该领域尚未表现出明显的范式革命的迹象和需求。[⑧] 根据激励兼容约束,欲使相关知识生产主体有充分的动力投身于某个场域的研究,应当确保相关主体产出该知识时所能获得的效用不小于他们从

---

① 参见苏力:《数量与质量——中国研究生教育的问题和回应》,载《北京大学学报(哲学社会科学版)》2010年第1期。

② 参见苏力:《当代中国法学教育的挑战与机遇》,载《法学》2006年第2期。

③ 参见侯猛:《当代中国法学理论学科的知识变迁》,载《法商研究》2006年第5期。

④ 参见尤陈俊:《社科法学的成长与发展》,载《南开法律评论》第10辑,南开大学出版社2015年版,第10页。

⑤ 参见白建军:《法学博士论文选题创新性实证分析》,载《北京大学学报(哲学社会科学版)》2007年第3期。

⑥ 参见程金华:《当代中国的法律实证研究》,载《中国法学》2015年第6期。

⑦ 刘南平:《法学博士论文的"骨髓"和"皮囊":兼论我国法学研究之流弊》,载《中外法学》2000年第1期。

⑧ 白建军:《法学博士论文选题创新性实证分析》,载《北京大学学报(哲学社会科学版)》2007年第3期。

事其他类型知识生产所获得的效用,[1]然而,作为高等教育、学术研究的“消费者”和储备人才,博士研究生的效用来源十分复杂,在微观层面,一位博士生是否在博士学位论文中运用交叉学科研究方法的考虑因素有哪些呢?

第一,交叉学科研究更可能被引证,更容易产生学术影响力。一项研究被引证往往反映其真正的学术影响力,一些高校对教师的考核要求包括了研究被引数量,而跨学科研究有引证优势,比如,陈柏峰在社会学和法学两个学科均有较高的引证率。论文引证外部学科传递了作品质量高的信号,一篇论文引证的论文越丰富,其影响力可能越大,被评价的可能性越大,引证的数量与文章的影响呈正相关。[2] 此外,法学论文需要更长时间积累才会形成引证波峰,一些在三大刊上发表的主题并不冷僻的论文在几年过去被引次数仍为0。[3] 由于法学论文往往需要长时间积累才会被人引证,那么,更注重学术声誉的博士研究生和毕业后希望继续从事学术研究的博士生更可能在其博士学位论文中使用交叉学科研究方法。

第二,博士学位论文对研究创新性的要求或追求可能推动甚至逼迫博士生选择使用交叉学科研究方法。博士学位论文原创性要求研究成果体现意念上或方法上的创造性。[4] 一般而言,博士研究生在提交学位论文或者答辩时应简要概括论文创新点,而外审专家对博士学位论文评审时也应对论文的学术水平、创新性进行评价。程金华分析,在2000年左右,我国第二代法学博士由于中宏观选题的缘故,出于创新追求在博士学位论文中加入交叉学科因素,而到了2010年左右,第三代法学博士在选择博士学位论文题目时,由于规范法学的选题已被写过,实证研究成为解决选题困难的捷径。[5] 在博士学位论文研究主题上创新的边际成本递增时,创新研究方法更可行。随着法学研究的深入和细化,由于中宏观题目、常规性法学选题早已被研究过,越晚入学的博士生出于对学位论文创新性的要求或追求,越有可能选择交叉学科研究方法。笔者推测,出于论文创新性的要求或追求,随着时间的推移,运用交叉学科研究方法的博士学位论文数量会呈现一个逐渐增加到逐渐回落的动态过程。

第三,博士研究生可能在学位论文中使用杂糅的、“大杂烩”式的研究方法:同时使用历史研究法、比较研究法、规范分析,以及包括社会学、经济学、政治学等交叉学科研究方

---

① 参见吴元元:《司法无言之知的转化机制及其优化——案例研究的知识社会学反思》,载《法学》2019年第9期。

② 参见成凡:《从竞争看引证——对当代中国法学论文引证外部学科知识的调查分析》,载《中国社会科学》2005年第2期。

③ 参见侯猛:《中国法学的实力格局——以青年学者的引证情况为分析文本》,载《中国法律评论》2017年第5期。

④ 参见刘南平:《法学博士论文的“骨髓”和“皮囊”:兼论我国法学研究之流弊》,载《中外法学》2000年第1期。

⑤ 参见程金华:《当代中国的法律实证研究》,载《中国法学》2015年第6期。

法。比如,陈甦提到,比较研究法成为主要研究方法,民法学博士和硕士学位论文如果没有运用比较研究方法会被认为论证体系不完整。① 除创新性要求外,在博士学位论文中使用多种研究方法也有现实因素考量:学位论文字数最低要求及将博士学位论文作为个人专著的出版需求。由于学位培养单位判断博士学位论文是否具有创新性的信息费用十分高昂,各培养单位往往对博士学位论文的字数设置一个下限,比如,笔者曾就读的学校要求博士学位论文正文不低于8万字。设置学位论文字数下限会激励博士生使用多种研究方法扩充论文内容,把学位论文作为个人学术专著出版的需求也会激励博士生想尽办法充实论文。

第四,就读高校自设二级学科、交叉学科专业的博士研究生比就读常规的法学二级学科专业的博士生更可能选择交叉学科研究方法。根据教育部2020年《学位授予单位(不含军队单位)自主设置二级学科和交叉学科名单》,在拥有法学一级学科博士学位授权点的高校中,自设交叉学科涉及法学一级学科的有34所,在法学一级学科下面自设二级学科的数量为82所。目前,还有多个法学二级学科博士点,法学二级学科博士点的专业交叉性显著,如果再考虑在法学之外的一级学科下面设置与法学相关的交叉学科的情况,②则在学位论文中可能运用交叉学科研究方法的博士生将会更多。根据贺欣观察,法学教育的硕士研究生、博士研究生主要来自法学院的学生,绝大多数法学院的教员来自法学,法学院的培养模式和人才输入模式决定了法律和社会科学方面的人才不会太多,法律人在从事法律和社会科学研究上缺乏比较优势。③ 博士学位论文应符合博士生所就读的专业或研究方向,但这只是一种"应然",实际情况是否如此有待验证。

第五,新兴法律问题可能吸引博士生进行学术创新,但是,在新兴法律问题上进行深入研究和学术创新的难度和风险也大。近年来,社会出现一些全新的研究领域,如大数据、区块链、人工智能。新兴法律问题往往处在多个法学学科、法学与其他学科的交叉地带,它们对博士研究生进行学术创新有吸引力。但是,新兴法律问题所代表的社会热点可能是短暂的、所需要的知识储备是多方面的,博士研究生可能知难而退,研究者并不会单纯因为一个法律问题是新兴问题就投入大量精力。安全通过答辩是博士研究生在写作博士学位论文时的最大愿望,而创新性的研究具有明显的挑战性和较大的风险性,④博

---

① 陈甦:《当代中国法学研究的研究》,载《中国社会科学评价》2015年第3期。

② 比如,河海大学在社会学下面自设法律社会学,多所财经类院校和综合性大学在应用经济学和理论经济学下面自设法律经济学。北京理工大学、浙江理工大学、西北大学、天津财经大学、山西财经大学、江西财经大学在应用经济学下面自设法律经济学,四川大学、山东大学在理论经济学下面自设法律经济学,西南财经大学在理论经济学下面自设法律经济学,西南政法大学在理论经济学下面自设法律经济学。

③ 贺欣:《转型中国背景下的法律与社会科学研究》,载《北大法律评论》2005年第2期。

④ 参见白建军:《法学博士论文选题创新性实证分析》,载《北京大学学报(哲学社会科学版)》2007年第3期。

士研究生可能为了安全通过答辩而选择研究常规性法律问题,写一篇中规中矩、四平八稳的论文。特别地,在找工作更看重在高级别的期刊发表学术论文的情况下,博士研究生可能在投稿期刊论文时而非写作学位论文时尝试研究新兴法律问题。由于文献积累更少,博士研究生在新兴问题上进行深入研究和学术创新的难度与风险也大。与研究常规性法律问题相比,法律交叉学科研究对研究者的知识储备要求更苛刻,这导致以法学交叉学科为研究方法和选题的博士学位论文会更少一些。

第六,博士研究生可能因为个人知识和学术上的偏好而选择交叉学科研究进路。在学术市场,个人偏好也发挥一定的作用,有人仅仅出于研究或知识上的偏好而选择交叉学科研究。比如,白建军认为,实证研究"有趣、好玩","是一种非常奢侈的享受";[①]苏力表示,法教义学"不长知识",而他本人更偏好实用主义,注重经世致用,[②]而社科法学研究群体中"有一部分研究者没有获得过法学之外的学位,主要通过自学或有知识偏好而从事社科法学研究"。[③] 因此,以上分析表明,不排除有博士研究生单纯因为个人偏好而选择法律交叉学科的研究进路。

**四、对405篇运用法律交叉学科研究方法的博士学位论文的统计分析**

由于法律交叉学科研究的交叉、融合性质,准确界定一篇论文是否属于法律交叉学科研究可能面临高昂的信息费用。笔者认为,法律交叉学科研究至少包含两类:一类是研究主题具有交叉性,既涉及法学学科,也涉及法学之外的其他学科,如人工智能;另一类是对于某一法律问题的研究,运用了法学之外的其他社会科学研究方法、工具、理论。为了研究我国法学交叉学科的实际状况,同时降低甄别一项研究是不是法律交叉学科研究的高昂信息费用,本文选择以在中国知网硕博论文库中检索到的运用法律交叉学科研究方法的博士学位论文为研究对象。

*(一)从样本容量来看,法律经济学的影响力超过了法律社会学*

在2019年12月,笔者在中国知网硕博论文数据库分别以"法律经济学""法和经济学""法经济学""法律的经济分析"(以下统称法律经济学)为主题进行检索分别得到博士学位论文:26篇、104篇、118篇、282篇;以"法律社会学""法社会学""法人类学""法律人类学""法律和认知科学""社科法学""法律与文学""法律与伦理学""法伦理学""法律与政治学""法政治学"(以下统称法律社会学)为主题进行检索分别得到博士学位论文:53篇、43篇、10篇、5篇、1篇、2篇、4篇、22篇、9篇、13篇、4篇(见表1)。

---

① 侯猛、白建军、程金华:《对话白建军:在乎真相的法律实证》,载苏力主编:《法律和社会科学》第17卷第2辑,法律出版社2018年版,第297页。

② 苏力:《中国法学研究格局的流变》,载《法商研究》2014年第5期。

③ 侯猛:《社科法学的传统与挑战》,载《法商研究》2014年第5期。

**表 1　中国知网上运用法律交叉学科研究方法的博士学位论文检索情况**

单位:篇

| 检索主题 | 法律经济学 | 法和经济学 | 法经济学 | 法律的经济分析 | 法律社会学 | 法社会学 | 法人类学 | 法律人类学 |
|---|---|---|---|---|---|---|---|---|
| 论文篇数 | 26 | 104 | 118 | 282 | 53 | 43 | 10 | 5 |
| 检索主题 | 法律和认知科学 | 社科法学 | 法律与文学 | 法律与伦理学 | 法伦理学 | 法律与政治学 | 法政治学 | |
| 论文篇数 | 1 | 2 | 4 | 22 | 9 | 13 | 4 | |

笔者从题目、摘要、关键词、研究方法等几个方面综合判断前述检索到的论文是否属于法律交叉学科研究。经甄别,本文共得到运用了法律经济学研究方法的博士学位论文304 篇(以下简称法律经济学样本),运用了法律社会学研究方法的博士学位论文共 103篇(含运用"法人类学"和"法律人类学"研究方法的论文 4 篇、运用"法律和认知科学"研究方法的论文 1 篇、运用"法律和认知科学"研究方法的论文 1 篇、运用"法律与文学"研究方法的论文 4 篇、运用"法律与伦理学""法伦理学"研究方法的论文 17 篇、运用"法律与政治学""法政治学"研究方法的论文 8 篇)(以下简称法律社会学样本),[①]有 2 篇论文在两样本中同时出现。[②] 本文将运用法律经济学和法律社会学研究方法的学位论文各作为一个样本,共得到运用法律交叉学科研究方法的博士学位论文 405 篇,从样本容量来看,法律经济学的影响远超过了法律社会学。

(二)吉林大学、西南政法大学、中国政法大学培养了最多偏好运用法律交叉学科研究方法的博士

从培养单位来看,法律经济学样本中共有 56 所高校和科研院所培养的 304 位博士的学位论文运用了法律经济学研究方法。在法律社会学样本中,共有 32 所高校和科研院所培养的博士在 103 篇学位论文运用了法律社会学等交叉学科研究方法。

在法律经济学博士样本中,吉林大学培养的博士最多,高达 54 人,西南政法大学以45 人排第二位,后面排序依次是中国政法大学(22 人)、武汉大学(21 人)、对外经济贸易

---

① 为了便于进行对比分析,本文把法律与政治、法律与文学、法律与人类学、法律与伦理学、法律与认知科学交叉学科研究方法的论文均放入"法律社会学样本"中。

② 参见张雅萍:《期待权导论》,黑龙江大学 2011 年博士学位论文;韩宏伟:《法律传播中的"知沟"现象研究》,南京大学 2016 年博士学位论文。这两篇博士学位论文均表示同时使用了法律经济学和法律社会学研究方法,因此本文将这两篇博士学位论文同时放在了法律经济学样本和法律社会学样本中。

大学(13人)、山东大学(13人),而在法律社会学样本中,前6所高校依次是:吉林大学(17人)、西南政法大学(14人)、中国政法大学(10人)、华东政法大学(7人)、山东大学(6人)、上海大学(5人)。总体上,吉林大学(71人)、西南政法大学(59人)、中国政法大学(32人)三所高校培养了最多偏好运用法律交叉学科研究方法的博士。

(三)法学院培养了最多偏好法律社会学的博士,社会学博士对法律社会学的参与有限

具体到二级学院层面,在法律社会学样本的103篇博士学位论文中,有73篇博士学位论文出自政法类院校和综合性大学的法学院系,①占该样本总数的70.9%;排在政法院校和综合大学法学院之后的是上海大学文学院社会学系(5篇)、华东师范大学社会发展学院(3篇)、中共中央党校(3篇)和复旦大学哲学系(2篇);剩余17篇博士学位论文分别出自以下17个培养单位:吉林大学哲学社会学院、中国农业大学人文与发展学院、华中科技大学中国乡村治理研究中心、西北大学马克思主义学院、西南大学教育学院、武汉大学社会学系、西南民族大学民族研究院、华中科技大学教育科学研究院、兰州大学西北少数民族研究中心、兰州大学文学院、复旦大学中国语言文学系、湖南师范大学公共管理学院、湖南师范大学伦理学研究所、中国海洋大学环境科学与工程学院、华东师范大学政治学系、苏州大学政治与公共管理学院、第三军医大学。可见,法学院培养了绝大多数具有法律社会学偏好的博士,社会学专业等法学之外的人文社会科学院系培养的博士对法律社会学的参与较有限。换言之,目前中国的法律与社会交叉学科的研究群体在知识背景上具有较高的同质性。

(四)法律社会学研究方法的"消费者"形成了"以法学专业为主+少部分社会学专业"的局面

笔者还考察了法律社会学样本中作者的专业、研究方向。由于目前国家对博士学位论文没有统一的规范,对学位论文中的专业和研究方向亦无统一的填写要求,因此,有的博士学位论文出现了只有专业而无研究方向、同一个法学二级学科既是专业又是研究方向等混乱现象。笔者对专业的统计以二级学科为主,对于"专业是一级学科、研究方向是二级学科"的情况,本文以该博士的研究方向作为二级学科。

图1对这103篇博士学位论文作者的专业分布情况进行了统计,"其他专业"包括政治学理论、刑法学、民族法学、人口学、民族学、比较法学、教育经济与管理、马克思主义哲学、侦查学、农村发展与管理、马克思主义中国化、教育学原理、中国现当代文学、社会医学与卫生事业管理14个专业。

① 由于甄别难度很大,本文将所有政法类院校的不同学院均统计为法学院。

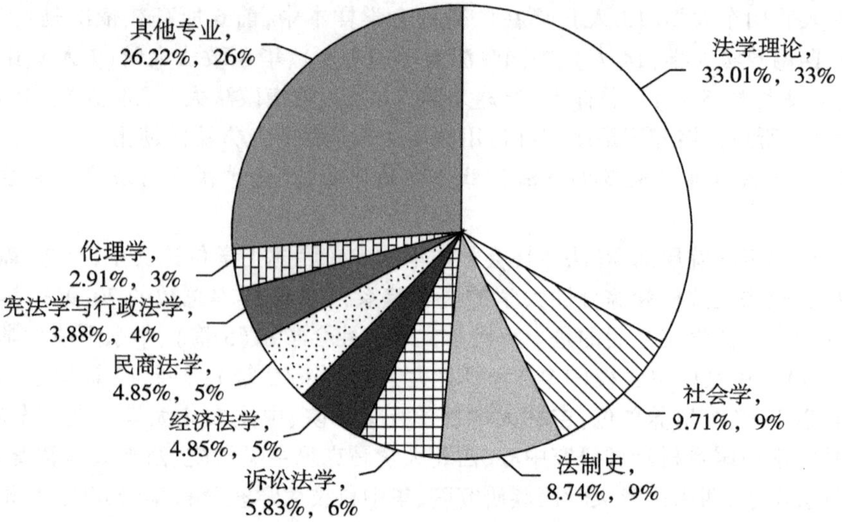


**图1　法律社会学样本中103篇博士学位论文作者的专业构成**

在法律社会学样本中，排名比较靠前的专业是：法学理论(33.01%)、社会学(9.71%)、法制史(8.74%)、诉讼法学(5.83%)、经济法学(4.85%)、民商法学(4.85%)。在法学二级学科中，法学理论专业的博士最偏好法律与社会学交叉研究方法。除法学理论专业外，法制史专业的博士对法律社会学研究方法也有一定偏好，这与我们一贯认为法制史领域以考据或议论为主要研究方法的印象不相符。在法学之外的专业中，社会学专业出身的博士在法律社会学研究群体中占比最高，这一发现和刘思达“中国法律社会学的研究基本是法学院做的，社会学没有什么人研究”的观点稍有出入。① 从总体上看，法律社会学研究方法的“消费者”形成了“以法学专业为主+少部分社会学专业”的局面。

(五)法学院培养了最多偏好法律经济学的博士，经管院系次之

具体到二级学院层面，在法律经济学样本中，有184篇出自政法类院校和综合性大学的法学院系，占该样本总数的60.53%，有113篇出自经管类的院系，②占该样本总数的37.17%，有7篇论文出自法学类和经管类之外的院系，③占该样本数的2.3%。从数量上

① 刘思达、侯猛、陈柏峰:《社科法学三人谈:国际视野与本土经验》，载《交大法学》2016年第1期。

② 包括相关高校的经济学院(65篇)、经济管理学院(10篇)、管理学院(8篇)、公共管理学院(7篇)、国际经济贸易学院(5篇)、工商管理学院(4篇)、经济与管理学院(3篇)、经济研究院(3篇)、商学院(2篇)、金融与统计学院(1篇)、会计学院(1篇)、经济与贸易学院(1篇)、国际商学院(1篇)、经济贸易学院(1篇)、财政与税务学院(1篇)。

③ 它们分别是浙江大学建筑工程学院(1篇)、中国农业科学院农业信息研究所(1篇)、东北农业大学规划与发展学院(1篇)、重庆大学建设管理与房地产学院(1篇)、清华大学土木工程系(1篇)、中国人民公安大学交通运输学院(1篇)、中国艺术研究院(1篇)。

看,法学院培养的博士在法律经济学博士学位论文的作者中占多数,经管类院系培养的博士次之,这与文献综述部分法律经济学研究日益“非法学化”、研究主体以经济学者为主的发现有所不同。如果将博士看作未来学术研究的储备力量,法律经济学研究的“非法学化”问题在近几年将得到一定缓解。

(六)法律经济学研究者的专业出身更多样化

本部分考察了法律经济学样本中作者的专业出身情况。根据教育部《学位授予和人才培养学科目录设置与管理办法》,学位授予单位在授权范围内可以自主设置二级学科和交叉学科,而法律经济学恰恰具有浓厚的交叉学科、跨学科色彩,这给统计法律经济学样本中作者的专业特征增加了难度。

图2统计了2001~2019年304篇运用法律经济学研究方法的博士学位论文作者的博士所就读的专业。由于法律经济学的交叉学科性质,各学位授予单位对法律经济学的专业名称设置差异很大。吉林大学经济学院在经济学一级学科下设置了“法律经济学”博士专业,厦门大学经济学院、北京理工大学法学院、江西财经大学法学院、西南财经大学法学院设置有“法律经济学”博士专业,对外经济贸易大学设置了“法与经济学”博士专业,中国政法大学则是先后设置了“法律与经济”“法与经济”“法与经济学”博士专业。此外,还有一些博士培养单位在西方经济学、产业经济学、政治经济学、经济思想史、农业经济管理等经济学和管理学的某个二级学科之下开设了“法和经济学”“法经济学”“法律经济学”“法与经济”等研究方向,为了避免混乱,本文对这一部分专业的认定限于二级学科而不包括具体的研究方向。本文将博士学位论文中专业名称的“法经济学”“法律经济学”“法律与经济”“法与经济”“法与经济学”“法与制度经济学”统一认定为“法律经济学”。

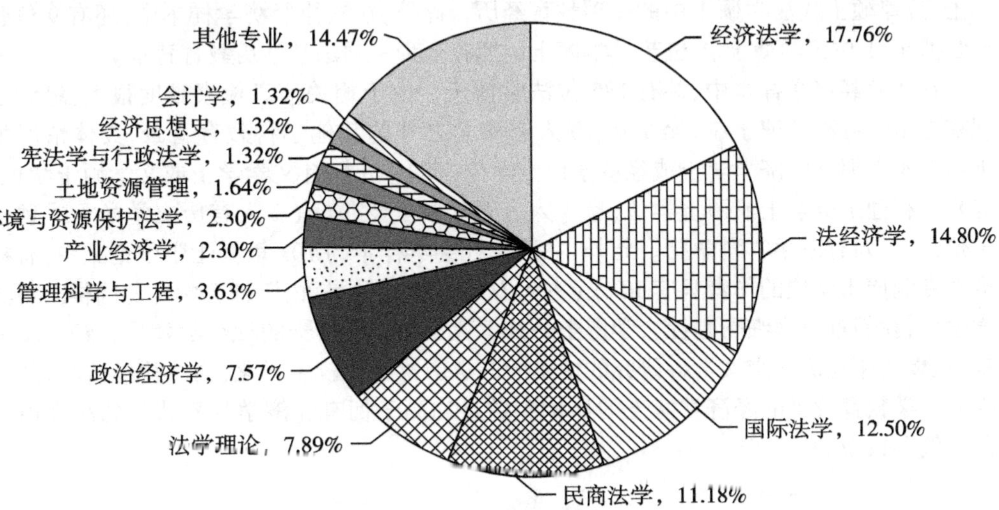


**图2 2001~2019年304篇运用法律经济学研究方法的博士学位论文作者的专业**

在法律经济学样本中,博士学位论文作者的专业主要来自:经济法学(17.76%)、法经济学(14.80%)、国际法学(12.50%)、民商法学(11.18%)、法学理论(7.89%)、政治经济学(7.75%)。图2中的"其他专业"按占比从高到低依次为:技术经济及管理、农业经济管理、诉讼法学、法律史、知识产权法学、金融学、国民经济学、刑法学、世界经济、国际贸易学、警察法学基础理论、比较法学、民族法学、艺术学、税收学、企业管理、公共安全预警与应急管理、中国少数民族经济、经济史、农业遥感与土地利用、财政学、环境科学、少数民族经济、人口学、药事管理、西方经济学、伦理学、保险学、运输与物流、马克思主义基本原理、建筑设计及其理论。总体上,从法律经济学样本中作者的专业分布情况来看,法律经济学的研究者比法律社会学的研究者的专业出身更多样化、所涉及的交叉学科类别也更广泛。

由图2可知,经济法学专业的博士在所有法学二级学科中最偏好法律经济学研究方法。由于自身交叉学科、跨学科的性质,法律经济学专业的博士在法律经济学研究群体中占据了第二大比例,这也契合笔者前文的预判:就读高校自设二级学科、交叉学科专业的博士更偏好交叉学科研究方法。国际法学专业培养的博士也偏好运用法律经济学方法,有国际法学专业的博士生甚至称法律经济学研究方法对国际法研究的影响不亚于"量子力学革命"。①

与法律社会学样本相比,从事法律经济学研究的博士在本科和硕士阶段的学历背景也更多样化。据笔者对学历背景的考察,在法律经济学样本中的304位博士中,共有85位经济学博士。在这85位经济学博士中,至少有47人有法学教育背景,其中,有1人同时有法学博士、经济学博士两个学位,有1人在法院担任法官,其余45人拥有至少法学学士、法律硕士或法学硕士中的一项教育经历。此外,在法律经济学样本中,还有9位管理学博士、1位工学博士、1位艺术学博士也拥有至少一项法学学历教育背景。

在法律经济学样本中,共有185位法学博士。由于相关信息检索难度很大,笔者发现在这185位法学博士中,至少有40人有法学之外的其他学科教育背景,具体情况如下:有14人拥有经济学学士或经济学硕士学位,有11人拥有文学学士或文学硕士学位,有8人有理工类学士或硕士学位,有3人有哲学学士学位,有2人有历史学学士或硕士学位,有2人有医学本科学历。此外,在法律社会学样本的103篇博士学位论文中,有社会学专业博士学位的作者只有10人(占9.71%),遗憾的是,由于社会学专业同样获得法学学位,我们难以详细甄别社会学博士的法学背景和法学博士的社会学背景。经初步考察,从事法律经济学交叉学科研究的博士们的学历背景比较多样化,在法律经济学样本,拥有法学教育背景的经济学博士的比例和数量均高于拥有经济学教育背景的法学博士的比例和数量。

① 张弛:《国际法学的"量子力学革命"——评法律经济学在国际法研究中的应用》,载《东南学术》2012年第1期。

（七）学术创新追求会吸引博士生运用法律交叉学科研究方法

在法律经济学样本中，民商法学专业的博士学位论文有34篇，这与我们一贯认为民商法研究以法解释学、规范法学为主的印象并不相符。为此，笔者进行了更深入的考察。在这34篇博士学位论文中，有21篇论文在章节安排上缺少“论文创新点”“本研究创新之处”等相关内容，①有13篇论文在章节安排上包含了“研究创新”“论文创新点”“论文的主要创新点”“本研究创新之处”等类似的小节，其中，有4篇论文未把运用法律经济学方法作为创新之处，②但有9篇论文明确表示将法律经济学方法运用到该研究中是其创新之处。③

目前，由于在法学博士学位论文中详细阐述研究创新点和不足之处还未成为一个普遍性做法，在13篇包含论文创新之处的民商法学博士学位论文作者中，就有9篇认为将法律经济学研究方法运用到研究中是学术创新足以表明：学术论文创新性的要求或追求会吸引一部分博士运用法律交叉学科方法，在民商法学这一更强调法解释学和规范法学

① 它们分别是：陈起阳：《合同漏洞填补研究》，吉林大学2019年博士学位论文；冯时：《行政审批与矿业权转让合同效力关系研究》，吉林大学2018年博士学位论文；杨艳：《侵权法上自甘风险规则研究》，吉林大学2016年博士学位论文；邓冰宁：《美国第三人精神损害赔偿责任制度研究——兼论对我国立法的启示》，吉林大学2014年博士学位论文；邹德刚：《银行破产法律理论逻辑——一个法律经济学的视角》，吉林大学2013年博士学位论文；周效宇：《论违反强制性规定合同之效力》，吉林大学2013年博士学位论文；金正振：《纯粹经济损失的比较研究——以纯粹经济损失的类型化与构成要件为聚焦》，中国政法大学2011年博士学位论文；徐鹏：《论传播技术发展视野下的著作权合理使用制度》，吉林大学2013年博士学位论文；李妍：《职场性骚扰雇主责任研究》，吉林大学2010年博士学位论文；王妍：《商事登记基础理论研究——以权力与权利为视角》，黑龙江大学2010年博士学位论文；徐玉梅：《根本违约论——以合同义务理性化发展为视角》，黑龙江大学2010年博士学位论文；康娜：《关系契约视野下的婚姻和婚姻立法》，西南政法大学2008年博士学位论文；王富博：《居住权研究——我国物权立法的继受与创新》，中国政法大学2006年博士学位论文；吴敏：《论法律视角下的银行破产》，西南政法大学2006年博士学位论文；胡鹏翔：《资产证券化投资利益保护机制研究》，中国政法大学2005年博士学位论文；刘国祥：《医疗过失民事责任》，西南政法大学2005年博士学位论文；陶云燕：《农村土地权利研究》，西南政法大学2004年博士学位论文；徐昕：《论私力救济》，清华大学2003年博士学位论文；熊进光：《侵权行为法上的安全注意义务研究》，西南政法大学2006年博士学位论文；侯国跃：《契约附随义务研究》，西南政法大学2006年博士学位论文；薄燕娜：《股东出资形式法律制度研究》，中国政法大学2004年博士学位论文。

② 这4篇博士学位论文分别是：宋敏：《论侵权法上的义务》，中南财经政法大学2017年博士学位论文；杨淦：《上市公司差异化信息披露研究》，西南政法大学2015年博士学位论文；陈英：《破产重整中的利益分析与制度构造——以利益主体为视角》，武汉大学2010年博士学位论文；王璟：《纯粹经济损失赔偿研究》，武汉大学2010年博士学位论文。

③ 这9篇博士学位论文分别是：许可：《论虚拟财产的法理》，对外经济贸易大学2015年博士学位论文；陈冰：《证券私募发行准入制度研究》，武汉大学2013年博士学位论文；刘宏渭：《连带债务法律制度研究》，山东大学2012年博士学位论文；张铣：《先合同信息披露法律制度研究》，西南政法大学2012年博士学位论文；张雅萍：《期待权导论》，黑龙江大学2011年博士学位论文；佘艺：《惩罚性赔偿研究》，西南政法大学2008年博士学位论文；刘东平：《金融控股公司法律制度研究——以金融效率与金融安全为视角》，西南政法大学2006年博士学位论文；王煜宇：《中国社会转型期商人法律制度研究》，西南政法大学2009年博士学位论文；邓小明：《控制股东义务法律制度研究》，清华大学2005年博士学位论文。

的领域亦是如此。在这34篇民法学专业博士学位论文中,虽然有21篇没有设置"本研究创新之处"之类的章节内容,但是,勇于在民商法领域运用法律经济学方法已属难能可贵,比如,侯国跃在博士学位论文后记中提到当年他准备以"合同法的经济分析"为题,但其导师梁慧星先生否定了该想法并说:"经济分析在美国也仅一个小学派,而且在意识形态上属于'反动'的那一种,在中国很大影响,有点不正常;其合理性就那么一点,被无限地夸大了;要学经济分析,先要着重阅读美国人批判它的著作,看看美国主流学者是如何对待这个学派的,然后再决定自己的看法;对合同法作经济分析,恐怕不宜。"①可见,在民商法学博士学位论文中运用法律经济学研究方法需要研究者的勇气。

(八)从引证数据看,法律经济学的学术影响力大于法律社会学

从引证数据看,在法律社会学样本中,被引次数的前5名依次如下:吉林大学法学院2006年毕业博士宋明的《人民调解纠纷解决机制的法律社会学研究》(59次)、吉林大学法学院2011年毕业博士张百杰的《转型期中国群体性事件研究——基于法律社会学的研究视角》(49次)、中国政法大学法学院2005年毕业博士田成有的《传统与现代:乡土社会中的民间法》(45次)、中国政法大学法学院2006年毕业博士田东奎的《中国近代水权纠纷结局机制研究》(45次)、吉林大学法学院2006年毕业博士陈秀萍的《论法律的伦理性——变革时期法律与道德的冲突问题研究》(37次)。

在法律经济学样本中,被引次数前5名是:西南政法大学2005年毕业博士张涛的《食品安全法律规制研究》(280次)、西北大学经济管理学院2001年毕业博士魏建的《当代西方法律经济学的分析范式研究》(131次)、哈尔滨商业大学经济学院2010年毕业博士王春雨的《我国民间借贷发展研究》(130次)、西南政法大学2008年毕业博士余艺的《惩罚性赔偿研究》(118次)、中国政法大学2005年毕业博士王勇的博士学位论文《政府信息公开论》(97次)。

表2对法律经济学和法律社会学样本的被引次数总值、被引均值、下载量均值等特征进行了描述性统计。在法律社会学样本中,被引次数总值为1007次,被引次数均值为9.78次,下载量均值为1617次;而在法律经济学样本中,被引次数总值为4426次,下载量均值为1725次,被引次数均值为14.61次。在法律社会学样本中,被引次数排名第五名的博士学位论文是37次,而在法律经济学样本中,被引次数37次及以上的博士学位论文共有28篇。从被引总次数总值、被引次数均值、下载量均值、高被引博士学位论文的被引次数、高被引博士学位论文的篇数等数据看,法律经济学博士论文的学术影响力大于法律社会学博士论文的学术影响力。

① 侯国跃:《契约附随义务研究》,西南政法大学2006年博士学位论文,第313页。

**表 2　2001～2019 年运用法律交叉学科方法的博士学位论文的被引量和下载量**

单位:次

| 样本 | 被引次数总值 | 被引次数均值 | 被引最大值 | 被引最小值 | 下载量最大值 | 下载量最小值 | 下载量均值 |
|---|---|---|---|---|---|---|---|
| 法律社会学样本 | 1007 | 9.78 | 59 | 0 | 8224 | 20 | 1617 |
| 法律经济学样本 | 4426 | 14.61 | 280 | 0 | 15595 | 1 | 1725 |

(九)从产出趋势看,运用法律交叉学科研究方法的博士学位论文在 2010 年左右达到高峰

图 3 对法律经济学样本和法律社会学样本进行了分年度考察。运用法律经济学和法律社会学交叉学科方法的博士学位论文最早分别出现在 2001 年、2002 年,均为 1 篇。2001～2019 年,法律经济学博士学位论文产出篇数整体上呈抛物线状;法律经济学博士学位论文在 2005～2012 年的产出较集中,均在每年 21 篇以上,在 2010 年达到峰值,为 30 篇,在 2010 年之后的产出呈逐年下降趋势。这一发现与魏建和宁静波的研究相吻合。魏建和宁静波对 1983～2018 年以法律经济学为主题的 1413 篇核心及 CSSCI 来源期刊文章进行研究发现,中国法律经济学研究在 2004 年之后快速上升在 2010 年进入平稳发展期。①

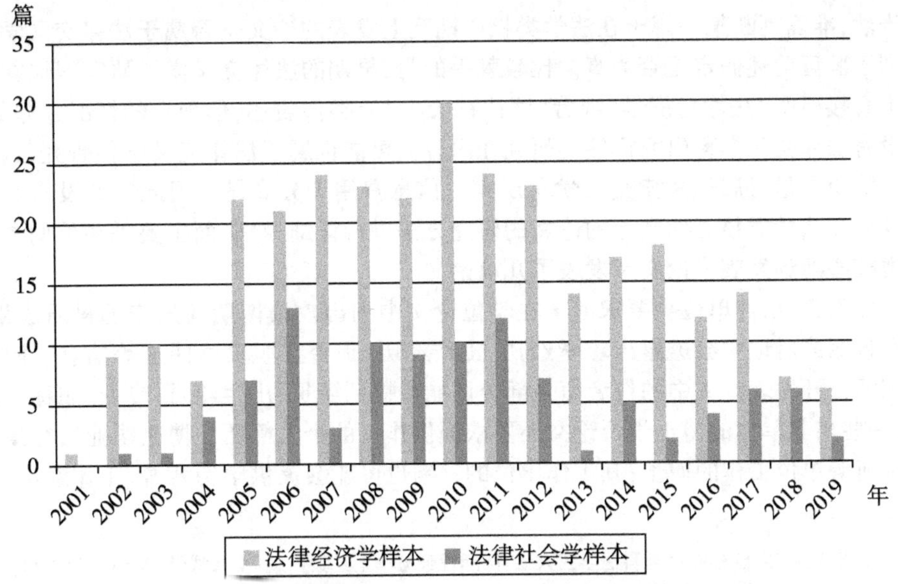


**图 3　2001～2019 年运用法律交叉研究方法的博士学位论文年度产出量**

① 魏建、宁静波:《法经济学在中国:引入与本土化》,载《中国经济问题》2019 年第 4 期。

与法律经济学样本相似,法律社会学样本中的博士学位论文也呈抛物线状,在2007年达到产出高峰,为13篇。根据图3,通过年度产出数量预判产出整体趋势,运用法学交叉学科方法的博士学位论文的产出水平在2010年左右达到高峰后,此后,无论是法律经济学方法还是法律社会学方法,两者对博士研究生在写作学位论文时的吸引力均在下降。换言之,法律交叉学科研究方法在法学教育市场和学术研究市场上的"市场份额"在2010年之后呈下降趋势。

(十)很难说运用了交叉学科研究方法就能提高学术产出水平

有学者认为,包括《中国社会科学》《法学研究》《中外法学》在内的主流期刊越来越看重运用社会科学方法的法学文章,①事实是否如此?笔者把这405篇运用法律交叉学科研究方法的博士学位论文的作者视为"学术研究市场"的"消费者",笔者对这405名博士在读博期间、博士毕业之后是否在法学类核心期刊发表论文情况进行了考察。②

这些博士在博士学位论文的主要部分或某一部分使用了法律交叉学科研究方法,我们假设,如果运用法律交叉学科研究方法的论文在学术研究市场更容易发表或更受欢迎,那么他们应该会比其他未使用法律交叉学科研究方法的博士们的学术产量和质量更高;如果法律交叉学科研究更容易发表或更受欢迎,那么即便这些博士在读博期间可能囿于多种原因不太容易在法学类核心期刊上发表论文,但是在博士毕业之后应该会更容易在法学类核心期刊发表论文。

当然,准确判断某一博士在法学类核心期刊上发表的论文是否属于法律交叉学科研究有利于验证前述假定是否为真。比较棘手的是,早期的法律交叉学科研究习惯在文章标题中直接标明"法律经济学"或者"法律社会学"等类似表述,但现在的情况并非如此,一个没有法律交叉学科研究标签的研究在内容上可能也属于法律交叉学科研究,这导致判定一篇论文是否属于法律交叉学科研究的信息费用十分高昂。因此笔者没有对这些博士发表在法学类核心期刊上的论文的研究方法进行详细甄别,而主要关注他们是否在法学类核心期刊发表了论文及发表了几篇论文。

一般而言,培养单位会要求博士在学位论文中列出攻读博期间发表的科研成果,而博士在致谢或后记中会透露出求学经历、工作经历、是否在职攻读博士等信息。博士生读博期间公开发表论文中的作者简介部分可能会提到籍贯、出生年月、专业、职称等相关信息,一些培养单位的博士学位论文还要求提供作者的个人简历。博士毕业后在高校和科研院所等单位工作的博士,其工作单位的官网也可能会提供学历背景、工作经历、学术

① 刘思达、侯猛、陈柏峰:《社科法学三人谈:国际视野与本土经验》,载《交大法学》2016年第1期。

② 本文对"法学类核心期刊"的界定为南京大学中国社会科学研究评价中心出品的中文社会科学引文索引CSSCI来源期刊目录(2017~2018年)中的法学类期刊。本文统计了这405名博士在读博期间与博士毕业之后至2020年6月在CSSCI来源期刊目录(2017~2018年)中的法学类期刊发表学术论文情况。本文所统计的论文不包括这些博士在上述期刊及这些期刊的增刊发表的译文、笔谈、会议综述等非学术性文章。

成果等相关信息。以上内容均有助于笔者查询、确认本文所需的相关信息。

在法律社会学样本的103位博士中,有57人在读博期间与博士毕业之后均未在法学类核心期刊上发表论文,占55.34%;有23人在读博期间与博士毕业之后均在法学类核心期刊上发表了论文,占22.33%;只有11人在读博期间没有在法学类核心期刊上发表论文但是在博士毕业之后在法学类核心期刊上至少发表一篇论文,占10.68%;还有12人在读博期间在法学类核心期刊上至少发表了一篇论文但在博士毕业之后至今未在法学类核心期刊上发表论文,占11.65%。

在法律经济学样本的304位博士中,有202人在读博期间和博士毕业之后均没有在法学类核心期刊发表过论文,约占66.45%;有37人在读博期间与博士毕业之后均在法学类核心期刊发表了论文,约占11.17%;只有33人在读博期间未在法学类核心期刊发表论文但是在博士毕业之后在法学类核心期刊至少发表一篇论文,约占10.86%;还有32人在读博期间在法学类核心期刊至少发表了一篇论文但在博士毕业之后至今未在法学类核心期刊发表论文,约占10.53%。总体上,在405位博士中,有225人既没有在读博期间也没有在博士毕业之后在法学类核心期刊上发表论文,约占55.56%。

表3对405位博士在读博期间和博士毕业之后在法学类核心期刊上发表论文数的总值、均值、方差特征进行了统计。

**表3　405位博士读博期间和博士毕业之后在法学类核心期刊上发表论文数量情况**

| 样本 | 读博期间发表论文数总值/篇 | 读博期间发表论文数均值/篇 | 读博期间发表论文数方差 | 毕业之后发表论文总值/篇 | 毕业之后发表论文数均值/篇 | 毕业之后发表论文数方差 |
|---|---|---|---|---|---|---|
| 法律经济学样本 | 107 | 0.35 | 0.81 | 285 | 0.94 | 2.75 |
| 法律社会学样本 | 49 | 0.48 | 0.72 | 132 | 1.29 | 2.97 |

研究发现,无论是总值还是均值,法律经济学样本和法律社会学样本中的博士在毕业之后在法学类核心期刊上发表论文的情况均有所提高。那么,这是否意味着运用交叉学科研究方法能提高博士们的学术产量?最关键的是,无论是法律经济学样本还是法律社会学样本,发表论文篇数的方差由读博期间的0.81和0.72分别提高到博士毕业之后的2.75和2.97,这意味着与攻读博士学位期间相比,这些博士在毕业之后在法学类核心期刊上发表论文情况的个体差异很大,有少数博士在毕业之后发表的论文数量激增。实际情况确实如此,在法律社会学样本中,西南政法大学的张力在博士毕业之后至今在法学类核心期刊上发表论文18篇,而在法律经济学样本中,上海交通大学凯原法学院的李剑在博士毕业之后至今在法学类核心期刊上发表论文26篇,均大大高出均值。笔者猜

测导致上述现象的原因之一,是读博期间的学习时间短暂而博士毕业之后的学术生涯则要长得多。此外,这一现象也说明交叉学科研究方法是否能够提高研究者的学术产量和质量是因人而异的,少数研究者更适合交叉学科研究方法。

为了检验更早进行法律交叉学科研究的博士是否在法学类核心期刊发表论文上具有"先发优势",表4分2001~2005年、2006~2009年、2010~2014年、2015~2019年4个阶段对法律经济学样本和法律社会学样本中405位博士在法学类核心期刊上发表论文的情况进行了分段考察。

**表4 法律经济学和法律社会学样本的博士在法学类核心期刊上发表论文数量的分阶段情况**

单位:篇

| | 法律经济学样本的博士读博期间发表论文数 | | | | 法律经济学样本的博士毕业之后发表论文数 | | | |
|---|---|---|---|---|---|---|---|---|
| 年度 | 2001~2005年 | 2006~2009年 | 2010~2014年 | 2015~2019年 | 2001~2005年 | 2006~2009年 | 2010~2014年 | 2015~2019年 |
| 总值 | 30 | 27 | 35 | 15 | 160 | 63 | 50 | 12 |
| 均值 | 0.61 | 0.30 | 0.32 | 0.26 | 3.27 | 0.70 | 0.46 | 0.21 |
| | 法律社会学样本中的博士读博期间发表论文数 | | | | 法律社会学样本中的博士毕业之后发表论文数 | | | |
| 年度 | 2002~2005年 | 2006~2009年 | 2010~2014年 | 2015~2019年 | 2002~2005年 | 2006~2009年 | 2010~2014年 | 2015~2019年 |
| 总值 | 10 | 24 | 13 | 2 | 48 | 61 | 13 | 1 |
| 均值 | 0.77 | 0.69 | 0.37 | 0.10 | 4.46 | 1.74 | 0.37 | 0.05 |

法律经济学样本在4个阶段的博士分别有49人、90人、108人、57人,法律社会学样本在4个阶段的博士分别有13人、35人、35人、20人。由于4个阶段的样本容量差异比较大,因此,分析表4中发表论文篇数均值比发表论文篇数总值更具合理性。根据表4,从均值来看,无论是法律经济学样本还是法律社会学样本,越早运用交叉学科研究方法的博士在法学类核心期刊上发表论文的篇数就越多,这种"先发优势"不仅体现越早运用法律交叉学科研究方法的博士们在读博期间在法学类核心期刊上发表论文的更多,还体现在他们博士毕业之后在法学类核心期刊上发表论文的也更多,并且这一"先发优势"在博士毕业之后经过长时间的沉淀和积累变得更明显。

本部分欲验证运用法律交叉学科研究方法是否能帮助研究者提高学术产出质量和数量,所以主要关注点之一是:有多少位博士在读博期间没有在法学类核心期刊上发表论文但是在博士毕业之后在法学类核心期刊发表了论文？本文发现，在405位博士中，有44位在读博期间没有在法学类核心期刊上发表论文但是在博士毕业之后在法学类核心期刊发表了论文，占10.86%。有44位博士在读博期间在法学类核心期刊上发表了论文但是在博士毕业之后没有在法学类核心期刊上发表论文，且这44位博士，目前有31人在高校工作，①其中，有27人在高校的法学院系从事法学教育工作。也许有读者认为这27名博士读博期间在法学期刊上发表法论文可能是与他人合发的，据笔者进一步考察，只有8名博士读博期间在法学类核心期刊上发表的论文是联合署名，另外19名博士读博期间在法学类核心期刊上发表的论文是独立作者，然而，这些曾经读博期间在法学类核心期刊上独立发表学术论文且仍在高校的法学院系工作至今的博士再也没有在法学类核心期刊上发表过论文。循此，据实证考察，我们很难说使用了交叉学科研究方法就能普遍地提高研究者的学术产出质量和数量，交叉学科研究方法是否能够提高研究者的学术产量和质量是因人而异的。

**五、新文科背景下法学交叉学科建设的完善路径**

前文对运用了法律交叉学科研究方法的博士学位论文进行了实证分析，本部分从构建中国特色哲学社会科学和新文科建设的视角对法学交叉科学建设提出如下建议。

第一，在师资构成上，法学院系的师资应当坚持多元化，注意吸收法学专业之外的高层次人才。有研究发现，美国34所顶尖法学院的教员中拥有博士学位的比例从20世纪60年代的15%上升到35%以上，从高到低依次是：经济学、政治学、历史学、哲学、法学、心理学、法律交叉学科、社会学等。该研究认为，法学院内的学科越多元化，学生就越能掌握各种不同的工具、视角和知识，借此来理解、塑造法律和政策，与不同领域的专业人士进行交流。② 目前，国内法学院系的师资构成主要以法学学科为主，难以应对法学交叉学科建设和人才培养的需求。教育部法学类学科教学指导委员会主任委员徐显明提出新文科将是文理打通、人文与社科打通、中西打通、知行打通、古今打通的“五通文科”，新法学中的法学教育要把高素质的法官检察官等实务人士请到法学院，③笔者认为，法学院系师资队伍吸收法律实务部门实有必要，但对于新法学建设远远不够。“五通文科”要求新法学培养的人才必定是拥有多学科知识和视角，掌握多学科工具的交叉型、复合型人才。为了使法学院系培养的人才拥有更广阔的视角、工具和知识，建设新法学还需要法学院系的师资多元化，吸收从事法律交叉学科研究的高层次人才。

---

① 其余博士的工作情况如下：有1人在中共吉林省委党校法学教研部工作，有5人在法院系统工作，有2人在法检系统之外的其他政府机关工作，有1人在某公司工作，有4人未能查到明确的工作单位。

② Justin McCrary, Joy Milligan & James Phillips, *The Ph. D. Rises in American Law Schools*, 1960 – 2011, *What Does It Mean for Legal Education*, 65 Journal of Legal Education 543 (2016).

③ 参见徐显明：《新文科建设与卓越法治人才培养》，载《中国高等教育》2021年第1期。

第二,为交叉学科人才的顺利就业扫清人为的不必要障碍,营造健康、包容、开放的就业环境。由于交叉学科的交叉、复合特性,交叉学科人才在就业市场可能会遭遇不合理的歧视和不必要的区别对待。以法律经济学专业为例,我国高校培养的法律经济学博士所就读的专业至少包括了“法律经济学”“法经济学”“法律与经济”“法与经济”“法与经济学”“法与制度经济学”“法律的经济分析”等名称不一的专业,就读法律经济学的人所获得的学位可能分别属于法学、经济学、管理学等不同学科。比如,笔者是法律经济学专业的博士,被授予的博士学位是经济学博士,笔者在应聘一些单位的法学院系时被明确告知经济学博士不能应聘法学院系而只能应聘经济类院系。一些单位在招录工作人员时严格限制专业,要求报考人员的专业名称和招考专业完全一致的做法无疑不利于交叉学科人才的就业。

第三,各法学交叉学科之间应当展开充分合作和竞争,形成百花齐放、百家争鸣的活跃局面。笔者的实证研究发现,同样作为法律交叉学科,无论是研究群体还是被引数据,法律经济学的学术影响力均超过了法律社会学,法律经济学研究者的专业出身更多样化,法律经济学领域的竞争更激烈。法律社会学领域则不存在法律经济学所面临的这种外部挑战,以致刘思达认为,“中国法律社会学的研究基本是法学院做的,社会学没有什么人研究”,“研究法律社会学的非常少”。① 无论如何,同样是法律交叉学科,法律社会学领域的竞争比法律经济学领域的竞争更弱一些。“一枝独秀不是春”,法律交叉学科的发展有赖法律与经济、法律与社会、法律与政治、法律与伦理、法律与文学等各组成部分之间展开充分的合作和竞争。

第四,法学学者应当通过发挥自身优势,在法律交叉研究领域形成对法学之外学科的辐射和输出。习近平总书记在哲学社会科学工作座谈会上的讲话中提道:“要加快完善对哲学社会科学具有支撑作用的学科,如哲学、历史学、经济学、政治学、法学、社会学、民族学、新闻学、人口学、宗教学、心理学等,打造具有中国特色和普遍意义的学科体系。”②法学是对完善中国特色哲学社会科学具有支撑作用的学科之一。中国人民大学人文社会科学学术成果评价研究中心钱蓉等人的研究发现,法学学科的内部关联性较强,法学学科对法学之外的学科贡献能力和支撑能力很弱。③ 法律交叉研究面临来自法学之外的其他社会科学研究者的竞争,经济学、管理学等学科的学者也加入了法律交叉研究。比如,国际法学领域的交叉研究主要是其他社会科学(如经济学)学者对国际法领域问题的研究,少见国际法学者“跨界”研究其他社会科学领域的国际法问题。④ 在法律

① 刘思达、侯猛、陈柏峰:《社科法学三人谈:国际视野与本土经验》,载《交大法学》2016 年第 1 期。

② 习近平:《在哲学社会科学工作座谈会上的讲话》,载《人民日报》2016 年 5 月 19 日,第 2 版。

③ 参见钱蓉、戴鹏杰等:《中国人文社会科学跨学科研究状况分析——基于 2016—2018 年复印报刊资料转载数据》,载《重庆大学学报(社会科学版)》2020 年第 4 期。

④ 参见本刊编辑部:《中国国际法学发展评价(2010—2011):基于期刊论文的分析》,载《中外法学》2013 年第 5 期。

经济学领域，法学界的法律经济学研究面临来自经济学界的法律经济学研究的竞争，法律经济学研究日益“非法学化”，研究主体由法学研究者为主转变为以经济学者为主。[①]由经济学家史晋川和黄少安举办的“中国法律经济学论坛”已成为国内法律经济学者交流的重要平台，然而，中国法经济论坛的投稿论文中只有1/3来自法学院或法学者。[②] 尽管法律经济学的“非法学化”问题并非中国独有，在美国“一流的法律经济学研究成果，要么是法学家和经济学家合作做出的，要么是经济学家做出的，很少有法学家独立做出的”。[③] 换言之，在法律交叉研究领域，法学学科还没能对法学之外的学科形成影响、辐射、支撑。

第五，学术界对法律交叉学科研究应当采取较宽容的态度。本文表明对学术论文创新性的要求或追求会吸引一部分博士运用法律交叉学科研究方法，运用法律交叉学科研究方法的博士学位论文的产出呈抛物线状并在2010年左右达到高峰。从产出趋势来看，法律交叉学科研究面临研究群体后劲不足、人才储备严重下降乃至断层的危险。尽管法学院培养了大多数有法律社会学和法律经济学偏好的博士，但遗憾的是，这些法律交叉学科储备人才未能转变为法律交叉学科研究的支持者、实践者，未能有效地继续开展法律交叉学科研究，他们在学术研究市场变成了“沉默的大多数”。

**六、结语**

笔者通过在中国知网检索到的运用法律交叉学科研究方法的405篇博士学位论文对法律交叉学科研究、法学交叉学科建设和交叉学科高层次人才培养的现状、特征、问题进行了考察。当然，本文也有以下缺陷。第一，中国知网博士学位论文数据库收录的文献不全。尽管中国知网声称其博士学位论文数据库是国内资源内容最完备的数据库，共收录了全国490家培养单位的博士学位论文，但是，有研究发现该数据库收录学位论文的数量不足，[④]比如，进行随机统计发现收录北京大学、厦门大学的学位论文文献非常少。[⑤] 近几年，各培养单位纷纷建立自己的学位论文系统，非该校园网用户难以使用，因此本文的样本容量必定是不完全的。第二，笔者所使用的检索标准未能检索出有关的全部文献。笔者为了考察使用法律经济学、法律社会学、法律人类学、法律政治学、法律与文学等交叉学科研究方法的博士学位论文对相关主题进行了检索，但是，也许是由于有的博士学位论文的题目、关键词、摘要等未出现相关语词，本文未能检索出所有使用了法

① 周林彬：《中国法律经济学研究中的“非法学化”问题——以我国民商法和经济法的相关研究为例》，载《法学评论》2007年第1期。

② 熊秉元：《论社科法学与教义法学之争》，载《华东政法大学学报》2014年第6期。

③ 沈明：《法学院的生意：美国法律教育困境的制度分析》，载苏力主编：《法律和社会科学》第14卷第1辑，法律出版社2015年版，第212页。

④ 张思梦、傅文奇：《我国学位论文数据库数字出版的现状、问题和对策——基于知网、万方两大数据库的调查》，载《情报探索》2017年第11期。

⑤ 周文雄、崔云、李爱军：《不同数据库的博士论文收录差异分析》，载《农业网络信息》2016年第5期。

律交叉学科研究方法的博士学位论文。第三,运用法律交叉学科研究方法的博士学位论文只是观察法学交叉学科的一个切片,管中窥豹,本文的发现并非法律交叉学科研究的全部。因此,笔者期待更多对法学交叉学科建设、人才培养、研究状况等进行实证分析的后续研究。

# 以人才素质为导向　以人才培养规律为依据科学设置培养模式

## ——国际法律人才培养的模式、内容与方法刍议

王晨光*

改革开放伊始，邓小平同志就提出要加强法制建设，并且特别提到“要大力加强对国际法的研究”。40多年的改革开放，已经使我国进入了全面开放、深度融入国际社会的新阶段。中国需要了解国际社会，国际社会也需要了解中国；中国需要了解和尊重国际法律秩序，而国际法律秩序也需要顺应时代发展的大势，与时俱进。在这种新形势下，尤其是处于全球百年未有之大变局之际，习近平总书记高度重视国际法的重要作用，指出要提高国际法在全球治理中的地位和作用，确保国际规则有效遵守和实施，坚持民主、平等、正义，建设国际法治；①强调参与全球治理需要一大批熟悉党和国家方针政策、了解我国国情、具有全球视野、熟练运用外语、通晓国际规则、精通国际谈判的专业人才；②敦促要加强全球治理人才队伍建设，突破人才“瓶颈”，做好人才储备，为我国参与全球治理提供有力人才支撑。③

尊重国际法权威，维护国际法律秩序，首先就需要有大批高水平的国际法律人才参与其中。改革开放以来，我国法学教育蓬勃发展，也培养出一些国际法律人才。但必须看到的是，与我国对高水平国际法律人才的迫切需求相比较，人才“瓶颈”尚未打通，国际法律人才培养大为滞后，跟不上时代的发展。这主要表现为对国际法律人才的素质理解片面，且未能抓住并依据国际法律人才培养的内在规律，科学设置培养模式，从而导致其培养模式不明确、教学内容陈旧、培养方法僵化。

针对这些问题，我国法学界尤其是法律教育界应当深刻反思，以国际法律人才素质

* 清华大学法学院教授。

① 习近平：《习近平谈治国理政》（第2卷），外文出版社2017年版，第529页。

② 习近平：《习近平谈治国理政》（第2卷），外文出版社2017年版，第450页。

③ 习近平：《习近平谈治国理政》（第2卷），外文出版社2017年版，第450页。

为导向,以人才培养规律为依据,科学设置培养模式。有感于此,特提出如下建议,求教于大家,以期引起更多讨论,推动教学改革,加快国际法律人才培养。

**一、国际法律人才应当具备的基本素质**

国际法律人才就是仅仅了解国际法规则的专家吗?显然不能这样理解。国际法律人才的培养模式不能按照单一学科的既定体系闭门造车,而应当打开眼界,以国际法律秩序现状及其发展趋势为场景,以国家和国际社会的实际需求为宗旨,认真分析并把握国际法律人才应当具备的能力和素质,并以此为导向,探寻并依据培养这些能力和素质的规律,设计和制订相应的课程体系、培养模式。

国际法律人才应当具备哪些特殊素质和能力?传统观点认为,国际法律人才应当具备良好的外语能力、扎实的国际法知识和一定的国际经历,即外语加国际法再加出国经历就等于国际法律人才。因此,最佳国际法律人才培养模式就是提高国际法学科地位,设立独立的培养项目,对相关人才集中进行国际法的强化培养。在这一认知指导下,20世纪70年代末80年代初,一些法学院系设立了本科国际法专业,也派遣了一些学生出国留学。但是在不长时间内,这些特设的国际法本科专业就被逐步取消了,绝大多数零散派出留学的学生也鲜有从事国际法的实践。虽然国际法本科项目确实培养了一些优秀的国际法律人才,但是作为一种单一目标导向的本科学位设置,其定位和培养模式的问题则逐渐暴露。这些问题包括:把国际法当成与国内法分开的封闭法律体系,这种"单一的国际型"很容易使学生产生"国际法"与"国内法"割裂的二元观,轻国内法、重国际法,从而误入严重偏科的歧路;把国际法作为纯粹的规则体系,没有提供应用规则的实际场景与相应的训练,虽然学生获取了很多国际法方面的知识,却缺乏法律人的基本素质和实践能力;与大学本科通识教育的教学理念相悖,与大类培养的本科教育模式不符。由于我国本科教育是基于高中毕业生基础上开展的,学生缺乏必要的社会阅历和通识教育的基础,虽然外语水平较高,掌握国际法书本知识的能力也很好,但知识储备过于单薄,而且在本科教育阶段很难在国际法和法学课程中再加上其他必要的课程,如国际贸易、国际政治、外交等相关学科内容,以及金融、卫生、建筑、能源等其他学科的内容,与参加国际法律实践的需求相差太远。凡此种种导致了国际法本科项目逐步褪色,最终融入大类培养的模式。

基于这一历史经验和教训,当再次痛感国际法律人才培养仍然是法学教育短板之际,我们就不能不扪心自问,思考国际法律人才培养的深层问题,如国际法律人才基本素质和能力、培养模式的内在规律、科学的课程体系,也就不能简单地以重设本科国际法专业项目或叠加国际法课程为目标。

外语加国际法固然是国际法律人才必须具备的基本知识和能力,但并非全部;国际法律人才还应当具备律师的基本素质和能力,要有参加国际争端解决和诉讼的能力,参与国际规范制定和演变的能力,为有关政府机构、企业和社会组织提供法律分析和制定对策的能力,也就是说要具备法律人的法治思维和解决法律难题的基本素质和能力。

为此,国际法培养项目还应当包括法学的基本课程和训练,应当对部门法的知识和实践有精深的了解。而单设的本科国际法项目往往会使学生甚至教师产生一个错觉,即这个项目的主要内容是外语和国际法,国内法课程包括基本的律师素质和能力都无关紧要,可有可无;加上历史的原因,很多国际法教师也没有亲身参与过国际诉讼或国际法实践,从而把国际法作为一种纯理论的知识体系加以介绍,导致国际法教学越来越教义化,学生学了很多概念和理论,却不知如何在错综复杂的国际场景中运用它们;如果毕业后没有这种国际法实践的机遇,简单引述些国际法规则或案例,则无法为有关部门提供切实需要且有建设性(更谈不上创建性)的法律分析和建议。

此外,根据未来执业领域的需求,国际法律人才也需要对某些特定学科和领域有基本的了解和把握,比如,要了解诸如国际政治、国际关系、世界史、外交学、哲学等相关学科的知识;同时根据未来需要和个人特长学习其他学科的知识,例如,从事国际贸易法工作需要知晓国际商务、国际金融与投资等学科的知识,从事国际网络空间法工作需要了解互联网等通信领域和知识产权等学科的知识,从事国际环境保护法工作需要了解环境、能源、动植物等学科的知识,从事国际卫生法需要了解医疗卫生体制、医学、流行病学、药学、世界卫生组织等机构的相关知识。当然,国际法律人才还是以法学为学习和研究的主要领域,尽管不能也不必成为其他学科领域的行家里手,但至少要对相关学科和领域有所了解。如果我们把国际法尤其是国际法实践看成一个独立的与其他学科和社会领域无关的纯规则体系,按此思路培养出来的所谓国际法人才也就难免落入到纸上谈兵和花拳绣腿的俗套中。

基于上述考虑,本文认为,单纯地以“国际法人才培养”为目标无法满足我国全方位参与维护和完善国际法律秩序的现实需求,因此以“国际法律人才培养”为宜。因为如前所述,国际法律秩序和国际治理体制不仅包括传统的“国际公法”“国际司法”“国际经济法”,而且包括国际知识产权法、国际环境法、国际空间法、国际能源法、国际卫生法、国际刑法、国际电信法、国际劳工法等众多新科技、新业态和新形势催生的新兴领域。在国际法律实践中,不乏熟悉国际法规则的人无法在国际卫生、国际电信、国际能源、国际知识产权等专门领域发挥应有作用的实例。这不能不说是以往“国际法人才培养”观念带来的影响。因此“国际法律人才培养”的提法能够从理念上纠正这种认识误区,确立以国家和国际社会实际需求为宗旨,培养复合型高素质人才的观念。

如是,我们还面临一个现实问题,即不可能把所有部门法和相关学科的知识都在本科阶段灌输给学生。因此在本科生阶段设立国际化项目,专门从只具备高中基础而无任何社会经历的学生中培养高层次国际法律人才的设想是不现实的,至少不能作为培养国际法律人才的普遍模式,因为它并不符合国际法律人才培养的规律,也无法培养出高水平国际法律人才。当然,在大类培养的法律本科学生中,尤其是高年级本科生中开设更多的国际法课程,培养学生对于国际法的兴趣,引导一些学生报考国际法研究生项目是必要的。这也是一些学校在本科高年级学生中设立“国际班”的初衷。

基于上述分析,国际法律人才的培养以定位为研究生项目为宜,由有条件的院校开设有一定规模的国际法研究生项目;其招生对象也不应仅局限在法学本科毕业生,而应当包括其他学科的毕业生。

**二、改革国际法教学内容**

如前所述,国际法教学的内容不应仅局限于狭义的国际法规范体系,而应当具有交叉学科的特点,至少应包括三大部分:一是国内法规则体系;二是国际法规则体系;三是相关学科的知识体系。这三部分是有机地结合在一起,从而使学生能够在这些知识体系基础上培养出统揽全局、融会贯通、深入分析和缜密设计的法治思维能力。

首先,国际法教学的内容不能仅以单纯的以国际法规则体系为内容,而应当把国际法体系与国内法体系看作一个有机联系的整体来学习。“国际法是指伴随着近现代主权国家的形成所产生的一系列法律原则、规则和制度的总和。国际法的产生和发展是时代产物,也是国家间政治、经济、军事、文化等综合力量对比的反映,是世界各国在国际合作与冲突中折中妥协的结果。”①虽然国际法与国内法是两套不同的规则体系,但两者之间存在不可切割的内在联系。国际法规则的形成、发展与变化无不反映国家间的力量对比和角逐。很多国际法规则都是由具有国际影响力的大国的国内法规则演变而成,或者由这些大国推动而产生。例如,自17世纪中期《威斯特伐利亚和约》以来形成的国际法体系在很大程度上是西方国家推动建立的。“近代国际法发轫于欧洲,并先后为西班牙、葡萄牙、荷兰和英国等强国主导。近70年的国际法则事实上由美国主导。第二次世界大战结束以来形成的国际法律秩序主要体现了美国的设想。”②如果不了解当时社会历史、不了解国际政治和外交背景,对于国际法规范理解就不会深入。此外,长期形成的以西方国家为主导的国际法还受到西方历史文化尤其是其主要法系的影响。比如,国际法的渊源,除表现为成文法形式的国际条约外,还有表现为不成文法的国际习惯、判例和权威公法学家学说,明显带有大陆法系和普通法系交融的特点。

而国际法规范体系一旦形成,则成为各国应当遵守的法律规范,并对国内法产生重大影响。比如,我国就把《国际货物买卖公约》作为国内法的组成部分,适用于涉及该公约签署国当事人的货物买卖。再如,中国加入世界贸易组织时,承诺按照世界贸易组织的相关法律规范全面审查修订相关的国内法规则。同时,很多国家出于国内政治、经济、文化、宗教等因素的考虑,在加入国际公约时作出保留或变通规定,或根据国内法对一些国际规则的效力和适用进行规范。因此,国际法与国内法的双向互动、③二者千丝万缕的联系也显而易见,成为国际法实践中的特色,也使国际法规则带有一定的不确定性。更

① 杨洁篪:《深刻认识和用好国际法 坚定捍卫国家利益 共同维护世界和平与发展》,载《求是》2020年第20期。

② 车丕照:《国际法可否作为治国之法》,载《光明日报》2015年5月13日,第14版。

③ 赵骏:《国际法治与国内法制的双向互动》,载《光明日报》2015年5月13日,第14版。

有一些国家把自己的国内法强加于其他国家,利用"长臂管辖"的国内规则来审查和干预其他国家、组织和公民的行为。凡此种种,都说明国际法律人才不能仅了解国际法规则,而且必须把国际法规则与国内法规则联系在一起研究和适用。这也是前面所述不能把国际法规则体系作为独立、封闭或自洽的规则体系看待的理由。

其次,国际法教学内容还应当包括相关学科的知识体系。其中包括与国际法密切相关的学科体系,如前述国际政治、国际关系、国际经济、世界史、外交学等学科,也包括与国际法律人才执业和工作的特定领域有关的其他学科的知识,如金融、环保、能源、基建、网络空间、流行病、医学和药学等知识。实践证明,缺乏这些基本知识的法律人很难在相关国际专门领域真正发挥建设性作用。

除对上述相关学科知识的学习外,对研究国际法规则体系的研究还需要具有扎实的基本理论功底,不仅应当对诸如自然法学、实证主义法学、法律社会学、批判主义法学等法学理论有深入研究,还应当对相关学科的基础理论进行研究,比如,对国际政治理论中"文明冲突""大国崛起""修昔底德陷阱""国际权力更迭"等问题的研究,对于"现实主义""建构主义""自由主义""全球化理论""批判理论"等国际关系理论[①]的研究,尤其要理解这些理论的实际应用,并具备在此基础上推陈出新的功底、能力和眼界。例如,美国前总统特朗普曾在对外关系中试图提出所谓的"原则性现实主义"(Principled Realism)。[②] 这只是建立在民族国家和零和博弈基础上的现实主义理论的老调重弹,而且是更偏激的以美国优先为主导的现实主义。如果对于这些基本理论没有了解,就很难抓住其实质并制定相应的对策。

针对当前世界的乱象,习近平总书记在 2021 年指出:"世界上的问题错综复杂,解决问题的出路是维护和践行多边主义,推动构建人类命运共同体。"[③]这是中国在历史发展紧要关头提出的中国方案、新的国际关系和国际法的理论基调,即"多边主义"和"人类命运共同体"理念。"多边主义的要义是国际上的事由大家共同商量着办,世界前途命运由各国共同掌握。"人类命运共同体理念是把全人类视为休戚与共的整体,"人类面临的所有全球性问题,任何一国想单打独斗都无法解决,必须开展全球行动、全球应对、全球合作。"[④]在当前全球发展紧要历史关头,理论创新显然具有重大的理论和现实意义。中

---

① Thomas H. Lee, *International Relations Theories and International Law*, SSRN (Sept. 15, 2016), http://ssrn. com/abstract = 2606223.

② U. S. mission China, *United States Strategic Approach to the People's Republic of China*, U. S. Embassy & Consulates in China (Jun. 20,2020), https://china. usembassy-china. org. cn/united-states-strategic-approach-to-the-peoples-republic-of-china/.

③ 习近平:《习近平在世界经济论坛"达沃斯议程"对话会上的特别致辞》,载新浪网,https://news. sina. com. cn/c/xl/2021 - 01 - 25/doc-ikftssap0702160. shtml。

④ 习近平:《习近平在世界经济论坛"达沃斯议程"对话会上的特别致辞》,载新浪网,https://news. sina. com. cn/c/xl/2021 - 01 - 25/doc-ikftssap0702160. shtml。

国提出的"多边主义"和"人类命运共同体"理念显然更符合国际社会发展的趋势,也理应成为构建国际新秩序的坚实理论基础。同时需要高度注意的是,理论的提出还需要在此基础上构建相应的具体制度和机制,否则就无法将新理论转化为国际法律规范和制度。制度和机制创新也是国家乃至国际法律体系和制度创新的组成部分。

虽然当代国际法规则体系主要是西方主导的产物,但是国际法从来不是僵化和一成不变的静态体系,而是随着国际形势和潮流的发展不断丰富发展和变动的动态体系。值当今百年不遇之大变局之际,国际法学者应当有探究其背后的国际社会、政治、经济、文化等深层原因的洞察力,有与时俱进、推陈出新、引领国际治理和国际法制度发展的魄力与能力,并在教学中加上这种理论素养和能力的培养。习近平总书记强调:"要提高我国参与全球治理的能力,着力增强规则制定能力、议程设置能力、舆论宣传能力、统筹协调能力。"①这里谈到的国际法律人才应当具备的能力不仅包括学习和使用现有国际法规范的能力,而且包括参与全球治理、规则制定、议程设置、舆论宣传和统筹协调的综合素质与能力,即创新能力。

如果国际法教学当中没有包括这些相关学科的基本理论,培养出的人才对很多国际规则的理解和适用就难免限于简单的条文解释和应用,缺乏扎实的理论底蕴及高屋建瓴的洞察力和推陈出新的创新能力。

**三、素质和能力的培养重于单纯知识的传输**

国际法教学内容的拓展是国际法律人才培养改革的重要部分,但并非全部。如果我们仅仅止步于国际法教学内容的拓展,就会陷入填鸭式的教学方法,着眼多开课或加课时等形式化改革。多学多看多充实知识,这些固然不错,但是,一是难以把所有知识都灌输给学生;二是知识本身也在不断发展和更新,现有教材也很难囊括所有的知识;三是即便把这些知识都教给学生,也只是把弓和箭交给学生,却并没有让学生去操练,有了知识却不知如何在实践中能动地运用这些知识,仍然难以培养出高水平的国际化人才。

因此,国际法律人才的培养应在学生获取和掌握知识的基础上,更加重视国际法律人才能力和素质的培养与塑造。尤其应当注重国际法治思维能力的培养,破除狭隘的单纯法律规则思维的僵化法教义学思维定式,厘清并准确把握国际法与国际社会方方面面错综复杂的关系,不仅要考虑法律规则,还要考虑相应的政治、经济、意识形态、文化、传统、心理等因素。如果就规则论规则,不了解国际社会和相关国家的政治、经济、意识形态等状况,就很难能动地运用法律规范解决复杂的现实法律问题和案件。

国际法律人才的能力和素质包括多个方面:首先是坚定的政治信念、服务国家和民族的精神,以及构建人类命运共同体的胸怀;其次是出色的外语和沟通能力;最后是高超的法治思维能力。

法治思维能力是所有法律人都应当具备的核心能力,同样也是国际法律人才必须具

---

① 习近平:《习近平谈治国理政》(第2卷),外文出版社2017年版,第450页。

备的能力。遵法守法当然是法治思维的基础,但法治思维最精要之处并非简单地套用和适用法律规则,而是能动地把法律规则适用于变动不居的现实环境,从而解决面对的种种复杂的法律问题,推动事态向公平正义的方向发展。从这一角度而言,它主要包括以下几个方面。

(一)防范风险的意识和能力

一般而言,法律是定分止争的工具。定分止争,往往是指在纠纷已经出现后运用法律来解决争议或恢复原状的问题。现代社会是风险社会,人们越发意识到法律更大的功能在于防范风险。因此,法律人应当保持风险意识,坚持底线思维,在现有规则体系基础上创造性地设计新的法律路径,运用现有的法律规则能动地防范和排除各种风险。这就需要依法建立防范风险的新机制或制度。例如,在"一带一路"建设中,很多研究机构举办了各种研讨班或培训班,但其中多数内容都是对于"一带一路"倡议的宏观政策解读,鲜有对于"一带一路"倡议中的投资、环保、劳工、合作方式、政治、经济、文化等主要风险的法律分析,宏观正面论证多,具体风险分析少。这就暴露了一个弊端,即不少国际法律执业者对于操作层面的情况知之不多、缺乏经验,从而无法为我国企业"走出去"提供更深入的法律分析,尤其是为我国企业提供防范和规避风险的法律建议和方案。

(二)跳出文本主义局限的全方位综合分析能力

毫无疑问,法律执业者所运用的主要工具是法律;但是法律并非在真空中运行,而是与社会方方面面有千丝万缕的联系;况且法律规范并非一成不变的条文,在各种错综复杂的情况下,对其修订或重新立法的可能性总是存在。如果仅运用法律概念和条文来分析和解决问题,而不了解相关国家和国际政治发展动向,不考虑相关政治、经济、文化、意识形态等诸多因素,就难免出现食古不化或削足适履式的法律运用,无法提供精准深入的法律建议。

(三)换位思考的能力

法律是解决和防范风险的特殊途径和工具,而纠纷的形成往往是由于各种错综复杂的原因,加之双方的立场、观念和视角不同,都会有各自的事实根据和法律理由,从而各执一词。因此国际型法律专业人才就一定要学会换位思考,不仅从己方的立场、思路和策略角度思考,而且要从对方的角度进行思考,运用双方和国际社会都能够理解的话语进行沟通和交锋。

知己知彼,方能百战不殆;千万不能只按己方的思维逻辑进行推演,尤其要避免自说自话,仅用自家的语言和术语去跟对方沟通。

(四)能动运用法律规范的能力

"法律是守成的""法律永远落后于时代的发展",这是法律人经常引用的两句话。在一定程度上,这两句话并不错。但是对律师而言,被现有法律规则束缚住手脚,缺乏能动性和创造性,则是可悲的。高水平国际法律人才应当具备运用现有法律规则能动地为己方提供最有利的法律建议和方案、制定最有利的法律路线图,推动事态或诉讼向有利于己方的方向发展的能力。如在1962年9月发生的古巴导弹危机中,面对苏联在古巴部署的中程导弹,美国政府在对一系列应对措施进行深入分析后,没有采取直接轰炸导弹基地或登陆打击的方案,而是采取了从海上封锁古巴的方案;最后在宣布动用海军舰只对古巴进行封锁时,采用的词汇不是"封锁"(blockade),而是"检疫"(Quarantine),并根据美洲国家组织制定的《美洲国家互惠援助条约》,在该组织中获得2/3以上多数成员国的支持,有些国家还派遣了军舰协助美国海军进行封锁。这种做法就避免了直接的军事对抗,不仅在法律上找到了根据,而且还为进一步的外交斡旋等活动留下了足够的空间。上述两个例子形象地说明,高水平的国际法律人才绝不能简单地适用规则,而应当能够能动地运用现有规则为自己的行动提供法律根据,并为相应的外交行为保留足够的空间。

(五)创新和引领法律与时俱进的能力

高水平国际法律人才不是匠人而是建筑师,不仅要做规则的遵循者,更要做规则制定和发展的引领者,即能够在熟练运用法律规则的进程中提出和推动新规则、新机制的形成和制定,有意识地提出和发展新的理论,为国际秩序和人类和平发展作出创新性贡献。这样说听起来似乎有些好高骛远,实际上在风云变幻的国际舞台上,尤其在当前百年未有之大变局之际,法律的发展和变化层出不穷,关键是我们是否具有这种眼光和能力,抓住机遇,顺势而为,发挥引领作用。例如,在1958年决定我国领海宽度时,国际上并没有统一的领海宽度。毛泽东同志认为:"我国海岸线长,历史上屡受侵略,为维护海上安全和经济利益,并充分考虑到国际上可能遇到的风险,应采用较宽的领海。"在征求了著名国际法学家倪征燠、周鲠生和刘泽荣的意见后,他提出,"《海牙协议》不是圣旨,也不能按照美英等国的意志办,我们的领海线还是扩大一点有利"。他从中国的国家安全和经济发展大局出发,并考虑到当时我国海岸火炮有效射程在12海里,最后确定采用12海里的领海宽度,1958年9月4日,中华人民共和国政府公布《关于领海的声明》,宣布:"中华人民共和国的领海宽度为12海里。"①再如,前述习近平总书记提出的"坚持多边主义","构建人类命运共同体"的主张也是针对当下世界大变局提出的我国基本外交思路,也是对国际法基本原则和理论的发展。理念的提出只是第一步,更重要的是,要把这些理念进一步细化,尤其是要把它们转化为可以运行和实施的制度和机制。这种工作显然超出简单适用法律规则的范围,其建构性和创制性的特色不言自明。高层次的国际法律人才就应当有重视和开拓这种创制性工作的能力。

## 四、创新国际法教学方法

了解了国际法律人才必备的素质和能力,以及适当的培养模式,接下来的问题就是教学方法了。

---

① 陆儒德:《毛泽东亲定12海里领海宽度 得到国际认可》,载中国共产党新闻网,http://dangshi.people.com.cn/n/2012/0829/c85037-18861481-1.html。

如何才能具备前述扎实的理论功底和精湛的法治思维能力？通过课堂讲授和阅读，博闻强识，当然是每一个国际法律人才必须经历的第一阶段，却不能止步于此。因为这一阶段的教学只是让学生学习和理解了国际法的基础知识，却并没有把学生引进国际法律竞技的真正前沿（此处所讲的竞技前沿并非仅是指实践场所，而是也包括国际法理论发展的最前沿和国际规则博弈演变的舞台），如仅视国际法为纯粹的规则体系，采用单向灌输的法教义学方法，则很难培养出高层次的国际法律人才，难以避免使其陷入捉襟见肘的窘境。

据说在某次国际谈判中，我方专家引用了某一国际条约的规定，并进一步作了阐释。对方在听完我方发言后说，你引用的条款是对的，但你的解释不对，因为我参与了该条款的起草。虽然参加起草并不一定就意味其解释的正当性，但是参与过实践与没参与过实践的反差则被揭示得淋漓尽致。国际规则体系的产生、适用和发展都离不开现实的国际场景。因此国际法律人才要有实战意识，不仅应具有在现实国际争端和诉讼中运用国际法律规则解决争议、寻求正义的能力，还应具有精湛的法治思维，能动地运用现有规则，在变动不居的国际环境中实现正义，甚至通过参与国际法律规范制定、形成和改革，推动国际法律规则体系和理论的发展与完善，以维护多边化国际社会的秩序，推动人类命运共同体的建构。

因此，国际法律人才的培养必须加强理论与实践高度结合的第二阶段的训练；要像培养律师那样，采取多种形式让学生在生动再现的情境中学，不仅了解规则，而且要了解实务，了解影响实务的政治、经济、文化、意识形态等各种社会因素，从而具备处理复杂案件和事务的能力。这种能力的培养需要在国际法律人才培养方案中加入大量的案例分析和模拟国际会议、国际斡旋、国际争端解决和国际诉讼的教学内容，不仅着眼规则的解释和适用，更要加强规则制定、议程设置、机制设计、制度建构、沟通协调、舆论引导、方案制定和路径推演等实践与技能训练的内容。

能力培养的一种有效方式是"情景教学"，即把学生带入特定的情景中模拟演练。情景存在于多种多样的现实之中，不可能完全复制，因此把所有情景都搬到教室中似乎是不可能的事情。那又如何展现情景？

其一，可以把各种情景类型化。例如，把国际谈判的情景浓缩进谈判课程中，把国际争端解决和诉讼的情景纳入模拟仲裁或诉讼等课程中，把国际会议的情景揉入国际组织课程中。凡此种种，不一而足。

其二，在这种类型化的情景教学中，还可以将其进一步细化为各种不同的子类型。比如，同是国际谈判，边境划定谈判与参加国际组织的谈判、生物安全谈判与环境保护谈判、国际融资谈判或能源投资谈判都有所不同。因此，应当在学习掌握了基本的国际谈判理论和方法的基础上，因材施教、因人而异，根据学生的背景和兴趣，设定具体的谈判场景，使每一个学生都能够获得身临其境的体验。

其三，这种情景并非一个简单的不变背景，而应当具有一定的过程性和延时性，即把整个过程逐步展现给学生,使其通过训练获得从头到尾的完整体验和训练。如谈判,就可以设计出谈判准备、选择对象、方案设计、资料准备、沟通技巧、文件起草等不同阶段及其教学内容;在每一个阶段还都可以根据具体情况,加入一些可变内容,如对方国内法律、谈判人员变化或情势变更等因素,培养学生临场应变的能力。

其四,这种教学需要有更多的指导老师参加或采用同学相互总结评论等方法,切忌陷入僵化的形式主义。

举一反三,其他如国际争端解决、国际组织等类型化的教学课程也都可以如法炮制,进一步划分为不同的子类型和具体情景,从而丰富教学内容,让学生有更多的理论与实践相结合的训练。

上述设计似乎看起来有些复杂,但确实体现且抓住了人才培养的内在规律,学与习、理论与实践、适用与创新相结合。按照国际法律人才素质的需求设计教学内容和培养方法,不少院系领导会说,好是好,但没有那么多的资源和精力。确实,依照惯性或因循现有路径,没有任何风险,但也不会开拓新的路径或有所进取。如果教育者不分析把握教育的基本规律,不做开创性的顶层设计,又怎能期待受教育者成为出类拔萃的顶尖人才呢?套用一句老话,天下无难事,只怕有心人。

其实很多国家的法学教育为了跟上甚至引领法治发展,已经对本国法学教育进行了诸多调整和改革。以美国法学院为例,除继续保留"法律文书写作"、"辩论技巧"和"法律诊所"等实践课程外,还根据法律发展和实践的需求,推出了一些新的改革措施。例如,哈佛大学法学院要求2020级一年级学生除必修民事诉讼法、宪法、合同法、刑法、立法与法规、财产法和侵权法外,还要修1月开设的法律体验课、法律研究与写作课(其中包括模拟法庭训练),以及其他不少于6学分的体验式课程(律师职业道德、辩论、谈判、美国司法中律师技能、财务分析与商业评估、技术与公共利益、领导力基础等)。① 美国乔治城大学法学院则明确要求一年级学生不仅要为高年级课程打下主要实体法基础,还要培养律师所必备的分析、研究和写作能力。该院认为,传统的课程设置是以普通法学习为主,以解决私人之间的私法纠纷为主;而美国法律制度已经发生很大的变化,不仅普通法(判例法)体系外已经有更多成文法出现,而且法律纠纷已不再仅仅是私人间的事务,普通法也越来越多地带有公法的性质,不能摆脱影响合同的社会、政治、经济等因素的影响。因此,该院把一年级学生分成A、B两部。A部按照传统一年级必修课程进行学习;B部则按照新的课程体系学习。B部课程首先要学习美国南北战争以来形成的法律规则体系,然后要学习20世纪以来形成的基于法与经济理论之上的法律体系,这些课程包括"谈判与交换"、"民主与强制"、"政府程序"、"法律正义"、"法律写作与分析实务"、"法律程序与社会"和"当代财产法"等。除这些课程外,到了高年级他们还需要修

① 哈佛大学法学院《2020—2021年学术政策手册》(*Handbook of Academic Policies* 2020 - 2021),载https://hls.harvard.edu/content/uploads/2020/09/2020-2021_HAP_Final.pdf。

其他法律诊所或体验性教学课程。[①] 很多上述体验性课程或法律诊所都以小班授课为主。

尽管我们也开设了“案例分析”“法律诊所”等课程，但这些课程往往被视为可有可无的边缘化课程，很少有法学院真正把这些课程作为骨干课程设置。至于把这种教学方法融入国际法课程和人才培养规划中的改革与实践，就更少见了。很多院校积极响应培养高层次国际法律人才的号召，对国际法项目给予了更多的重视。这是令人欣慰的一面。但又不能不看到，我国法学院系对国际法课程内容和培养规划乃至教学方法的改革仍未给予充分的重视。照此办理，即便国际法成为一级学科，国际法律人才从本科就开始培养，仍然难以培养出真正高层次的国际化法律人才，难以为我国民族复兴和人类命运共同体构建提供合格的人才。少关注形式化的改变，多关注实质性的改革，这是摆在我国国际法律人才培养面前必须作出的抉择。

以上分析和建议并非要否定知识传授的必要性和以往国际法律人才培养的经验，而是试图拓宽思路，探寻国际法律人才培养的基本规律，从而进行全局性的顶层设计，抓住人才培养的内在规律，推动和实施具有根本性的变革措施，补上我国国际法律人才培养的短板。

---

① 乔治城大学法学院“全日制法律博士项目”（Full-Time J. D. Program），载 https://www.law.nyu.edu/academics/courses/requiredfirstyearcourses。

# 课程思政视域下理论自信融入法学教育的现实路径*

## ——以西北政法大学法学课程思政建设为例

王鹏飞**

坚定中国特色社会主义理论自信,是习近平总书记在庆祝中国共产党成立95周年大会上提出的“四个自信”的重要内容。理论自信“是道路自信、制度自信和文化自信的思想引领和行动指南”,①在“四个自信”中处于指导性地位,也是提升新时代我国国际话语权的重要支撑。长期以来,我国国内哲学社会科学的各个分支领域缺乏足够的理论自信,导致在面对西方理论冲击之下难以从中国实际、基于中国立场出发全面思考问题,其中有一定的历史成因。近代以来,中华民族经历多次战争,给人民带来肉体上的沉重灾难的同时,更是极大打击了中华民族自信心。鸦片战争的惨败,促进了中国人民民族意识的觉醒,轰开了清朝闭关锁国的大门,也开启了知识分子寻求解决中国出路问题的脚步。蕴含数千年中华法律思想与实践经验的中华法系,在世界法制史上独树一帜,蕴含了独特的法律精神和制度品格,承载了中华法制文明的深厚底蕴,凝聚了中华民族的精神和智慧,尤其以《唐律疏议》为其典型代表。② 作为唐代法律制度的集大成者,《唐律疏议》对于东亚诸邻国特别是日本的法律制度体系完善产生了巨大影响。③ 新中国成立初期,架构新中国的法律制度和理论体系,却逐渐忽略了对中国传统优秀法律文化的传承和发扬。随着我国国际影响力的不断提升,牢固树立中国法治理论自信,引领中华民族法律思想文化“走出去”,主动把握国际话语权,是进一步提升我国国际地位,维护我国国

* 西北政法大学2021年教学改革项目“OBE理念下的选修课课程建设——以刑事执行学为视角”(项目编号:XJYB202103)成果。

** 西北政法大学刑事法学院讲师,教务处处长助理。

① 韩振峰:《理论自信在“四个自信”中的地位与作用》,载《人民论坛》2017年第12期。

② 参见夏锦文:《中华法制文明具有深厚底蕴和独特魅力》,载《人民日报》2021年7月12日,第9版。

③ 参见岳纯之:《论〈唐律疏议〉的形成、结构和影响》,载《政法论丛》2013年第2期。

家和人民利益的重要方面。

## 一、新时期高素质法治人才培养的新要求

坚持建设德才兼备的高素质法治工作队伍，是习近平法治思想的重要内容，更是推进全面依法治国的根本组织保障。高校作为人才培养的第一阵地，决定法治人才培养的质量和效果，对此，中央多次作出重要指示。

### （一）进一步明确了高素质法治人才培养的各项基本任务

首先，中央进一步明确了高校学生思想政治教育工作的重要地位。党的十八大以来，中央先后多次下发文件，进一步明确高校学生思想政治教育工作的重要地位。2015年1月，中共中央办公厅、国务院办公厅联合印发《关于进一步加强和改进新形势下高校宣传思想工作的意见》，明确深入推进中国特色社会主义理论体系进教材、进课堂、进头脑的主线任务，积极培育和践行社会主义核心价值观的核心任务，以及不断坚定道路自信、理论自信、制度自信、文化自信，培养德智体美全面发展的社会主义建设者和接班人的目标任务。2016年12月，习近平总书记出席全国高校思想政治工作会议并发表重要讲话，特别强调高校在思想政治教育工作中的基础性地位，课堂教学在思政育人工作中的主渠道作用。2018年10月，教育部发布《关于加快建设高水平本科教育全面提高人才培养能力的意见》，明确要求把思想政治教育贯穿高水平本科教育全过程，将大力推进习近平新时代中国特色社会主义思想“三进”、不断增强学生的“四个自信”作为重点抓手，着力推动高校课程思政建设。2019年8月，中共中央办公厅、国务院办公厅印发《关于深化新时代学校思想政治理论课改革创新的若干意见》，进一步明确了本科教育“为谁服务”的重要问题。2020年4月，教育部等八部委发布《关于加快构建高校思想政治工作体系的意见》，提出了高校思想政治工作体系建设的指导思想及目标任务。随后，中共中央、国务院印发《深化新时代教育评价改革总体方案》，突出思想政治教育在高等学校教育教学评估中的引领性地位，树立“以德为先”的科学成才观念。

其次，中央就法治人才培养方向作出明确要求。2017年5月，习近平总书记在中国政法大学考察时，特别强调要充分发挥高校在法治人才培养与社会主义法治建设方面的理论优势，为完善中国特色社会主义法治体系、建设社会主义法治国家提供理论支撑。同时，对于法学学科体系建设的原则把握作出重要指示：“要以我为主、兼收并蓄、突出特色，深入研究和解决好为谁教、教什么、教给谁、怎样教的问题，努力以中国智慧、中国实践为世界法治文明建设作出贡献。”2018年9月，教育部、中央政法委下发《关于坚持德法兼修　实施卓越法治人才教育培养计划2.0的意见》，围绕法治人才培养目标，确立了八项改革任务举措，并将德育摆在法治人才培养的首要位置。2020年4月，教育部等八部委下发的《关于加快构建高校思想政治工作体系的意见》中，在明确前文提到的思政工作的具体要求的同时，对经济学、管理学、法学专业课程建设提出了“培育学生经世济民、诚信服务、德法兼修的职业素养”的目标要求。

(二)进一步明确了高校法学专业课程建设的发展方向

课程建设是本科教育教学建设的基础,是高校教学基本建设的重要内容。党的十八大以来,以习近平同志为核心的党中央,系统回答了关于坚持和发展中国特色社会主义的一系列重大问题,形成了习近平新时代中国特色社会主义思想,其中包含了丰富的法治理论与法治思想。习近平法治思想是马克思主义法治理论中国化的最新成果,是全面依法治国的根本遵循和行动指南。[①] 2020 年 11 月 16～17 日召开的中央全面依法治国工作会议,将习近平法治思想明确为全面依法治国的指导思想,正式确立了习近平法治思想在全面依法治国中的指导地位及其在高校法治人才培养过程中的引领地位,为社会主义法治建设及高素质法治人才队伍培养指明了新的发展方向。2021 年 5 月,教育部办公厅发布《关于推进习近平法治思想纳入高校法治理论教学体系的通知》,要求各高校要充分发挥课堂主渠道作用,将习近平法治思想贯穿法学类各专业各课程,增强学生"四个认同"。随后,教育部发布《法学类教学质量国家标准(2021 年版)》,将习近平法治思想纳入高校法治理论教学体系,明确了"1＋10＋X"的法学专业核心课程分类设置模式。其中,"1"是"习近平法治思想概论"课程,"10"是法学专业学生必须完成的 10 门专业必修课程,"X"是各院校根据办学特色开设的其他专业必修课。法学专业核心课程的"1＋10＋X"分类设置模式,凸显了"习近平法治思想概论"课在法学专业核心课程中的统领性地位。

(三)进一步明确了理论自信在法治人才培养中的关键地位

习近平总书记多次强调高校在法治人才培养过程中,坚定学生理论自信的重要意义。他在 2017 年 5 月考察中国政法大学时,就强调要加强法学学科体系建设,并指出"我们的国家治理有其他国家不可比拟的特殊性和复杂性,也有我们自己长期积累的经验和优势,在法学学科体系建设上要有底气、有自信"。因此,对于我国优秀的传统法治文明成果,应当加以承袭发扬。2021 年 5 月教育部发布的《关于推进习近平法治思想纳入高校法治理论教学体系的通知》中,明确要求高校在课堂教育过程中,要积极引导学生进一步坚定中国特色社会主义法治的道路自信、理论自信、制度自信、文化自信,以此明确了课堂建设中的中国特色社会主义法治理论自信的培养目标,进一步推进了法学课程建设与法治理论发展的同向同行。有论者就此指出:"法学课程体系要与中国特色社会主义法治理论体系、法学理论体系、学科体系相衔接,反映中国特色社会主义法学理论和法治实践的最新成果,推动中国特色社会主义法治理论进教材、进课堂、进头脑。"[②]

**二、课程思政的三维面向**

"课程思政"这一概念,最早可以回溯到 2004 年 10 月中共中央、国务院发布的《关于

---

① 王晨:《习近平法治思想是马克思主义法治理论中国化的新发展新飞跃》,载《中国法学》2021 年第 2 期。

② 黄进:《全面依法治国新理念新思想新战略背景下我国法学教育的发展路径》,载中国法学会网 2018 年 9 月 28 日,https://www.chinalaw.org.cn/portal/article/index/id/19643.html。

进一步加强和改进大学生思想政治教育的意见》，其中就课堂教学在大学生思想政治教育中主导作用的发挥方面提出“高等学校各门课程都具有育人功能，所有教师都负有育人职责”，并就课程建设中融入思政教育提出了具体要求。2005～2010年，上海地区率先启动了德育课程改革、探索大中小学德育课程的一体化建设，并在前期探索的基础上，于2014年率先启动“课程思政”试点工作。试点期间，在探索课程思政理念、课程思政课程建设、挖掘课程思政资源等方面，均取得了丰富成果，课程思政“上海模式”受到教育部高度肯定；同年12月，习近平总书记在全国高校思想政治工作会议上，提出了“使各类课程与思想政治理论课同向同行，形成协同效应”的任务要求。随后，教育部等部门先后下发《高校思想政治工作质量提升工程实施纲要》等文件，向全国高校统筹推广课程思政工作。2020年，教育部下发《高等学校课程思政建设指导纲要》，为高校课程思政工作开展指明了方向。2021年，教育部办公厅发布《关于开展课程思政示范项目建设工作的通知》，致力于通过课程思政示范课程、教学名师和团队、教学研究示范中心的建设，推进课程思政建设的理论研究和教学实践，形成科学完善的课程思政育人体系。通过上述近20年的建设和实践探索，课程思政的顶层设计已基本成熟，课程思政的3个维度也已基本定型。

（一）课程思政的理念维度

课程思政是一种基本的教学理念，这一点已达成共识。详言之，“它要求各类课程以‘立德树人’为价值旨归，通过挖掘、提炼课程内蕴的家国情怀、社会责任、伦理规范、科学和人文精神等思想政治教育资源，实现知识传授与价值引领的有机统一”。[①] 课程思政从实质上来说，就是以课程为抓手，实现精神育人效果，“课程”是手段，“思政”是效果，通过课程建设而实现思政育人的效果，提升学生精神素养与爱国情怀。长期以来，高校思政育人主要依靠思政理论课予以开展，在其他类型的课程中，教师往往侧重知识的讲解，而忽略课程思政育人功能的发挥。其实，无论是课程建设，还是处于其上位层面的专业建设，均围绕人才培养目标而展开，其核心就在于立德树人根本任务的落实。就法治人才培养来说，更是要牢牢抓住这一核心。习近平总书记指出：“中国特色社会主义法治道路的一个鲜明特点，就是坚持依法治国和以德治国相结合，强调法治和德治两手抓、两手都要硬。”[②]中国法治人才的培养也应兼顾法律知识教育和思想道德教育，培养德法兼修高素质人才，为中国特色社会主义法治道路培育后备力量。

理念层面的课程思政，首先要求教师树立课程思政意识。育人者应当先受教育，教师对于课程思政形成内心认同，是课程思政工作开展的根本前提。只有教师从内心接受

① 张正光、张晓花、王淑梅：《“课程思政”的理念辨误、原则要求与实践探究》，载《大学教育科学》2020年第6期。

② 习近平：《立德树人德法兼修抓好法治人才培养　励志勤学刻苦磨炼促进青年成长进步》，载新华网，http://www.gov.cn/xinwen/2017-05/03/content_5190697.htm#1。

课程思政理念,并对其予以高度认可,才能够积极主动去挖掘自身所负责课程中的思政育人元素,探究科学有效的课堂教学方法,提升课程的思政育人效果。其次,还要求学生对课程思政形成正确认识。有论者对广州市四所高校课程思政的实证调研发现,高校课程思政普遍存在学生对课程思政的认同度不高,积极性较低的问题,这与任课教师的课程思政能力不足、教学方法不合理有直接关系。学生对思政元素的吸收与内化效果,是检验课程思政建设成效的核心标准,而如何提升学生的主观能动性,通过课程真正实现将习近平法治思想入耳、入脑、入心,是当下需要认真研究的重要问题。

(二)课程思政的价值维度

课程思政,体现了人才培养的价值追求。诚如有论者所言:"就高等教育而言,'课程思政'彰显出大学课程的核心也应在于对价值层面的意义找寻,形塑正确的价值观才是大学课程的本质意义。"①通过课程思政塑造青年人的价值观尤为重要。晚近以来,以美国为代表的发达国家,通过各种渠道着力向外输出自己的思想文化价值观,尤其体现为对政治价值观的大力兜售,而此类价值观正是以西方的政治利益为出发点的。不仅如此,随着互联网技术的不断普及,一些腐朽的价值观得以以更隐蔽、更加迅速的方式向青年群体传播,大肆宣扬精致利己主义、消费至上思想等,冲击主流价值观,对青年身心健康发展带来不利影响。高校是人才培养基地,推进高校课程思政建设,是塑造学生的正确世界观、人生观和价值观的重要路径。

就内容层面看,课程思政包含了对学生的中国特色社会主义和中国梦教育、社会主义核心价值观教育、法治教育、劳动教育、心理健康教育、中华优秀传统文化教育几个方面,这正是从各维度塑造学生的价值观的体现。中国特色社会主义和中国梦教育,致力学生爱国主义精神的培育;社会主义核心价值观教育,致力学生传统美德的培育,"是高等教育坚持中国特色社会主义共同理想和共产主义崇高理想,体现国家教育意志、教育理念和教育方针的根本要求"。② 法治教育,致力法治思维、法治意识、法治理念及法治素养的培育,是建设社会主义法治国家的基础性工程。劳动教育,致力劳动精神面貌、劳动价值取向和劳动技能水平的提升,致力于树立正确的劳动观念,养成良好的劳动习惯和品质。心理健康教育则是素质教育的重要组成部分,围绕大学生心理素质提升、身心健康发展而展开。中华优秀传统文化教育,则是厚植爱国主义情怀,引领学生牢固树立"四个自信"的重要依托。

(三)课程思政的方法维度

课程思政,还是一种教育教学方法。方法层面的课程思政,围绕课程建设过程中的思政元素挖掘、教学环节设计、与思政课的统筹协调等方面展开探索和创新。找准思政

① 伍醒、顾建民:《"课程思政"理念的历史逻辑、制度诉求与行动路向》,载《大学教育科学》2019年第3期。

② 王飞霞:《深化高校社会主义核心价值观教育》,载《红旗文稿》2016年第1期。

角度,深入挖掘思政元素,是课程思政的前提和基础。从宏观层面来说,课程思政的大目标在于落实立德树人的根本任务,而就微观层面来看,不同课程也有其不同的目标设定、理论体系、知识结构,以及思维方法。因此,课程思政的切入点应当兼顾课程之间的共性与个性特征,在把握课程思政大方向的基础上,挖掘不同课程的思政育人特色元素。诚如《高等学校课程思政建设指导纲要》所要求的,"要深入梳理专业课教学内容,结合不同课程特点、思维方法和价值理念,深入挖掘课程思政元素,有机融入课程教学"。实践发现,影响课程思政效果发挥的原因主要出在教学方法层面,如灌输式教学模式、上课照本宣科。教学方法的科学性直接决定了课程思政的育人效果,这也是课程思政政策文件特别强调要"大力推进思政课教学方法改革""深入推进课堂教学模式创新"的原因所在。不仅如此,在教育部面向全国开展的课程思政示范项目建设上,更是将"课程注重课程思政建设模式创新""教学方法体现先进性、互动性与针对性"作为示范课程、教学名师和教学团队选树的核心评价指标。课程思政与思政课的统筹协调、同向同行,则是思政方法上的系统性的体现。思政育人并非仅是高校思想政治理论课的任务,专业课与思政理论课之间也并非割裂状态,而是共同服务于学生的价值观养成。正如有论者所言:"'课程思政'正是从战略的高度来构建高校的课程思政体系,把'思政'分散到各门'课程'当中,让每一门课都承担起育人功能。"①各门课程围绕思政育人目标形成合力,同时又有所分工和侧重,从而形成主体多元、层次鲜明、内容丰富的"大思政"育人体系。

### 三、课程思政建设与理论自信培养的内在统一性

就理念与价值层面而言,课程思政是一种思政育人理念,致力于培育学生正确价值观,这与培育学生理论自信具有方向上的契合性。就手段方法而言,课程思政对于思政元素的挖掘及课堂教学的创新,对理论自信培育具有一定的参考意义。

#### (一)课程思政与理论自信的内在契合性

首先是课程思政建设与理论自信培育的理念契合性。课程思政建设成效的重要标志之一,就是学生理论自信培育的效果如何。学术话语权和学术理论范式的建构,往往受到一国文化传统、价值体系的深刻影响,而价值观的塑造,反过来能够促进理论自信的形成。其次是课程思政建设与理论自信培育的内容契合性。理论源于实践,引领实践方向并指导实践问题的解决,而实践则反过来检视和发展理论。中国特色社会主义法治理论,是建立在本土实践、本土经验的基础上的,是为解决本土问题而服务的。课程思政的重心在于价值观的塑造,对于新时期高素质法治人才来说,最根本的就在于具备对中国特色社会主义法治道路、中国特色社会主义法治理论及中国特色社会主义法律体系的信仰,二者具有内容上的一致性。最后是课程思政建设与理论自信培育的方法契合性。方法层面的课程思政建设,主张通过思政元素的充分挖掘和教学渗透,将专业知识与思政

① 唐芳云:《立德树人:高校"课程思政"价值定位的哲学审视》,载《理论导刊》2020 年第 2 期。

元素有机结合,从而"使学生在专业能力养成过程中潜移默化接受思想政治教育,体悟和树立正确的世界观、人生观和价值观"。[①] 而理论自信的培育,同样需要在教学过程中将中华传统优秀法律思想文化潜移默化地渗透进来,逐渐形成对中国特色社会主义法治理论的充分理解和内心认同。

(二)以课程思政为抓手培育理论自信的可行性

课程思政建设与理论自信培育在理念和方向上的契合性,启发我们可以通过课程思政的方法应用,来提升理论自信培育的效果。详言之,与社会主义核心价值观、中华优秀传统文化等一样,理论自信也是思政元素的重要组成部分。道路自信体现方向的正确性,理论自信则体现指导的科学性。理论推动实践工作的开展,而实践的效果反过来检视理论的科学性,并不断丰富和发展理论的内涵。"理论是行动的指南,理论正确才不会迷失方向。忽视理论指导,实践就会失去方向到处乱撞,最终碰得是'鼻青脸肿'、得不偿失;不适合国情的错误的理论指导,实践就会违背历史发展的规律,最终不仅不能解决问题反而会制造更多的问题。"[②]理论必须要从一国的实际出发,符合一国国情,能够解决一国实际问题。在世界社会主义发展史上,错误的理论带来的灾难性后果应当引起反思,典型事例要数苏联的解体。从历史角度而言,理论自信的坚定尤为重要。课程思政正是通过思政元素的充分挖掘与教学渗透,使学生对我国的社会主义道路、制度体系,以及社会主义法治建设形成正确的认识,坚定学生理想信念,增强学生自信心。有论者指出,课程思政的思政元素与"四个自信"具有内在一致性,并将其作为推进课程思政建设要坚持的首要原则,"'课程思政'就是在专业课教育教学中植入'四个自信'这一'思政元素',将政治价值观教育润物细无声地融入专业教育之中"。[③]

## 四、法学教育理论自信的路径建构

具体到法学教育方面,新时期高素质法治人才培养,要牢固树立学生理论自信,完善符合我国国情的法治理论和话语体系,为社会主义法治实践提供科学的法学理论支撑和方向引领,这是高等院校人才培养的历史使命。我国法学理论经历长期的实践摸索,是对于长期积累的经验的升华,因此最应当被用来解决中国问题。与此同时,我国历史上曾经衍生出的优秀法治文明思想成果,凝聚了中华民族的智慧,在当下仍具有一定的指导意义,值得予以研究总结,继承发扬。总而言之,"要通过立德树人、德法兼修,不仅让学生掌握法学理论知识方法、法治基本技能,而且要着力培养学生的法治信仰、法治理

---

① 石建勋、付德波、李海英:《新时代高校课程思政建设重点是"三观"教育》,载《中国高等教育》2020年第24期。

② 黄洁:《道路自信、理论自信、制度自信三重审视:依据、内涵和意义》,载《实事求是》2013年第2期。

③ 鄢显俊:《论高校"课程思政"的"思政元素"、实践误区及教育评估》,载《思想教育研究》2020年第2期。

想、社会责任心和家国情怀”。[①] 法学教育理论自信培育的路径,可以课程思政为指引,从如下方面予以建构。

(一)思政角度的选取

在思政角度的选取问题上,部分论者尝试通过划定思政元素的范围,以引导课程思政内容体系的构建。典型做法如,将社会主义核心价值观的十二个方面作为一级指标,对每个一级指标按照一定的标准进行进一步分解细化,形成若干二级指标,并以这些二级指标构成思政元素“设计表”,高校教师在授课过程中,根据课程实际情况,选取元素表中的内容进行讲解。[②] 但是,这样的思政元素挖掘理念是存在问题的,会严重束缚课程思政工作的手脚。不同专业、不同课程的体系定位、内容安排、培养目标等均有较大差异,不同的教师研究背景各异,不同学校的特色、自身定位也存在一定区别,这就决定了课程思政元素挖掘必然是多样化的状态。因此,“授人以鱼不如授人以渔”,与其纠结于给思政元素的内容设置条框,不如转向思政视角的选择把握方法的深入探索更有实际价值。因此,在《高等学校课程思政建设指导纲要》中,对思政元素的挖掘选择问题,只是进行了大方向上的把控,表现为对课程思政建设的内容重点予以方向引导。《高等学校课程思政建设指导纲要》指出,课程思政建设内容要紧紧围绕坚定学生理想信念,以爱党、爱国、爱社会主义、爱人民、爱集体为主线,围绕政治认同、家国情怀、文化素养、宪法法治意识、道德修养等重点优化课程思政内容供给。同时,要求将“推进习近平新时代中国特色社会主义思想进教材进课堂进头脑”“培育和践行社会主义核心价值观”“加强中华优秀传统文化教育”“深入开展宪法法治教育”“深化职业理想和职业道德教育”几个方面作为重点内容。《高等学校课程思政建设指导纲要》对于思政重点的把握仅作了方向性的指引,兼顾了课程思政的共性与个性,给予了教师充分的发挥空间,以更贴近课程实际。

具体到法学教育的理论自信培育问题上,可以通过不同的课程类型予以针对性地设计。在理论法学的课程思政建设上,可以从历史的角度出发,挖掘中华民族传统法律文化精华,让学生在学习过程中,了解我国法治理论生成的本土原因,树立问题研究的本土思维,及时凝练法治实践的本土经验,摆脱法学理论研究的“西方枷锁”,从而“不断生成能够准确表达中国法治思想、法治文化、法治思维的标识性概念体系,用中国话语表达中国理论,用中国理论解决中国问题”。[③] 在我国法治文明发展史上,曾涌现了许多先进法律思想,如先秦时期法家所主张的“法布于众”的法典化思想,“一断于法”的法治思想,以及“刑无等级”的平等思想,这些思想的提出,在当时的封建专制社会是有极大进步意

① 黄进:《全面依法治国新理念新思想新战略背景下我国法学教育的发展路径》,载中国法学会网2018年9月28日,https://www.chinalaw.org.cn/portal/article/index/id/19643.html。

② 张宏:《高校课程思政协同育人效应的困境、要素与路径》,载《国家教育行政学院学报》2020年第10期。

③ 张晶:《完善话语体系坚定法治理论自信》,载《学习时报》2017年9月25日,A3版。

义的,并于今日之法治建设而言仍具有启发意义。又如,我国西周时期就已出现的“德主刑辅”的治国思想,“明德慎罚”的立法思想,蕴含丰富的谦抑主义思想,强调刑法的适用及刑罚的动用,处于补充性的地位。可见,近代西方古典法学派的罪刑法定主义、平等主义、谦抑主义等思想理论,在我国法律思想史上已有体现,以此为基础形成的中华法系,蕴含了丰富的法律思想与治理智慧,是先辈留下的宝贵精神遗产。因此,在理论法学的课程思政建设过程中,通过中华优秀传统法律思想的挖掘渗透,树立学生理论自信,是切实合理的思政育人视角。而在部门法学的课程思政建设上,可以从比较研究的视角出发,分析我国法学理论的先进性、法律体系的逻辑性、法律规范与法律实践的契合性。中国社会主义法律体系,是体系完整、逻辑严密的整体,是新中国成立以来,我们在社会主义法治道路的不断摸索实践的过程中逐渐形成的、适应我国法治实践的规范体系。在部门法学的教学过程中,可以充分展现本土法学理论与法律规范的适应性,本土法学理论在解决中国实践问题上的契合性、有效性,以培育学生的法学理论自信,“法学课程体系要与中国特色社会主义法治理论体系、法学理论体系、学科体系相衔接,反映中国特色社会主义法学理论和法治实践的最新成果,推动中国特色社会主义法治理论进教材、进课堂、进头脑”。①

(二)思政环节的设计

如何将思政元素自然“转化”入课堂教学的过程中,这需要教学环节的精心设计,以科学的方式促进思政元素入脑、入心。对此,在思政环节的设计上,应当以学生为中心,符合学生的心理特点。高校学生处于青年发展阶段,青年时期是最富生命力和创造力的时期,青年群体思维活跃,富有批判精神和创造能力,对新鲜知识和观点的学习热情高,对新鲜事物的探索欲望强烈,排斥因循守旧,但与此同时,青年人年轻气盛,勇于探索但自我意识强烈,因此需要顺应青年学生的身心特点,并以其喜闻乐见的方式,“润物无声”地推进课程思政教学,发挥学生的主观能动性。首先,科学处理思政元素与专业知识的关系,贯彻“隐性”融入原则。将思政元素有机融入课堂教学,应当循序渐进、润物无声,切忌将课堂教学异化为思政理论课教学,背离课程思政建设初衷。“思政元素的有机融入就是掌握好‘盐何时撒’‘如何撒’‘撒多少’,在‘润物无声’中达成育人之功。”②就法学教育而言,课堂教学是以法学专业知识、基础理论的传授为核心,思政元素的纳入只是促进课堂教学对于价值观塑造功能的进一步发挥。因此,在树立学生理论自信问题上,教师可通过对课堂知识进行思想和理论的提升,展现专业知识背后蕴含的精神、价值、文化。在教学方法上,结合学生思维活跃、探索欲强烈的心理特点,从“介绍型”转向“探索

① 黄进:《全面依法治国新理念新思想新战略背景下我国法学教育的发展路径》,载中国法学会网2018年9月28日,https://www.chinalaw.org.cn/portal/article/index/id/19643.html。

② 蒲清平、何丽玲:《高校课程思政改革的趋势、堵点、痛点、难点与应对策略》,载《新疆师范大学学报(哲学社会科学版)》2021年第5期。

型”教学模式，发挥学生主观能动性，鼓励学生以小组式、互助式、探究式等方式参与课堂教学，引导学生主动发现法学专业知识背后的思政元素，并鼓励学生分享心得体会，从而实现思政元素入脑、入心。

其次，应当科学选择评价对象，创新评价方式，真实反映学生思政效果。为突出课程思政的重要地位，有论者提出，将思政元素作为“教材讲义必要章节、课堂讲授重要内容和学生考核关键知识”，①笔者不赞同此种观点。课程思政通过思政元素的挖掘与融入，目的在于培育学生正确的价值观，树立学生“四个自信”，这并非“关键知识考核”可以衡量的，价值观的培育不同于专业知识的考核，思政效果的呈现并非学生对于思政元素的“背诵”，两者并非同一层面的问题。因此，不宜以传统专业知识考察的方式对学生进行课程思政考评。同时，课程思政的考核评价对象并非针对学生，而是授课教师，即以学生对思政元素的认可度，来反映教师课程思政育人成效。就法学教育而言，可以通过学生对我国法治理论、优秀传统法律思想文化的了解程度及认可程度，来检视教师课程思政的水平及效果。

此外，教师在课程思政育人的过程中，还应当注意言传身教，以自身的典型示范，将理想信念内化于心、外化于行，提升思政育人效果。例如，以学术交流、学术活动为契机，传承和弘扬我国先进法治理念与法学理论。在做学术研究的过程中，“应立足中国国情与中国实践，挖掘本土学术智慧，展示中国学术成果，彰显中国道路创新”，②为构建中国学术话语体系、完善本土法学理论体系贡献力量。

## 五、西北政法大学法学教育的实践探索

作为西北地区的法学重镇，西北政法大学高度重视课程思政建设，以该校在思想政治教育方面的光荣历史及该校红色育人传统为支撑，以传承和弘扬红色文化为抓手，积极探索课程思政育人新模式、新方法、新理念，取得了一定成效。

### （一）传承陕北公学红色血脉，构建红色文化育人体系

西北政法大学在思政育人方面有光荣的历史，我们党重视高等学校思想政治工作的历史源于抗日军政大学和陕北公学，在陕北公学时期就开设了“党的建设”“马克思主义”等课程。西北政法大学，正是陕北公学、延安大学和西北人民革命大学的直接继承者，80余年来，西北政法大学始终扎根西北，传承红色血脉，践行红色文化育人实践，形成了较丰富的实践成果。为传承红色文化育人传统，构建红色文化育人体系，培养德智体美劳全面发展的社会主义建设者和接班人，2019年12月，西北政法大学出台《西北政法大学传承红色基因创建红色文化育人模范大学实施意见》，该实施意见以坚定理想信念

---

① 张宏：《高校课程思政协同育人效应的困境、要素与路径》，载《国家教育行政学院学报》2020年第10期。

② 吕景胜：《法学研究如何实现“四个自信”》，载搜狐网2019年3月20日，https://www.sohu.com/a/302639100_425345。

教育为核心,以传承和弘扬红色文化为抓手,以推动中国优秀传统文化的创造性转化与创新性发展为重点,围绕"使红色基因融入学生血液、浸润学生心扉,增强青年学生的文化自觉与自信"的人才培养目标及"成为培养德智体美劳全面发展的社会主义建设者和接班人的示范阵地"的学校建设目标,从学科建设、人才培养、金课打造、理论研究、环境育人、红色校史挖掘和智库建设等方面着手,全方位构建红色文化育人体系。特别是结合西北政法大学红色文化校史及西北地区丰富的红色文化资源,加强以学术研究推进红色育人工作,创新学术话语体系,挖掘典型人物事件,讲好红色故事,引导学生坚定理想信念,牢固坚定"四个自信"。

(二)丰富活动形式,完善激励机制,提升教师课程思政能动性

西北政法大学以教师培训为抓手,以"金课"建设为基础,以教学改革为支撑,通过多种形式的激励机制,带动全校课程思政建设,提升教师课程思政主观能动性。西北政法大学在新教师入职培训过程中,积极渗透课程思政理念,引导广大教师形成正确认识,掌握典型方法。举办课程思政系列讲座,邀请行业内专家围绕课程思政的目标体系、内容要素、设计思路、实现方法等主题进行系统培训,提升教师课程思政能力。西北政法大学在"金课"立项上,将课程思政建设情况作为重要考量标准,在教学改革立项与教学成果评定上,对课程思政相关研究项目给予重点支持。在教学评价上,将思政育人成效作为重要评价指标,重点考查学生"四个自信"培育效果及社会主义核心价值观教育成效。西北政法大学还连续举办"课程思政"教学比赛,对于获得一定等次奖项的教师,在绩效考核、职称评定等方面予以重点倾斜。选树"课程思政"优秀教师,推进专业课程与思政课同向同行。

(三)完善本科生导师制,协助提升课程思政育人效果

西北政法大学自2011年开始推行本科生导师制度,在十余年来的探索过程中,逐渐建立并完善了有关制度规范、内容要求及考核标准。通过本科生导师制的推行,西北政法大学进一步强化了对本科生的全过程培养,在课堂教学之余,对学生开展个性化的指导和帮助,是课堂教学的重要补充。围绕课程思政育人任务,西北政法大学对多年探索的本科生导师制度进行完善,拓展本科生导师职责范围,充分发挥本科生导师在思政育人方面的作用,引导其成为学生的学业导师、思想导师和人生导师,从而在课程建设之外,为思政协同育人提供有力的师资保障。在制度落实上,西北政法大学要求本科生导师每月至少对学生进行一次专门指导,及时发现和解决学生关于生活学习、思想认识、未来发展等方面的问题,并形成指导记录,定期对指导情况进行专项检查。西北政法大学还通过年度优秀本科生导师评选,表彰在指导过程中取得优异成绩的指导教师,形成本科生导师示范经验并总结推广,调动导师工作的积极性与主动性,提升教师工作的荣誉感与使命感,不断提高人才培养质量。

(四)充分发挥第二课堂与第一课堂协同育人作用,打造特色育人模式

依托西北地区红色文化资源优势,西北政法大学组织学生参观革命圣地延安、西安

八路军办事处、照金革命旧址、南泥湾革命旧址、渭华起义纪念馆等红色革命景点，并结合“五四”“七一”“八一”等重要节日和重大纪念日，开展革命文化现场教学活动，深刻体悟中国共产党带领人民不断创造奇迹过程中，所历经的艰辛，所凝练的智慧，从而坚定学生理想信念，厚植学生爱国情怀，树立学生自信心与自豪感。西北政法大学深入推进“红色传统育人行动计划”，将学校的红色文化传统转化为提升育人效果的独特资源，开展多种形式的校史教育，建设并依托陕北公学旧址、西北人民革命大学旧址等红色校史教育基地，打造“寻根之旅”校史教育品牌。“寻根之旅”特色活动不仅吸收广大学生的积极参与，同时吸纳教师特别是新入职教师参与进来，让他们更加深入地了解学校深厚文化底蕴，感受学校悠久的革命传统及80余年来为国家政法系统人才培养所作出的重要贡献，从而坚定传承，延续力量，涵养情怀。同时，与兄弟院校积极合作，协同思政育人。如西北政法大学新闻传播学院与中国人民大学、华东师范大学、延安大学等共同开展“重返历史现场：中国共产党百年新闻事业寻根之旅”十校联合直播活动，结合各地红色资源，根据中国共产党百年新闻事业发展历程为时间线，通过网上接力的形式重返历史现场，回眸党的百年新闻事业发展进程。

**六、结语**

深入开展课程思政建设，培育学生理论自信，理念是前提，课堂是基础，方法是关键。随着我国在国际社会上的影响力不断提升，我们需要用中国话语表达中国法治道路，以中国法治理论为引领凝练中国法治经验，为世界法治文明进步贡献中国法治智慧。高校法学教育事业，旨在为国家培养一大批德法兼修、德才兼备的高素质法治人才，而高素质法治人才培养的根本前提就在于坚持正确的政治方向，课程思政的理念、方法正是为法治人才培养过程中的政治方向的把握提供了重要指引。法治人才理论自信的培育，应当通过科学的思政育人角度的选取、符合学生心理特点的丰富的思政环节设计，将思政元素自然“转化”入课堂教学的过程中，激发学生的主观能动性，促进思政元素入脑、入心。当然，目前高校课程思政建设尚处于初步探索阶段，如何进一步提升教师的课程思政意识和能力，如何使课程思政更加契合学生的需求和期待，还需要进一步讨论。

# 法学本科专业与课程设置的历史考察

## ——以20世纪90年代的吉林大学法学院为中心

姜　朋*

### 一、引言

像其他有关教育的话题一样,法学教育也总能引起热议。是否该废止法律本科教育?① 是否该设立法律博士专业学位?② 国际法专业是否应该从法学专业中独立出去,升级为一级学科?③ 都是如此。上述三例的共通之处,是它们都涉及了法学教育中的专业设置问题。

探究起来,我国大学按照"专业"划分进行人才培养是仿效苏联模式的产物。原国家教育委员会高等教育一司《关于修订普通高等学校社会科学本科专业目录的情况和意见》(1987年10月28日)指出:"旧中国的高等学校,只有院系,不设专业。有计划地按专业培养人才,是从新中国成立以后,特别是1952年学习苏联经验开始的。"④(见图1)

---

* 清华大学经济管理学院副教授。

① 参见张志铭:《大学开设法律本科专业是个错误吗?》,载《法制日报》2006年7月27日;张志铭:《司法沉思录》,北京大学出版社2019年版。

② 相关讨论,参见袁钢:《试论我国法律专业博士学的设置》,载张文显主编:《中国法学教育年刊》2019・第七卷,法律出版社2020年版,第53~66页;王健:《设置法律博士专业学位为培养高素质法治人才提供保障》,载《民主与法制(周刊)》2022年第7期。

③ 2021年9月7日,教育部网站发布了《对十三届全国人大四次会议第8342号建议的答复》(教高建议〔2021〕120号)。针对该"关于将国际法学列为一级学科,加强涉外法治人才培养的建议",教育部表示:"继续支持有条件的高校在法学一级学科下自主设置国际公法、国际私法、国际经济法二级学科,支持能够开展学位授权自主审核工作的高校探索设置相关一级学科,推动培养模式改革,培养博士硕士高层次人才。"参见《对十三届全国人大四次会议第8342号建议的答复》,载教育部官网,http://www.moe.gov.cn/jyb_xxgk/xxgk_jyta/jyta_gaojiaosi/202109/t20210907_560085.html。

④ 国家教育委员会高等教育一司编:《普通高等学校社会科学本科专业目录与专业简介》,武汉大学出版社1989年版,第1页。孙国华教授于1950年9月至1952年6月在中国人民大学法律系攻读研究生。其毕业证书上即注明"其专业为马列主义关于国家与法权理论"。《时光绘卷70载:建院之初至六十年代的人大法学院》,载微信公众号"中国人民大学法学院"2020年9月24日,https://mp.weixin.qq.com/s?。与此同时,毕业于该专业的还有李放教授。参见何勤华主编:《中国法学家访谈录》(第1卷),北京大学出版社2010年版,第149页。

**图1　孙国华教授的研究生毕业证书**

**（人研字第00126号，马列主义关于国家与法权理论专业）**

资料来源：《时光绘卷70载：建院之初至六十年代的人大法学院》，载微信公众号“中国人民大学法学院”2020年9月24日，https://mp.weixin.qq.com/s/NtPEMtakPt_5MKF2xCVNZA。学习时间为1950年9月至1952年6月。

但是，同期苏联的法科本科生专业并不多。① 1956年版苏联高等学校专业目录中，

① 1919年，俄国大学的法律系被废除，法学课程被限定在几门科目上，法律政治、经济和历史3个学科被合并为“社会科学系”，政治法律部是系下设的机构。1921～1922年，包括莫斯科大学、彼得格勒大学和伊尔库茨克大学在内的9所大学的社会科学系开设有法律班。1924年后，综合大学社会科学系下的政治法律部被扩充为苏维埃法律和苏维埃建设系，下设法院部、经济法律部、国家行政部、国际部。参见焦应达：《苏联法学教育研究》，法律出版社2015年版，第109、130、131页。1931年4月20日，俄罗斯联邦全俄中央执行委员会通过《关于苏联建设干部的培训和再培训的措施》的决议。据此，苏维埃法律和苏维埃建设系从大学里独立出来，成立了两种专门的学院，即“苏维埃建设学院”和“苏维埃法学院”，由苏联司法部管辖。1935年，二者合并为“苏维埃法学院”（抑或称全苏法律学院）。1939年，全苏法律学院军法系独立出来，成立军事法学院。1940年，苏维埃建设学院并入法律学院（一说1935年“苏维埃建设学院”和“苏维埃法学院”合并为“苏维埃法学院”）。参见焦应达：《苏联法学教育研究》，法律出版社2015年版，第131页。1927年，莫斯科大学成立了函授法学教育处。这是苏联法律函授教育的开端。1929年，俄联邦教育人民委员部通过了《关于函授和夜校教育的决议》。因此到20世纪30年代初，苏联建立了许多高等函授学校和夜校。参见焦应达：《苏联法学教育研究》，法律出版社2015年版，第109页。1942年开始，各大学设立法律系。1946年10月5日在斯大林主持下，联共中央通过了《关于扩充和改善全国法律教育的决定》，除努力提高法律科学水平和教学质量外，还大量扩充大学法律系和法律学院每年的招生名额，建立和扩充了30所专门培养基层干部的两年制的中等法律学校。参见焦应达：《苏联法学教育研究》，法律出版社2015年版，第84、109页。

政法科只设法律(181)一个专业。1975 年版中设有 3 个专业,即法律(265)、国际关系(266)和国际法(267)。1982 年专业设置中的政法类专业包括"法律　苏联法"(281)、"国际关系"(282)、"国际法"(283)3 个类别。[①] 此外,苏联中等专业学校也设有法律专业。1984 年版中等专业学校专业设置中,法律类下辖 4 个类别,即司法(1801)、社会保障系统法律与登记(1802)、法学专门化(诉讼法、国家法、经济法)(1803)及国家汽车检查行政法律服务(1804)。其中,法学类又包括三个"专门化":诉讼法、国家法、经济法(见表 1)。

**表 1　苏联中等专业学校开设的法律专业(1984 年版)**

| 专业序号 | 专业及专门化名称 | 培养目标 | 日校修业期限 | | 教学形式 |
|---|---|---|---|---|---|
| | | | 学前基础八年制 | 学前基础十年制 | |
| 1801 | 司法 | 律师 | — | 二年 | 日校及函授 |
| 1802 | 社会保障系统法律与登记 | 律师 | 二年十个月 | 一年十个月 | 日校及函授 |
| 1803 | 法学专门化:诉讼法 国家法 经济法 | 律师 | — | 一年十个月 | 日校 |
| 1804 | 国家汽车检查行政法律服务 | — | — | 二年 | 日校及函授 |

资料来源:哈尔滨工业大学高等教育研究所编译:《苏联高等学校专业设置、培养规格、教学计划选编》,哈尔滨工业大学出版社 1987 年版,第 43 页。

前述《关于修订普通高等学校社会科学本科专业目录的情况和意见》显示:

> 就社会科学本科专业而言,1952 年设有 45 种(中国少数民族语言、外国语言文学各计为 1 种),1957 年 62 种。1958 年至 1960 年,专业数急剧增加,到 1962 年达到 129 种。当时根据中央关于"调整、巩固、充实、提高"的方针,合并了一些划分过细的专业,撤销了一些设置过多的专业点,调整了专业布局。在此基础上,教育部会同国家计委于 1963 年修订了《高等学校通用专业目录》,其中社会科学本科专业共有 101 种。"文化大革命"期间,高等教育受到严重破

① 哈尔滨工业大学高等教育研究所编译:《苏联高等学校专业设置、培养规格、教学计划选编》,哈尔滨工业大学出版社 1987 年版,第 6、13、22 页。

坏，社会科学专业近乎取消，代之以“大文科”“写作组”等。①

20 世纪 80 年代前期，本科专业数量迅速增加。全国综合大学和财经、政法、外语、艺术院校等设置的社会科学本科专业共计 398 种：

> 其中中国语言文学类 16 种，历史学类 12 种，哲学类 8 种，社会学类 2 种，新闻学类 8 种，图书情报档案学类 7 种，政治学类 7 种，马克思主义理论、思想政治教育类 6 种，法学类 10 种，经济、管理类 99 种，外国语言文学类 53 种，艺术类 170 种。②

10 种法学类本科专业分别是：法学、法律学、法律、经济法、国际法、国际私法、国际经济法、刑事侦查、劳改管理、犯罪学。③

1984 年，教育部颁发《综合大学法律系法律专业教学计划》。④ 1987 年，国家教委组织修订并颁布的《普通高等学校社会科学本科专业目录》共设专业 214 种：

> 其中中国语言文学类 15 种，历史学类 8 种，哲学类 6 种，社会学类 4 种，新闻学类 7 种，图书情报档案学类 6 种，政治学类 7 种，马克思主义理论、思想政治教育类 7 种，法学类 9 种，经济、管理类 48 种，外国语言文学类 47 种，艺术类 50 种。⑤

9 种法学类本科专业包括：法学（0901）、经济法（0902）、国际法（0903，个别学校设置）、国际经济法（0904，个别学校设置）、侦查学（0905，个别学校设置）、劳动改造法

① 国家教育委员会高等教育一司编：《普通高等学校社会科学本科专业目录与专业简介》，武汉大学出版社 1989 年版，第 1 页。

② 国家教育委员会高等教育一司编：《普通高等学校社会科学本科专业目录与专业简介》，武汉大学出版社 1989 年版，第 2 页。

③ 国家教育委员会高等教育一司编：《普通高等学校社会科学本科专业目录与专业简介》，武汉大学出版社 1989 年版，第 225 页。

④ 唐双娥、雷秋玲：《环境法学科与环境法教育的比翼发展》，载张文显主编：《中国法学教育年刊》2017 · 第五卷，法律出版社 2018 年版，第 98 页。文中还提到“1985 年，国家教委组织制定了法学类专业目录，除法学、经济法、国际法、国际经济法、犯罪学、刑事侦查、劳动改造法学外，增设了环境法、知识产权法两个第二学位专业”。

⑤ 国家教育委员会高等教育一司编：《普通高等学校社会科学本科专业目录与专业简介》，武汉大学出版社 1989 年版，第 7 页。该专业目录不包括师范院校、民族院校的专业。艺术和公安方面的专业目录及专业简介分别委托当时的文化部、广播电视部、轻工业部和公安部组织修订。此次下发的目录中包括经当时的国家教委审核的艺术类目录。同前，第 8 页。

(0906,个别学校设置)、犯罪学(0907,个别学校设置)、知识产权法(0908,试办)、环境法(0909,试办)。[①] 其中,知识产权法和环境法专业为第二学位专业,学制二年,主要招收"已取得理、工等学科学士学位的毕业生"和"已取得理、工、农、医等学科学士学位的毕业生"。[②] 其余专业学制4年。该版目录中的法学专业整合了原来的法学、法律学、法律专业;国际法专业整合了原来的国际法、国际私法专业;侦查学专业和劳动改造法专业分别取代了原来的刑事侦查专业和劳改管理专业。[③] (见表2)

**表2 法学类本科专业在普通高等学校的分布情况**

| 专业名称 | 分布学校 | 专业名称 | 分布学校 |
| --- | --- | --- | --- |
| 法学 | 北京大学、中国人民大学、中国政法大学、北京联合大学、南开大学、河北大学、山西大学、内蒙古大学、辽宁大学、吉林大学、延边大学、黑龙江大学、复旦大学、华东政法学院(现华东政法大学)、上海大学文学院、南京大学、苏州大学、杭州大学、宁波大学、安徽大学、厦门大学、江西大学、烟台大学、山东大学、郑州大学、武汉大学、湘潭大学、中山大学、深圳大学、汕头大学、广西大学、四川大学、西南政法学院(现西南政法大学)、贵州大学、云南大学、西北大学、西北政法学院(现西北政法大学)、兰州大学、新疆大学 | 经济法 | 北京大学、中国人民大学、北京商学院(现北京工商大学)、中国政法大学、北京经济学院(现首都经贸大学)、北京财贸学院、东北财经大学、吉林大学、复旦大学、上海财经大学、华东政法学院(现华东政法大学)、上海大学文学院、苏州大学、南京大学、杭州大学、山东大学、郑州大学、武汉大学、中南财经大学(现中南财经政法大学)、中山大学、西南政法学院(现西南政法大学)、西南财经大学、西北政法学院(现西北政法大学) |
| 国际法 | 北京大学、吉林大学、武汉大学 | 国际经济法 | 中国政法大学、对外经济贸易学院(现对外经济贸易大学)、复旦大学、上海海运学院、华东政法学院(现华东政法大学)、上海对外经济贸易学院(现上海对外经济贸易大学)、武汉大学、厦门大学 |

① 国家教育委员会高等教育一司编:《普通高等学校社会科学本科专业目录与专业简介》,武汉大学出版社1989年版,第13页。

② 国家教育委员会高等教育一司编:《普通高等学校社会科学本科专业目录与专业简介》,武汉大学出版社1989年版,第91、92页。

③ 国家教育委员会高等教育一司编:《普通高等学校社会科学本科专业目录与专业简介》,武汉大学出版社1989年版,第225页。

续表

| 专业名称 | 分布学校 | 专业名称 | 分布学校 |
| --- | --- | --- | --- |
| 侦查学 | 西南政法学院(现西南政法大学) | 劳动改造法 | 西南政法学院(现西南政法大学)、西北政法学院(现西北政法大学) |
| 犯罪学 | 华东政法学院(现华东政法大学) | 知识产权法 | 中国人民大学(限招第二学士学位) |

资料来源:国家教育委员会高等教育一司编:《普通高等学校社会科学本科专业目录与专业简介》,武汉大学出版社 1989 年版,第 286 ~ 288 页。环境法专业的分布学校标注为"暂缺",即还未批准开设。

1991 年,教育部专门召开会议,修订法学专业目录。但"法学专业不仅没有减少,而且还有所增加,尤其在法学成人教育中还增加了律师专业,行政法专业,这样就使专业口径过窄的毛病更加严重"。[①] 1993 年,国家教委又颁布了新的法学专业目录。犯罪学、知识产权法和环境法 3 个专业升格为研究生专业或学科专业下的一个研究方向。[②]

1996 年国家教委制定了"面向 21 世纪高等法学教育教学内容和课程体系改革计划"。1997 年 1 月,国家教委成立高等学校法学学科教学指导委员会(以下简称教指委)。[③] 该委员会随即牵头组织全国高校法学院系开始对法学教育进行系统性反思。"至 1998 年底在教育部的指导下,通过法学教育界的共同努力下,已将法类各专业合并为一个专业。"[④]"根据宽口径、厚基础、高素质、重应用的基本思路,把法学、经济法、国际法、国际经济法、刑事司法等近十个本科专业整合为法学一个专业。"[⑤]同时改革课程体

① 曾宪义、张文显编:《中国法学专业教育教学改革与发展战略研究》,高等教育出版社 2002 年版,第 60 页。

② 唐双娥、雷秋玲:《环境法学科与环境法教育的比翼发展》,载张文显主编:《中国法学教育年刊》2017 · 第五卷,法律出版社 2018 年版,第 98 页。上述学者总结说:"法学教育的专业设置从 20 世纪 70 年代的 1 个专业衍生为 80 年代的 7 个专业,从 90 年代的 5 个本科专业归并为如今的 1 个专业,每一次的调整都折射出社会的变迁。"

③ 曾宪义、张文显编:《中国法学专业教育教学改革与发展战略研究》,高等教育出版社 2002 年版,第 46 页。

④ 曾宪义、张文显编:《中国法学专业教育教学改革与发展战略研究》,高等教育出版社 2002 年版,第 60 页。

⑤ 张文显:《中国法学教育的未来发展》,载《张文显法学文选》(卷十 · 法学教育),法律出版社 2011 年版,第 42 页。但是,对于这种改变,也并非没有不同的声音:"法学曾经分科太细……但是,后来法学三个专业合并了。现在,我们法学学科比起其他学科来,不分学科可能就有些不合适了。经济学有理论经济学、应用经济学两个学科。经济学有两个学科,为什么法学不能有理论法学、应用法学?把它分成两个多好啊!"参见夏炎:《霍存福:宦道非吾愿,潜心便数年》,马一鸣、刘楠等校对,崔卓兰、周春国、高岩主编:《法苑芳华——老故事第一辑》,吉林大学出版社 2018 年版,第 53 页。同时,在实践中还潜存着不少新兴的交叉专业:"在教育部学科门类之下 10 个一级学科门类之下又出现了卫生司法、医疗保险法、社科法、电子法等专业。"参见刘坤轮:《中国法学教育:进步与不均衡》,载曹义孙主编:《多面向的法治教育——法学教育论衡 1》,中国政法大学出版社 2012 年版,第 278 页。10 个法学二级学科门类为:法学理论、法律史、宪法学与行政法学、刑法学、民商法学(含劳动法学、社会保障法学)、诉讼法学、经济法学、环境与资源保护法学、国际法学(含国际公法、国际私法、国际经济法)、军事法。

系,1998年"首批确定的共同核心课共14门,即"法理学"、中国法制史、中国宪法、行政法与行政诉讼法、民法、商法、知识产权法、经济法、刑法、民事诉讼法、刑事诉讼法、国际法、国际私法、国际经济法"。① 1999年,教指委组织编写的《全国高等学校法学专业核心课程教学基本要求》由法律出版社出版。2001年又确定增加"人权法"和"环境法"两门核心课程。②

以上是中国法学本科教育在20世纪的最后20年间演进的宏观情况。为了更真切地展现其中的细节,下文将以吉林大学法学院(以下简称吉大法学院)3份20世纪90年代的本科生课程设置方案为例,追溯法学本科教育中专业区隔渐趋弱化的历史,进而探讨这一变迁遗留的现实问题。

## 二、吉大法学院早期的法学教育改革

1988年5月,经国家教委批准,吉林大学在其法律系基础上设立法学院。9月24日,吉大法学院成立大会举行。法学院下辖法学系、经济法学系、国际法学系,系之下设教研室。③ 其中,法学系辖法学理论、法律史、刑法教研室;经济法学系辖经济法、民法教研室;国际法学系辖国际法、宪法教研室。④

这一时期,吉大法学院同时提供本科、硕士、博士,以及专科、函授等多个层次的法律教育。其中,本科教育开办时间最长,所培养的学生数量也是各学位项目中最多的。1980年9月和1984年,吉大法律系先后开办了经济法和国际法专业。加上最早开办的法学专业,三者构成了20世纪80年代和90年代的大部分时间里吉大法律系暨吉大法学院本科教育的基础框架。从1993年起,吉大法学院开始招收国际经济法专业本科生。同年依托吉大法学院成立的吉大德恒律师学院从1994年起开始招收本科生。在课程设置方面,德恒律师学院与吉大法学院的3个本科专业既有渊源又有明显不同(后详)。至1999年,吉大法学院按照1997年暑期在该校召开的国家法学教学指导委员会主任会议的精神,改按法学一级学科招收本科生。⑤

如果说,以上还只是吉大法学教育的显性变化,不那么显性或说隐性的变革其实在

---

① 张文显:《中国法学教育的未来发展》,载《张文显法学文选》(卷十・法学教育),法律出版社2011年版,第43页。

② 曾宪义、张文显编:《中国法学专业教育教学改革与发展战略研究》,高等教育出版社2002年版,第113页。另有资料称:2007年,教育部高等学校法学教育专业指导委员会将法学专业教育的核心课程由1998年的14门增加到16门。参见唐双娥、雷秋玲:《环境法学科与环境法教育的比翼发展》,载张文显主编:《中国法学教育年刊》2017・第五卷,法律出版社2018年版,第98页。

③ 2001年6月,吉大法学院撤销了1988年设立的法学系、经济法学系、国际法学系,建立了11个教研部。从某种意义上说,"法学院—教研部"对"院—系—室"建制的取代,颇有向1953年10月开始的"法律系—教研室(之前是教研组)"建制回归和致敬的意味。

④ 姜朋:《须有清风属后来:吉林大学法学院史稿(1948—1998)》,法律出版社2018年版,第219~220页。

⑤ 何勤华主编:《中国法学家访谈录》(第10卷),北京大学出版社2014年版,第175页。

早些时候就已经开始。法学院成立后,即面向院内学生召开了“教改对话会”。1989 年,张文显教授发表《关于法学专业教学改革的几点思考》一文。文中结合吉大法学院和国内主要法学院、法律系本科生教学的现状,概括了法学本科教学存在的八个方面的问题:

1. 法科新生不适应从中学教育(普通教育或基础知识教育)到大学教育(专业教育)的转变。

2. 专业定向限制了学生对专业的选择,也造成了知识面狭窄的弊端。

3. 课程膨胀。

4. 教育者容易把教学简单等同于授课,不顾学生是否吸收。

5. 本科生和研究生培养目标、边界划分有待厘清。

6. 存在脱离实际的教条主义思维方法。

7. 学生操作训练不足,毕业后进入法律工作角色用时较多。

8. 研究成果不能及早转化为教学内容,教学内容老化、观念封闭、观念陈旧。①

其中,第 3 点与院系对教师的考核有关。第 4 点涉及任课教师的教学观念和采取的教学方法。第 6 点和第 8 点涉及课堂教学的切入角度与内容取舍。第 7 点涉及法科本科教育的定位(是否要考虑学生未来可能的职业方向并为其提供相应的训练)。同样牵涉这个话题的,还有第 1 点和第 5 点。第 1 点看似只是新生如何过渡、实现角色转换的阶段性话题,但其深层内核则是如何设定法科第一学位、有效的法科教育在多大程度上需要依赖学习者已有的社会经验的问题。第 5 点提示了不同层次的法科教育之间衔接不畅的现象,其暴露了法科各级教育项目定位不够清晰的问题,从而也(连同第 1 点和第 7 点)牵引出本科阶段专业划定是否必要、合理的疑问。而这正是第 2 点关切的问题。

从文中提示的解决思路来看,大致是希望通过增减课程、调整专业课程开设时段等方式来加以应对:

增加课程方面,其一,针对新生的适应性问题,提出在入学后头两周开设“法学专业预备课”,带领学生旁听审判、参观监狱,观看法律主题影视作品,介绍具有知识性、趣味性的法律故事或典型案例,介绍大学的学习要求和方法。

其二,全面恢复课堂讨论,并将其正式纳入教学计划,一般为总课时的 1/6;同时确定课堂讨论的规格和组织,采取小组讨论(15 ~ 20 人)与大班讨论(30 ~ 40 人)相结合,重点发言与普遍发言相结合;要求学生必须写发言提纲或短文;教师则应批阅发言提纲并在每次讨论后都要做总结。

其三,增加实务类课程和实践活动。在院内适当增开有关审判业务、检察业务、律师公证业务和立法学、执法学等课程。

---

① 张文显:《关于法学专业教学改革的几点思考》,载《张文显法学文选》(卷十 · 法学教育),法律出版社 2011 年版,第 25 ~ 31 页。原载《高教研究与实践》1989 年第 3 期。

我们聘请法院、检察院、公安厅、司法厅以及政府法制局和人大常委会法工委等实际工作部门的领导和业务骨干为客座教授或兼职教师,安排他们讲授审判、检察、公安、司法行政、依法施政和地方立法的政策、形式、任务、内部制定的法律实施细则、法律解释、工作程序等,介绍法律实施的情况,法律实施的因素、社会治安情况、法制建设各项内容的统计和趋势分析。客座教授和兼职教师讲授的都作为必修课,目前已聘请8名客座教授和十多名兼职教师。①

就近建立实习基地,改善实习安排,除了三年级第二学期的实习课外,学生可以经过批准到律师事务所实习。学生假期愿意到司法机关实习,各系负责帮助联系。②

增加法制文书课的内容和课时,由原来只讲司法文书扩大到讲立法、执法、司法文书和普通法律应用文,并由原来的34课时增加至72学时(含18学时习作)。同时,在考试时把文字表达能力、字迹和卷面作为总成绩的10%~15%计分。③

鉴于实际工作部门办公自动化水平提高,电子计算机、电脑打字技术越来越多运用于工作当中,我们增设电子计算机和打字操作课。④

其四,增加新的学术课程,开设法律社会学,训练学生运用社会学的知识、方法观察和分析法律现象,树立法社会学的观念。⑤ 同时计划举办"新学科讲座"和"学术论坛"。"新学科讲座是正式的专题讲授,介绍新兴学科、边缘学科、前沿学科,评价国内外法学流派、学术思潮、最新研究动态等,计算课时和学分。学术论坛委托学生会主办,邀请院内外学者就某一重大的学术问题或学术热点作报告。"⑥

减少课程方面,首先,是减少一些课程的学时数。"压缩课时,每门课程的学时平均压缩10%~40%,例如,婚姻法由原来的54学时压缩到36学时。又如,普通照相的内容,在20世纪90年代显然已无必要搬入大学课堂,因此在《刑事侦查》课程中删掉了,将

① 张文显:《关于法学专业教学改革的几点思考》,载《张文显法学文选》(卷十·法学教育),法律出版社2011年版,第30页。

② 张文显:《关于法学专业教学改革的几点思考》,载《张文显法学文选》(卷十·法学教育),法律出版社2011年版,第30页。

③ 张文显:《关于法学专业教学改革的几点思考》,载《张文显法学文选》(卷十·法学教育),法律出版社2011年版,第30~31页。

④ 张文显:《关于法学专业教学改革的几点思考》,载《张文显法学文选》(卷十·法学教育),法律出版社2011年版,第31页。

⑤ 张文显:《关于法学专业教学改革的几点思考》,载《张文显法学文选》(卷十·法学教育),法律出版社2011年版,第30页。

⑥ 张文显:《关于法学专业教学改革的几点思考》,载《张文显法学文选》(卷十·法学教育),法律出版社2011年版,第31页。

课时减为54学时。”①

其次，是做好课程内容的协调，合并近似课程，或者把一些与研究相关的本科课程转为研究生课程。

> 搞好协调，尽可能减少课程之间的内容重复，有些课程则合二为一。例如宪法，过去开有中国宪法、外国宪法、比较宪法等课，现在合为“比较宪法”。古今中外汇于一课，不仅可以减少重复，还可以在理论和制度的比较中更有利于学生生动活泼地进行学习。②
>
> 过去开四门史类必修课——中国法律制度史、中国法律思想史、外国法律制度史、西方法律思想史，还有中国刑法史、中国民法史等史类选修课，现改为——中国法的历史（包括制度和思想）、外国法的历史（包括制度和思想），取消了中国刑法史、中国民法史等史类选修课，如果研究工作需要，就把被压缩的史类内容和被取消的史类选修课列入研究生课程……③

调整专业课程开设时段，旨在弱化严格按高考报名时填报的专业志愿进行教学给人才培养和学生未来发展带来的负面作用。“我们设想前两年各个专业基本上采用统一的教学计划（实际上是不分专业），讲授法学基础理论和法学基础课。从第三学年开始按专

① 张文显：《关于法学专业教学改革的几点思考》，载《张文显法学文选》（卷十 · 法学教育），法律出版社2011年版，第27页。此外，“第四，加强选修课的论证，杜绝开课的任意性以及把专题变为选修、选修变必修，必修变主干的不正常倾向。第五，调整教学工作量计算办法，职称晋级办法，从制度上扼制课程膨胀。”同前，第28页。

② 张文显：《关于法学专业教学改革的几点思考》，载《张文显法学文选》（卷十 · 法学教育），法律出版社2011年版，第27～28页。此外，“第四，加强选修课的论证，杜绝开课的任意性以及把专题变为选修、选修变必修，必修变主干的不正常倾向。第五，调整教学工作量计算办法，职称晋级办法，从制度上遏制课程膨胀。”同前，第28页。1980年1月，吉林大学下发《吉林大学教师工作量试行办法》，开始试行教师工作量制度。根据该办法，教师年工作量总定额为1600小时，其中教学工作量定额为1200小时，科学研究和自修等工作量定额为400小时。科研单位（研究所、室）的教师每人每年应完成400小时的教学工作。教师教学工作量包括讲授基础课和专业课、公共外语课、体育课、实验课、习题课、课堂讨论、辅导课、批改中文或外文作文、翻译作业、指导社会调查、生产实习、指导学年论文、毕业论文、指导研究生、期末考试、考查、编写教材、教学法研究。对于担任党政职务的教师可以根据工作性质给予一定的减免。凡每学年完成教学工作量超过1200小时、教学效果良好的教师，对其超额部分给予津贴；对少数在一学期内超额完成全学年教学工作量的教师提前发放超额津贴。对超额完成教学工作量的单位（教研室、实验室）和个人，在评选先进集体、先进个人、提职、提薪工作中优先考虑。对长期完成教学工作较好的单位，发给适当奖金。对无故不完成工作量的教师要进行批评教育。参见吉林大学教务处：《我校开始试行教师工作量制度》，载《吉林大学》1980年6月1日（第41期），第1版。

③ 张文显：《关于法学专业教学改革的几点思考》，载《张文显法学文选》（卷十 · 法学教育），法律出版社2011年版，第29页。

业讲授,并允许学生转专业。”①

上述对策可以看作在宏观的专业设置不变的情况下在微观层面进行的改革努力。其中的教育理念和思路与后来20世纪90年代宏观层面的法学专业设置改革有相当程度的契合。而在上述宏观改革开启之前,其已在20世纪90年代的吉大法学院的本科教学中得以实践。当然,受制于一些客观原因,部分设想没有实现。为更充分地反映这一微观层面的教学改革努力,下面将结合吉大法学院的3个版本的本科生课程设置进行介绍和分析。

**三、吉大法学院1993级本科生的课程设置**

吉大法学院1993级本科生入学时共106人,分为5个班级,分属3个专业:1、2班为法学专业,3、4班为经济法专业,5班为国际经济法专业。在读期间,转入10人(均就读于经济法专业)。1997年毕业时共116人,其中男生66人,女生50人。

该级的课程设置大致包括公共课、基础课、专业课几大类。9门公共课是:“大学英语”(含精读、听力、泛读,仅前3学期即有484学时)、“体育”(共4个学期,122学时)、“中国革命史”(50学时)、“思想品德”(16学时)、“马克思主义哲学”(68学时)、“政治经济学”(64学时)、“世界经济政治与国际关系”(51学时)等,以及“自然科学概论”(32学时)、“计算机应用原理”(60学时)。任课教师均来自公共外语部、体育部、马列教研部、哲学系、计算机系等院系。

1993级经济法专业的11门基础课包括:“法学基础理论”“逻辑学”“中国法制史”“外国法制史”“宪法学”“行政法学”“行政诉讼法”“刑法学”“刑事诉讼法”“国际(公)法”“法律文书写作”。14门专业必修课包括:“民法学原理”“物权法”“债权法”“知识产权法”“婚姻法”“民事诉讼法”“经济法原理”“税法”“金融法”“环境保护法”“涉外经济法”“市场管理法”“会计学原理”“海商法”。13门选修课包括:“继承法”“票据法”“公司法”“保险法”“破产法”“劳动法”“经济合同法”“专业外语”“外国(日本)民商法”“美国契约法”“经济法专题”“西方法哲学”等。选修课分布在第6~8学期。除“会计学原理”由外请的商学院教师讲授外,基础课和专业课均由法学院教师讲授。

作为专业训练的一部分,该级在第5学期和第8学期,分别有为期2周的学年论文写作和为期4周的毕业论文写作;第6学期,有为期2个月的专业实习,原则上由学生自行寻找实习单位,也可接受学院安排在吉大律师事务所实习。②(见表3)

① 张文显:《关于法学专业教学改革的几点思考》,载《张文显法学文选》(卷十·法学教育),法律出版社2011年版,第27页。

② 以上3段,参见姜朋:《须有清风属后来:吉林大学法学院史稿(1948—1998)》,法律出版社2018年版,第258、272、273页。

**表3 吉大法学院1993级经济法专业本科生课程(1993年10月至1997年6月)**

| 学期 | 课程、学时 |
| --- | --- |
| 第一学期 | 军训4周、“法学基础理论”(68学时)、“逻辑学”(32学时)、“中国革命史”(50学时)、“自然科学概论”(32学时)、“思想品德”(16学时)、“英语”(含听力、精读、泛读)、“体育” |
| 第二学期 | “宪法”(68学时)、“刑法”(68学时)、“行政法”(68学时)、“外国法制史”(68学时)、“中国法制史”(68学时)、“英语”(含听力、精读、泛读)、“体育” |
| 第三学期 | “民法学原理”(51学时)、“婚姻法”(32学时)、“知识产权法”(32学时)、“行政诉讼法”(32学时)、“刑事诉讼法”(32学时)、“政治经济学”(68学时)、“计算机应用原理”(60学时)、“英语”(含听力、精读、泛读)、“体育” |
| 第四学期 | “经济法原理”(64学时)、“民法物权法”(51学时)、“民法债权法”(64学时)、“马克思主义哲学”(68学时)、“体育”、“英语”(1)、全校选修课(2) |
| 第五学期 | “民事诉讼法”(51学时)、“国际(公)法”(64学时)(3)、“法制文书”(64学时)、“金融法”(40学时)、“环境保护法”(40学时)、“世界经济政治与国际关系”(51学时);学年论文写作训练(96学时,为期2周) |
| 第六学期 | “税法”(40学时)、“海商法”(40学时)、“劳动法”(选修,32学时)、“保险法”(选修,32学时)、“经济合同法”(选修,32学时)、专业实习(半学期)(选修课三门选二门,不鼓励多选,多选不算学分,均为开卷考试) |
| 第七学期 | “涉外经济法”“市场管理法”“会计学原理”;“票据法”(选修)、“公司法”(选修)、“继承法”(选修)、“合同法”(选修)、“专业外语”(选修)(选修课五门选四门) |
| 第八学期 | “外国(日本)民商法”(选修)、“英美契约法”(选修)、“西方法哲学”(选修)、“破产法”(选修)、“经济法专题”(选修);毕业论文写作(为期4周) |

资料来源:《吉林大学学生成绩登记表》(1997年1月8日)。另据笔者记录及蔡宏伟补正。

(1)通过全国大学英语四级考试者本学期即不再修英语。

(2)本学期全校性公共选修课共5门:“经济法专题”(法学院,2学分)、“管理系统案例分析”(商学院,2学分)、“领导科学”(行政学院,2学分)、“西方文化”(历史系,3学分)、“东方古代哲学”(哲学系,2学分)。

(3)“国际法”课同时开设给同级法学专业。同时,同级法学专业和国际法专业学生还开设“经济法概论”;同级国际经济法专业另开设“冲突法”“国际经济法”。本学期共18教学周。

从整体上看,前引张文显教授文章中提示的教学改革思路对吉大法学院1993级本科生的课程设置具有明显影响。首先,前两年各专业基本采用统一教学计划的设想大体得到了实现。比如,经济法专业和国际经济法专业学生一起上法学基础理论、刑法;法学专业和国际经济法专业学生一起上“民法”课程。当然,不同专业间的课业仍有课业难度、精细度上的差异。比如,法学专业要学习“政治学”,“刑法”课也比其他两个专业的学时要长,而经济法专业的民法类课程的科目和学时也多于其他两个专业。其次,一些课程的学时数和课程科目减少。1993级本科生的“婚姻法”课程确实是32学时。该级本科生学习了“中国法制史”和“外国法制史”两门必修课。第8学期,法学专业有选修课“中国法律思想史”。

此外,法学院和院学生会等学生组织确实组织了一些讲座。尽管由于吉大法学院率先迁到南校区(前卫校区)后,地理位置偏僻,交通条件不便,讲座难以达到必要的频次,对设想中讲座的系统性构成了挑战,但1994年8月随着其他文科院系的到来,校内其他专业的讲座弥补了上述不足。

但在若干方面,实际的课程设置和教学环节也较之前的计划有所折扣。首先,1993级本科生入学后,仅在9月9日下午接受了短暂的专业教育,稍后即开始了为期四周的军训,并未上过为期两周的“法学专业预备课”。

其次,1993级本科生的课堂规模因课程不同而大小不一。专业课课堂人数相对少些;公共课和基础课是大课,课堂人数多一些。无论课堂规模如何,均未见有学习小组的划分。教师有时会布置课下作业(如以宿舍为单位进行讨论),但没有期中考试。平时由教师随堂点名进行考勤,缺勤记录足以影响期末成绩。① 必修课都采取闭卷笔试的考核方式。

再次,从20世纪90年代的实践来看,受制于学院的处所地理位置、外请师资的时间与教学时间的匹配协调,以及需要对在校学生的组织动员等因素影响,由客座教授开设的必修课并不多。

最后,1993级本科生的“计算机应用原理”课实际学习的是关系数据库的设计和应用。这从该课使用的教材《汉字FoxBASE+2.10关系数据库实用教程》②就可看出来。汉字FoxBASE Plus(V 2.10)是一款支持多用户使用的关系数据库系统,是根据美国Fox Software公司1988年7月推出的最新版本程序汉化而成的。其适用于MS-DOS、UNIX等操作系统,在IBM/PC、286、VAX等国外设备,以及长城、东海、浪潮、紫金等国产电子计算机上均可运行。该数据库系统与当时国内流行的dBASE Ⅲ Plus系统完全兼容。同时在功能上较dBASE Ⅲ Plus系统有更多扩充和增强,速度快了将近6倍。③

不过随着Windows计算机操作系统及与之相匹配的Microsoft Office办公软件(特

---

① 课上点名,并非授课教师的个体行为。1999年11月22日吉大法学院院务会讨论通过的《吉林大学法学院本科教学工作规则(试行)》第19条“课堂教学”规定:“教师在每学期的授课过程中,至少应有三次的点名(含抽查点名),并如实填写点名情况。对三次点名不到的,任课教师有权取消该生参加该门课程考试的资格。”“教师对迟到5分钟以内的学生,应如实记载于点名册,迟到5分钟以上者,如无特殊原因,不准进入教室听课。”参见《吉林大学法学院内部规章制度选编》,吉林大学法学院办公室,1999年11月。这一规定的可用性值得怀疑。在课堂规模偏小的情况下,点名其实不甚必要,在课堂规模偏大的情况下,课堂点名则有浪费时间的嫌疑。

② 宋长龙、赵林军等编著:《汉字FoxBASE+2.10关系数据库实用教程》,吉林科学技术出版社1994年版。

③ 启明、汪华强等编译:《最新颖关系数据库汉字FOXBASE+(Rev2.10)》,北京科海培训中心1990年版,“前言”。

别是 Excel)的普及,原来耗费 60 学时学习的内容变得全无用处——那些应用场景,即使不学习程序命令,用 Excel 也完全可以解决。因此,就像普通照相的内容被从“刑事侦查”课中删掉一样,其也未脱离最终被从大学课堂剔除的命运。事实上,在下发前述“实用教程”之前,1993 级本科生还统一购置了一本关于 dBASE Ⅲ Plus 系统的教科书,但因软件的迅速迭代而没有使用。

此外,由于同时有多个院系的学生都在上该课,上机操作时间有限,学生不仅对实际建设数据库的技能和应用场景缺乏充分认知,甚至连熟练操作电脑都谈不上。

**四、吉大德恒律师学院 1994 级本科生的课程设置**①

1993 年 12 月 22 日,吉林大学德恒律师学院成立仪式举行。该院是“新世纪中国律师人才工程”的主体项目,由吉林大学和中国律师事务中心②联合设立,③具有独立法人资格,实行董事会领导下的院长负责制,“实行自主办学,是不占国家编制、不要国家经费的自律性律师培养基地”。其师资主体来自吉大法学院。④

1994 年的公开报道称:“吉林大学在 1993 年的招生计划中,解决了律师学院的招生指标,使德恒律师学院在筹建过程中就开始招生。1993 年,德恒律师学院已有 25 名新生入学。”“律师学院规定,从第一届学生开始,凡是外语达不到四级者不能升入本科,达不到六级者不能获得法学学士学位;会计、税务、外贸等经济类课程达不到规定的标准,也不能获得学士学位或准予毕业。”⑤由此可知,吉大德恒律师学院第一批学生实际属于专科层次。其中小部分学生后来转入了同级经济法专业本科继续学习。

吉大德恒律师学院首批 39 名本科生于 1994 年 9 月入学,所用招生指标含在原国家教委下达给吉林大学的招生计划内。到 1999 年,该院已招生 6 届,共计 360 人。⑥

开办之初,吉大德恒律师学院即提出了“适应社会主义市场经济发展的需要,培养和造就大批懂法律、懂经济、懂外语、会微机操作的‘三懂一会’律师”⑦的办学宗旨,以及若干设想:

1. 改革政治理论课程的教学内容和教学方法。“政治理论课在讲授马克思主义最基本原理的基础上,以邓小平同志建设有中国特色社会主义理论为核心内容,以《邓小平文选》第三卷为基本教材。”

---

① 本节参见姜朋:《须有清风属后来:吉林大学法学院史稿(1948—1998)》,法律出版社 2018 年版,第 224、226、277 ~ 279 页。

② 中国律师事务中心于 1993 年 1 月经司法部批准创建于北京,1995 年更名为德恒律师事务所,2011 年定名“北京德恒律师事务所”。

③ 参见《德恒律师学院简介》,载《法制与社会发展》1995 年第 3 期“封底”。《吉林大学》1994 年 1 月 1 日(第 369 期),第 1 版。

④ 丁地树:《东风第一枝——德恒律师学院简记》,载《律师世界》1994 年第 5 期。

⑤ 丁地树:《东风第一枝——德恒律师学院简记》,载《律师世界》1994 年第 5 期。

⑥ 吉林大学招生办公室编印:《吉林大学:教育部直属的国家重点综合性大学》,2000 年,第 41 页。

⑦ 《新世纪中国律师人才的摇篮——德恒律师学院》,载《法学院特刊 · 热烈庆祝吉林大学建校五十周年(1946—1996)》。后来还有提法增加了“懂技术”从而成为“四懂一会”。

2. 在向学生讲授基本法律理论和知识的基础上,加大经济和外语的课时。取得学士学位的前提之一是通过全国大学英语六级考试。同时,“会计、税务、外贸等经济类课程达不到规定的标准,也不能获得学士学位或准予毕业”。

3. 对当时实行的法学教育专业划分进行必要的改革。在形式上保留专业,实际上并不严格划分专业;由学生通过自由选修来形成某一专业方向,而不受由计划来固定学生的专业,即“把学生的专业建立在本人自由选择的基点上”。

4. 全面实行绩点学分制。为此,“律师学院相应调整了现行的法学课程体系、教学内容和教学方法,改革现行的考试办法”。公开的教学计划提示,吉大德恒律师学院本科生公共课共 4 门(“外语”“逻辑学”“计算机应用”“体育”,而没有提及政治课)、专业必修课 28 门、专业选修课 10 门[限(须)选 7 门],总学分 217 分,必修课 2813 学时(其中外语为 764 学时),选修课 210 学时。① (见表 4)

**表 4 吉林大学德恒律师学院教学计划(1994 年)**

| 学期 | 课程、学时 |
|---|---|
| 第一学期 | “外语”(8)、“法理学”(4)、“宪法学”(3)、“逻辑学”(3)、“行政法”(3)、“计算机应用”(3)、“体育”(2) |
| 第二学期 | “外语”(8)、“刑法学”(4)、“民法学”(6)、“经济法概论”(4)、“行政诉讼法”(2)、“计算机应用”(2)、“体育”(2) |
| 第三学期 | “外语”(8)、“国际法”(4)、“刑事诉讼法”(2)、“民事诉讼法”(3)、“冲突法”(4)、“律师与公证”(3)、“世界政治经济与国际关系”(或者经济学)(3)、“体育”(2) |
| 第四学期 | “外语”(8)、“税法概论”(3)、“经济合同法”(3)、“企业法”(3)、“公司法”(3)、“票据法”(3)、“法制文书”(2)、“体育”(2) |
| 第五学期 | “外语”(6)、“涉外经济法”(4)、“外国民商法”(3)、“海商法”(3)、“经济律师实务”(3)、“国际贸易法”(3)、“会计通则”(3) |
| 第六学期 | “外语”(6)、“国际经济法导论”(3)、“国际投资法”(3)、“国际金融法”(3)、“国际技术转让法”(3)、“国际税法”(3)、“会计审计法”(3) |
| 第七学期 | 业务实习 |
| 第八学期 | “专业外语”(3)、“证据学”(2)、“专利法”(2)、“保险法”(2)、“国际刑法”(2)、“英美合同法”(2)、“国际环境法”(2)、“区域经济组织法”(2)、“欧洲共同体法律制度”(2)、“海洋法”(2)、“国际经贸争端解决”(2),以上 11 门课为选修课,须选 7 门 |

资料来源:丁地树:《东风第一枝——德恒律师学院简记》,载《律师世界》1994 年第 5 期。

注:本表系笔者整理。课程后括号内为该课对应的学分。

① 丁地树:《东风第一枝——德恒律师学院简记》,载《律师世界》1994 年第 5 期。

上述课程安排确有新颖之处。比如,率先在政治理论课中增设学习邓小平理论的环节。① 又如,提出弱化专业划分,让学生通过选修自主选择(事实上的)专业方向等。但其整体设计和具体的课程安排也并非完美。

首先,吉林大学德恒律师学院本科生的课程大纲实际是对吉大法学院经济法专业和国际法专业课程的杂糅,科目数和总学时数偏多,同时舍弃了法学专业若干偏重理论的课程。若与中国政法大学1995级国际经济法专业的课程设置(见表5)相比,早期的吉大德恒律师学院课程安排不仅选修课数量偏少、开设时间偏迟,课程科目亦显单一。尤其是将刑法学、民法学这样需要投入大量精力学习和思考的基础课开设在同一学期,学生负担未免过重,从而可能影响学习效果。

**表5　中国政法大学1995级国际经济法学系本科生课程**

| 学期 | 课程、学时 |
|---|---|
| 第一学期 | “政治经济学”(60学时,4学分)、“汉语”(45学时,3学分)、“外语”(120学时,3学分)、“体育1”(30学时,1学分)、“法理学”(60学时,3学分)、“中国宪法学”(30学时,2学分)、“现代科技概论”(选修,45学时,3学分)、“法学文献检索”(选修,20学时,1学分)、“世界经济概论”(选修,30学时,2学分) |
| 第二学期 | “中国革命史”(54学时,3学分)、“外语2”(144学时,4学分)、“体育”(36学时,1学分)、“形式逻辑”(54学时,3学分)、“民法学1”(72学时,4学分)、“中国刑法”(54学时,3学分)、“人生哲理”(36学时,2学分)、“中国法制史”(选修,54学时,3学分)、“外国法制史”(选修,54学时,3学分)、“西方法律思想史”(选修,54学时,3学分) |
| 第三学期 | “哲学”(72学时,3学分)、“外语3”(126学时,3学分)、“体育3”(36学时,1学分)、“民法学2”(72学时,4学分)、“刑事诉讼法”(54学时,3学分)、“罗马法”(选修,36学时,2学分)、“公司法”(选修,36学时,2学分)、“行政管理学”(选修,36学时,2学分)、“中外文学名著赏析”(选修,36学时,2学分) |
| 第四学期 | “国际政治”(51学时,3学分)、“外语4”(119学时,4学分)、“体育4”(34学时,1学分)、“经济法概论”(68学时,4学分)、“司法职业道德”(34学时,2学分)、“涉外经济合同法”(34学时,2学分)、“会计学与会计法”(选修,34学时,2学分)、“自然资源与环境保护法”(选修,34学时,2学分)、“政治学原理”(选修,51学时,3学分)、“产品质量法”(选修,34学时,2学分) |

① 1998年6月10日,中共中央宣传部、教育部印发的《关于普通高等学校“两课”课程设置的规定及其实施工作的意见》提出,在高等院校进一步加强“两课”(马克思主义理论课、思想品德课)建设。本科设置的马克思主义理论课包括5门课:“马克思主义哲学原理”(54学时)、“马克思主义政治经济学原理”(理工类40学时;文科类36学时)、“毛泽东思想概论”(理工类36学时;文科类54学时)、“邓小平理论概论”(70学时)、“当代世界经济与政治”(文科类开设,36学时);思想品德课包括2门课:“思想道德修”(51学时)、“法律基础”(34学时)。中共中央宣传部、教育部《关于印发〈关于普通高等学校“两课”课程设置的规定及其实施工作的意见〉的通知》(1998年6月10日,教社科〔1998〕6号)。

续表

| 学期 | 课程、学时 |
| --- | --- |
| 第五学期 | “外语5”(68学时,3学分)、“计算机基础”(68学时,4学分)、“国际法”(68学时,4学分)、“国际投资法”(51学时,3学分)、“国际贸易法”(51学时,3学分)、“民事诉讼法学”(68学时,4学分)、“国际关系史”(选修,34学时,2学分)、“劳动法”(选修,34学时,2学分)、“专业英语1”(选修,34学时,2学分) |
| 第六学期 | “外语6”(68学时,3学分)、“国际私法”(51学时,3学分)、“国际金融法”(51学时,3学分)、“海商法”(51学时,3学分)、“司法文书”(34学时,2学分)、“国际税法”(51学时,3学分)、“外国合同法”(选修,34学时,2学分)、“国际经济学”(选修,51学时3学分)、“证券交易法”(选修,34学时,2学分)、“国际工程承包”(选修,34学时,2学分)、“专业英语2”(选修,34学时,2学分) |
| 第七学期 | “外贸管理法”(30学时,2学分)、“婚姻法继承法”(选修,40学时,2学分)、“中国合同法”(选修,30学时,2学分) |
| 第八学期 | “律师学”(选修,50学时,3学分)、“港澳台经济法”(选修,30学时,2学分) |

资料来源:《中国政法大学学生成绩单》(国际经济法学系1995级本科生,1998年11月9日制表,序号95315)。

注:课程凡未标注选修者均为必修。外语在前6个学期连续开设,共计645学时,20学分。

其次,吉林大学德恒律师学院实际开设的计算机和经济学方面的课程均只有1门。其中,“计算机应用”分两学期学习,共计5学分。“经济学”是“世界政治经济与国际关系”的替代课。后者与吉大法学院1993级本科生所学的一门政治课同名。此外,“会计、税务、外贸等经济类课程”也相对单薄。教学计划中有关会计和税务的课程各有2门:“会计通则”和“会计法和审计法”及“税法概论”和“国际税法”(选修),而有关对外贸易的课程大抵是指“国际贸易法”、“国际技术转让法”、“国际金融”、“国际经贸争端解决”(选修)等国际经法学专业课程。这种设计距离“懂经济”“会微机操作”的目标尚存在不小距离。

最后,吉林大学德恒律师学院的教学大纲将所有选修课都集中在第八学期(最后一学期)讲授,在客观上使“绩点学分制”——蕴含了修满学分即可提前毕业的用意——失去了意义。而且10门中必须选修7门的实际要求,与“由学生通过自由选修来形成某一专业方向”的理念之间,也存在落差。

从一开始,吉林大学德恒律师学院的教育理念和实践就存在矛盾:其试图用“法学(律师)”专业的名头吸引考生报考。但同时在课程设置上,其虽有打破当时国内法律院系普遍采用的法学、经济法学、国际法学的专业划分模式的意愿,但实际只是在经济法专业课程之上叠加了若干国际经济法专业课程,此举是否有助于全面实现“三懂一会”的办学目标,值得怀疑。

随着时间的推移,中国法律教育整体转向淡化专业划分,开始追求宽口径人才培养目标——吉大法学院1999级本科生已根据新的教学计划开始按法学一级学科招生并进行培养(高年级可选择专业方向)①——依附吉大法学院的德恒律师学院渐趋不合时宜,其虽然在旧有框架下进行了有益的尝试和不懈的努力,但终究无法摆脱上述悖论,进入21世纪后即遭停办。

**五、吉大法学院1999年版本科生的课程设置②**

1999年秋季学期开始按法学大类进行本科生培养以后,吉大法学院的本科课程设置也进行了相应的调整。调整后的教学方案(见表6)包括了20门本科生专业必修课:“法理学”、“宪法学”、“刑法学Ⅰ”、“刑法学Ⅱ”、“民法学Ⅰ”、“经济法学Ⅰ”、“刑事诉讼法学”、“民法学Ⅱ”、“经济法学Ⅱ”、“商法学Ⅰ”、“行政法与行政诉讼法学”、“民法学Ⅲ”、“商法学Ⅱ”、“民事诉讼法学”、“国际法学”、“国际经济法学Ⅰ”、“知识产权法学”、“国际经济法学Ⅱ”、“国际私法学”以及“中国法制史”。

**表6　吉林大学法学院本科生教学方案(1999年7月)**

| 学年学期 | 课程类别 | 课程名称 |
|---|---|---|
| 第一学年第一学期(11.5周) | 公共必修课 | “马克思主义哲学原理”(2)、“思想品德课”(1.5) |
| | 专业必修课 | “法理学”(4.5)、“宪法学”(3)、“刑法学I”(2) |
| 第一学年第二学期(16.5周) | 公共必修课 | “马克思主义政治经济学”(2)、“计算机原理与应用”(5.5) |
| | 专业必修课 | “刑法学Ⅱ”(4)、“民法学Ⅰ”(3)、“经济法学Ⅰ”(3)、“刑事诉讼法学”(3) |
| | 科研训练 | 读书报告(1) |
| 第二学年第一学期(19周) | 公共必修课 | “毛泽东思想概论”(3.5)、“数据库原理与应用”(4) |
| | 专业必修课 | “民法学Ⅱ”(3.5)、“经济法学Ⅱ”(2.5)、“商法学Ⅰ”(3.5)、“行政法与行政诉讼法学”(4.5) |
| 第二学年第二学期(17.5周) | 公共必修课 | “邓小平理论概论”(3) |
| | 专业必修课 | “民法学Ⅲ”(4.5)、“商法学Ⅱ”(2.5)、“民事诉讼法学”(3)、“国际法学”(4.5)、“国际经济法学Ⅰ”(3) |
| | 科研训练 | 学年论文Ⅰ(2) |

① 吉林大学招生办公室编印:《吉林大学:教育部直属的国家重点综合性大学》,2000年,第39页。

② 本节参见姜朋:《须有清风属后来:吉林大学法学院史稿(1948—1998)》,法律出版社2018年版,第279~280页。

续表

| 学年学期 | 课程类别 | 课程名称 |
| --- | --- | --- |
| 第三学年第一学期(18周) | 专业必修课 | “知识产权法学”(3.5)、“国际经济法学”Ⅱ(2.5)、“国际私法学”(4.5)以及“中国法制史”(4.5) |
| | 专业任选课 | “政治学”、“国际刑法”、“律师实务讲座”、“公务员法”、“人身权法”、“环境法”、“保险法”以及“英美契约法” |
| 第三学年第二学期(17.5周) | 科研训练 | 学年论文Ⅱ(2) |
| | 专业任选课 | “比较法总论”、“香港特别行政区法”、“中国法律思想史”、“证据学”、“外国刑法学”、“行政救济法”、“婚姻家庭法”、“侵权行为法”、“海商法”、“破产法”、“税法”、“外国民法”、“国际环境法”、“国际金融法”以及“国际税法” |
| 第四学年第一学期(19周) | 专业任选课 | “国际技术贸易法”、“人权法”、“世界贸易组织法”、“立法学”、“当代西方法哲学”、“刑事侦查学”、“犯罪学”、“外国宪法”、“外国行政法”、“外国刑事诉讼法”、“继承法”、“罗马法”、“劳动法”、“证券法”、“社会保障法”、“外国商法”、“专业外语”、“国际海事法”、“国际商事仲裁法”以及“国际关系史” |
| 第四学年第二学期 | 科研训练 | 毕业论文(8周) |
| | 实验教学 | 业务实习(10周) |
| 备注:1.公共必修课还包括:外语(14.5,21.5),均布在前6个学期;体育(4),均布在前4个学期;<br>2.课程名称后面括号中为该门课程的学分;<br>3.原表中还有两门世界贸易组织法,均为专业任选课,且均位于第三学年第二学期,课号分别为271327和271342。 | | |

资料来源:《法学院教学方案》(1999年7月1日),载吉林大学法学院办公室编:《吉林大学法学院内部规章制度选编》(1999年11月),第57~59页。本表系笔者重新制作。

该课程设置较之吉林大学德恒律师学院1994级课程设置又有不少变化:英语课的总学分减少至14.5学分或21.5学分;虽然仍有一学期需要同时学习刑法学和民法学课程,但由于两课都被拆分成了几个部分(刑法学分在两个学期学习,民法学则分在3个学期学习),因而学生学习负担有所减轻。开设了“中国法律思想史”“比较法总论”“政治学”“立法学”“罗马法”“香港特别行政区法”等偏重理论的选修课,以及“证据学”“犯罪学”“刑事侦查学”等贴近实务的选修课,还根据新近的立法情况,增设了“公务员法”“行政救济法”“证券法”“社会保障法”等选修课,以及读书报告撰写环节(第二学期)。但是一个不容忽视的细节是,“逻辑学”课程消失了。总的来看,1993级本科生在读时界限鲜明的法学、经济法、国际经济法专业课程壁垒已然不复存在。

## 六、小结

学科专业的划分原是为了研究或教学的方便而进行的剪裁，但如同用以支撑画布的木框定格了绘者观察和表达的视界一样，对专业的设置的过度强调，也容易使人忽略最基本的事实：现实中大多数问题不见得会受预先人为设定的学科专业划分的拘束。

《笑林广记·术业部》里有则锯箭竿的笑话："一人往观武场，飞箭误中其身，迎外科治之。医曰'易事耳。'遂用小锯截其外竿，即索谢辞去。问：'内截如何？'答曰：'此是内科的事。'"笑话讽刺的便是那种过分拘泥专业分工的刻板做法。比笑话更真实的版本则发生在2003年："病原学的研究，必须是三家合作：一流的病原学专家；一流的流行病学专家；一流的临床专家。研究的结果不能由病原学专家说了算，但SARS初期的病原学研究得出的两个结论（病原是衣原体和禽流感病毒），均过多依赖病原学家的判断。"①由此造成的弊害举世皆知。一旦学科专业划分过细、过窄，势必会对学生的知识摄取和认知能力产生负面影响，甚至严重束缚其未来的发展格局。②

其实，对于此类弊端，五届全国人大五次会议通过的政府工作报告（1982年11月）已经有所阐述："高等学校……过去专业划分过细，学生知识面狭窄，不能适应各项建设工作和继续深造的需要，对于毕业后的就业和转移工作领域也往往造成困难。"③

过往30年的中国法学教育实践表明，在弱化专业区隔，从而拓展学生自主学习的空间，为其未来发展预留各种可能的问题上，其不只是微观层面法学教育机构在持续探索，这一问题也是宏观层面国家政策指示的方向。可以说，法学教育界已经达成了共识。

前述吉林大学3个版本的本科生课程设置，就渐次呈现了法学教育机构由"秉持专业划分"到"拓展专业学科领域"，再到"弱化专业区隔"和"打破专业樊篱"的努力，从而勾画了20世纪90年代我国法学教育在微观层面的变迁演进的一段轨迹。这段历程，与此前20世纪80年代后期的法律学人对于法学教育教学面临的若干现实问题的应对思路是一脉相承的，也可以说，是基于后者的躬身笃行。同时，也与同时期宏观层面的法学教育改革政策是同向而行的。因而其所印证的实际是一个时代法律学人共通的思考、认

---

① 严定非：《"SARS之后，隐瞒疫情成了过街老鼠"——访中国疾控中心流行病学首席科学家曾光》，载《南方周末》2013年4月11日，C16版。然而，《现代汉语词典》却采取或反映一种了更耐人寻味的并非区隔而是包容的做法，其"非典型肺炎"词条分作两条解释：其一称"由支原体、衣原体、军团菌和病毒等引起的肺炎，因临床症状不典型，所以叫非典型肺炎"；其二称"特指由冠状病毒引起的传染性非典型肺炎（正式名称是严重急性呼吸综合征）。简称非典"。参见中国社会科学院语言研究所词典编辑室编：《现代汉语词典》（第5版），商务印书馆2005年版，第393条。

② 有管理学者也指出，"企业经营，不可能假想什么'以第三章讲述的方法来解第三章后面的习题'的如意安排"。杨斌：《"真汉子"的经营真经（推荐序）》，载［日］古森重隆：《灵魂经营：富士胶片二次创业神话》，栾殿武译，四川人民出版社2017年版，第3页。

③ 国家教育委员会高等教育一司编：《普通高等学校社会科学本科专业目录与专业简介》，武汉大学出版社1989年版，第13页。

知和共识。在此意义上,以下论断是非常准确的:

> 专业口径过窄是我国按苏联模式办学的严重弊端,不仅影响了学生的知识面,而且更重要的是不适应市场经济的需要,不符合高等教育的规律。通过教育部引导的更新教育理念,深化教育、教学改革的实践,历经法学教育界的共同努力,我们已经解决了这个问题。①

欣慰之余,还应看到,法学教育面临的挑战并没有因此而消失。有美国学者将大学的教育模式分为3种:(1)"以防万一"(just-in-case)式。在此种模式下,学习者在个人早期攻读学位课程,毕业后再就业。因此,其所学内容是"有备无患"的或"将有以为"的。(2)"随时随地"(just-in-time)式。此模式下的学习者已经开始其职业生涯,其需要通过学位课程的学习获得(与职业发展相匹配的)知识与技能。(3)"正适合你"(just-for-you)式。该模式则更进了一步,要求大学提供与学生需求相匹配的定制学习内容。论者指出,讲究实用的学风,高绩效的工作环境对终身学习的需求,将促使大学教育由(1)到(2),再到(3)的转变。②

据此来看,至少在课程设置方面,当下的法学本科教育仍然明显带有"以防万一"的教育模式的痕迹。其间的逻辑是:要求学生必须学习的课程将会构筑起法科学生(甚至未来以法律为业者)都要掌握共通的知识与话语体系:"在法学教育中不管你怎样设置专业,都是同一个课程体系,都要讲法理学、宪法、民法、刑法、诉讼法等;它没有、也不可能有第二个课程体系……"③从而,接受了这些课程训练的学生,对于其他未曾选修的课业内容,以及课程设计全然未曾涉及但在实际工作中会遇到的法律问题,都可以举一反三、触类旁通地加以应对。只是,这些对于学生未来发展非常重要的举一反三、触类旁通的学习能力是从何而来的,以及具体可以通过现有哪门或哪些课程学习以获得等问题,仍然有待回答。

不仅如此,虽然法学本科招生、培养不再按照(二级学科)专业进行,但在"学位通货膨胀"的背景下,研究生学历渐成学生求职的敲门砖,而研究生层次的法学教育中仍然存在专业(甚至还有更具体的研究方向)区隔的情况。

安东尼·科龙曼在《教育的终结》中提到:

---

① 曾宪义、张文显编:《中国法学专业教育教学改革与发展战略研究》,高等教育出版社2002年版,第17页。

② [美]詹姆斯·杜德拉斯、[美]弗瑞斯·沃马克:《美国公立大学的未来》,刘济良译,王定华校,北京大学出版社2006年版,第3页。

③ 曾宪义、张文显编:《中国法学专业教育教学改革与发展战略研究》,高等教育出版社2002年版,第16页。

所有的研究生都学习某些公共课。他们学习思考自己的学科,把它想成是独特的研究"领域",每个"领域"都在一个更大的智力劳动分工中占据一个有限的空间。他们学习把自己的领域看作是"专业",这个专业要致力于研究各种不同的问题并采用独特的方法去回答这些问题。他们被告知每门专业都有其独特的方法去回答这些问题。他们被告知每门专业都有其独立的、包含着本领域的知识的"文献";还被告知,每个领域中的文献总是有争议的,新的发现、新的解释在不断地完善这些文献;它的"前沿"代表着这一领域最新、最好的思想;他们还被告知,要成为任何一门学科的称职的教师就必须"掌握"这一学科的文献并能够鉴别在它的前沿所做的工作。①

于是,经过本科阶段宽口径方式培养的学生如何在读研、读博的"跃迁"中确定专业?后本科阶段的法科学生如何顺利进入相应的学习状态?其课程体系该如何设置?按照专业口径培养的研究生能否有效应对日后实际工作中的种种挑战?同一层次不同类型的学位项目之间如何协调?专业学位研究生项目是否还应在内部划分专业或方向?这些也仍然是值得思考和讨论的问题。而更深层的,则是法学教育究竟承担怎样的使命和目标?对此,法学教育界还需要再一次凝聚共识。只有当这个问题被清晰地回答,才好展开有关专业设置,以及等而下之的课程设置的讨论。

① [美]安东尼·科龙曼:《教育的终结——大学何以放弃了对人生意义的追求》,诸惠芳译,北京大学出版社2013年版,第68~69页。

# 法治人才培养的新举措

# 新时代民族院校法治人才 2.0 培养路径研究

## ——以湖北民族大学法学专业为例

司马俊莲*

### 一、引言

“卓越法治人才 2.0”,是指 2018 年教育部、中央政法委共同发布的《关于坚持德法兼修实施卓越法治人才教育培养计划 2.0 的意见》①(以下简称《卓越法治人才计划 2.0》)中提出的新型法治人才标准。有别于教育部于 2011 年发布的《关于实施卓越法律人才教育培养计划的意见》②(以下简称《卓越法律人才计划》),新型的法治人才强调培养目标为“德法兼修”的应用型、复合型、创新型高素质法治人才。

近年来,法学教育围绕法学专业如何培养新型卓越法治人才问题展开了热烈的讨论,这一问题成为法学和高等教育研究的一个热点问题之一。一是曾宪义、③乔宝杰④等学者主要从宏观上对法学本科专业人才培养模式进行研究;二是郑高键⑤等学者主要从中观层面研究专门院校法学本科专业人才培养模式问题;三是夏利民⑥等学者侧重从微观层面对法学本科专业人才培养的路径的探讨,包括课程体系改革、实践教学的设置等内容。专门针对民族院校的法治人才培养模式的研究是近年来逐步加强的,尤其是

---

* 湖北民族大学法学院教授。

① 教育部、中央政法委:《关于坚持德法兼修实施卓越法治人才教育培养计划 2.0 的意见》,载教育部官网,http://www.moe.gov.cn/srcsite/A08/moe_739/s6550/201810/t20181017_351892.html。

② 教育部、中央政法委:《关于实施卓越法律人才教育培养计划的若干意见》,载华律网 2011 年 12 月 23 日,https://www.66law.cn/tiaoli/62868.aspx。

③ 曾宪义:《法学教育六十年》,载《法学家》2009 年第 5 期。

④ 乔宝杰:《论高校法学人才培养模式的改革与创新》,载《中国高等教育》2011 年第 3 期。

⑤ 郑高键:《西部政法院校卓越法治人才培养模式的探索和实践》,载《法学教育研究》2011 年第 28 期。

⑥ 夏利民:《法学实践课程体系建设探索——以北京师范大学法学院的改革为例》,载《中国大学教学》2011 年第 11 期。

2015 年 8 月国务院发布《关于加快发展民族教育的决定》,[①]标志我国民族教育的方针政策进入了新的发展阶段,由此,研究民族院校办学定位、办学模式、办学特色等方面的文章也随之增多。一是从民族高等教育政策角度进行宏观战略研究。如许丽英[②]专门探讨新中国成立 70 年来民族高等教育发展中的成就、问题及未来发展的前景展望;杨胜才[③]在《中国高水平民族大学建设研究》一书中,着力研究了新时代民族院校高质量发展的理念之道及其基本路径等问题;陈达云[④]认为,建设高水平民族大学的关键是要提高核心竞争能力,其具体路径则是需要围绕国家发展大局,紧扣民族工作主题,立足民族地区实际,把握发展战略重点,突出民族特色。二是从微观角度探讨民族院校的人才培养模式的个案经验。如苏德和常永才、[⑤]邓光玉、[⑥]杨敏[⑦]等分别以中央民族大学、西北民族大学和西南民族大学等为个案,探讨了我国民族院校的独特地位与新使命、分析了民族院校铸牢中华民族共同体意识的实践逻辑、新时代民族院校高质量发展的实践逻辑等问题。

但对新时期民族院校卓越法治人才 2.0 培养模式改革进行研究的文章较少见。尤其是进入新时代以来,民族院校外部面临世界教育革命转型、国内新文科转向、大数据时代、建设法治中国等挑战;内部面临卓越法治人才教育培养计划 2.0、法学本科专业教学质量新国家标准的发布。围绕民族院校如何应对这些新挑战,培养符合专业国家标准的卓越法治人才 2.0 进行研究的文章目前尚为空白。因此,专门探讨民族院校卓越法治人才培养路径具有重要的理论意义与实践价值。

地处民族地区的湖北民族大学,为了应对上述挑战,采取了以"五新"为核心的多项改革措施,充分激发了地方民族院校的作用,为民族地区法治建设提供了人才保障和智力支撑。湖北民族大学的实践为我们解决民族院校卓越法治人才培养路径提供了宝贵个案。从湖北民族大学的经验来看,新时代民族院校法治人才培养要确立面向民族地区的人才培养新目标、构建综合性的人文素质教育新体系、凸显"法律职业"教育新理念、打造"双师型"教师新队伍、建立多元协同培养新机制,提升学生的专业能力、创新能力、社会服务能力、就业能力,从而为民族地区培养大批"留得住,用得着"的基层法治人才。

---

① 国务院《关于加快发展民族教育的决定》,载中国政府网,http://www.gov.cn/zhengce/content/2015-08/17/content_10097.htm。

② 许丽英、郑燕婷:《新中国 70 年民族高等教育发展:成就、问题与展望》,载《民族教育研究》2020 年第 2 期。

③ 参见杨胜才:《中国高水平民族大学建设研究》,科学出版社 2019 年版。

④ 陈达云:《高水平民族大学建设的思考》,载《高等教育研究》2013 年第 9 期。

⑤ 苏德、常永才:《论我国民族院校的独特地位与新使命——以中央民族大学为分析个案》,载《民族教育研究》2015 年第 6 期。

⑥ 邓光玉:《民族院校铸牢中华民族共同体意识的实践逻辑——以西北民族大学为例》,载《西北民族研究》2020 年第 4 期。

⑦ 杨敏:《新时代民族院校高质量发展的实践逻辑——以西南民族大学为例》,载《西南民族大学学报(人文社会科学版)》2020 年第 10 期。

## 二、新时代民族院校法学教育面临的挑战

新中国成立以来，始终注重高等教育的发展布局，尤其是进入21世纪以来，我国更是加大了对中西部院校的支持力度，并持续多年推出相关扶持政策。2010～2018年，国家先后出台了多项专门支持中西部地区高等教育振兴计划。如2018年实施的中西部高等教育振兴计划升级版，要求按照"一省一策、一校一案"，加大政策和资金支持力度，部省（自治区、直辖市、生产建设兵团）合建支持中西部高等教育发展。① 但由于多种因素的限制，我国的高等教育仍然存在发展不均衡、不充分问题。在新的历史时期，民族院校法学教育面临更加严峻的挑战。尤其是对民族院校，挑战更严峻。

### （一）世界教育模式转型的挑战

早在第二次世界大战后，高等教育的知识生产转型就引起学术界的关注和思考，人们开始对传统的以德国洪堡大学为范式的研究型大学教育方式进行反思，认为现代新技术改革和创新社会对知识生产模式提出了新要求。为此，有必要建立一种新的知识生产模式与之对应。这一新的知识生产模式强调面向社会实际需求，以社会需求和解决实际问题为导向，着力培养基础知识与应用能力相结合的跨学科人才。② 而原来的模式更注重知识传承，注重培养"学科知识"为基础的专业型人才。

与上述知识生产模式的转型相适应，法学教育转型发展成为高等教育转型发展的应然内容之一。新中国成立以来，我国的法学教育无论在规模或是质量内涵上都实现了长足发展。从规模上来看，招收法学专业的学校从最初的"五院四系"发展到2019年的650家。③ 从质量内涵上来看，法学专业的设置标准、目标定位、课程体系等日益完善和明确，为中国的社会建设提供了法治人才保障。但同时也存在一些问题，特别是在培养模式方面过分注重传统的知识传授，而轻视解决实际问题能力的培养，导致法学专业在本科就业率的排名中屡屡被亮红牌。由此，引发相关学者对传统法律人才培养模式的反思和创新实践，进而推动了教育部在21世纪以来连续出台两个有关法学专业的"卓越人才"培养意见。尤其是《卓越法治人才计划2.0》，在第一个计划的基础上，更加强调要培养适应社会需求的复合型、应用型、创新型法治人才。

世界教育模式的这一转型，对民族院校构成直接的挑战，而对于这些院校的法学专业而言，挑战更大。需要在人才培养理念革新、人才培养机制创新、专业教学内容改革等方面进行精耕细作，走特色化、差异化发展道路，以切实提高人才培养质量，真正为民族地区培养社会发展所需要的高素质卓越法治人才。

### （二）国内新文科转型发展的挑战

自20世纪80年代开始，世界范围内开始对旧的文科教育方式进行反思，酝酿"新文

---

① 杨聚鹏：《新中国70年地方院校发展政策的历史演进与变革趋势》，载《法学教育研究》2018年第1期。

② 李汇群：《新文科背景下〈红楼梦〉课程建设的思考与实践》，载《曹雪芹研究》2020年第4期。

③ 刘同君：《新时代卓越法治人才培养的三个基本问题》，载《法学》2019年第10期。

科”运动。近年来随着我国全面深化改革的推进,社会转型发展加快,“当前中国处于近代以来最好的发展时期,世界处于百年未有之大变局”。① 与之相伴的是传统的人文社会科学已经无法适应社会的变革,“新文科”教育应运而生。早在2016年5月17日,习近平总书记在中国社会科学工作座谈会上就强调,“着力构建中国特色的哲学社会科学,要在指导思想、学科体系、学术体系、话语体系等方面充分体现中国特色、中国风格、中国气派”。② 其要旨在于强调新时代需要构建中国特色的新文科建设,即要培养知中国、爱中国、为中华民族伟大复兴助力的人文社会科学人才。为此,为加快高水平本科建设,2019年,教育部、科技部等多个部委正式启动“‘六卓越一拔尖’计划2.0”,③新文科建设正式拉开帷幕。新文科建设的目的在于,培养立足于中国立场、着眼中国实践、构建中国学术体系、建设中国话语模式,实现知行打通、中西打通、人文打通的新型社会科学家。

新文科建设给传统的法学教育,从培养理念、培养模式到培养过程带来了挑战。新文科建设的着力点在于培养学生的创新创业能力。正如世界经济论坛的报告所言:“现代大学还要发现新知识、创造和发明新技术,未来应当有更多的创业型大学。创业型大学不是为了造就企业家,而是要培养学生创新创造的观念、素养和能力。”④面对新文科建设运动,民族院校只能迎难而上,否则不进则退。

(三)大数据时代来临的挑战

近年来,随着科学技术的跃升,尤其是5G技术、云计算的发展,人类社会正在步入大数据时代。所谓“大数据”,一般定义为无法在一定时间内用传统数据库软件工具对其内容进行抓取、管理和处理的数据集合,具备大量化、类别多样化和处理快速化等特征。数字社会的到来将会是一场深刻的改革,其对人类社会的生产方式、生活方式及学习方式都会产生颠覆性的影响。大数据时代会直接影响人类的价值体系、知识体系和生活方式。⑤

其中,大数据对教育教学方式的影响更明显。一方面,数据作为一种新的教学资源,使教学系统的开放性、包容性、关联性更强,“技术本身已不再成为大数据应用的瓶颈,大数据应用的思维愈发显得重要”。⑥ 大量新型的教学模式应运而生,如慕课、微课、翻转

---

① 《习近平在中央外事工作会议上强调:坚持以新时代中国特色社会主义外交思想为指导努力开创中国特色大国外交新局面》,载《人民日报》2018年6月24日,第1版。

② 习近平:《在哲学社会科学工作座谈会上的讲话》,载《人民日报》2016年5月19日,第1版。

③ 《教育部双万计划发布,全面实施六卓越一拔尖计划》,载中国经济网,https://news.china.com/news100/gd/11038989/20190410/35632424.html。

④ 王建华:《创新创业与大学范式革命》,载《高等教育研究》2020年第2期。

⑤ [英]维克托·迈尔·舍恩伯格、[英]肯尼斯·库克耶:《大数据时代:生活、工作和思维的大变革》,盛杨燕等译,浙江人民出版社2013年版,“推荐序二”。

⑥ [英]维克托·迈尔·舍恩伯格、[英]肯尼斯·库克耶:《大数据时代:生活、工作和思维的大变革》,盛杨燕等译,浙江人民出版社2013年版,第17~18页。

课堂。学生的自主性、个性化学习方式更加重要,移动学习、泛在学习、混合学习、虚拟学习等方式无处不在、无时不在。传统的单一的线性教学的模式受到根本冲击,正在变成扁平化的网状的教学形态。

另一方面,大数据社会的来临,对传统的以教师为中心、以学校为中心的双中心教育模式形成巨大挑战。其同样会对地方民族院校的发展也会带来新的挑战。它需要地方民族院校在宏观层面注重信息技术建设,提高整个学校的信息化水平;同时,更需要教师具备更高的媒介素养,熟练掌握现代信息技术并运用于教学过程,以提高教学质量和教学效果。

(四)法治中国建设新要求的挑战

党的十八届四中全会作出的《中共中央关于全面推进依法治国若干重大问题的决定》指出,要创新法治人才培养机制;2018 年教育部、中央政法委共同发布的《卓越法治人才 2.0 意见》,对进一步深化高等法学教育教学改革提出了新要求。新时代法治人才培养的总目标是,强化法学实践教育,完善协同育人机制,构建法治人才培养共同体,做强一流法学专业,培育一流法治人才,为全面推进新时代法治中国建设提供有力的人才智力保障。这些政策和改革纲领为新时期民族院校的人才培养模式改革提出了新的要求和挑战。

中共中央专门印发了《法治中国建设规划(2020—2025 年)》,[①]专门针对法治人才队伍建设提出了新的要求:要深化高等法学教育改革,优化法学课程体系,强化法学实践教学,培养信念坚定、德法兼修、明法笃行的高素质法治人才。

上述法治中国建设的新要求,对法治人才提出了新的挑战。由于法学自身的学科特性决定了法学不是一般的人文科学,而是典型的社会科学,它与所在国家和地区的社会发展密切相关,需要对纷繁复杂的社会作出回应。《卓越法治人才 2.0》正是在这一背景下提出的。我们需要从法学教育供给侧结构性改革视角推进卓越法治人才培养的创新和发展,需要从单纯服务于司法体制改革,向立法、执法、行政、守法及社会治理等全方位国家治理体系和治理能力提升的方向转变。为此,民族院校需要在人才培养理念、培养模式、课程体系、质量保证等多方面进行重构,以适应法治中国建设的需求。

(五)湖北民族大学法学教育面临的挑战

湖北民族大学法学教育面临的挑战,除具有上述共性外,还有其特殊性。一是区位劣势。湖北民族大学地处湘、鄂、渝、黔四省(市)交界的恩施自治州,这里集“老、少、边、穷”为一体,属于革命老区、少数民族聚居区、西部大开发地区和集中连片贫困地区。虽然现在交通有了很大改善,高速公路、机场、高铁等全部通达,但距离湖北省省会城市武汉达 600 多千米,乘坐动车仍然需要 4 个多小时。二是学科建设滞后且受到“双一流”建

---

① 《法治中国建设规划(2020—2025 年)》,载人民网,http://politics.people.com.cn/n1/2021/0111/c1001-31995033.html。

设挤压。湖北省属于中国的教育大省,高校林立,目前有"世界一流大学"类型的2个:武汉大学和华中科技大学。"世界一流学科建设高校"5个,包括中南财经政法大学、华中师范大学、中国地质大学(武汉)、武汉理工大学、华中农业大学等。法学为国家"双一流学科"建设的单位有2个:武汉大学和华中科技大学。全省现有12所高校建有法学硕士或法律硕士学位授权点,分别分布于武汉、黄石、宜昌、荆州,包括省属高校中的湖北大学、长江大学、武汉工程大学、三峡大学、湖北师范大学等高校。而湖北民族大学法律硕士学位授权点直到2020年才获得,比首个省属高校的长江大学晚了5年。三是师资队伍流失较严重。受限于经济水平、区域位置等因素:一方面高层人才引进难;另一方面则呈现已有教师队伍流失严重的现象。近三年共流失了5位副教授和博士以上的师资人才,导致师资队伍无法充分满足法学专业建设的需要。

## 三、湖北民族大学培养"卓越法治人才2.0"改革实践

湖北民族大学地处湘、鄂、渝、黔四省(市)交界区域,该区域居住着30多个少数民族。学校承担着中西结合,承接中部崛起和西部大开发重要桥梁与纽带的历史使命,同时也负有在乡村振兴时代持续巩固脱贫攻坚成果、铸牢中华民族共同体意识的教育责任。为此,近年来,学校在为地方经济社会发展培养法治人才过程中,创造性地采取了诸多改革,切实提高了人才培养质量,较好地实现了"面向基层,服务西部"的培养目标。这些改革措施可以概括为"五新"。

### (一)明确面向民族地区的人才培养新目标

前面已述,中央政法委、教育部已经发布了两个卓越法律(治)人才培养计划,即2011年的《卓越法律人才计划》和2018年的《卓越法治人才计划2.0》。后者从"法律人才"到"法治人才",虽然仅有一字之差,但绝不是简单的称谓变化,而是内涵的丰富、提升和标准的明确。① 卓越法治计划2.0提出的新的法治人才培养目标是:经过5年的努力,建立起凸显时代特征、体现中国特色的法治人才培养体系。建成一批一流法学专业点,教材课程、师资队伍、教学方法、实践教学等关键环节改革取得显著成效;协同育人机制更加完善,中国特色法治人才培养共同体基本形成;高等法学教育教学质量显著提升,培养造就一大批宪法法律的信仰者、公平正义的捍卫者、法治建设的实践者、法治进程的推动者、法治文明的传承者,为全面依法治国奠定坚实基础。②

为回应上述计划,湖北民族大学在2019年启动了对法学专业本科人才培养方案的修订工作。根据国家卓越法治人才培养计划2.0的精神,法学专业围绕民族地区基层法治人才的实际,最终明确其目标定位为"培养能运用法治思维和法治方式推进政治、经济、社会与生态文明发展的复合型、职业型、创新型法治人才"。同时,结合民族地区基层

① 郑高键:《西部政法院校卓越法治人才培养模式的探索和实践》,载《法学教育研究》2021年第1期。

② 教育部、中央政法委《关于坚持德法兼修实施卓越法治人才教育培养计划2.0的意见》,载教育部官网,http://www.moe.gov.cn/srcsite/A08/moe_739/s6550/201810/t20181017_351892.html。

法治人才应当具备的独特素质和能力需要,设计了有别于其他院校的课程体系和培养方案,打破了传统的"千人一面"的单一培养模式。在征求各方意见的基础上,在人才培养方案中,按照应用型、复合型法治人才的标准合理设计通识课,按照法律职业的基本要求合理配备专业必修课和专业选修课。在专业选修课程中,开设区域性、民族性课程,培养民族地区基层法治人才应当具备的解决社会实际问题的能力。

(二)构建综合性的人文素质教育新体系

周叶中认为:"法律职业和法学教育具有独特而鲜明的人文性,作为法学经典的学习者和法学理论的探究者,以及法治使命的承载者和法治社会的重要建设者,法学专业人才较之其他学科的专业技术人才更需强化人文底蕴和人文精神的培养,这是由法治的人文基因和法学的内在品格共同决定的。"①新时期国家推进新文科建设,其要旨便在于克服以往过于注重学科细分的弊端,强调通识性、综合性与学术性、专业性并举。2019 年,教育部、科技部等多个部委联合启动"'六卓越一拔尖'计划 2.0",新文科建设正式拉开帷幕。习近平总书记曾强调:"要按照立足中国、借鉴国外,挖掘历史、把握当代,关怀人类、面向未来的思路,着力构建中国特色哲学社会科学,在指导思想、学科体系、学术体系、话语体系等方面充分体现中国特色、中国风格、中国气派。"②为此,中国的哲学社会科学建设,应立足中国立场、着眼中国实践、构建中国学术体系、建设中国话语模式,也需要在高等教育实践中有所体现。③ 这意味着,中国语境下"新文科"概念的内涵,强调的是培养立足于中国本土实践,面向未来,具备扎实基础、视野开阔、兼通文理、具有很强动手实践能力、能解决社会实际问题的新型人才。

为回应新文科建设的新要求,湖北民族大学法学专业在 2019 年重新制定了人才培养方案,将"学生中心、产出导向、持续改进"的教育理念贯穿本科人才培养全过程。分别对学生的知识、能力和素质进行了具体设定(见表 1)。在培养目标上明确毕业生应具备的知识掌握目标、能力达成目标和素质养成目标。知识掌握目标包括两大类:马克思主义和中国特色社会主义科学理论知识、学科基础知识基本理论及专业领域知识;能力达成目标包括四大类:知识应用能力、学习能力、思维能力、沟通与合作能力;素质养成目标包括两大类:职业道德与社会责任感、健全人格和健康体魄,与之对应的是具体设置了 20 种小目标。同时,设置了相应的课程体系,如在通识教育中设置了 20 门课程,涵盖"思想政治教育""中华民族共同体意识教育""现代信息技术""国情教育""英语""体育与健康""大学国文和心理健康"等课程;在课程模块设置上主要包括通识教育、学科教育、专业教育、创新创业教育四大模块。新的人才培养方案,旨在改变传统的以知识传授为主的教育理念,以培养学生的"核心素养"为旨归。所谓"核心素养",是指能够高质量地解

① 周叶中:《论法学专业人才人文精神的培养》,载《中国法学教育研究》2015 年第 3 期。

② 习近平:《在哲学社会科学工作座谈会上的讲话》,载《人民日报》2016 年 5 月 19 日,第 1 版。

③ 张俊宗:《新文科:四个维度的解读》,载《西北师大学报(社会科学版)》2019 年第 5 期。

决现实问题所必需的要素。①

**表1　湖北民族大学法学专业毕业生知识、能力、素质要求**

| 学习目标 LG (Learning Goal) | 学习目的 LO (Learning Objectives) |
| --- | --- |
| LG1 马克思主义和中国特色社会主义科学理论知识 | LO1.1 掌握马克思主义科学理论基础知识和基本原理 |
| | LO1.2 掌握中国特色社会主义科学理论基础知识和基本原理 |
| LG2 学科基础知识基本理论及专业领域知识 | LO2.1 掌握人文社会科学学科专业知识和理论 |
| | LO2.2 熟悉自然科学相关学科相关专业基础知识和基础理论 |
| | LO2.3 掌握法学专业基础知识和基础理论 |
| LG3 知识应用能力 | LO3.1 具有综合应用法律知识解决法律现实问题的能力 |
| | LO3.2 具有利用创造性思维方法开展科学研究工作的能力 |
| | LO3.3 具有创新创业的能力 |
| LG4 学习能力 | LO4.1 掌握有效获取和更新法学专业相关知识的能力 |
| | LO4.2 掌握恰当的法学专业知识学习方法与技巧 |
| LG5 思维能力 | LO5.1 具有法律问题意识,能多角度辩证提出见解的能力 |
| | LO5.2 具有逻辑推理、独立思考判断的能力 |
| | LO5.3 具有创新思维及思维拓展能力 |
| LG6 沟通与合作能力 | LO6.1 具有运用母语及至少一门外语进行阅读、会话、写作的语言能力 |
| | LO6.2 具有团队交流协作能力及策划、组织、协调能力 |
| LG7 职业道德与社会责任感 | LO7.1 具有规则与法治意识,诚信自律 |
| | LO7.2 具有正确的伦理道德价值观能够辨别道德问题并作出正确的回应 |
| | LO7.3 具有国家意识和文化自信;尊重世界多元文化,具有全球意识 |
| LG8 健全人格和健康体魄 | LO8.1 具有积极健康的心理品质和调节管理情绪的能力 |
| | LO8.2 具有健康生活,提升自身运动方法和技能的能力 |

① 钟启泉:《为什么要从知识评价转向素养评价》,载中国教育报网,http://www.jyb.cn/rmtzgjyb/202102/t20210210_396167.html。

(三)凸显“法律职业”教育新理念

众所周知,法学专业的实践性极强。正如柯克所言:“法律乃一门艺术,一个人只有经过长期的学习和实践才能获得对它的认知。”①法律“职业自治的权力通常要求建立在法律职业的特别的知识和专长是独特的,并且完全不同于其他形式的知识的观念之上,因而法律职业的特殊业务能够清楚地区别于其他职业的业务”。②

民族院校的法学专业培养目标,便是直接定位于面向民族地区基层的应用型卓越法治人才。为此,根据专业人才培养目标和就业面向定位,湖北民族大学在对民族区域法治人才现状调查及人才需求调查的基础上,采取模块化的方式,科学、合理地设置突出“法律职业”特性的课程群,并以此为中心构建课程体系。重点对学科基础课程群、专业核心课程群和实践技能课程群3个模块进行优化设置,突出强化实践教学。通过与民族地区法院、检察院和律师事务所合作,加强法学专业10门核心课程的课程实验教学,形成具有鲜明特色的专业核心课程群。此外,结合新的法律现象和法律问题,采用动态方式,设置辩论技巧等单项技能训练课程和刑事法律实务、民事法律实务、行政法律实务等综合技能训练课程。增加实践教学学时数,通过独立设课,在实验室及共建的实习实训基地进行见习、实习,开展法律实践技能培养和训练,使实践教学学时数达到29.8个,以培养学生实践创新能力和实践技能,实现“应用型”人才培养的目标。

此外,在实践课程模块中,又分别设置了课程实践、专业实践和思政实践3类。课程实践类包括法律诊所、模拟审判、法律检索与写作、国家大学生体质健康标准达标训练与测试等课程;专业实践类包括专业见习(暑期)、毕业实习、毕业论文(设计)等环节;思政实践类则包括入学教育、军事技能训练、公益劳动、暑期社会实践及国家安全教育、道德与法制教育、廉洁教育等环节。由此,进一步夯实了职业教育的知识、技能和职业伦理根基。

(四)打造“双师型”教师新队伍

法学专业综合改革,首当其冲的是要配备符合改革要求的师资。湖北民族大学法学专业整合校内外教师资源,打造了一支能够培养应用型、复合型法治人才的教师队伍。一是向武汉大学、中山大学、清华大学、西南政法大学等高等院校借力,聘请10余位知名教授担任客座教授。二是向实务部门借智,聘请近民族地区20位法官、检察官、律师等担任双师型导师。包括E州人民检察院优秀检察官、中级人民法院优秀法官、E州部分优秀律师等担任法学专业的双师型导师,“不求所有,但求所用”,以此优化教师队伍层次和结构。在具体的教学安排中,采取本校的专任教师与外聘的双师型导师结成对子,共同承担一门课程的教学任务,理论与实务兼顾,教师与教师互助。这一举措既提高了教

① [美]爱德华·S.考文:《美国宪法的“高级法”背景》,强世功译,生活·读书·新知三联书店1996年版,第35页。

② [美]罗杰·科特威尔:《法律社会学导论》,潘大松等译,华夏出版社1989年版,第224页。

学质量,又实现了双方的协同发展。目前建成教学团队 4 个,即法理学教学团队、宪法学与行政法学教学团队、民商法学教学团队和刑法学教学团队。近年来,有近 10 名双师型导师参与了校内的教学任务,全部双师型导师参与了校外的专业见习或者毕业实习指导工作。

(五)构建多元协同培养新机制

湖北民族大学法学专业在长期探索的过程中,逐步形成了"121"多元协同培养模式。第一个"1"是指 1 年以通识教育为主,"2"是指 2 年以专业教育和课程实践教育为主,第二个"1"是指 1 年以综合实践教育为主,多元协同是指多主体协同育人。

一是与民族地区地方政府部门协同。以"互利共赢、共同发展"为指导思想,与民族地区县乡人民政府、基层政法部门、县市人大等建立合作关系,制订切实可行的产学研协同育人方案,建立"开放、合作、共赢"的协同育人新局面。长期注重与学校所在的民族地区地方政府及相关单位合作,采取"走出去"的方式深度参与和融入民族地区地方经济社会发展。师生共同参与地方立法项目多项,并先后为民族地区 E 州司法局,F 市委政法委、市政府、司法局,G 县政法委等单位制订法治建设方案;多次组织学生走上街头,走进社区,开展法制宣传与法律咨询服务;团队成员通过受聘担任民族地区 E 州、F 市政府法律顾问,E 州、F 市检察院特约研究员等,为民族地区各级政府及职能部门举办法制讲座等活动,切实做好服务地方经济社会发展的工作。指导学生以湖北民族大学社会弱者维权中心为平台,维护社会公平正义,大力开展法律援助工作。此外,法学专业师生还积极参与民族地区 E 州立法工作及法制宣讲、法制培训、送法下乡等活动。

二是与律师事务所协同。湖北民族大学法学院与民族地区多家律师事务所签订了合作协议,明确双方在人才交流与"双师型"队伍建设、科研及学生就业等多方面进行合作。一方面,法学院派遣师生到民族地区律师事务所实习实训。所里根据实习实训的内容和项目、课题给予及时安排,并派经验丰富的执业律师作为实习指导老师指导实习学生,以保证实习实训教学任务顺利完成。另一方面,法学院聘请具有一定理论功底、实务经验丰富的律师为兼职教师,律师事务所也聘请一定数量的院校专家为咨询顾问,参与律师事务所管理重大决策咨询和重大疑难案件讨论等;同时,法学院在咨询服务、人才培训、委托培养、课程进修、合作交流等方面对律师事务所给予优先考虑。此外,还明确合作编写实习实训教材、开展地方立法合作、合作创办"夷水法治讲坛"等。

三是与校内的基地和项目协同。通过共建校地联合实习实训中心、学生创新实践中心等多种形式的联合培养平台,实现校内外资源的共享共用。一方面,充分利用法学院的基层治理研究所、刑事法治研究所;另一方面,利用与民族地区 E 州人大共建的地方立法研究与人才培养基地和多项横向协作项目,带动师生广泛参与地方法治实践,提升其法治实践水平和能力。通过基地和项目带动,充分调动学生学习的主动性和创造性,开展本科生科研、学科竞赛等探究型学习、项目式学习和问题式学习,提高学生的实践创新能力。

## 四、湖北民族大学法学专业教学改革的成效

通过上述改革，湖北民族大学法学专业人才培养质量显著提高，成为地方法治建设的主要人才摇篮。

### （一）学生专业水平和能力显著提高

近年来，学生共发表论文10余篇，出版学术专著1部，5人获湖北民族省优秀学士学位论文奖。学生通过法律职业资格考试、公务员考试、硕士研究生考试等的人数比例不断提高。以法律职业资格考试为例，学生通过率2011年为37.30%，到2019年则达到了50%，在2020年考试中，42人参加客观题考试，通过国家线22人，通过放宽地区线10人，总通过率达76%，创历史新高。

### （二）学生的创新创业能力明显提升

学生在近3年来在各类大学生创新创业训练计划项目中立项30多项，在学科竞赛中也取得了优异成绩。如2018年获首届“淮海杯”全国高校模拟法庭大赛“法官组”冠军；第五届“漾翅杯”法律实践能力大赛团队“敢斗奖”；第八届“民基律师杯”湖北省属高校法律实务技能大赛二等奖等多个单人奖。2019年获“淮海杯”全国高校模拟法庭大赛“优秀辩手奖”“优秀审判员奖”；“漾翅杯”法律实践能力大赛团队“敢斗奖”“优秀指导奖”；“民基律师杯”湖北省属高校法律实务技能大赛三等奖、优胜奖等。

### （三）学生的社会服务意识明显增强

法学专业学生长期坚持深入开展民族社会服务工作，积极参与民族地区E州立法工作及法制宣讲、法制培训、送法下乡等工作。先后为民族地区社会提供法律咨询1000余人次，代理案件近80件，既化解了社会矛盾，更提升了学生的法律职业素养。学生在老师带领下为6件民族地区地方性法规或者单行条例提供咨询意见，为民族地区基层政府行政执法、行政复议等提供法律咨询200余次。特别值得一提的是，在2020年国家级、省级通报表彰的“三下乡”社会实践活动中，湖北民族大学法学专业就有两个团队榜上有名。

### （四）学生的就业能力明显增强

由于培养定位准确，主要培养面向民族地区、西部基层的卓越法治人才，学生的就业面变得明确具体。法学专业本科教学质量逐年提高，近5年来共为民族地区、西部基层输送700余名法学本科毕业生。70%以上毕业生扎根民族地区基层的法院、检察院、律师事务所、县乡政府及村（居）民委员会等，用人单位和学生满意度较高。以民族地区F市人民检察院为例，其中90名干警中有51名毕业于湖北民族大学法学院，占比达56%。

## 五、新时代民族院校法治人才培养路径

面对新时代的挑战和需要，民族院校应当从深化法律职业教育人才培养模式改革、优化面向区域实际的课程体系设置、强化法学实践教学、突出以生为本教学理念等多方面着手，培养民族地区所需要的高质量法治人才。

### （一）在人才培养模式上坚持标准、突出特色

教育部《卓越法治人才2.0意见》明确了法治人才的分类培养目标，民族院校应当坚

守面向民族地区基层的人才培养目标定位,特别是要坚持“立德树人、德法兼修”的培养理念,强调学生为民族地区和少数民族服务的职业理想和志向,明确其人才培养目标定位为“培养能运用法治思维和法治方式推进政治、经济、社会与生态文明发展的应用型、复合型、创新型法治人才”。民族院校的法学专业教育应当在坚持国家专业标准的同时,结合自身院校实际大胆进行改革,走差异化、多元化发展道路,以此提高专业的核心竞争力,为民族地区培养信念执着、品德优良、知识丰富、本领过硬的高素质卓越法治人才。

(二)在课程体系设置上兼顾共性与个性

人才培养是一项系统工程,需要从核心知识、核心技能和核心价值等多方面成体系化地培育。[①] 民族院校大多数位于民族地区和边远地区,中部崛起、西部大开发及乡村振兴等国家战略的实施,亟须大批复合型、高层次法治人才。因此,这些院校在人才培养的课程体系设置上,既要坚持国家标准,也要注重个性特色。在对照国家标准方面,重点是要强化专业内涵建设,精简必修课程,理顺课程逻辑,精练课程内容,明确课程目标与培养目标及毕业要求、课程内容与课程目标的对应关系,构建科学、灵活、开放、系统的课程体系。同时,注重以社会实际需求为导向,突出自身特色和优势,开设区域性、民族性课程,如设置民汉双语教学实验班,为民族地区培养双语实用法治人才;开设“民族法学”“民族区域自治法”等特色课程,使学生了解我国的民族理论,掌握民族政策和民族法律;充分利用本土智力资源,开展富有“地方性知识”的民族文化教育。

(三)在实践教学环节突出“双创”教育

法学专业自身具有很强的实践性特征,正如霍姆斯指出的:“法律的生命不在于逻辑,而在于经验。”[②]要成为职业法律人就必须具备基本的实践技能。这些技能包括问题解决、法律分析和推理、法律研究、事实调查、交流、咨询、谈判、诉讼、法律规则的组织和管理、了解并应对职业道德问题等。[③] 目前,民族院校的法学专业教育同样存在过分注重知识传授和理论讲授的弊端,缺乏法学教育与法律职业深度衔接的实践教学安排。因此,应利用多样化的实践环节,突出训练学生的实践技能。应充分利用模拟法庭、法律诊所、案例分析、法律文书写作、专业实习等实践类课程和平台,强化学生对法律实务技能的了解和掌握,提高学生的创新创业能力。同时,应注重把创新创业教育与专业教育、思想政治教育相融合,注重学生创新创业意识、思维和能力培养。同时,鼓励学生积极参与学科竞赛、课外科技创新、创业训练、社会实践等创新创业活动。

(四)在教学理念上突出以生为本

民族院校也需要适应大数据时代泛在学习的特点,在教学上突出以生为本的理念,充分调动和激发学生的自主学习兴趣。在课程资源的供给上,应改变传统的“一本教材、

---

① 许身健主编:《实践性法学教育论丛》(第1卷),知识产权出版社2010年版,第4页。

② [美]小奥利弗·温德尔霍姆斯:《普通法》,冉昊、姚中秋译,中国政法大学出版社1998年版,第1页。

③ 许身健主编:《实践性法学教育论丛》(第1卷),知识产权出版社2010年版,第6页。

一支粉笔、一张嘴”的课堂讲授模式，多元化提供学习资源和资料，如借助中国裁判文书网、央视经典栏目《今日说法》、司法大数据和司法实务前沿、各种网络法律媒体的音视频资料。与此同时，在学生的学业评价体系上进行改革，改变目前单一的以书面考试为主的学业评价体系，实行系统化、多元化的评价体系。如在毕业论文的撰写方面，允许学生以案例分析、司法调查报告、法律文书等形式代替，以培养和检验学生的实践水平和能力。此外真正实施弹性学制，考虑到学生因为实习、实践可能与学校计划的教学时间上长短不一，这就需要结合学生的实际，切实以生为本，在学制上不搞“一刀切”。

**六、结语**

2020年7月29日，习近平总书记在全国研究生教育会议上强调，高等教育要在培养创新人才、提高创新能力、服务经济社会发展、推进国家治理体系和治理能力现代化方面具有重要作用。① 新时代高等教育被赋予了更加神圣的使命和更加重要的地位。

法学教育的根本目标在于立德树人，为推进国家治理体系和治理能力现代化培养具有重要作用的卓越法治人才。为此，2020年10月，中共中央、国务院印发了《深化新时代教育评价改革总体方案》，以立德树人为主线，以破“五唯”为导向，以推进中国高等教育高质量发展。② 民族院校法学专业建设要实现高质量发展，必须回应诸多挑战，彻底兴利除弊，完成转型发展：从注重单一知识传授向注重全面素质提升转变；从强调专业对口培养向专业教育与通识教育相结合转变；从偏重共性教育向共性与个性兼顾转变等。③ 具体需要在完善人才培养模式、优化课程体系设置、强化实践教学环节、凸显以生为本教学理念等方面不断进行改革和创新，以此促进民族院校法学专业的差异化、特色化发展，切实提高民族院校法学专业的人才培养质量，充分发挥民族院校在推进民族地区社会治理和促进民族团结进步教育方面的作用和功能，为民族地区经济社会发展培养“留得住，用得着”的基层法治人才，打造民族地区推进全面依法治国的人才高地。

---

① 《习近平对研究生教育工作作出重要指示强调 适应党和国家事业发展需要 培养造就大批德才兼备的高层次人才》，载教育部官网2020年8月8日，http://www.moe.gov.cn/jyb_xwfb/moe_2082/zl_2020n/2020_zl44/。

② 刘振天、罗晶：《高等教育评价“双刃剑”：何以兴利除弊》，载《大学教育科学》2021年第1期。

③ 杨建广、郭天武主编：《法学教学改革与卓越法律人才培养》，中国法制出版社2016年版，“编者按语”第1页。

# 运用新媒体探索社会主义法治文化传播新路径

## ——创新文化传媒+法律复合型人才培养模式

郑　宁*

我国正在推进全面依法治国,总目标是建设中国特色社会主义法治体系,建设社会主义法治国家。依法治国是实现国家治理体系和治理能力现代化的必然要求,社会主义法治文化是社会主义法治国家建设的重要支撑。2020年11月,在中央全面依法治国工作会议上,党中央提出了“习近平法治思想”。为贯彻《中共中央关于全面推进依法治国若干重大问题的决定》,教育部、中央政法委《关于坚持德法兼修　实施卓越法治人才教育培养计划2.0的意见》,《法治社会建设实施纲要(2020—2025年)》,中共中央办公厅、国务院办公厅《关于加强社会主义法治文化建设的意见》,推进社会主义法治文化建设,创新卓越法治人才培养模式,自2018年1月起,中国传媒大学文化产业管理学院法律系组建团队,经过3年的探索,团队运用新媒体探索社会主义法治文化传播新路径,创新文化传媒+法律复合型人才培养模式,系统建构了一套贯通本科和研究生教育的人才培养模式,将教学、育人、科研、社会服务有机统一起来,有力地推进了社会主义法治文化的传播,提升了中国传媒大学法律人才的培养质量,推动了法学学科建设,促进了文化传媒行业与法律的深度融合,提升了中国传媒大学法学教育的影响力,取得了突出的社会效益。

**一、解决的问题**

法学院系应该成为社会主义法治文化传播的重要阵地和培养社会主义法治文化传播人才的摇篮,我们这一模式充分发挥中国传媒大学在传媒领域的学科优势,成功地解决了以下3个问题。

(一)高校传播社会主义法治文化方式单一、传播效果不佳的问题

传统法学院系主要通过讲座、研讨会等传统方式传播社会主义法治文化,然后通过网站、微信等方式推送新闻稿,传播方式单一,受众局限于法律专业人士和本校师生,传播面较窄,传播效果一般。本模式精选社会主义法治文化传播内容,充分利用抖音、B

* 中国传媒大学文化产业管理学院法律系主任。

站、西瓜视频等社会大众喜闻乐见的新媒体，通过文娱法热点沙龙、法律短视频大赛、法律职场干货课堂等丰富多彩的方式传播社会主义法治文化，取得了广泛的社会关注，探索出一种高校运用新媒体传播社会主义法治文化并培养复合型人才的新模式。

（二）教学、育人、科研与社会服务脱节的问题

传统高校教学、育人、科研与社会服务往往是脱节的。教学和科研、社会服务往往是两张皮。教师是科研与社会服务的主体，学生特别是本科生参与科研与社会服务机会较少。传统模式下育人也没有和教学、科研、社会服务有机统一。本模式通过与文化传媒行业的深度合作，通过教师指导学生参与科研和社会服务，既传播了社会主义法治文化，又开展了教学、科研和社会服务，还为学生提供了实习实践、就业机会，实现了全过程育人，全方位育人。

（三）法学教育中人才知识结构单一，与行业脱节的问题

传统的法学教育侧重于法律思维的培养及法律知识和技能的训练，人才知识结构较单一，与纷繁复杂的行业所需要具备的复合型人才素质不相适应。本模式通过文化传媒＋法律的课程设计和实践活动的安排，培养了一大批文化传媒＋法律复合型特色人才，得到了社会的高度认可，人才供不应求，就业质量较好。

**二、本模式的具体做法**

（一）团队

本模式的团队具有高学历和国际化的特点，骨干成员由6名中青年教师组成，包括4位副教授和2位讲师，平均年龄为41岁，全部拥有博士学位和美国、新西兰、德国、意大利等国家留学或访学经历，具有较高的科研水平和外语水平，都有在法院、律师事务所或媒体的从业经验，具有丰富的实务经验。

（二）内容

本模式采取“课程＋活动”两轮驱动的方式开展。

1.课程模块

教师在传媒法、网络法、文化政策与法规、法制新闻与新闻业务、娱乐法、模拟法庭、法律诊所等课程中，传授给学生文化传媒＋法律的思维、知识和技能，帮助他们提升开展相应的科研和社会服务的素质。在课程中，注重采取案例教学、小组合作学习等方法，让学生充分参与，理论联系实际。通过课程，帮助学生树立文化传媒＋法律的思维方式，培养必要的专业技能。

2.活动模块

教师指导学生策划和组织六大系列活动，传播社会主义法治文化，既契合了文化传媒行业的需求，又锻炼了学生。3年来，全系72%的学生参加了活动，大大地提升了能力。

（1）热点沙龙。与北京周泰律师事务所合作举办“文娱法治论坛”，邀请学者、律师、行业专家等以主题分享、圆桌沙龙等形式探讨文娱法热点问题。每两月一期，主题包括

“饭圈”法律问题、网络主播的法律风险、短视频二次创作的法律问题、违法失德艺人整治风暴等,并通过凤凰网、小鹅通、B站等进行直播,已有30余万人观看。与人民法院报社、北京理工大学附中合办开学普法第一课,就网络安全、理性追星等话题给青少年进行普法,点击量近200万人次。与抖音法律合办文娱法热点沙龙,邀请嘉宾讨论了劣迹艺人的法律问题、新修订的《未成年人保护法》。

(2)普法节目。中国传媒大学文化产业管理学院法学系与央视频、北京电视台等媒体密切合作。与央视频《方圆剧阵》栏目合办六期节目,包括“4·26国际知识产权日特别节目——影视知识产权不缺位”“高考特别节目:考试法律风险和心理疏导”“六一特别节目:解读新未成年人保护法”“拒绝倒奶浪费食品　粉丝追星应当坚守法律底线”“暑假特别节目:暑假安全知识”“开学啦”,直播及相关片段剪辑观看人数达10余万人。与央视频《现场》栏目合作的“双十一”商标案庭审专家解读,点击量高达500多万人次,受到广泛社会关注和好评。与北京电视台合作拍摄民法典通解通读节目,目前已录制了6期。

(3)研讨会。2020年3月,与北京市律师协会合办“如何推动律政影视节目的繁荣发展”线上研讨会;2020年6月,《民法典》颁布后,与中国法学会民法学研究会合办“民法典与文化传媒行业的发展研讨会”;2021年1月,与北京市律师协会合办中国年度十大传媒法与文娱法事例评选暨研讨会,通过多平台直播和回放,传播了最新的立法、执法、司法动态,点击量过万人次。还在此基础上编辑出版了《文化娱乐法前沿问题研究》《网络法治前沿问题研究》《律政视听节目研究》《民法典与文化传媒行业的发展》《中国传媒法典型事例评析(2011—2020)》等著作。

(4)短视频大赛。2021年4月,与周泰律师事务所合办“律摄天下——2021法律短视频大赛”,参赛作品在各平台总展示量接近400万次,还编辑出版著作《法律短视频的创作和产业发展》。

(5)法律职业技能提升。制作了《法律职场干货课堂》,共4期节目,邀请4位律师就法律人的职业选择、如何到律所求职、平行社交、向上社交等话题给法律职场新人职场干货指导,在B站和西瓜视频上点击量上万人次,以生动活泼有趣的形式传授了法律职场知识,受到广泛好评。

(6)互联网法治媒体工作坊系列。为了给媒体人普及互联网法治知识,提升媒体报道互联网法律事件及案例的专业性,促进传媒和法治行业的健康有序发展,推动社会主义法治文化的传播,中国传媒大学文化产业管理学院法律系开办了互联网法治媒体工作坊,面向从事互联网法治报道的媒体人,邀请知名法律、传媒的学界和业界专家与学员进行深入交流,采取小组合作完成任务、模拟展示等丰富有趣的形式。首期吸引了20多家知名媒体的资深记者、编辑参加。

在上述活动中,教师指导学生开展策划、执行、宣传、科研等活动,极大地提升了学生的创造力、沟通力、表达力、领导力、协作力,拓宽了视野,培养了责任感,实践了“在做中学”的教学理念。

(三)教学方法

本模式综合运用了以下4种教学方法。

1. 项目教学法

通过师生共同完成任务的方式开展教学,教师和学生共同确定目标、合作分工。教师全过程指导、帮助学生分解任务,学生需要发挥主观能动性,自主实践,教师再对结果进行系统的总结和公正的评估,充分调动了学生的主动性、积极性,培养了学生团队协作精神。例如,在法律短视频大赛中,将学生分为策划组、宣传组、行政组等,给每组明确的目标和任务,通力协作完成比赛的组织工作。

2. 案例教学法

运用大量的案例来传播社会主义法治文化,培养学生分析能力和法律思维。教师精心选择案例,和学生一起讨论案例的解题思路和呈现方式,提升学生实际解决问题的能力。例如,在与周泰律师事务所合作举办“文娱法治论坛”过程中,和学生一起收集关于饭圈、网络主播、短视频治理、违法失德艺人整治等领域的典型案例,然后邀请相关专家发表主题演讲和圆桌讨论,并通过凤凰网、小鹅通、B站等平台进行直播,已有40余万人次观看。

3. 个别化指导教学法

教师通过课堂表现、作业、实践表现、日常观察发现学生的进步和不足,再通过个别交流、辅导的方式进行指导,赋能学生。例如,教师发现学生在组织活动时存在与外部专家沟通方式不当、文档格式不规范等问题,就会以合适的方式及时指出,帮助学生改正。

4. 小组合作学习法

小组合作学习能够培养学生的沟通能力、团队合作能力,教师将学生进行分组,以小组为单位讨论问题、开展调研和完成任务,大大提升了学生的参与度。

(四)保障措施

为了确保本模式的顺利实施,中国传媒大学文化产业管理学院法律系还建立了一整套保障体系。

1. 机构保障

为了便于开展科研和社会服务,成立中国传媒大学文化产业管理学院文化法治研究中心(院级科研机构)及中国传媒大学法律协会(校级学生社团)作为机构保障。文化法治研究中心人员主要由法律系教师组成,主要职责是开展科研和社会服务。法律协会主要由本科生和研究生组成,协助文化法治研究中心开展活动。两个机构相互配合、优势互补。

2. 经费保障

中国传媒大学文化产业管理学院法律系与文化传媒行业合作,承担了20余个纵向和横向课题,经费累计近300万元,这些经费为激励师生参与活动提供了充分保障。

3. 制度保障

中国传媒大学文化产业管理学院法律系出台了一系列管理制度,制定了文化法治研究中心章程、法律协会章程及工作制度,对每项活动都有严格的策划、执行、宣传、总结评估环节。

**三、取得的成效**

经过3年多的努力,本模式取得了较好的成效,主要表现在以下四个方面。

1. 推进了社会主义法治文化的传播

中国传媒大学文化产业管理学院法律系举办的热点沙龙系列活动、研讨会系列活动、短视频大赛系列活动、法律职业技能提升活动得到了新媒体的广泛传播,并得到了数十家主流媒体的关注报道,有效地在社会公众和专业人士中传播了社会主义法治文化,促进了尊法学法守法用法氛围,树立了宪法法律的权威。

2. 提升了中国传媒大学卓越法治人才的培养质量

通过指导上百人次学生以新媒体传播社会主义法治文化,极大提升了学生的综合素质,给学生提供了大量实习实践、科研、社会服务的机会。2018年以来的本科生、辅修/双学位学生及研究生就业质量良好,就业领域和岗位与人才培养目标高度契合,70%的学生就业去向与文化传媒行业的法律实务有关,如国家广电总局、网信办、新华社、人民日报社、阿里大文娱、腾讯、泽东影业、浩天信和律师事务所、星权律师事务所等。

3. 吸引到更优秀的生源

本模式契合了社会需求,取得明显成效,吸引了更多优秀生源。法律系的法律硕士报录比逐年提升,2018年为7.52%,2019年为8.58%,且本科为"双一流"的院校的比例提升到30%。2020级法学硕士复试线高达391分,排名全校各专业第一。法学本科专业培养日益得到学生认可,外专业申请转到法学专业的人数不断增加。

4. 与文化传媒行业建立了深度合作

特色人才培养体系,推动了法律系与文化传媒行业建立了更多密切合作。我们与最高人民法院、中共中央宣传部、国家网信办、国家广电总局、中央广播电视总台、北京知识产权法院、北京互联网法院、北京市朝阳区人民法院、腾讯公司、字节跳动公司、搜狐集团、星权律师事务所、韬安律师事务所、己任律师事务所、周泰律师事务所、中视瑞德公司等10余家单位开展各类合作。一方面,教师参与到立法、司法实务中,开展科研,提供社会服务;另一方面,为学生创造了上百人次的参加科研、实习和就业机会,为文化传媒行业输送了人才。

# 新文科语境下法学教育的理论图景与实现路径探索*

## ——基于福建省法学教育的调研分析

杨垠红**

### 一、研究的缘起

2018年8月24日，中共中央办公厅、国务院办公厅联合下发的《关于以习近平新时代中国特色社会主义思想统领教育工作的指导意见》明确要求，坚持以习近平新时代中国特色社会主义思想全面指导教育工作，坚持把服务经济社会发展全局作为教育工作的重要使命。为此，“要优化学科专业结构，发展新工科、新医科、新农科、新文科”。① 这可以看作“新文科”概念的首次官方正式亮相。对于新文科概念的探讨，从2019年到2020年，中国知网收录的新文科研究文献呈现井喷之势，迅速由1到61再到278，大量的研究者投入进来。研究角度涉及新文科的内涵外延、为什么会有新文科、新文科“新”在哪、如何建设新文科，以及新文科对于各种类型大学的影响等多个维度。② 这些探讨均有其合理之处，均强调了新文科是文科教育的创新发展。但新文科的概念界定并非本文研究重点，故本文采教育部的提法，从新文科的要求上理解该概念：新文科要培养知中国、爱中国、堪当民族复兴大任的新时代文科人才；培育优秀的新时代社会科学家；构建哲学社会科学中国学派；创造光耀时代、光耀世界的中华文化，这正是新文科担负的四大任务、四大使命。③ 新时代法学教育应在新文科的语境下，根据法学的独特性与国家对法治建设的要求，进行创新性的提升与发展。

---

* 本文系2020年省级重大教改项目“新文科视域下卓越法治人才培养模式改革研究”（项目编号：FBJG20200353）和2021年省级新文科研究与改革实践项目“新文科视域下卓越法治人才培养模式改革研究”成果。

** 福建师范大学法学院教授、院长。

① 杨宗科：《论“新法学”的建设理路》，载《法学》2020年第7期。

② 刘坤轮：《〈新文科建设宣言〉语境中的新法科建设》，载《新文科教育研究》2021年第2期。

③ 吴岩：《积势蓄势谋势　识变应变求变》，载《中国高等教育》2021年第1期。

党和国家历来高度重视法治建设。习近平法治思想明确提出坚持建设德才兼备的高素质法治工作队伍。教育部、科技部等推动的卓越法治人才教育培养计划2.0旨在促进高等法学教育教学质量显著提升,培养造就卓越法治人才,为全面依法治国奠定坚实基础。随后国家全面推进新文科建设,学科融合成为大势所趋。实际上,育人视域中工科、理科、文科并非只能相互"割裂"、各自为政,完全可通过文科实现互联与融通。然而就传统法学学科而言,由于传统的法律研究和教育模式存在过分强调专业细分化的弊端与相对封闭化倾向,从而使培养出的专门人才知识构成相对单一,缺乏从比较广阔的视角思考和系统性处理问题的知识基础与创新能力,进而面对当今日益复杂化的社会问题、日益强调综合化的知识应用及日益困难的知识创新,尤显不足和无力。

为了回应时代需求,了解新文科背景下福建省法治需要与法学教育情况,福建师范大学法学院调研组认真查阅有关资料,通过网络问卷、实地调研考察、走访机关单位等"线上+线下"方式进行调查。调研组先后走访了福建省委全面依法治省办公室秘书处、省政府政策法规处、省人大常委会法工委、省教育厅、省公安厅、省司法厅、福建省人民法院、省检察院、省内多家律师事务所、相关高校、法律服务机构等,与相关同志、师生开展了深入细致的座谈交流,对相关的情况有了较深入的了解。

**二、新文科语境下福建省法学教育面临的困境与挑战**

福建省高等教育内涵式发展迈出新步伐。① 根据福建省教育厅消息,"十三五"期间,福建省持续深化教育改革,取得显著成效。全省教育事业发展主要指标稳中有升,持续保持在全国较高水平。② 高等法学教育改革不断深化。中共福建省委全面依法治省委员会关于印发《中共福建省委全面依法治省委员会2021年工作要点》的通知中明确指出,福建省正加紧完善法学教育和法学研究体系,推进法学院校改革发展,促进法学教育与法律职业衔接,推动高等院校、研究机构等开展中国特色社会主义法治理论研究,加大涉外法治教育力度。可见,福建省法学教育已取得较好成效,亦高度重视法学教育的发展。但当前法学教育仍存在一些困境与挑战。

1. 在法学教育教学中贯彻新思想、新理念、新战略有待深化。长期以来,我们在法律人才培养过程中注重法律专业能力尤其是法律知识的掌握和法律职业技能的培养,在一定程度上忽视了思想政治教育和职业道德教育。③ 党的十八大以来,以习近平同志为核心的党中央领导集体成功开辟了中国特色社会主义新实践、新局面、新境界,形成了一系列治国理政新理念、新思想、新战略,这是新时代高等教育的宏观理论体系,也是引领新时代高等教

---

① 王宁:《2020年福建省人民政府工作报告》,载福建省人民政府官网,https://www.fujian.gov.cn/szf/gzbg/zfgzbg/202102/t20210201_5529296.htm。

② 陈欢欢:《福建"十三五"期间教育发展持续保持全国较高水平》,载人民网,http://m.people.cn/n4/2020/1112/c1142-14556393.html。

③ 杨宗科:《新时代法学教育新理念新思想新战略》,载王瀚主编:《法学教育研究》第32卷,法律出版社2021年版,第12页。

育的根本指南。在法学教育中,如何将新观念、新要求融入课堂教学,如何强调作为德法兼修的人才根基的“德”,如何让政治素质与职业伦理道德入脑入心,需要进一步探讨。

2. 课程体系设置不合理,学科壁垒阻碍复合型、应用型法学人才培养。法学教育内容多任务重,加上学生大多面临法考、考研、就业、出国等多重压力,福建省大部分院校在有限的时间内很难实施“法学 + 其他学科”培养方案,尚未形成“法学 + ”等双学科或多学科培养模式。从调研情况看,63.94%的调研对象认为,法学课程交叉融合不够。31.57%的调研对象认为,学校没有结合自身教学、资源优势,尝试采用“法学 + N”的培养模式。这导致培养出的专门人才知识结构相对单一,缺乏“法学 + ”的综合能力,对一些时代新命题、社会新问题的回应能力不足。

3. 尚未充分结合福建省实际,开设契合福建省法治人才需要、福建省法治建设要求的人才培养课程。尚未打破民法、经济法、刑法、诉讼法、宪法、行政法、法理学等传统部门法为导向的课程体系设置,体现福建省特色、反映福建省法治建设与经济发展需要、结合福建省人文地理优势设计的法学课程设置少。从表1的调研数据来看,也在一定程度上反映了这一问题。

**表1　结合福建省特色的法学培养体系、课程设置情况**

| 选项 | 小计 | 比例(%) |
|---|---|---|
| A. 紧密结合 | 475 | 47.31 |
| B. 有所结合 | 431 | 42.93 |
| C. 没有结合 | 98 | 9.76 |
| 您认为本省高校的法学学科培养体系、课程设置是否有具体结合本省人文、地理优势制定?[单选题] | | |

4. 第三轮信息技术革命给福建省法学教育带来的新一轮挑战,现代信息技术与法学教育融合不深入。当今世界,人工智能、移动互联网、大数据、超级计算、传感网、脑科学等新兴技术正在对经济发展、社会进步、全球治理产生重大而深远的影响,新的科学和技术正在颠覆传统的世界。① 法学教育需要不断突破自我,积极应对互联网 + 、大数据、人工智能、信息技术革命等带来的挑战。

5. 法学理论与法律实践仍存在壁垒,实践教学的比重有待提高、创新机制仍有不足。新文科人才不仅要有广博的知识基础,还要拥有运用新手段和技术解决问题的能力,既要拥有丰厚的理论,也要有充分实践的机会和能力,要懂得利用文科知识去展开自身的技术操作和精神引领,利用技术知识去丰富文科的内涵。② 法学更是一门离不开实践的学科,然而调查显示,高校的理论课程占比为70.02%,远大于实践课程设置,51.69%的

① 张雷生、魏莲莲等:《我国新文科建设研究现状与未来趋势瞻望》,载《新文科教育研究》2021年第2期。
② 张雷生、魏莲莲等:《我国新文科建设研究现状与未来趋势瞻望》,载《新文科教育研究》2021年第2期。

调研对象认为法学学科课程设置重理论而轻实践。仅61.5%调查对象认为知识教学与实践教学在同时进行,构建了多样化的实践教学创新机制。在实践教学中应推进校府校地校院校所校企合作、与法律职业共同体多方位深度合作,因此如何加强与实践的对话从而提升学生的法律实践能力有待进一步探索。

6.“一带一路”倡议下涉外法律服务人才培养紧缺,培养体系未紧跟国家对外战略布局。“一带一路”建设中我国的海外利益保护、国家安全的保障等对法学教育提出的新挑战。但目前,法学教育在这方面能够提供的智慧远远不够,西部地区的一些院校开始注意这些问题,但是东部地区的法学教育基本很少投入研究力量,①福建省的调研情况也可说明一二(见图1)。如何进一步拓展法学生到重要国际组织、机构的实习机会,仍有赖于相关部门的努力和协调。

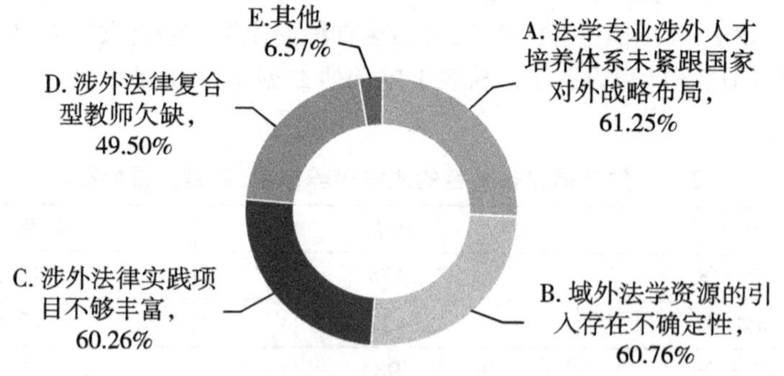


**图1　福建省涉外法治人才培养的情况**

**三、新文科语境下福建省法学教育改革与发展的思考**

福建省应继续积极贯彻和落实党和国家的教育政策,坚守习近平法治思想。在新文科背景下,以符合法治中国建设需要的卓越法治人才培养为目标定位,落实立德树人根本任务,改革人才培养模式,科学设计培养方案,优化和重组法学院现有教学资源,促进现代技术与法学教育的深度融合,强化学生实践能力,从而促进文文、文理、文工的交叉融合、协同创新,推动福建省法学人才的培养,提高法学学科人才培养质量,努力培养兼具创新思维与逻辑思维,既有民族意识又有国际视野的德法兼修、复合型高素质、创新法治人才,服务于国家和区域发展战略。

*(一)夯实多育并举,以德铸魂*

“为谁培养人才”是中国高等教育的一个普遍性、根本性问题。落实到法治人才培养层面,就是要解决好如何有效开展思政教育的问题。思想教育乃固本之源,法治人才队伍培养与建设离不开思想引领。福建省调研对象亦将政治素养放在首位(见图2)。新

① 徐显明:《新文科建设与卓越法治人才培养》,载《中国高等教育》2021年第1期。

法学专业的课程体系建设，必然以习近平法治思想为统领，不仅要在形式上予以更新，更要在内容上予以更新。[①] 要构建全员、全程、全课程育人格局的形式推进课程思政改革，将思政育人融入教学全过程，上好“习近平法治思想”课程。继续以夯实法科生的马克思主义法学思想之基、活化法科生的习近平法治思想之用为主要脉络，深化教学资源整合利用，推广应用新型教学模式。各法学院应联合马克思主义学院等院所的优质师资，实现跨专业的师资交叉、资源共享、协同创新。落实新时代教育评价改革总体方案，与马克思主义学院合力，发挥教师带头践行社会主义核心价值观的作用。结合社会实践，积极开展理想信念教育、社会公益教育、中华优秀传统法律文化教育，让学生在感悟法治进步中坚定理想信念，在了解群众疾苦中磨炼坚强意志，在奉献社会中增长智慧才干。[②] 推动法学教育迭代升级，培养忠于党、忠于国家、忠于人民、忠于法律的德法兼修的高素质法治人才。

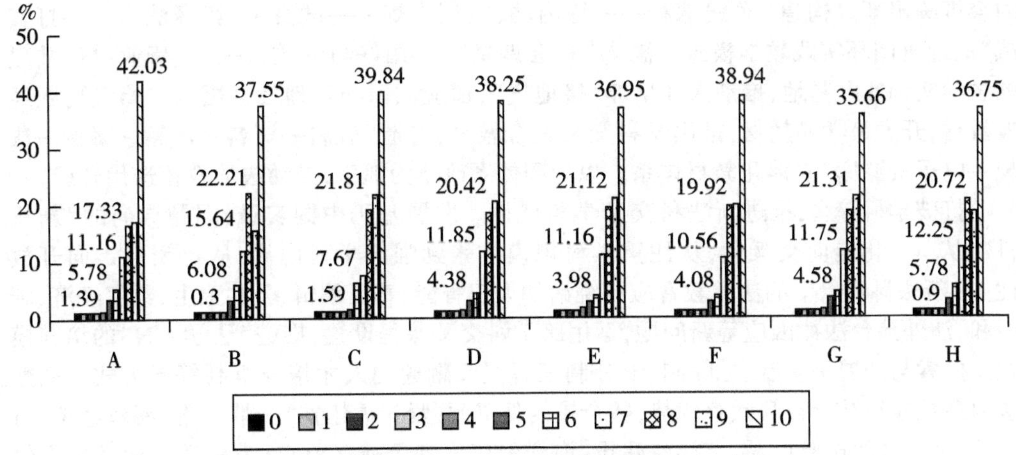


**图 2　福建省高校师生对政治素质等重要性的看法**

图中的 A ~ H 代表如下几个内容：

A. 具有较高的政治素质、较强的社会责任感和公民意识；

B. 具备强健的身体和健康的心理；

C. 具有从事法律职业所必需的人文素养和科学精神；

D. 厚实的法学专业基础素质，了解法学理论前沿的发展动态；

E. 精专的法律职业应用素质，具备缜密的法律职业思维；

F. 具有适应我国国情和社会现实，解决我国社会实际问题的能力；

G. 研究性学习能力和科研参与能力；

H. 具有较强的组织管理能力、交流沟通能力、环境适应能力和团队合作能力组织管理能力交流沟通能力。

---

① 马怀德：《贯彻习近平法治思想培养高素质法治人才》，载《中国教育报》2020 年 12 月 17 日，第 2 版。

② 黄进：《新时代高素质法治人才培养的路径》，载《中国大学教学》2019 年第 6 期。

（二）改革课程体系，以课炼体

深化课程改革、创新教学方法，建设新文科一流课程体系。在新文科建设中必须把专业作为人才培养的基本单元，把课程培养作为人才培养的核心要素，强化价值引领、提升学术内涵、丰富形式载体、创新方法手段，建设文科“金课”，夯实文科育人主渠道主阵地；坚持“双融合、双提升、双促进”，全面推进高校课程思政建设。通过勘探、采掘、冶炼、加工的过程，要把课程中真善美挖掘出来、提炼出来，要把课堂变成思政与专业无缝衔接的“金课”，打造有情有义有温度有爱的文科课堂。[①] 将思政育人融入教学全过程，构建通识课、专业理论课、专业研讨课、专业技能课、专业特色课、专业实践课六大课程模块。专业课程设置注重基础和前沿问题，国内和涉外法律并重。开设创业法律实务、法律实务技巧等创新创业系列课程，创建大数据与人工智能、网络法学、互联网金融等交叉融合型课程，共建新闻传播伦理与法规、大数据与司法舆情分析等跨学科系列课程，实现教学内容推陈出新。构建“实践课程——练内功、实训实炼——试身手、竞赛法援——打实战”的递进闭环实践教学模式。融入“社会课堂”，运用好与党政机关、企事业单位共建的教学实训实践基地，推动人才培养“接地气”，适应国家与当地社会需求。修订再版经典教材，开发跨学科教材，推出学科交叉融合教材，打造“教材—资料—习题—案例—法规—电子资源库”立体化教材体系。以课程体系改革为抓手，推动法学教育迭代升级。

打破学科壁垒，推进新法科交叉学科建设。发展基于中国实践、问题导向的“新法科”，从单一化走向交叉化，从注重学科规模扩张到强调学科内涵，从封闭性走向开放性。[②] 新法科背景下的法学教育应围绕诸如人工智能、基因编辑、公共卫生、数字经济、碳中和、涉外涉台法律因应等新问题，运用跨学科交叉课程设置，推进“法学＋N”的培养模式。探索与开展书院制、导师制、学分制三者交叉融通的人才培养机制等新方式。福建省内高校应当结合自身教育优势，整合校内外资源，紧扣福建省“一带一路”海丝经济、自贸区、生态文明试验区、数字福建建设、海洋经济发展等战略要求，为法学专业学生提供“法学＋”外语（尤其是小语种）、国际贸易、地理科学家、环境科学、计算机与网络空间等“法学＋N”的学习机会，提高法学学科人才培养质量，努力培养复合型高素质、创新型法治人才。同时，应以交叉融合发展为契机，实现跨学科跨学校的人才培养。

（三）发挥优势特色，以法筑基

结合福建优势与特色，不断提高专业建设与社会需求的契合度。组建跨专业、跨学科、跨学院教学团队，开发开设跨学科、跨专业新兴交叉课程、实践教学课程，继续出版一批具有创新性、交叉性、思政性的教辅教材，创新教学模式，回应新时代法治人才培养需要。

---

① 吴岩：《积势蓄势谋势　识变应变求变》，载《中国高等教育》2021年第1期。

② 杨宗科：《适应新时代新要求建设“新法科”“新法学”》，载王瀚主编：《法学教育研究》第28卷，法律出版社2020年版，第34页。

推进优势学科融通，培养交叉复合高素质人才。以福建师范大学法学院为例，该校紧扣全球与中国法治重大前沿问题，启动制度化、常态化的法学知识更新工程。加强厚基础、宽口径、交叉复合培养，融合法学与该校相关优势学科的资源，跨学院、跨学科共建突出交叉融合、适应和引领时代发展的新兴文科人才培养项目。依托马克思主义学院（全国重点马克思主义学院，被誉为“南方坚持马克思主义的重要阵地”）、教育学部的思政教育平台，不断提升思政育人的素养和能力，形成法学专业课程与思政课程同向同行的育人格局。依托马克思主义学院，以推荐免试、硕博连读方式，实现法治人才的一体化培养机制。与化学与材料学院合作，共同推进碳中和的法律与政策研究和实践。与经济学院自贸区研究、外国语学院合作，培养符合“一带一路”、自贸区建设要求的法学、经济、英语复合型人才。与计算机与网络空间安全学院等合作，开展人工智能法学人才的培养，为数字福建乃至数字中国建设提供复合法学人才。通过设立跨学科教研室，融合不同专业和学科的师资，开设学科交叉融合课程。通过校内院际协同，实现校内不同学院人才培养的协同创新及跨学院选课修课；通过与国内名校合作交流，实现学生跨学校选课修习和交流培养。探索与开展“双培生”培养机制，寻找卓越法治人才培养的资源整合新途径。借助与国内外知名高校等合作，制订专门的“双培生”培养方案，共同培养卓越法治人才。选拔出的“双培生”按照接受学院的专业课程体系，与其学生共同学习、共同考试、共同管理，并可参与所在学院的奖学金评比、学生社团活动、海外访学项目等，从而使省属高校的学生能享受到央属高校的优质教育资源，不仅有效地拓展了地方高校的办学资源，也较好地保证了人才的培养质量，为福建省海丝中央法务区的建设输送了高素质法治人才。

（四）互联网＋法学，以网展翼

借助现代技术，加强法学专业现代化建设。持续推进“互联网＋法学教育”建设，加强与现代科学技术的有机融合，推动法学专业教育与现代信息技术的深度融合，充分实现高校与实务部门的资源有效转化、共建共享，实施专业现代化改造。打造校际优质在线课程、信息化课堂、庭审直播等立体智慧教学平台与多维智慧学习环境。

以福建师范大学法学院为例，该校充分把握好、运用好、探索好教育数字化发展的方向，在四年来不间断线下实践教学体系基础上，融入现代信息技术，建立与健全省级虚拟仿真实验中心与VR虚拟仿真实验室，开设民事诉讼中鉴定意见质证、“一带一路”海运业劳资纠纷诉讼、公办中小学教师惩戒纠纷诉讼等系列虚拟仿真“金课”。依托虚拟现实技术，打破时空限制，让学生全方位、多角色参与法律纠纷解决活动，提升学生诉讼实务能力。同时，凭借央地共建的法学综合实训平台（物证技术实验室、模拟法庭实验室、法律援助中心、案例诊断室、法学网络平台），让学生不出校园就可接触真实的案件材料，进行物证实验、开展涉外涉台法学实践活动，通过远程庭审互动，在校内就能享受校外导师的现场指导，让学生更直观地感受庭审，参与真案的分析与思考。通过虚实结合的方式为法学教学提供常态化场所与便利化保障。此后，该校计划进一步优化现代信息技术与法学教育的深度结合,打造 AR 实验室 + 多功能综合实训平台。利用"互联网 + "丰富法学课程内容,拓宽法学教学空间,搭建法学实践平台,模拟多种法律职业场景,回应福建省"智慧政法"建设与人才培养需要,培养出适应互联网时代要求具备"现代科学技术 + 法学"的理论知识和实践技能的法学人才。

(五)强化实践教学,以用强能

打破制度壁垒,加强校府校地校院校所校企合作,推进"政产学研"一体化。进一步推进校府校地校院校所校企合作,与法律职业共同体多方位深度合作。以福建师范大学法学院为例,立足福建省与福建师范大学的资源,与最高人民法院第三巡回法庭等司法机关共建学术团队,共同开展司法实践中的热点难点问题研究,培养学生应对复杂法律问题的能力;与律师事务所合作,主办福建省高校模拟法庭辩论赛。该赛事为福建省法学专业唯一的省级学科竞赛,享有较高的知名度和认可度,正向全国性学科竞赛项目进军。通过与仓山区政府、高新区等地方政府部门的"接地气"合作,让法学教育进社区、让学生感受执法过程、使学生多方位多角度地接触法律实务。在培养司法人才的同时,依托与福建省人大共建地方立法咨询与服务基地的契机,以及地方治理与地方法治研究中心,培养立法人才,弥补立法人才短板;与福建省委办公厅合作,共建"全国首家、省内唯一"的党内法规实施评估中心,为"依法依规全面从严治党"培养后备力量,实现法学教育、法学研究与立法实践的无缝对接。通过多渠道、全方位的合作培养,为社会输送"立法、执法、司法、守法"四维的法治人才。

就教师队伍而言,要健全法律职业共同体之间的交流机制。实现法治实践的新经验、新案例、理论研究新成果入课堂、进教材,及时转化为教学资源。探索设立实务教师岗位,切实发挥政府、法院、检察院、律师事务所、企业等优秀实务专家在法治人才培养中的作用。深化高校和立法机关、法院、检察院、政府部门等交流合作,开展法学教育、学术研究、人才培养等深层次合作。促进法学教育、法学研究工作者和法治实践工作者之间的深度交流协作。同时,以资源对接增添发展动力。专家队伍应着力加强与党政部门的对接合作,推动共建智库,开展对口研究、联合研究,建立常态化合作关系及交流机制。畅通信息沟通、课题研究、成果报送与采纳反馈渠道。加强联动协同,联合申报课题、开展研究,改变封闭分散的咨政"孤岛"局面。

(六)推进对外交流,以融促通

习近平总书记强调,"要坚持统筹推进国内法治和涉外法治"。国家需要一批高素质的涉外法治人才。福建省高校有必要通过加强国际合作育人和加快国际化人才培养模式改革,推进涉外法治人才的培养。福建省涉外法治人才的培养既要紧跟国家政策,又要立足于福建省优势与特色。进一步拓宽与境外一流大学合作交流融通渠道,积极创造条件选派师生到国际组织任职实践,培养一批具有开拓精神、国际视野、通晓国际规则,能够参与国际法律事务、服务"一带一路"建设、提升中国在相关国际秩序和规则构建中的话语权、善于维护国家利益的高素质涉外法治人才。

一是利用福建省对我国台湾地区的特殊地位与政策,突出福建省涉台法治人才项目的特色。以福建师范大学法学院为例,连续几年在法学班级中遴选优秀生组建专班赴台学习一学期,邀请境外名师来学校讲座、授课,并适时加快法学闽台"4+0"合作项目的开展。

二是加强对外合作,强化学生涉外法治实践能力。政法院校应尽快构建起常态化的高水平学术对话机制和知识创新与研究合作机制,搭建高水平的国际研究合作平台,有计划有组织地持续支持法科学生到国际司法、仲裁、调解、法律服务等组织实习实践。[①] 应创新涉外法律实践项目,开设"涉外法律诊所"课程。同时,可以聘请涉外法律复合型教师,引入域外前沿法学资源,强化涉外法律实践指导。

三是充分运用福建省"六区叠加"的优势,吸引优质法学人才来闽。留学生一直是发达国家人才来源的重要渠道。福建省应当系统化建立吸引外国留学生的移民体系,如借助互联网等信息技术手段实现信息的充分流动和社交网络平台的搭建;处理好外国留学生留学、工作与定居的制度衔接;通过差别式的奖助体系吸引有用人才,进一步开发国际移民红利,使其为提升福建省法治竞争力贡献聪明才智。

---

① 叶青:《统筹国内法治和涉外法治　坚持全要素法治人才培养》,载《新文科研究》2021年第1期。

# 试论我国法律博士生的招录与培养

袁　钢*

## 一、引言

2020年7月29日全国研究生教育会议召开,习近平总书记对研究生教育工作作出重要指示,深入推进学科专业调整,提升导师队伍水平,完善人才培养体系,加快培养国家急需的高层次人才,[①]这也为新时期法学学位与研究生教育改革提出新的要求。“适应党和国家事业发展需要”,必须客观面对法学研究生教育体系中存在的不足,应当尽快将法学研究生教育从学术型人才和专业型人才培养并重转变为以培养专业型人才为主,[②]法律专业学位研究生教育应当成为培养高层次法治人才的主渠道。学位等级结构必须保持必要的张力,而学位整体质量有效提高需要依靠三级学位协调发展,[③]但是我国法律专业学位只设置了法律硕士专业学位,法律专业学位研究生教育的结构与质量问题并存。认真贯彻落实习近平总书记关于教育工作的重要论述,应当以社会重大需求为重点,增设法律博士专业学位(以下简称法律博士)类别,在法学教育理论和实务界就设置法律博士教育达成共识的基础上,需要在理论和实践上科学回答法律博士“培养什么人、怎样培养人、为谁培养人”等一系列根本问题,在“实”字上下更大功夫,着力解决实际问题,明确推动并实施设置法律博士的具体工作和步骤,以加快培养国家急需的高层次法治人才,加快发展法律博士研究生教育。

## 二、高校行业联合、实施协同育人

### (一)法律博士设置是解决现实问题的必然选择

尽管改革开放以来,我国法学研究生教育体系逐步完善,并培养了一大批社会急需的法治人才。但是,一方面,法学研究生教育已经滞后形势发展需要,出现法学教育定位不清、课程体系和教学内容设置不合理、法科毕业生就业难、高端法治人才缺少供给等诸

---

* 中国政法大学法学院教授。

① 《习近平对研究生教育工作作出重要指示强调:适应党和国家事业发展需要　培养造就大批德才兼备的高层次人才》,载《人民日报》2020年7月30日,第1版。

② 袁钢:《我国法学研究生教育制度问题与对策研究》,载《中国法学教育研究》2020年第1期。

③ 邹海燕、王平:《建立我国专业博士学位制度的研究》,载《中国高教研究》2005年第6期。

多问题;[①]另一方面,我国博士专业学位发展滞后、类别设置单一,不能适用法律实务部门对于博士层次应用型专门人才的需要。据此,法学学位与研究生教育结构必须进行调整和优化,这是提高研究生教育质量的重要内容和前提,是实现研究生教育科学发展的重要基础和必然要求,[②]调整和优化的目标是建立和完善灵活规范、产教融合、优质高效、符合规律的法律博士教育体系。

法律博士与法学博士同属我国法学学位体系最高层次,其设置问题是深化法学研究生教育改革的重要举措。由于法学教育亟须加快培养社会急需的复合型、应用型高层次专门人才,必须承担建设高素质法治工作者队伍重任;法学教育研究生层面整体布局有待完善,需要考察国内外专业学位发展状况,提高我国法学教育中专业学位的培养规格,因此设置法律博士具有必要性,并且国务院学位委员会、教育部已就设置专业博士作出明确政策指导,据此全国法律专业研究生教育指导委员会(以下简称法律教指委)指导若干高校开展的相关试点工作,拟定设置法律博士的基本原则。[③] 法律行业已经形成成熟的职业规范和特定的职业能力标准,具有较大的博士层次人才需求,其设立的基础已经成熟。前述研究为设置法律博士作了理论铺垫,但是法律博士生真正成为法学学位与研究生教育体系中不可缺少的组成部分,需要通过培养实践来探索法律博士生的培养模式。

(二)协同育人机制是法律博士设置的可行路径

习近平总书记考察中国政法大学时强调,"法学学科是实践性很强的学科,法学教育要处理好知识教学和实践教学的关系。要打破高校和社会之间的体制壁垒,将实际工作部门的优质实践教学资源引进高校,加强法学教育、法学研究工作者和法治实际工作者之间的交流"。[④] 据此,综合考察我国现有6个博士专业学位的设置方案,考虑到我国尚未建立规范化法律职业培训制度及高校师资队伍实务经验不足,可以兼采工程博士和教育博士设置方案,即采用高校与行业联合培养的协同育人机制,主要招收法律实务部门在职人员,以造就法律实务领域的应用型、职业型的高级专门人才为目标。这是法律博士生设置的可行路径,也是法律博士生招录与培养的第一环节,符合法律教指委所确定的"联合培养原则"。[⑤]

此外,2018年教育部、中央政法委发布的《关于坚持德法兼修实施卓越法治人才教育培养计划2.0的意见》就构建法治人才培养共同体,做强一流法学专业,培育一流法治

---

① 王新清:《论法学教育"内涵式发展"的必由之路——解决我国当前法学教育的主要矛盾》,载《中国青年社会科学》2018年第11期。

② 黄宝印:《我国专业学位研究生教育发展的新时代》,载《学位与研究生教育》2010年第10期。

③ 袁钢:《我国法律博士专业学位设置的必要性和可行性》,载《中国高教研究》2020年第1期。

④ 《习近平在中国政法大学考察时强调 立德树人德法兼修抓好法治人才培养 励志勤学刻苦磨炼促进青年成长进步》,载《人民日报》2017年5月4日,第1版。

⑤ 袁钢:《我国法律博士专业学位设置的必要性和可行性》,载《中国高教研究》2020年第1期。

人才提出了明确目标,确定了新时代深化法律专业学位改革,继续坚持法律博士探索的基本方向。法律博士正是为实现上述目标"主动适应法治国家、法治政府、法治社会建设新任务新要求",能够"找准人才培养和行业需求的结合点",通过完善"协同育人机制"来深化法学研究生教育体系改革。

## 三、选择合作机构、联合严格招录

### (一)确定合作机构是协同育人机制构建的基本前提

沿着联合培养的路径,法律博士生培养高校首要任务是要选择适宜的行业合作机构。法律博士设置可借鉴工程博士专业学位的经验,采用订单式培养方式,即法律博士生培养高校应与国家或省级政法实务部门、全国或者区域法律行业协会等行业合作机构建立联合培养机制,联合培养的法律实务部门可以从国家级拓展到省部级,从机关单位扩展到行业协会。法律博士生培养高校应当同时具有丰富法律硕士、法学博士培养经验,可以由法律教指委制定遴选标准,并在高校自主申报基础进行遴选,在试点基础上逐步推广。

结合法律博士的定位,行业合作机构应当对于高层次法治人才有着稳定的需求。"对高层次人才的需求"决定了适宜的行业合作机构的执业人员主体均应具有本科以上学历,也就基本上排除了公安部门和司法行政部门,因为以上两部门均举办高职高专、本科类职业院校,由其专门负责对口培养对应层次的法治人才。"稳定需求"决定了虽然根据2015年中共中央办公厅、国务院办公厅印发的《关于完善国家统一法律职业资格制度的意见》,从事行政处罚决定审核、行政复议、行政裁决的工作人员,法律顾问、法律类仲裁员也需要参加并通过法律职业资格考试,但是其人员规模较少,其所在行业机构即使有高层次法治人才的需求,但是需求也往往呈现随机、零星状态;现实中只有国家级或者省级法院、检察院、律师事务所、公证处等法律实务部门才有如此稳定需求。

因此,法律博士应当主要面向必须通过法律职业资格考试的法官、检察官、律师、公证员等法律执业人员,对应法律实务部门是最高人民法院及省级人民法院、最高人民检察院及省级人民检察院、司法部(包括中华全国律师协会和中国公证协会)及省级司法行政机关(包括省级律师协会和公证协会),这些也是法律博士生培养适宜的行业合作机构。高校行业联合培养的具体内容一般是以合作协议方式加以确定。因此,法律博士生培养高校应当高度重视合作协议的条款,为构建协同育人机制,应在合作协议中明确高校与行业在人才培养中的分工及相应责任,重视并建立相关配套机制,确保双方的合作不能仅停留在招录环节,应实现人才培养的全流程协同。

### (二)明确招录对象是协同育人机制构建的目的载体

确定合作机构和明确招录对象互为因果关系,同属法律博士生招录与培养的第二环节。招录对象既是协同育人机制构建的目的(满足对高层次法治人才的需求)载体,也是高校与行业合作协议中应当明确的内容。

目前,法学研究生教育中存在的问题,其主要根源于法学教育的同质化与法治人才多样性需求之间的矛盾。除服务基层的法治人才的需求和对应用型、专业型和复合型法治人才需求外,法治人才多样性需求还包括法律实务部门及工作者以下两方面需求:(1)具有硕士学位并且长期从事法律实务的法律工作者,有提升自身法律职业素养和接受更高层次在职继续教育的需求。正在进行的单独职务序列改革试点中,法官、检察官根据一定比例实行按年限晋升与择优选升相结合的晋升制度,[①]其中包括学历在内的法官、检察官自身能力是"择优选升"的重要影响因素。(2)法律实务部门需要培养具有多元学科背景,具有应用对策研究的知识和能力,能处理重大复杂或特殊关键问题的法治人才的更高层次需求,例如,全国政协、最高人民法院、最高人民检察院等均在不同场合,通过不同方式提出要健全完善人才培养机制,以改革创新的精神大力推进高素质涉外法律服务人才、[②]高层次审判人才、[③]高层次检察人才[④]的培养。

但是现有法学研究生教育无法满足以上现实需求,原因在于:(1)多数法学博士培养单位已采取针对性停招或者减招在职定向法学博士研究生的举措,在职攻读法学博士的难度越来越大;(2)在职人员攻读法学博士,由于工作、生活、学习之间存在矛盾,难以满足担任导师科研助手的要求;(3)多数法学博士培养单位没有与法律实务部门建立起真正的法学博士研究生联合培养机制,并且具有法律实践经验的法学教师所占比例普遍偏低,难以承担指导研究生进行法律实践问题的发现、分析和解决的重任,很难培养出法律实务部门所需的专家型法治人才。因此,法律博士设置既可为在职人员提高自身素质提供新路径,又可以充分整合、利用法律实务部门的优势资源,满足法律实务部门对高层次法治人才的特殊需求。

(三)联合进行招录是协同育人机制构建的关键环节

确定招录对象之后的问题是采用何种机制来完成选拔,这是法律博士生招录与培养的第三环节,应当由高校与行业合作机构联合,严格把握招录程序,也是协同育人机制构建的关键环节。根据我国6个博士专业学位招录做法,其一般包括"资格审查"和"初试复试"两个程序。

1. 商定推荐条件,联合进行资格审查

高校与行业合作机构应当联合商定法律博士生候选人的资格条件。法律博士招录资格条件包括:(1)候选人一般具有研究生学习经历,鼓励具有法学专业等多元知识背景

---

① 《司法改革热点问题》,载《人民法院报》2017年5月2日,第2版。

② 蒲晓磊:《全国政协召开双周协商座谈会 围绕"建设高素质的涉外法律服务人才队伍"协商议政 汪洋主持》,载《法制日报》2020年4月18日,第1版。

③ 罗书臻:《周强在第三届全国审判业务专家颁证活动上强调 发挥审判业务专家示范引领作用 营造崇尚先进尊重人才良好氛围》,载《人民法院报》2014年12月19日,第1版。

④ 王治国、徐盈雁:《王洪祥在第四批全国检察业务专家座谈会上强调 努力培养一大批高层次检察人才》,载《检察日报》2017年2月27日,第1版。

的考生报考,但候选人应在本科或者硕士阶段接受过完整系统的法学教育;(2)具有丰富法律实务经验,例如,应当具有5年以上法律实务领域全职工作经历,或是具有优秀法律实务工作业绩的法律工作者。参考教育博士专业学位招生经验,①可以用在一定级别和范围的学术刊物上发表论文3篇或者1篇并出版个人专著1部等方式来判定法律博士候选人是否具有优秀法律实务工作业绩,同时参考候选人所在单位对于候选人法律实务工作业绩的评价和意见。也可以参考博士研究生"申请—考核"制招生方式的成功经验,应由2位具有法学专业高级职称的专家推荐。

法律博士生培养高校可以在候选人所在单位书面评价意见和候选人"自荐"基础上,根据商定的候选人资格条件来进行资格形式审查,以确定候选人是否能够参加初试,这也是教育博士专业学位、工程博士专业学位普遍采用的方法。根据法律实务工作的特点,法律博士生培养高校也可以采取"行业推荐"方式,即由行业合作机构根据招录资格条件对候选人的申请进行实质审查,统一择优选拔候选人并推荐给法律博士生培养高校,再由培养高校对于候选人的资格进行形式审查。从招录工作第一道程序就由联合培养的行业进行推荐,既可以利用行业优势资源对于候选人进行全面审核,体现行业的专业性,又可以反映行业对人才培养的意愿和要求,尊重行业的自主性。由行业严把推荐第一关,是实施协同育人机制的起点,直接决定协同育人机制的实施效果。

2. 高校主导初试,联合复试择优录取

尽管我国多数高校博士研究生招生方式实行"申请—考核"制,即对于符合条件的考生,经申请并通过资格审查后,不再参加博士研究生入学考试初试,直接进入复试考核的一种招生方式。但由于法律博士招录对象特殊性,以及行业对于严把招生入口关的要求,同时参考招录教育博士专业学位、工程博士专业学位的经验,法律博士招录可以采用"申请+考试(初试+复试)"的模式。候选人按照要求进行申请,资格审查合格方可参加初试。

法律博士初试应由培养高校自主命题,设置外国语(英语、俄语、日语、德语、法语、西班牙语或意大利语)、专业课一和专业课二3门初试科目。外国语主要考查与实践相关的专业外语的应用能力;专业课笔试应以论述题、案例题等主观题为主,题目与司法改革前沿、司法实践紧密相关,契合候选人的身份,由招生单位自命题,真正将符合招录条件的,自愿"炼金"而不是有意"镀金"候选人招录进来。

复试包括外语复试和专业复试两个部分,外语复试重点考查候选人外语沟通表达能力,专业复试由法律博士生培养高校与行业合作机构的专家共同组成复试小组,主要考查候选人对法学学科前沿理论及对实践前沿问题的掌握与研究现状。根据初试、复试总

① 张斌贤、文东茅、翟东升:《我国教育博士专业学位教育的回顾与前瞻》,载《学位与研究生教育》2016年第2期。

成绩,综合考虑考生的工作经历、工作业绩及科研情况等,按照成绩排序录取。培养高校每年招录人数应当控制在一定规模。

**四、制订培养方案、加强过程管理**

培养方案的制订是法律博士生教育的基础,是在回答“怎样培养人”问题,也是将法律博士教育从纸面上的抽象规定落实为教育中的具体培养的过程,贯彻协同育人机制应将高校培养与法律实践全面结合,这是法律博士生招录与培养的第四环节。培养单位具体实施培养方案,加强法律博士生全过程管理,才能真正落实协同育人机制,才能完善法学研究生与学位教育体系,即在学位设置渐递性基础之上,将法律博士教育真正与法学博士和法律硕士教育区别开来,这是法律博士研究招录与培养的第五环节。

(一)找准特性深化改革,联合制订培养方案

1. 培养目标

法律博士生培养目标是法律博士教育的指南,为“怎么培养人”问题指明方向,其决定了法律博士生的招录对象、培养方式、课程设置、质量评价等。法律博士生培养目标的科学确定,是使专业博士学位真正成为一种具有独特价值的学位类型的前提。法律博士属于职业性学位(professional degrees),与强调学术性的研究型博士学位(research doctorate)存在本质差异,因此,法律博士生培养目标应当具有鲜明的实践特性和职业指向,与法学博士存在明显区别。法学博士主要为法学高等院校和科研院所培养从事教学和研究的“专业型研究人员”,更多地强调学生在法学理论、法律制度创新上的新成就与新贡献,能够成为具有一定研究水平和国际视野的法学工作者,其基本定位是“学术性”,主要培养“理论创新型法学工作者”。法律博士则主要面向法治实务部门培养“研究型专业人员”,使已经具备较丰富法律实务经验和取得优异法律实务成绩的法律工作者能够综合掌握多学科知识和方法,提高其从事法治实务工作的素质和能力,培养其掌握研究解决实际问题的意识和方法,使其能够创造性地解决法治实务领域中的关键问题,其基本定位是“实践性”,主要培养“实践反思型法律工作者”。法学研究应该扎根法律实务,法律实务问题研究不仅是法律实务工作中的问题,更应该是法学研究的对象。设置具有法律实务经验的法律博士,就是要提升法律博士的理论水平,使其能够胜任法律实务问题中的学术研究工作。

通过法律博士生培养,使其具有“厚基础、宽领域”知识储备,最终创造性提出解决实践中重大问题的方案,这利于法律博士区别于法学博士。“博士”从其诞生之日起,就被赋予了获得者具有博学多才的特殊内涵,体现了社会对学者学术水准的认可与尊崇,体现了学者对知识、学问和智慧的追求,只有达到相当水平的人才才能获得这一称号。① 法律博士应当要求其具备实践与理论相结合并将法律实践反哺法学理论的能力,尽管法律博士教育的学术标准和学术训练与法学博士有所不同,但法律博士也应具有学术性。这

① 程斯辉、王娟娟:《论学士、硕士、博士的内在品质及其修炼》,载《学位与研究生教育》2010 年第 11 期。

反映了法律博士生培养特性,从根本区别于法律硕士"德才兼备的高层次专门型/复合型、应用型"的培养目标,也使法律博士的培养规格远高于法律硕士。

在培养目标内涵上,应明确研究生的思想素质和职业道德素质、科学文化素质和职业技能素质等。[①] 法律博士生培养目标也应包括对其法律职业伦理的要求,对其科学文化素质的提高应置于职业技能素质之前,并就如何培养法律博士结合理论与实务的能力作出规定。因此,法律博士的培养目标可以规定为:培养法律博士生具有良好的政治素质和道德品质,遵循法律职业伦理规范;具备厚实的法学理论基础和宽广的跨学科知识结构,掌握法学理论与法律实践相结合的能力;能够将法学前沿理论和法学研究方法运用于法律实践,就法律实践中的重大问题提出创新性的解决方案;能够反思法律实践问题,将法律前沿实践和法律运行机制反馈于法学理论研究,就法学研究中的关键问题形成创新性的法学知识,成为法律实践领域的专家型人才。

2. 培养方式

法律博士可以根据教育部《关于统筹全日制和非全日制研究生管理工作的通知》,借鉴工程博士专业学位和教育博士专业学位的经验,在坚持同一标准、保证同等质量的基础上,统筹全日制和非全日制法律博士生培养工作。在拓展法律博士招录对象基础上,根据招录对象工作内容和性质,分别采用全日制和非全日制的培养类别,并以非全日制研究生为主体,而法学博士以全日制研究生为主。通过以上制度设计和机制安排,可以为博士学位候选人提供清晰的导向,根据其自身需要和经历经验作出合理的选择。此外,法律博士的学习年限为3年(学生不得提前毕业,非全日制应当适当延长至4年;特殊情况可适当延长学习年限,但不超过6年)。

根据教育部、人力资源和社会保障部《关于深入推进专业学位研究生培养模式改革的意见》中"以职业需求为导向,以实践能力培养为重点,以产学结合为途径"的要求,法律博士的培养方式应当突出强调解决实际问题的能力培养,导师个人与集体指导相结合,校内外专家导师指导相结合,课程学习、科研训练和实证调研相结合,重视法律博士生与其实务工作相互作用,强调针对法律实务工作具体问题进行批判性反思,再通过反思实践将个人知识概念化。[②] 法律博士生培养方式可以包括:(1)法学理论培养与法学方法训练相结合,以法律实践为基础,注重对法律实践的学术概括与理论分析,突出解决实际问题的能力培养;(2)导师个人指导与导师组集体指导相结合;(3)校内导师指导与校外实务专家指导相结合;(4)专业化的课程学习、系统化的科研训练与针对性的实证调研相结合。

为实现法学博士和法律博士的分类培养,突出法律博士特性,应当由培养高校与行业合作机构联合制订单独的法律博士培养方案,除以上培养目标、培养类别、培养年限、

---

① 张明:《素质本位:学校培养目标的基本理念与构成》,载《江苏教育研究》2011年第4期。

② 徐岚:《教育博士作为专业学位的身份再审思》,载《研究生教育研究》2013年第1期。

培养方式、培养年限外，培养方案还应详细规定课程设置、学术研究、社会实践、论文撰写等，并在培养方案之外另行规定双导师制的实施细则、学位论文撰写要求。

(二)遴选具有实践经验的导师，全面落实双导师制

专业学位研究生教育发展的关键是培养单位要改革培养模式，办出专业学位研究生教育的特色，树立专业学位的品牌。[①] 根据教育部、国家发展改革委、财政部等四部委《关于深化研究生教育改革的意见》的要求，法律博士是法学类学位与研究生教育主动服务社会需求的重要举措，确定切实可行的设置方案，以全面提高培养质量为主线，可以更好地适应经济和社会发展需求，在培养方式上更多体现产学结合，方式上更加突出开放合作。法律博士更重视校内学术型导师和校外实践性导师的合作教学、导师组团队教学及师生的探究式教学方式，培养学生团组解决问题的能力，如问题研讨、案例分析和社会调研，以促进学生不仅能经验共享，而且能发现和解决本人和他人经验中的问题。

自1990年我国开展专业学位研究生教育以来，双导师制是推进专业学位研究生教育和管理的一条基本共识。法律博士生培养高校应与行业合作机构联合制订双导师制度的实施细则，明确法律博士生采取"双导师制"：候选人在自荐或者行业推荐过程中选择校内导师，在第一学年通过双选方式配备校外导师，并详细规定校内导师的任职条件，校外导师聘任的基本原则、基本条件、主要职责、聘任程序等。学生可根据自己所从事的工作领域，选择相应的校外导师，通过全身心投入学习、探讨等，达到理论知识水平与实际工作能力的同步提升。

对于校内导师遴选，一般应首先根据培养高校的要求，具有博士生导师资格，其所属法学二级学科应多为应用法学方向，如民商法学、刑法学、诉讼法学，更多选择在法律实务部门具有挂职经历的导师。对校外导师的遴选，应当摒弃"职务论"，重点考虑法律实务部门人员职级、突出业绩、行业内部评价等，真正将法律实务部门有经验、有能力、有精力的人员聘任为校外导师，真正发挥"双导师"的作用。校内导师与校外导师共同承担课程教授，共同指导法律博士生进行实证调研、撰写学位论文。

(三)设置突出实践的课程体系，丰富学生知识结构

课程设置是研究生培养的中心环节，并决定了研究生培养的质量。根据法律硕士的培养经验，法律博士的课程设置应当强化法学理论基础和法学研究方法的教学，紧密联系法学前沿和司法前沿，突出实践成果向理论成果转化的能力培养。法律博士研究生课程更要求体现综合性、广泛性和实践性，尤其是要回应法律实务中的热点和难点问题，同时还要更新法律工作者知识体系，补齐其知识短板，注重基础理论和研究方法的学习，以助其夯实研究基础。授课师资应当对于法律博士生的特殊性有充分的认知，并具有一定

---

① 孙也刚、唐继卫、朱瑞：《我国专业学位研究生教育发展路径探究》，载《学位与研究生教育》2014年第9期。

法律实务经验。

法律博士研究生课程可以由公共课、专业课和选修课构成。公共课可以包括思政课、方法论课、外语课程和其他课程。专业课可以由“法学研究前沿”课程(校内导师集体授课)、“法律实务前沿”课程(校外导师、外聘专家集体授课),以及专业指导课程(校内导师个别授课)构成。(1)“法学研究前沿”课程一般由导师组集体授课,授课内容应当具有宽度与广度。宽度是指该门课程涉及法学学科几乎所有的主干课程;广度,是指在课程中包含法学学科之外的人文、社会、经济等课程,分别以专题形式开设,旨在拓宽法律博士的学术视野。(2)“法律实务前沿”课程一般由培养高校邀请法律实务部门专家讲授,授课内容应当具有动态性与跨领域性。动态性,是指该门课程不预设固定的内容,而是结合当下热点问题和立法、司法实践进行解读;跨领域性,是指前来授课的实务部门专家既有来自审判领域的、检察领域的,也有来自立法领域的、行政执法领域的,他们应从不同领域、不同角度解读立法、司法、执法前沿问题。(3)专业指导课程一般由法律博士生的校内导师个人讲授,授课内容应当具有基础性和针对性。基础性,是指校内导师要针对法律博士生知识结构欠缺的特点,制订专门计划进行讲授,帮助学生打好专业知识基础;针对性,是指校内导师讲授内容要紧跟法律博士生学位论文所涉及二级学科前沿知识,并针对学位论文选题等相关问题提供指导。

选修课可以根据校内导师与法律博士生确定的培养计划来确定,可以选修校内法学博士生或者法律硕士生的课程,也可以专门开设。围绕“为谁培养人”的问题,全面贯彻党的教育方针,落实立德树人根本任务,法律博士生培养高校可以开设《法律职业伦理》选修课,邀请校内校外专家,以法律职业伦理规范为基础,组织法律博士生围绕热点、难点的法律职业伦理案例进行研讨。在授课方式上,由于法律博士生以非全日制、在职学习为主,因此可以采取集中授课方式,统一安排,第一学期集中两次授课,第二学期集中一次授课。

(四)明确科研实践的具体要求,提升综合研究能力

除课程设置外,学术研究、社会实践也是培养方案中应该明确的培养环节。学术在本质意义上就是学位的本质体现,舍去学术性,学位存在的合法性就会受到质疑。① 除课程成绩评定外,法律博士的学术性主要体现在其是否具备申请学位的条件,具备条件也说明其具有一定综合研究能力。可以要求法律博士生完成以下研究任务:(1)必须实质参加导师主持的课题研究,形成阶段性研究成果;(2)结合课程学习与课题研究,在第一学期至第三学期每个学期完成1篇学期论文;(3)在学位论文答辩前,须以第一作者、培养高校为第一署名单位发表学术论文。

由于法律博士生均为在职人员,不宜采用适用于法律硕士的法律写作、法律检索、法律谈判、法律调解、专业实习等实践必修环节,而是应当在法律博士生工作基础上来

① 袁广林:《应用研究性:专业学位研究生教育的本质属性》,载《学位与研究生教育》2011年第9期。

进行相关实习实践活动。可以要求法律博士生在学习期间完成以下社会实践环节：(1)应结合自己的岗位业务，开展调研活动，并提交调研报告。(2)应以非自身岗位的部门为基础，开展调研活动，提交调研报告；或参加学校专门组织的专题调研活动，提交调研报告。(3)应参加学校组织的专题研讨或高端论坛，并作主题发言。在法律博士生集中授课期间，均组织开展一次主题论坛，法律博士生应向论坛提交其调研报告并展开主题研讨。

将参与导师主持的课题研究作为法律博士生的必备培养环节，既有利于提高导师指导效果，也间接对导师提出了更高要求。每学期的调研报告既是学术研究要求，也是学习实践的要求，高度重视调研报告写作，特别要求法律博士生分别基于自身岗位和非自身岗位开展调研活动，这既是将教育与实践相结合的重要方式，也是有效提高法律博士生学位论文质量的重要举措。以法律实践中的具体问题为主题举办专题研讨或高端论坛，是要求法律博士生能对实践进行反思，在师生、生生之间的互动交流能发现实践中问题，并提出创新解决方案；对于法律博士制订法学博士相同的学术成果发表要求，是衡量其学术科研能力的重要指标。

(五)强调实践导向的论文选题，注重研究应用价值

法律博士并非“低等学位”“二流学位”，不能降低法律博士的学术性，更不能取消法律博士的学位论文，反而应当重视学位论文的写作。法律博士是作为应用学科的法学学位体系最高层次，因此相比法律硕士应对其提出更高要求，相较法学博士，法律博士应深入了解法律运作的实际状况，应当具有一定社会经验，这样才能真正发现法律实践中的“真问题”，运用适宜研究方法进行针对性研究，并提出具有可行性研究结论。

法律博士学位论文则应以法治实务中的实际问题为中心，其选题应与法律博士生实务工作紧密相关，应以各相关领域具有重要应用价值的重大问题或疑难问题为基础，强调运用所学知识和方法分析问题、解决问题，注重研究的实践意义，并通过学术与实践结合探索创新产生新的知识。法律博士学位论文选题应在校内导师、校外导师联合指导下进行，采用学位论文开题报告会形式加以确定。开题报告会主要审查论文选题的现实意义和学术价值，是否达到实践成果向理论成果的转化与提升，审查学生关于学位论文选题的资料准备工作和实证调研方案，以及学位论文的主体结构和创新点。开题报告会一般在第三学期末或第四学期初举行。学位论文完成后进行预答辩，在预答辩通过之后半年内进行学位论文答辩。学位论文答辩委员会由5位专家组成，其中校外专家1～2位并具有丰富法律实务经验，优先在法律博士校外导师中选择，校内专家应具有正高级职称。在有条件的情况下，法律博士学位论文开题报告会、预答辩也应邀请校外专家参加。法律博士学位论文应当真正能够解决实践中具有重要应用价值的重大疑难问题，才能反映出法律博士学位的特性，候选人才能有资格申请答辩并经审查和审议通过获得博士学位。

（六）加强博士培养的过程管理，保障学位整体质量

培养质量是法律博士教育的生命线，应当贯彻执行我国研究生教育质量保证制度和政策。学位授权审核制度从源头上保障了法律博士生培养质量，对新获授权的学位点的专项合格评估和通过专项合格评估后定期合格评估，实现定期检查培养高校的培养条件等，定期学位论文抽检可以监督法律博士生培养质量，对于不能保证基本水平的，应当取消授权资格或者暂停招生。法律博士生培养高校是法律博士质量保证的主体，其内部质量控制是法律博士生质量保障体系的核心，贯穿招生、培养到学位授予的全过程。

因此，法律博士生培养单位应从以下几个方面对法律博士生进行全过程的管理：(1)制订培养方案、校内校外导师遴选办法、论文选题、撰写、预答辩、答辩等相关文件，形成构成保障法律博士生培养质量的制度体系，这符合法律教指委所确定的“保障质量原则”。[①] (2)吸取教育博士的经验，建立有效的分流淘汰机制，包括中期考核监督机制、校内导师督促机制、学业科研跟踪机制等。[②] (3)制订学位论文的质量评估标准。当前，学位论文质量评估一般采取同行评议形式，纳入国务院教育督导委员会和培养单位学位论文抽检范围。法律博士学位论文应当在评阅和答辩时制定统一的标准，不宜以学术型博士生的标准来评判。不同于法学博士学位论文的学术独创性，法律博士学位论文应当具有专业独创性，应体现在对实践性知识作出原创性贡献或对理论性知识进行创造性应用方面，[③]主要是检验其能否应用法学理论解决法律实践中的现实问题，其研究成果能够直接提高法律实践的效果。这符合法律教指委所确定的“探索标准原则”。[④] (4)加强法律博士质量评估，除学位论文外，培养单位应当重视并完成专项合格评估、定期合格评估，还应对法律博士生学习期间所发表的科研论文的质量、调研报告的质量进行评估，对于法律博士按期毕业率进行定期评估并查找问题，与行业合作机构合作完成法律博士生的雇主评价。

法律博士生招录与培养各环节见图 1，法律博士生的培养环节见图 2。

---

① 袁钢：《我国法律博士专业学位设置的必要性和可行性》，载《中国高教研究》2020 年第 1 期。

② 蔡芬等：《教育博士生延期毕业影响因素的质性研究》，载《学位与研究生教育》2020 年第 3 期。

③ 袁广林：《专业博士培养目标定位：研究型专业人员》，载《学位与研究生教育》2014 年第 11 期。

④ 袁钢：《我国法律博士专业学位设置的必要性和可行性》，载《中国高教研究》2020 年第 1 期。

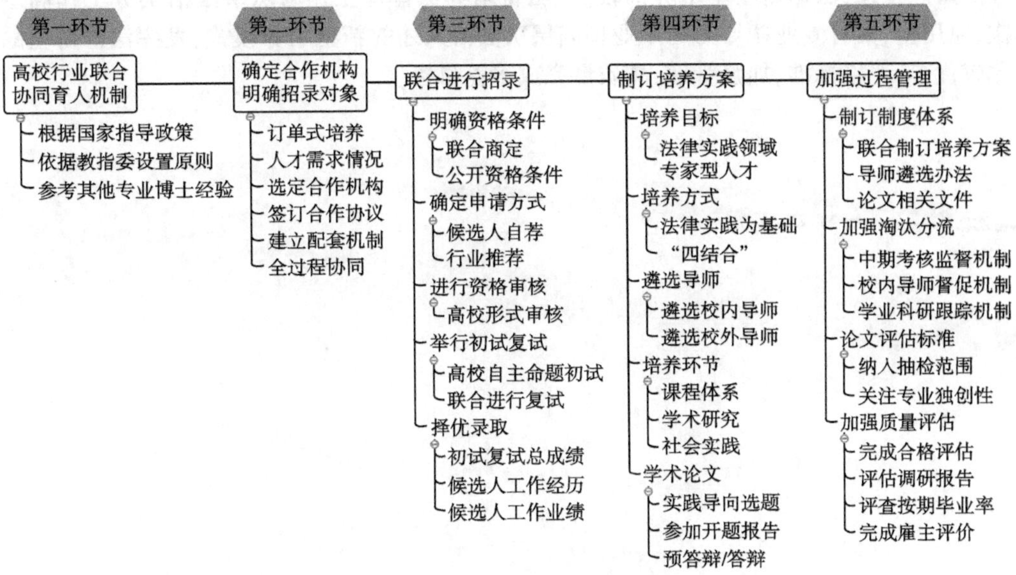


**图1　法律博士生招录与培养各环节**

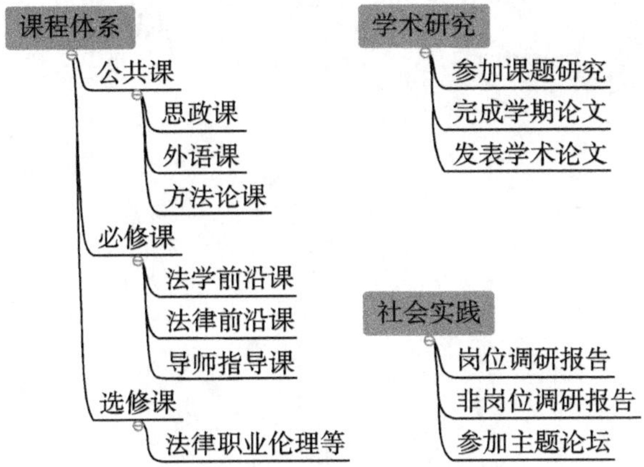


**图2　法律博士生的培养环节**

## 五、结语

随着中国特色社会主义法律体系逐步完善，社会主义法治建设的重心由立法逐步转向执法、司法，法学教育的理念必须向职业化方转变，法学研究生教育应更多关注和提高其自身规格，回应时代需求。法律博士在培养目标、培养规格和培养模式等方面与法律硕士、法学博士具有显著的差异化，适应了社会不同需求。作为法学研究生教育体系改革的重点工作,法律博士生培养高校,应当将培养法律博士作为从事法治实务工作高层次、应用型,具有专业领导力的职业型高层次法治人才的新型培养模式,发挥法律博士的比较优势,严格标准、加强管理,高质量完成培养目标。

# 论“司考”改“法考”与法学教育*

## ——对《十年司考反思录》的再思考

杨城新**

司法考试(以下简称司考)作为国家选拔合格法律人才的统一考试方式,在2018年以前,已经为我国司法实务部门输送了88.8万合格考生,为法律职业的发展提供了坚实的基础,这一成绩可谓举世瞩目。但在其中暴露的问题也一直不容忽视,例如,非法学专业的考生考试通过率多年来高过法学专业的学生,通过司考的人数量持续增长,但法学毕业生就业情况却每况愈下;与此同时,法律人才扎根集中在北上广深及众多新一线城市,与中西部等城市的门可罗雀形成鲜明对比。另外,值得注意的是,尽管通过司考的考生数量已与十几年前大不相同,但是法律就业市场上对这些就业者的表现却并不满意,这充分说明我国的高校教育、司考、职业教育存在一定程度的脱节,因此这些问题需要通过研究论述清楚并给出相应的建议。

近年来,国内关于司考及法律职业教育的研究一直都被作为热点而延续下来,也有学者在论著中通过地方数据,以点带面,给出了非常全面的材料论证,同时也对法律人才的培养和选拔提出了比较完整的思考,①但大部分的研究都集中在2002~2011年的时间段,然而2011年至今的新情况,很少有人详细研究过。前一个10年所存在的问题在第二个10年得到解决了吗?国家层面、高校层面、就业市场是否有更多的变化?如果说,2002~2011年这10年间关于司考的相关数据基于保密性,需要通过特殊的渠道获得,那么在互联网发展日新月异的现在,很多数据只需要通过登录司法部甚至各大培训机构就能找到。再鉴于2018年司考改为法律职业资格考试(下文以法考代称),相关的考试实施办法与考试内容,以及与此相关的一系列法学领域的现象都将发生变化,就更需要我

* 2020年度北京大学区域与国别研究学术基金研究成果。

** 北京大学博士研究生。

① 值得一提的是,本文的灵感来源为以北京大学李红海教授为主的武汉市司法局司法考试课题组所著的《司考十年反思录》一书,该书对提供了诸多司考的数据支持。参见考试与职业法律教育课题组:《司考十年反思录:以武汉市的司考数据为例兼论中国的职业法律教育》,中国政法大学出版社2013年版,第33页。

们对这一问题好好研究和分析。

## 一、《十年司考反思录》与之后的现状

《十年司考反思录》的第一次刊印时间为2013年4月,从书中的内容来看,其分析的司考时间为2002～2011年,即司考元年到第十年。同时该书又是以武汉市为例进行分析,以此来研究司考与法律职业培训的现状。① 因此,在接下来的论述中,笔者将会从"司考现状""法律职业教育""政策建议"三个方面入手,解析书中所论述的研究成果与问题,并延伸至2017年即"末代司考",回顾我国司考及相关法律职业教育的整体情况。

### (一)2002～2017年的司考情况

1. 高开低走的通过率

表1列举了2002～2017年历年司考全国报名人数、通过率。

**表1　2002～2017年历年司考全国报名人数、通过率**

| 年份 | 报告人数/万人 | 参考人数/万人 | 通过率/% |
| --- | --- | --- | --- |
| 2017 | 64.9 | 48.9 | 13.75 |
| 2016 | 58.8 | 43.8 | 19.00 |
| 2015 | 48.0 | | 10.00 |
| 2014 | 45.4 | | 11.00 |
| 2013 | 43.0 | | 11.00 |
| 2012 | 40.0 | | 12.00 |
| 2011 | 41.5 | | 16.00 |
| 2010 | 39.5 | 32.0 | 22.00 |
| 2009 | 42.0 | | 22.00 |
| 2008 | 37.0 | | 27.00 |
| 2007 | 29.4 | | 20.00 |
| 2006 | 27.8 | | 15.00 |
| 2005 | 24.4 | 21.9 | 14.39 |
| 2004 | 19.5 | 18.0 | 11.22 |

① 考试与职业法律教育课题组:《司考十年反思录:以武汉市的司考数据为例兼论中国的职业法律教育》,中国政法大学出版社2013年版,第8页。

续表

| 年份 | 报告人数/万人 | 参考人数/万人 | 通过率/% |
|---|---|---|---|
| 2003 | 19.7 | 17.0 | 8.75 |
| 2002 | 36.0 | 31.0 | 6.68 |

注:因为官方未公布权威数据,因此相关数据只能通过"搜狐教育""学法网"等网站获得。

该书所记录的通过率是截至2010年,就2002～2010年这个阶段,司考的通过率可以分为3个阶段:(1)2003年之前低于10%;(2)2004～2006年位于10%～20%;(3)2007～2011年大致在20%以上。就当时的时间来判断,司考似乎有难度降低之倾向。对于呈现这种趋势的原因在当时有3种分析:

(1)考生对于司考的特点(如题型、重点和出题思路)有了较好的掌握,如就考试规律而言,重者恒重,新增必考成了金科玉律。① 就出题思路而言,考生可以通过"三大本"②中的编写人员处了解到编写组成员,并通过阅读这些编写人员的著作及学术论文了解其观点以把握出题思路。表2列举了某年司考命题人员及科目分布情况。

**表2 某年司考命题人员及科目分布**

| 科目 | 命题人员 |
|---|---|
| 行政法 | **马怀德** 杨伟东 宋功德 |
| 民商法 | **王卫国** **刘凯湘** 钱明星 **温世扬** |
| 法理学 | 付子堂 **高其才** **舒国滢** |
| 宪法 | 刘茂林 **韩大元** |
| 法律职业道德 | **许身健** |
| 刑法 | 李立众 张明楷 陈兴良 **陈泽宪** |
| 经济法 | **张 耕** |
| 国际法 | **张丽英** 秦晓程 **黄 进** |
| 刑事诉讼法 | 宋英辉 **陈卫东** |
| 法律史 | **赵晓耕** |
| 民事诉讼法 | 唐 力 **潘剑锋** |

注:加粗字体的编写者为该部分的主要负责人。

① 考试与职业法律教育课题组:《司考十年反思录:以武汉市的司考数据为例兼论中国的职业法律教育》,中国政法大学出版社2013年版,第19页。

② 即每年都会出版的《国家司法考试辅导用书》,由法律出版社出版,司考改革为法考后该教辅更名为《国家统一法律职业资格考试辅导用书》,仍由法律出版社每年出版,因增加到四本,被称为"四大本"。

当然,并非所有学生都有时间和精力去整理上述学者的论著,甚至很难说所有学生都愿意去总结考试的相应规律或者是研读"三大本",这就给了司考培训机构发展空间,自司考元年以来,司考培训机构开始逐步发展,并日渐火爆,这些机构皆有制作自己独有的司考讲义,总结相应考试规律和重点,并给出相应的考试对策,培训机构同时还会邀请所谓司考名师进行线下或者网络课程的教授。这些机构花费大量精力对司考进行研究,再辅以盗版猖獗和互联网的发达,考生可以非常便利和深入地了解司考的各个方面。①这是让司考在这个阶段变得更加容易的重要原因。

(2)从相关法律条文中,我们也能找到一些蛛丝马迹。以2001年修正的《法官法》为例:

**第十二条**

初任法官采用严格考核的办法,按照德才兼备的标准,从通过国家统一司法考试取得资格,并且具备法官条件的人员中择优提出人选。

人民法院的院长、副院长应当从法官或者其他具备法官条件的人员中择优提出人选。

同时在《检察官法》中也能找到类似的规定,此处不赘述。我国法律人才选拔制度在2002年之前采取律师职业考试制度、法官资格考试、检察官资格考试三轨并行的设置,在2002年鉴于改革开放以来经济发展所带来的法律纠纷案件的大量存在与法律人才急缺的现状,将3类考试合为律师执业考试制度。这意味着所有法官和检察官都需要通过司考才能成为正式的法官与检察官,并有机会被择优提拔为人民法院的院长与副院长。大量的法官与检察官需要通过该考试也许与2010年之前的司考通过率较高存在一定关系。

(3)题型在一定程度上也能较好地解释这种现象。表3列举了2002~2011年司考试卷中客观题题型、分值及比例。

**表3 2002~2011年司考试卷中客观题题型、分值及比例统计**

| 年份 | 2002年、2003年 | | | 2003年、2004年 | | | 2005年 | | | 2006~2010年 | | | 2011年 | | |
|---|---|---|---|---|---|---|---|---|---|---|---|---|---|---|---|
| 题型 | 单选 | 多选 | 不定项 | 单选 | 多选 | 不定项 | 单选 | 多选 | 不定项 | 单选 | 多选 | 不定项 | 单选 | 多选 | 不定项 |
| 试卷一 | 30 | 50 | 20 | 50 | 30 | 20 | 50 | 40 | 10 | 50 | 40 | 10 | 50 | 35 | 15 |
| 试卷二 | 30 | 50 | 20 | 50 | 30 | 20 | 50 | 40 | 10 | 50 | 40 | 10 | 50 | 35 | 15 |

① 考试与职业法律教育课题组:《司考十年反思录:以武汉市的司考数据为例兼论中国的职业法律教育》,中国政法大学出版社2013年版,第8页。

续表

| 年份 | 2002 年、2003 年 | | | 2003 年、2004 年 | | | 2005 年 | | | 2006～2010 年 | | | 2011 年 | | |
|---|---|---|---|---|---|---|---|---|---|---|---|---|---|---|---|
| 题型 | 单选 | 多选 | 不定项 | 单选 | 多选 | 不定项 | 单选 | 多选 | 不定项 | 单选 | 多选 | 不定项 | 单选 | 多选 | 不定项 |
| 试卷三 | 30 | 50 | 20 | 50 | 30 | 20 | 50 | 30 | 20 | 50 | 40 | 10 | 50 | 35 | 15 |
| 分值 | 1 | 1 | 1 | 1 | 2 | 2 | 1 | 2 | 2 | 1 | 2 | 2 | 1 | 2 | 2 |
| 比例 | 3:5:2 | | | 5:3:2 | | | 5:4:1 | | | 5:4:1 | | | 10:7:3 | | |

历年司考的客观题皆分为单选、多选与不定项，三卷每卷题目总数皆为 100 道，唯一不同的在于 3 种题型的比例不同。若以单选题增多、多选和不定项选择减少视为难度降低的标志的话，那么 2002～2011 年的变化确实印证了这点。① 而 2011 年的题型变化至今，客观题的比例都没有发生变化。

以当时的年代而论，认为司考难度逐渐降低是正确的观点，但没有想到的是，2011～2017 年，司考的通过率发生了反转，从 2010 年的 22% 跌落到 2011 年的 16% 并持续下降，并在 2015 年低至 10%。可以说，至少 2011～2017 年的司考并没有如该书所预计的那样发展。造成这种结果的同样有以下几个原因：

（1）题型变化。最直观的，便是题型的变化，从 2011 年开始，不定项选择题增至 15 道，多选题减至 35 道。不定项选择题的增多意味着难度增加，这对于 2011 年开始不断降低的通过率来说是说得通的。

（2）出题方式的变化，如前文所述，司考之前的出题方式是由特定专家出题，官方辅导用书由特定专家编写，那么把握特定专家的著作和学术观点，确实可以在一定程度上把握司考命题。但后来的考试命题开始变为题库制，会要求各地高校提供一定量的题目进行遴选组成司考的题目内容，这在一定程度上加大了把握命题者思路的难度。

（3）“套路”与“反套路”。随着司考培训机构的逐渐壮大，多种司考复习讲义层出不穷，模拟题与押题的精准度往往会给命题组和考生都带来较大影响，命题组对市面上知名机构的相关材料进行分析，从而规避这些机构预测的重要考点，也使司考通过的不确定性加大。

2. 不具备考试优势的法学专业

在《司考十年反思录》中，特意提到过法学专业与非法学专业的通过率呈现令人不解的状态，即法学专业的通过率并没有大幅领先非法学专业，甚至在有些年份还要落后于非法学专业。图 1 列举了 2005～2011 年武汉市司考中法学与非法学专业平均通过率

① 考试与职业法律教育课题组：《司考十年反思录：以武汉市的司考数据为例兼论中国的职业法律教育》，中国政法大学出版社 2013 年版，第 15 页。

对比。

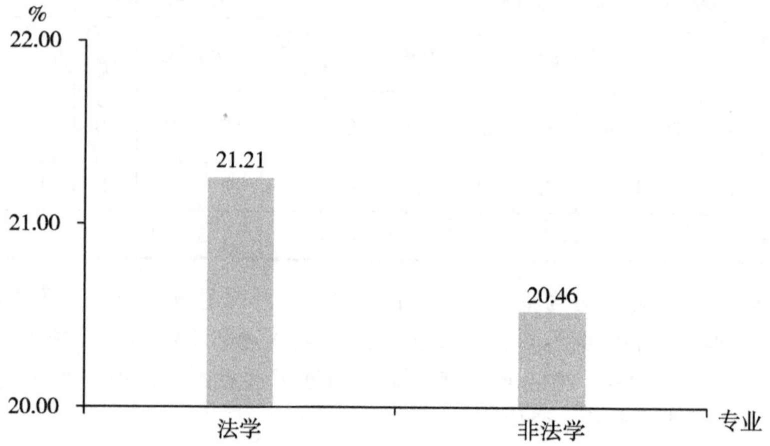


**图1　2005～2011年武汉市司考中法学与非法学专业平均通过率对比**

资料来源:李红海:《统一司法考试与合格法律人才的培养及选拔》,载《中国法学》2012年第4期。

对于这种现象也有不同的解释,首先,参与司考的法学专业学生与非法学专业学生在数量上有天壤之别,尤其是在武汉这样的法学重镇,传统意义上"五院四系"中的武汉大学与中南财经政法大学皆在此地,再加上同样非常重视法学教育的华中科技大学和中南民族大学等高校,全国范围内法学学生数量和水平在武汉之上的城市恐怕只有北京(也许还有上海)。对于法学专业的学生来说,司考是其走上职场所必需的职业证书,因此既然是一场必打且必须胜利之仗,何时需要全力备考就显得没那么重要,因此众多学生中抱着第一次参加、感受下气氛的同学不在少数,再加上考研、出国留学的同学也有相当数量,也不会把所有精力放在司考上,那么通过率就可想而知。武汉尤是如此,更不用说其他城市。其次,对于非法学专业的同学而言,参加和他们本无关联的考试,通常就意味着这些学生是有充分准备作为参加前提。最后,按理说经过4年法学专业培训,具备法学思维的学生,以及那些已在社会上公检法等各个单位历练过的法学专业考生,其具备的法学思维和实务经验都能让其轻松过关,①然而数据的反差就只能说明另一个问题:司考的考查方式和法学教育乃至法学职业的实践关系都不大。这个问题在下一部分还会具体阐述。

3. 司考的考试内容和缺陷

(1)司考到底考什么

2018年之前的司考一共分为4卷,每卷150分,总共600分的试卷,及格线为360

① 甚至存在高校教授多年不过司考的情况。

分,考虑到一些地区的特殊情况,还会有其他不同的分数线。四张试卷中,前三卷为客观题,最后一张为主观题,司考的考试内容与分数占比经过多年的发展,也逐渐固定下来,偶尔会有小幅的变动:

卷一:社会主义法治理论(39~42分)、法理学(23~25分)、法制史(4~10分)、宪法(23~27分)、经济法(26~35分)、国际法(7~11分)、国际私法(11~13分)、国际经济法(11~15分)、司法制度与法律职业道德(12~18分);

卷二:刑法(81~83分)、刑事诉讼法(77~79分)、行政法与行政诉讼法(56~62分);

卷三:民法(91~93分)、商法(52分)、民事诉讼法(66~72分)。

就考试科目而言,司考已经尽可能地覆盖所有内容,然而考题的设置却大有讲究,到末代"司考"为止,大部分的考试题目不外乎局限两种方式:第一种是考查原理和事实,这种考查方式多出现在卷一,尤其是涉及法理学、法制史、社会主义法治理论,学生做题的关键在于把握合乎情理的选项和正确的历史事实;①第二种是法条,题目可能会涉及案例,但是最后的问题与选项都与法条直接相关,也就是说,只要能掌握住法条,此类题目即可迎刃而解,在部门法考题中,这种方式尤为常见。② 相较2011年之前的司考,2011~2017年的司考难度提升,其实和考查法条的形式发生变化有极大关联。像2009年那样明确提示要考查的法律已不太现实,③答案的选项会要求根据案例进行作答的情况更常见,这就需要学生具备一定的案例分析能力。④

(2)考题的缺陷

《司考十年反思录》一书中,对司考考题的问题作出过非常细致的总结,到末代"司考"时,相关的问题有些得到了解决,有些问题反而更加严重。

---

① 如2017年国家统一法律职业资格考试卷一第19题:东罗马皇帝查士丁尼以后,罗马法长期不受重视。经过漫长的历史时期,西欧各国先后出现了研究和采用罗马法的热潮,史称罗马法复兴。关于罗马法复兴,下列哪一说法是正确的? A.罗马法可以满足当时西欧各国一般财产和契约关系发展变化的需要,始得以复兴。B.复兴运动约从公元10世纪开始。C.评论法学派在复兴运动中,起到了开创作用。D.注释法学派致力于罗马法与西欧社会司法实践的结合,促进了罗马法的研究和适用。可以看出,选项皆为罗马法复兴的内容,出题人通过将一些名词替换或混淆以达到考查学生的目的。

② 可参考光明日报出版社出版的《司法考试历年真题详解》,类似的书籍市面上也非常多。

③ 考试与职业法律教育课题组:《司考十年反思录:以武汉市的司考数据为例兼论中国的职业法律教育》,中国政法大学出版社2013年版,第15页。

④ 如2017年国家统一法律职业资格考试卷三第27题:甲有限责任公司成立于2014年4月,注册资本为1000万元,文某是股东之一,持有40%的股权。文某已实缴其出资的30%,剩余出资按公司章程规定,应在2017年5月缴足。2015年12月,文某以其所持甲公司股权的60%作为出资,评估作价为200万元,与唐某共同设立乙公司。对此,下列哪一选项是正确的? A.因实际出资尚未缴纳完毕,故文某对乙公司的股权出资存在权利瑕疵。B.如甲公司经营不善,使文某用来出资的股权在1年后仅值100万元,则文某应补足差额。C.如至2017年5月文某不缴纳其对甲公司的剩余出资,则甲公司有权要求其履行。D.如至2017年5月文某不缴纳其对甲公司的剩余出资,则乙公司有权要求其履行。

首先是记忆和理解之间的关系。在2011年之前,解答司考题目的最佳方式为记忆为主,理解为辅,具体而言,就是考生通过题干确定题目考查的知识点,只要能记得很清楚,题目就很容易做对。因此这样看来,只要能把所有知识点记忆清楚,通过考试并非难事,然则记忆也并非易事,要想把所有知识点都记住,仅靠背也很难做到。所以在复习的过程中,司考培训机构及培训讲师也会强调“理解”的重要性,但这里的理解其实是为了更好地记忆法条与原理,讲师会通过讲解法条及原理背后的内容来加深考生对考点的印象,甚至会通过一些与知识点完全无关的段子来活跃气氛,让考生通过其他方式回忆起考点;此外,反复训练以往出过的真题也是复习各类考试一以贯之的做法(也就是“题海”战术),题目做得多了,自然就会对知识点有印象。到2017年时,考生复习的方法并没有发生根本变化,题目没有变化,但是难度逐步增大,几乎所有的部门法考题都会涉及简单的案例,同时会在选项中隐藏考点,这其实是在考验考生的快速回忆能力,学生只有通过“理解”,才能快速想起对应的知识点。看似是在考理解,其实是在考记忆。只要没有脱离原有的考查方式,题型越复杂,对记忆的要求反而越高。

其次是考查新增法条脱离现实。在司考中,对法条的考查乃重中之重,无论是客观题还是主观题,这在上文已经提到。在总结司考的规律时,曾提到“重者恒重,新增必考”这样的观点,事实也的确如此。就以2019年而论,最高人民法院出台的一系列司法解释,新《证券法》及《民法典》都会成为2020年法律职业资格考试的必考内容,在司考时代,多部刑法修正案、原《民法总则》也都非常及时地出现在历年司考真题中,但这就带来一个新的隐患,即新法所调整到的行为和相关真实案例,其数量往往不能和过往的情况相提并论,为了考查这些条文,所使用的题干和案例就带着人为捏造的痕迹。考生在复习这类考题时就会发现,尽管相关知识点很早就考到过,但因为现实情况与考试内容完全不符,以致步入职场后也很难回忆起考到的新知识点,无法学以致用。当然,考虑到很多通过司考的考生毕业后会直接步入职场,届时必然要和最新的法条打交道,还算情有可原,但是这也暴露了我国法律人才培养的另一个漏洞,即司法研修阶段的缺乏,这个问题将在后文继续展开。

再次是司考的答案一直在追求“唯一”和“确定”的事实。① 先不论不定项与多选题,有时在单选题中都会出现其实四个答案有道理,甚至都是正确答案,却仍然要求选择一个选项的荒唐情况。哪怕是看起来有较大发挥空间的主观题,除第一道涉及法理学和中国特色社会主义法治理念外,其他皆与法条有直接关联,因此主观题看起来更像是自己写全文的填空题。如若考题的设计是以法条为基础,“因法设题”,那么答案就只能是唯一和确定的,这和现实生活中各种法律纠纷和案件判决情况,适用法条不同、主审法官不同也会导致判决不同的情况存在天壤之别。这当然会导致考生在用司考的思维来对待法律实务时,存在大面积的水土不服。讽刺的是,很多具有极高学术功底的法学专家和

① 李红海:《统一司法考试与合格法律人才的培养及选拔》,载《中国法学》2012年第4期。

多年职场经验的实务专家在司考面前经常会栽跟头,这就说明,司考的思维和学术思维及实务思维完全不同,以法条和明确的事实作为依据,只需要作出确定的回答便可获得分数。这一点直到2017年末代"司考"也没有发生任何变化。

最后再解释一下司考思维。很明显,司考的思维有以下几个特点:(1)司考案例中的事实都是确定的,考生不需要为查明事实而努力;[①](2)考生所需要的只是找到相应的法条或原理并依据其演绎地得出结论(选对答案)即可——为此考生要做的是记住相关条文或原理的内容本身,而不能去查找(因为司考不允许翻书)、研究;(3)司考出题的思路是围绕知识点(理论、法条)来设计案例,简言之是从规范到事实、从抽象到具体,考生答题时最重要的是能从给定的事实回溯到出题者所出发的那个知识点,即从事实回到规范、从具体回到抽象。[②] 可以看出,司考的思维和职场及法学思维存在较大的不同,首先是职场思维,在事实部分,律师接受一个案子乃至进行到法院审判过程中,事实部分往往都是争议焦点,而要搞清楚事实真相,需要花费大量的时间和精力,由此可以看出,在法律实务过程中,对案件事实部分的梳理更重要;其次是法学思维,对于一个法律事实,适用何种法条,也会成为公堂上的争议所在,往往会出现多个法条对该事实皆适用,怎么判决都可行;最后只是由法官来裁定适用何种法条,而针对事实,法学家也可以根据各种细节,作出自己的判断和成为自己的理论依据,这也是各种学说的来源。由此可以看出,对事实的把握和法律的适用,是法学思维、职场思维与司考思维的区别所在,正是存在这种区别,导致通过司考的考生在法律实务和学术研究中不能一下子适应。

(二)司考与职业法律教育

诚然,司考存在一定缺陷,但当今法律行业的一系列问题并不能全部归结于司考,[③]毕竟司考只承担选拔合格人才的职责,用什么样的考题,采取什么样的出题思路是司考出题人要思索的,但是培养什么样的法律人才,则是由其他层面来承担,《司考十年反思录》提供了一个"法学教育—司考—司法研修—继续教育"的培养思路,这当然是理想中的方式,但至今司法研修还未见于中国,因此笔者更愿意从法学教育、司考、职场应聘和职业培训四个方面来分析。

1. 法学学历的普及化及教育模式

截至2018年,我国已有611所高校开设法学专业,[④]考虑法学专业的开设成本较低,只要是综合性大学或者有志于晋升为大学的学院(学院晋升为大学的一项重要指标是学

① 对案件事实整理的对错往往会导致案件最后适用法律的不同,参见何美欢等:《理想的专业法学教育》,中国政法大学出版社2011年版,第17~18页。

② 考试与职业法律教育课题组:《司考十年反思录:以武汉市的司考数据为例兼论中国的职业法律教育》,中国政法大学出版社2013年版,第15页。

③ 潘剑锋:《论以法律职业精英化为目标的法律职业资格考试》,载《现代法学》2019年第5期。

④ 《哪些大学有法学专业—开设法学专业的大学名单一览表》,载大学生必备网,https://www.dxsbb.com/news/9591.html。

科的全面性)都会开设这门专业,[①]因此法学院学生的数量是非常庞大的。就学生的层次而言,也有专科、本科、硕士研究生、博士研究生四种层次,硕士层面细分下来还有法本学硕、法本法硕、非法本法硕,此外,还有专升本、全日制、非全日制(也被称为在职)等各种类型。这还只是国内的情况,出国留学根据不同国家也有硕士、博士学历,博士还可以分为 Ph. D(Doctor of Philosophy,大部分国家的法学博士都属于这种),J. D.(Juris Doctor,有表述争议的学位),S. J. D.(Doctor of Judicial Science,美国法学博士)等多种类型,可以说,法学人才具有多层次、广分布、大数量的特征。同时,截至 2017 年,大学本科的法学教育课程中,有 16 门法学必修课,此外还有各类法学限选课和选修课,其他必修课中还包括数学、语文、政治、英语等各类课程,综合性大学中还能接触其他院系的精品课程,就以北京大学为例,历史学系和经济学院的课堂时常可以看到法学专业的旁听生,笔者作为一名专业政法院校毕业的硕士生,更愿意肯定其他科目出现在法学专业的大学教育中的意义。多种课程的出现的确丰富了大学生的大学教育,但是正如《司考十年反思录》所言,法学专业的修为时间被影响和压缩也是不争的事实,法学思维的培养如若没能在大学期间按时完成,恐有本末倒置之嫌。

另外,针对职业培训,各个大学都已逐步开展实践教育,既有通过邀请知名律师和法官、检察官来学校授课的形式,也建立起一套模拟实训基地体系(如模拟律师事务所、模拟法院、模拟检察院、模拟仲裁委等)。这一层面还拓展到国际交流,一些大学通过国外律师事务所的合作项目,将学生选送到国外律师事务所感受国际化的律师事务所工作;同时,也有一部分学生通过参与国际模拟法庭,了解各个部门法和国际实务的真实情况,而这一类学生,在职场应聘中非常受律师事务所欢迎。[②] 就这个层面而言,实务培训相较 2011 年,已有很大进步。但是职业培训终究不是法律思维培训,上述多层次的活动其实是为了让学生为就业或者出国留学早做准备,但过多的职业培训其实并无必要,因为这些技能和实务思维在职场中一样能学到。如果用人单位就是喜欢充分参与过校园职业培训的学生,那只能说明就业市场期待的人才和高校培养的人才不是一回事。而关于司考与大学教育的关系,已有多位学者作出过相关研究,这里不赘述。[③]

2. 司考的辨析

上文在论述司考的相关内容时,提到了法学专业和非法学专业通过率并未形成鲜明对比的事实,以此延伸开来的便是报考资格的问题,就这一问题,2017 年与 2011 年的情

---

① 考试与职业法律教育课题组:《司考十年反思录:以武汉市的司考数据为例兼论中国的职业法律教育》,中国政法大学出版社 2013 年版,第 59 页。

② 参加过 VIS、MOOT、JESSUP 等国际知名模拟法庭比赛并获过奖的学生,在应聘时具有极强的竞争力,甚至出现只要有相关经历,“红圈所”(国内顶尖 8 家律师事务所的代称)免试录取的现象。

③ 参见郭翔:《论司法考试与法学教育的关系——兼与周详、齐文远两位先生商榷》,载《法学》2010 年第 2 期。包括郭翔在内的多位学者均对司考和法学教育的统一性提出质疑,即司考与法学教育是两码事,不可以司考作为法学教育的导向。

况并未发生变化。法学专业的学生层次已经极为复杂，根据现有的规定，具备参加考试资格的考生类型就更多了，为民办与公办高校、独立学院、各地科研单位（如社科院）的学生；[①]成人高校、自考院校、党校、军校和远程授课的学生只要能获得学历证书，毕业前均可参与报名（如本科生最早在大四的第一个学期就可以报考）。这个规定是同时适用于法学专业与非法学专业的。在有关非法学专业的报名资格中，增加了"高等院校非法律专业本科毕业并具有法律专业知识"的要求，[②]但在实际操作中，所有专业的学生都可以报考，并没有对法律专业知识要求的限制。另外，考试次数也没有任何的限制，因此会有很多目前不需要急于通过司考的学生（通常是法学专业）抱着试一试的心态报名参考。笔者 2016 年本科毕业，截至 2019 年，笔者的本科同学及攻读法学专业的高中好友中未过司考（法考）者仍大有人在。

就考试的题型而言，上文已经有所提到，但是这里再补充一个小细节，即考试的出题顺序，每年的考试题目顺序都是一样的，举个例子，卷三考查的是民法、商法和民事诉讼法的内容，具体到题目中会发现，考题连顺序都是按照民法、商法和民事诉讼法来排序的，如果细究会发现，连各个部分的内部考查内容也是按顺序的。[③] 考生在遇到干扰选项时，只要记得各部门内容的介绍顺序，在记不住相关内容的时候，也能得到正确答案。这就必然导致很多通过司考的考生实际上根本没有掌握相关知识点，以致他们步入职场后对从事业务知识储备极低。

3. 就业市场的生态：一个社会学问题

《十年司考反思录》中提到，中西部地区存在较明显的人才短缺现象。[④] 就法学专业学生的数量而言，有关法律人才紧缺的说法是站不住脚的。有关中西部法律人才紧缺的观点实际上不是法学一个专业的问题，而是全国所有专业的通病，或者说，这是一个社会资源集中所导致的必然结果。传统的北上广深及杭州、成都等新一线城市在生活环境、交通、医疗、教育、工资水平上有无可置疑的优势，以法律行业而论，全国顶尖的律师事务所总部大多集中在北京和上海，其分部也多分布在其他大城市。退一步讲，法学专业的适用地域相较其他专业已是要好太多，一些专业如高端互联网行业，除了部分大城市外

① 国家承认的学历文凭范围为：（1）经国家教育主管部门批准具有举办学历教育资格的民办高等学校、成人高等学校、普通高等学校（含培养研究生的科研单位）所颁发的学历证书；（2）通过高等自学考试、由国务院自学考试委员会授权各省（自治区、直辖市）自学考试委员会颁发的自学考试毕业证书、高等教育学历文凭考试毕业证书；（3）经国家教育主管部门批准，纳入国家招生计划并参加全国统一考试录取，在党校、军事院校中就读的学生所取得的毕业证书；（4）经教育部批准实施网络教育试点的普通高等学校颁发的远程（网络）教育毕业证书；（5）符合《中国人民解放军院校学历证书管理暂行规定》所颁发的学历证书。

② 参见《国家司法考试实施办法》（2008 年修订）。

③ 比如，民法的内容按照"三大本"中的内容顺序应该是"民法概述、自然人、法人和非法人组织、民事法律行为……"，司考的考题就会按照这个顺序来出题考查。

④ 考试与职业法律教育课题组：《司考十年反思录：以武汉市的司考数据为例兼论中国的职业法律教育》，中国政法大学出版社 2013 年版，第 92 页。

几乎无法在其他城市看见。①

相较诉讼业务的遍地开花,非诉业务则基本由北京、上海和深圳垄断,②资本市场、并购、反垄断、国际贸易甚至数据合规,要想做这些业务,只能去北京、上海、深圳或其他大城市。在资源集中的一线、二线城市中,竞争势必异常激烈。对于律师事务所来说,要从眼花缭乱的简历中选择合适的人选,自然要用简洁、明了的标准来筛选,其中最合适的就是学校和学历。因此,"五院四系"、重点985高校、美国TOP14高校硕士、英国G5硕士等一系列标准成为这个行业约定俗成的潜规则,进而直接影响公司、公务员面试的选择标准。这种高校标准其实在别的行业也是存在的。

4. 职场的割裂

通过司考的考生,若是要从事律师行业的话,先要以律师助理的身份在律师事务所工作一年,通过相应的培训和考核之后,可以获得律师执业资格证,到这里为止,才可以说自己是一名真正的律师。那么,律师助理的收入究竟几何?在没有官方数据支撑的情况下,一些较大的民间组织收集的数据可以说是非常悲观,③这还只是在仅收集国内一线、二线城市的研究生学历工作者的薪资水平的情况下,放眼到全国,这个数额只会大幅下降,这和动辄百万元、千万元收入的成功律师形成鲜明的割裂感。法学毕业生的就业情况不可谓不艰难。职场的割裂感还体现在另一层面,就是法学不同行业的代沟,由于法官、检察官和律师的培训是分别进行的,尽管他们接触的案子相同,所使用的术语、原理、知识也相同,但因为立场各不相同,需要维护的利益也不同,再加上缺乏一个可以让所有人充分了解法院、检察院、律师事务所工作流程的职业培训,这三个职业始终难以做到相互理解,因此加剧了司法实务工作中的扯皮与矛盾。

(三)《十年司考反思录》的总结建议与辨析

通过以上4点可以充分看出,2002年至2017年我国法学职业教育与司考的问题,《十年司考反思录》中也提出一系列总结和政策建议,④与此同时,也有诸多学者在2017年之前对该问题献计献策,笔者将总结这些建议,并对截至2017年的效果进行辨析。

第一,限定司考报考资格,只有拥有法学学位者才可报考。而且对考试进行多种设置,如限制考生的考试次数,一旦超过,便不得再考。关于这点笔者认为甚好,但不适用

---

① 也有人认为,这是边际效应的体现。

② 何美欢:《论当代中国的普通法教育》,中国政法大学出版社2005年版,第28~39页。

③ 绝大部分律师助理的月工资收入在7000元以下,考虑到一、二线城市的生活成本,这并不是一个高收入。而三、四线城市甚至还有一个月不到2000元的情况,且较普遍。参见威廉:《中国律师助理的真实薪资水平,我只敢小声告诉你》,载微信公众号"环球法研"2019年12月24日,https://mp.weixin.qq.com/s/WBt7ikem8avWbDRv6R49vQ。

④ 考试与职业法律教育课题组:《司考十年反思录:以武汉市的司考数据为例兼论中国的职业法律教育》,中国政法大学出版社2013年版,第191~233页。

于现在,直到2019年,法考也没有采取这种方式,笔者将在后文中将具体论述自己的观点。

第二,就司考的次数和方式,可以通过多轮考试来确定是否可以通过。也有建议第一轮和第二轮通过的考试获得的法律职业资格应当有所区别,有些学者认为,第一轮过后,将拥有在法律职业人员短缺的地区执业的资格,只有通过第二轮后,才可以在全国范围内执业。[①] 笔者非常能理解此类学者希望通过这种方式改变某些地区法律职业人员短缺的现状,但根据笔者的看法,这种现象并非法学专业的问题,以改变司考强行改变社会问题,只会导致一大批人放弃学习法学专业,这反而会带来无可估量的损失,毕竟现在选择一个城市工作往往比选择一个专业更重要。

第三,也有学者提出,将司考分为笔试和面试两种形式,[②]笔者认为这种做法颇有可取性,类似的情况其实在教师资格证考试中也有出现,只是国家是否有足够资源组织难度极大的司考面试,暂无法得知。最起码到目前,没有实施这种制度。[③]

第四,部分学者提出,可以将司考制度与法律硕士研究生考试并轨,[④]这同样是个极具创新性的思路,相关制度设计也极具思考价值,但这会导致法律硕士招生与国家统一研究生招生的割裂,鉴于大学专业中某一证书与某一专业具有高度相关性的情况非常常见(如教师资格证与师范专业、医生的相关执业证与医学专业),单独让法学专业采用这种做法似乎并不现实。

此外,诸如大学课程的设置、[⑤]司法研修阶段的设置,都具有较高的价值。可以看出,学界对司考与整个法学教育都有各自的真知灼见,但最起码在末代司考结束时,一切与2002年并没有什么本质区别。

**三、司考改法考后的优与劣**

随着2018年4月《国家统一法律职业资格考试实施办法》(以下简称《实施办法》)与同年6月《2018年国家统一法律职业资格考试公告》的发布,法考时代正式来临,[⑥]但其考试形式与司考是否出现进步?对法学教育、法律职业市场带来了什么样的影响?下面,笔者将对法律职业资格考试中出现的问题及其对法学领域其他层面的影响提一些基

① 付子堂:《改革司法考试制度,推进国家治理法治化现代化》,载《法制与社会发展》2014年第5期。

② 孙笑侠:《法学教育的制度困境与突破——关于法学教育与司法考试等法律职业制度相衔接的研究报告》,载《法学》2012年第9期。

③ 通过第一轮考试的考生在第二轮需要通过面试才能获得教师资格证。但教师资格证的考生数量远大于司考的考生,且实际上教师行业的岗位需求也远高于法律职业,因此教师资格证的考试难度远低于司考。

④ 孙笑侠:《法学教育的制度困境与突破——关于法学教育与司法考试等法律职业制度相衔接的研究报告》,载《法学》2012年第9期。

⑤ 叶秋华、韩大元、丁相顺:《建构法学教育与司法考试的良性互动关系——"法学教育与司法考试"研讨会综述》,载《中国法学》2003年第2期。

⑥ 潘剑锋:《论以法律职业精英化为目标的法律职业资格考试》,载《现代法学》2019年第5期。

本的看法与观点。

(一)换汤不换药的题型

法考的考试范围和司考相比并没有太大变化,区别在于,客观题的试卷由三张减为两张,原有的考试内容分布情况为:

卷一:法理学、中国法律史、宪法、国际法、司法制度和法律职业道德、刑法、刑事诉讼法、行政法与行政诉讼法、中国特色社会主义法治理论。

卷二:经济法、国际私法、国际经济法、民法、商法、民事诉讼法与仲裁制度、知识产权法、劳动与社会保障法、环境资源法。

卷三:即主观题,中国特色社会主义法治理论、法理学、刑法、刑事诉讼法、行政法与行政诉讼法、民法、商法、民事诉讼法与仲裁制度。

外国法律史的内容基本淡出考试,此外劳动与社会保障法、环境资源法也出现在考查的范围内。表4对比了改革前后的考试题型、时间和分值。

**表4 考试题型、时间、分值改革前后对比**

<table>
<tr><th rowspan="2">试卷</th><th colspan="3">法学改革前</th><th colspan="3">法学改革后</th></tr>
<tr><th>考查题型</th><th>分值</th><th>时间</th><th>考查题型</th><th>分值</th><th>时间</th></tr>
<tr><td>一</td><td rowspan="3">每张试卷包含单项选择题50题、每题1分,多项选择题和不定项选择题共50题、每题2分,每张共100道题</td><td>150</td><td>3小时</td><td rowspan="2">每张试卷包含单项选择题50题、每题1分,多项选择题和不定项选择题共50题、每题2分,每张共100道题</td><td>150</td><td>3小时</td></tr>
<tr><td>二</td><td>150</td><td>3小时</td><td>150</td><td>3小时</td></tr>
<tr><td>三</td><td>150</td><td>3小时</td><td>案例分析、法律文书、论述题</td><td>180</td><td>4小时</td></tr>
<tr><td>四</td><td>案例分析、法律文书、论述题(共7题)</td><td>150</td><td>3.5小时</td><td colspan="3">无</td></tr>
</table>

客观题两张试卷的题型依旧为50道单选题、35道多选题和15道不定项选择题。主观题从7道减少为6道,时间被增至4小时,同时在考场上每位考生还会被配备一本内容为我国现有所有有效的法律法规的书籍,供学生翻阅(据悉有些考场甚至会配备电子版)。客观题的题量有所减少,主观题大题数量减少,但小题增加,因此题目总数还是要多一些的。法考相较司考其最大的特色在于,打破了原有的记忆链条,即原先考试中按科目顺序考查的方式被改变,就以现在的客观题卷二为例,第一道题很可能不会是经济法的题目,后面的题目也不会按照国际私法、国际经济法的顺序进行,而很可能突然变换

为环境资源法;[1]各部分法内部的考查方式也会全部打散;[2]不仅如此,有些题目的选项中还会同时出现不同科目的内容。[3] 这种做法还被贯彻到主观题中,一道大题很可能会出现民法、商法、民事诉讼法混合的情况。

打破记忆链条的考试方式,笔者认为确实会加大考试的难度,正如上文所讲,不再按既定的考试科目和内部的内容顺序出题,会让很多考生在看到题目的时候无法迅速定位考点。也正是因此,可以理解为何司考三卷的客观题会在法考变成两卷,而主观题甚至加长到4个小时,同时给予考生翻阅法条的条件。题量的减少必然意味着考试难度的加大,可以翻阅法条就说明考试的记忆量已经超出了正常考生能够记忆的范围,因此需要法条予以帮助。

法考的难度确实提高了,但是法考的考查方式真的变了吗？笔者认为没有,从题目的内容上看,仍旧是注重记忆轻理解,主观题和客观题还是在追求唯一的正确答案,出题者无非是把学生记忆的要求提升到一个新的层次,学生背得更辛苦了,这通过当前法考的考生所习得的解决问题的技巧和思维与当年司考思维并没有太大区别可见一斑。

*(二)被牺牲的客观题落榜者*

首先是考试次数,法考的设计终于符合部分学者的构思,一年分两次进行考试,将客观题和主观题分开考查,只有通过客观题考试的学生才有资格参加下一场主观题的考试,客观题的考试一般在每年的8月末或者9月初举行,而主观题则在10月中旬举行。只有通过客观题考试的考生才有资格参加下一轮的主观题考试,[4]与此同时,客观题的有效期限为2年,通过客观题的考生可以选择当年参加考试,也可以选择多准备一年。当年参加过主观题但是未能通过的考生,下一年依然可以直接参加主观题考试。

值得注意的是,以前的司考,其通过的标准是4张试卷加起来达到360分及以上视为通过,即主观题和客观题的分数相加。四张试卷各自是否达到及格线(90分)在所不

---

① 例如,2018年法律职业资格考试的卷二中,第27题考查的是保险法,第28题考查的是反垄断法,第29题考查的是反不正当竞争法,但是第30题考查对象变成侵权法,即从经济法跳转为民法,而民法的考查点大多在前20题。

② 例如,2018年法律职业资格考试中的民法试题,不会按照民法“概述、自然人、法人和非法人组织……”的顺序考查,也是完全打散的。

③ 例如,2018年国家统一法律职业资格考试卷二第51题:甲(6周岁)系小童星,演出收入颇丰。其父母为保值,在A城以甲的名义购买了一套商品房,价款850万元。后其他地区的房价均上涨,唯独A城房价下跌,损失惨重。关于本案,下列哪些说法是错误的？A.甲向其父母追偿损失不受3年诉讼时效的限制;B.甲的父母没有为甲财产保值的义务;C.购房合同有效,但父母应负赔偿责任;D.甲父母的行为构成无因管理。可以看出,该题的选项涉及监护人责任、合同法及无因管理的内容,此外,还有近似民事诉讼法的知识点以迷惑考生。

④ 《国家统一法律职业资格实施办法》第13条规定:“国家统一法律职业资格考试每年举行一次,分为客观题考试和主观题考试两部分,综合考查应试人员从事法律职业应当具有的政治素养、业务能力和职业伦理。应试人员客观题考试成绩合格的方可参加主观题考试,客观题考试合格成绩在本年度和下一个考试年度内有效。”

论,而现如今则为客观题和主观题均要合格方可通过。以前经常会出现的客观题或主观题分数不够,可以靠另一部分来拉分的情况在此时不再有效。这就意味着考生在客观题部分就需要有足够的准备,偏科在法考时代并不能保证考生通过考试。如果以前司考时代客观题不足及格线的同学通过司考的概率依旧有50%,那么现在就是0。当然,两次考试分开进行在某种程度上也是在保证学生有足够的时间分开复习这两个部分。就法律职业教育和人才培养的角度来看,我们确实也需要更加全能的考生,从这意义上讲,这是一个值得肯定的进步。

(三)难以理解的通过率

如果说,法律职业资格考试的难度相较司考有所提升,那么通过率应该会有所下降,这样才能体现出考试的水准和考查的意义所在。但匪夷所思的是,2018年的通过率明显高于2011~2017年的司考通过率,[①]而2019年的法考,尽管还未到2020年的"两会"开会时间,也无法从司法部得知相关数据,但根据目前已有渠道的相关信息,2019年法考的通过率仍然高过2011~2017年的司考通过率。这种考试难度和通过率的巨大反差很难找到合适的理由进行解释,但也并不是没有蛛丝马迹可寻,笔者认为,报名条件(见表5)的区别对待是导致现在法考通过率比较高的潜在原因。

**表5　国家统一法律职业资格考试条件**

| 情况 | | 2018年4月28日前入学 | 2018年4月28日后入学 |
|---|---|---|---|
| 全日制 | 法本 | 可以考 | 可以考 |
| | 非法本 | 可以考 | 不可以考<br>(除非考法硕/3年工作经验) |
| | 法硕 | 可以考 | 可以考 |
| 非全日制<br>(自考) | 法本 | 可以考 | 不可以考<br>(除非考法硕) |
| | 非法本 | 可以考 | 不可以考<br>(除非考法硕) |
| | 法硕 | 可以考 | 可以考 |
| 专科 | | 不可以考 | 不可以考 |

① 2019年3月12日十三届全国人大二次会议第三次全体会议开始前,多位部长出场接受媒体采访,回应社会关切的诸多问题,据介绍,2018年法考全国报考人数为60.4万人,47.3万人参加第一阶段考试,其中19.2万人通过考试;有18万人参加第二阶段考试,其中12万人通过考试。如果按照按实际参加考试人数来算,首届法考整体通过率约为25.37%(以报名人数来计算则通过率约为19.87%);2018年法考客观题通过率约为31.8%,如果以实际参考人数47.3万余人来计算,则客观题通过率约为40.6%,法考主观题通过率约为66.7%。这是一组令人震惊的数字。

可以看到,法考报考条件相较司考发生了较大改变,多位学者提出的将报考资格限制在法学本科类学生的建议成了现实,①同时,对于部分原先拥有资格,但按照该条例失去报名资格的非法本学生,《实施办法》采取"老人老办法,新人新办法"的做法,将时间点定在 2018 年 4 月 28 日,在这之前入学的非法本考生都有资格参加法律职业资格考试。②

但改变绝不仅于此,根据报名条件的规定,即便是拥有法学专业学位的考生也得在拿到学位后才可以拥有报名资格,一言蔽之,就是司考时期大四上学期可以参加考试的时代结束了。③《实施办法》第 9 条和第 22 条的生效效果,意味着 2017 年入学的大学生(无论是本科生还是研究生)是最后一届可以在大学期间报考法律资格职业考试的学生,那么这一届的学生最早可以参加考试的时间便是 2020 年的法考。

因此,由于 2020 年及之前的考试会有大量法学或非法学的大四在校生报考,其专业知识水平相较已获得法学学位的本科生或研究生确实要弱一些,那么也许会有某种方式导致通过的考生数量较考试难度所应该通过的学生数量而言更多一些,到这一层面,就无法猜测具体的操作方式了。鉴于 2022 年之后,考生的主力将会集中在获得法学学位的本科生或者研究生,可以预见到之后的法律资格职业考试会更难,而通过率也会恢复到与题目难度相适应的水准。

(四)对就业和落户的打压

前文提到,《实施办法》中对报名条件的规定采取"老人老办法,新人新办法"的做法,2018 年 4 月 28 日以后入学的学生,只有在获得法学学位证书的情况下,才有资格报考法律资格职业考试,在一般情况下,这指的就是 2018 年 9 月入学的新生。以法律精英化为目的所制定的法律职业资格考试设计这个条件尽管无可厚非,但与现实情况出现了脱离。司考时代允许大四学生参加考试的一个重要原因是方便这些学生在毕业后可以找到合适的法律专业工作,公务员考试中与法学专业对口的法院、检察院、公安、司法局等都对法律职业资格证明存在要求,社会上的律师事务所、公司法务,尤其是其中的知名律师事务所和知名公司均直接规定要求应聘者通过法考(司考)。在这种情况下,《实施

① 孙笑侠:《法学教育的制度困境与突破——关于法学教育与司法考试等法律职业制度相衔接的研究报告》,载《法学》2012 年第 9 期。

② 《国家统一法律职业资格实施办法》第 22 条规定:"本办法实施前已取得学籍(考籍)或者已取得相应学历的高等学校法学类专业本科及以上学历毕业生,或者高等学校非法学类专业本科及以上学历毕业生并具有法律专业知识的,可以报名参加国家统一法律职业资格考试。"

③ 《国家统一法律职业资格实施办法》第 9 条第 5 款规定:"具备全日制普通高等学校法学类本科学历并获得学士及以上学位;全日制普通高等学校非法学类本科及以上学历,并获得法律硕士、法学硕士及以上学位;全日制普通高等学校非法学类本科及以上学历并获得相应学位且从事法律工作满三年。"这里要求的是"并获得学位",而 2008 年《国家司法考试实施办法》中只要求"本科毕业",也就是说,只要能如期获得毕业证的大四考生,都是有资格参与考试的。

办法》作出此项规定恐不甚合理。法律硕士(非法学)尚且可以依靠其本科专业寻到一份还算不错的工作,法学本科生要想找到好工作只怕是难上加难。

与此相关的还有落户事宜,近年来各地对大学生毕业落户的政策均有所放宽,从理论上而言,毕业生到绝大部分城市工作均可实现落户,且无论工作是好是坏,但北京和上海是例外,首先是北京,北京的落户政策采取进京指标的方式,即有一些特定企事业单位拥有落户资格,除公务员外,不少大型国企、央企、事业单位及少部分民营企业均有这种指标,但可以肯定的是,上述单位均为准入要求极高的单位,和法律相关专业大部分都会要求名校学历与专业证书;至于上海在落户方面,对应届生一直采取的是积分落户政策,即达到一定分数就可以在上海拿到户口,近年来《非上海生源应届普通高校毕业生进沪就业申请本市户籍评分办法》中对非上海生源的应届生的落户分数均为72分,其中很重要的一点,便是用人单位要素的计分。在用人单位签订劳动合同或聘用合同期为一年及以上的就业协议,才能获得5分。但在具体办理落户的过程中会发现,对于用人单位的资质和社保金额,也有相关规定。

可以看出,对非上海本地的企业,其要求极其严苛,尤其是对于律师事务所这类不要求注册资金数额的企业尤为如此,注册资本在1000万元以上的律师事务所多为国内顶级的律师事务所,而大部分律所实际上就没有注册资本。在这种情况下寻找一个较合适的企业就困难得多。此外据悉,对于社保缴纳的数额,也有要求,这就意味着应届生找到的工作得具有较高的薪资,否则也无法实现落户,而具有较高薪资的工作岗位往往对应聘者有较高要求,众多要求中通过法考(司考)反而是最基本的条件之一,这就重新回到法考的报考条件本身。在政策无法改变的情况下,暂时无法获得法律职业资格证书的应届生如若想在北京、上海落户,就得想方设法找到和法学专业无关、但薪资颇丰的职业,或是报考两地的公务员,考虑到司法机关对证书的要求,也无法考到令人满意的岗位。对于2018年入学的法学专业本科生,无法在毕业时取得法律资格职业证书,即便大四能报考也无法报考合适的公务员岗位,那么这大学4年将如何度过?有进取心、有志在法律行业作出一番事业的同学该确立什么样的学习目标?摆在他们面前的,似乎只有一条路——研究生。

(五)考研——新的独木桥

研究生所带来的收益对于2018年以后入学的学生来说会更直接一些,本科为法学专业的学生在进入研究生的学年均可报考参加考试,而对于非法本专业的学生,报考法学硕士或者法律硕士会成为以后能参加考试的唯一途径。这样看来,研究生学历对有志从事法律行业的学生已经成为一种必需。

就目前而言,研究生分为国内和国外两种不同模式,国外硕士无论其形式、申请方式有何不同,均可认定为海外硕士(我国港澳台地区硕士也被等同视之)。海外硕士根据不同国家(地区)不同学校,所需要求也略有不同。世界知名的大学法学院对申请者的绩点、语言成绩等相关材料皆有很高要求,即便被成功录取,学费和在当地的住宿等生活费也是一笔较大的开销。

成为国内研究生的方式也有两种，一种通过推免制度，即“推荐优秀应届本科毕业生免试攻读硕士学位研究生”。推免生攻读学位根据具体情况均有所不同，攻读硕士和直接攻读博士皆有。然而拥有推免资格的学校数量有限，截至2020年，具有推免资格的学校为397所，而全国高校总数截至2019年6月15日为2956所。上述397所学校具有法学专业推免资格的可能不到一半，且名额大量集中在“985”“211”及“双一流”高校中。因此，对于大部分法学专业本科生或有志进入法学领域的非法学专业的学生，只剩下一条路可走——考研。

然而现在的考研早已今非昔比，原先只是作为有研究志向的个人意愿到当前有可能变为不得不考的学历考试，从2012～2023年报考人数上就能很直观地看到改变（见表6）。

**表6 2012～2023年考研报录比**

| 年份 | 报名人数/万人 | 增长率/% | 录取人数/万人 | 录取率/% |
|---|---|---|---|---|
| 2023 | 474 | 3.72 | — | — |
| 2022 | 457 | 21.22 | 105.07 | 22.99 |
| 2021 | 377 | 10.56 | 99.05 | 26.27 |
| 2020 | 341 | 17.59 | 81.13 | 23.79 |
| 2019 | 290 | 21.8 | 76.25 | 26.29 |
| 2018 | 238 | 18.4 | 72.22 | 30.34 |
| 2017 | 201 | 13.56 | 58.98 | 29.34 |
| 2016 | 177 | 7.3 | 57.06 | 32.24 |
| 2015 | 164.9 | -4.12 | 54.87 | 33.27 |
| 2014 | 172 | -2.27 | 54.09 | 31.45 |
| 2013 | 176 | 6.3 | 52.13 | 29.62 |
| 2012 | 165.6 | 9.6 | 49.46 | 29.87 |

资料来源：2020年考研指的是2019年参加的考研，依此类推。《全国各地硕士研究生招生考试报名人数》，载中国教育网2020年1月4日，http://www.eol.cn/e_ky/zt/common/bmrs/。

截至2020年，报考研究生入学考试的考生达到341万人，已达到历史最高点。法学专业的报录比目前没有确切的数据，但是根据部分学校的情况，还是可以看出一些端倪。以中国人民大学为例，2017年法学院法学硕士的报录比已经达16∶1；法律硕士（法学）为14.93∶1；法律硕士（非法学）则达10.39∶1；[1]均远高于国家平均水平，这种情况在其他“五院四系”和“985”高校的法学院也非常常见，考研渐有成为独木桥的趋势。

① 《全国考研大数据：这些专业太抢手你的排第几?》，载环球网2018年8月2日，https://baijiahao.baidu.com/s?id=1607650415217433331&wfr=spider&for=pc。

## 四、反思与建议

### (一)为何要选择法学专业

本文第一部分中,笔者曾提到,全国范围内的律师助理工资水平处在一个令人震惊的低位,而这种低位还是得通过极难的司考(法考)才到达的。从这个角度上讲,选择法学专业似乎性价比过低,而一直走低的就业率也能印证这点。① 然而近年来法学专业的热度一直有增无减,无论是高考填写志愿中各高校法学院的分数,还是研究生考试报考法学专业的人数都反映出这个现象。抛开确有极高法律理想,有志于从事法学行业领域工作的少部分人外,大部分人愿意选择此专业,反而是因为法学专业的性价比并不低。

在文科领域,法学是为数不多可以带来较高收入的专业,年入百万元、千万元的律师在全国各个地级市均有分布;绝大多数公司也都会有相应的法律岗位或部门以应对相关法律问题;法学专业更是公务员考试中的热门专业,几乎所有企事业单位均有法学专业考生的可去之处。高上限、低门槛、宽就业造就了法学专业具有极大的价值,再加上党的十八届四中全会确立更加坚定地走依法治国的治国路线,暂时性的就业困难并不能减灭学生成为一名法学院或法学系学子的热情。笔者相信法学专业在今后依旧会拥有非常美好的未来,但无论是法律职业资格考试还是今后的法学教育,似乎也都需要调整和改进。

### (二)继续改革法律职业资格考试

笔者认为,法律职业资格考试的题型还需要进一步改变,现有的题型仍旧是以强化记忆作为出发点,以追求正确的答案为最终目标。只要答案是唯一的,考查的方式就难有直接的变化。因此,最好可以在主观题和客观题的题型设计上进行一些修正。

#### 1. 加大材料分析题的难度

以美国为例,美国律师考试的第二部分(Multistate Essay Examination,MEE)就专门是案例分析题。其指南明示,本部分考试意在考查考生的如下能力:(1)依据假定之事实确认其所包含的法律争点。(2)区分相关事实与非相关事实。(3)以清晰、简洁、流畅的语言对前述争点进行合理分析。(4)要能显示考生对相关法律原则有很好的理解和把握。它要求考生展示其进行有效书面沟通的能力。② 在考试内容上,会提供至少 16 页 A4 纸大小的材料要求考生进行相应的分析。实际上,包括美国、德国、日本、韩国等国的司法考试难度均较高,就在于材料分析题更复杂。③

---

① 2018 年的法学专业就业率为 85.3%,在各大专业中依旧排名倒数,参见王伯庆、马妍:《2018 年中国本科生就业报告》,社会科学文献出版社 2018 年版。

② 考试与职业法律教育课题组:《司考十年反思录:以武汉市的司考数据为例兼论中国的职业法律教育》,中国政法大学出版社 2013 年版,第 106 页。

③ 相关国家的法学教育和司法考试制度,参见考试与职业法律教育课题组:《司考十年反思录:以武汉市的司考数据为例兼论中国的职业法律教育》,中国政法大学出版社 2013 年版,第 100 ~ 190 页。

2. 引入法律文书写作题

早在《十年司考反思录》出版之前，司考主观题的考试范围里一直都包括法律文书写作，每一年的司考（法考）复习中，司考培训机构和讲师也都会强调需要注意法律文书，然则直至2019年法考，仍未考过一道法律文书写作，个人认为，作为法律实务中的重要一环，引入此类题型会很好地将职业培训与司考进行结合，能通过有法律文书写作的法考的考生，能更好地适应职场。因此，不妨将此类题型引入法律职业资格考试。

另外，将面试引入考核方式也是一种值得尝试的做法，之前已有多位学者提出过相关建议，这里不赘述。①

3. 考虑限制考试次数

同样是有多位学者提到的改进方式，以法律阶层精英化培养作为指导路线的话，这的确是一条比较合适的路径。但笔者看来，是否采取限制考试次数的时间点和限制的考试次数需要谨慎考虑。

前文提到，我国法学专业具有高上限、低门槛、宽就业的特点，在发达国家，法学专业同样具有高上限和宽就业的优势，但门槛并不低。各国的法学教育均极为全面，并伴随无处不在的考核和竞争。在文科领域，申请法学专业的相关学位，其要求向来是最高的，由此可以看出，法学专业在发达国家根本就不是普通大学生可以攻读的专业，其门槛一直很高，这种门槛不仅体现为对学生自身的水平有极高要求，还体现为其家庭有充分的财力以支撑孩子通过极其严苛的法学教育，具有法学专业的学生不仅拥有极高的知识水平，在各国还具有中产阶级以上的阶级特征，通俗地讲，就是这类学生不仅自身水平过硬，家里也基本上是有钱有权。综观我国目前所有职业资格考试，鲜有对考试次数进行限制，若是法考率先起头，将考试次数进行限制，恐会引起社会对法学专业门槛和阶级属性的思考。

司考时代，相关司考培训机构就会推出各类价格不一的培训班，以服务于有各类需求的考生。法考时代来临后，我们发现，司考培训机构将培训班次分成客观题和主观题两部分，这固然是按照法考考试情况作出的合理调整，但诡异之处在于，两个班次的收费居然相差无几。② 等于一年的考试，法考培训机构可以赚两份钱，并不是所有学生都会选择参加培训班复习考试，然而即便如此，相关的法考讲义也是分成两份的，价格同样没有差别，学生需要花过去两倍的费用来购买教辅以通过法律职业资格考试。这也体现出法学专业的门槛确实在提高。

作为一门已成为公众焦点的学科专业，其改变势必会引起一系列社会反响。我国在

① 孙笑侠：《法学教育的制度困境与突破——关于法学教育与司法考试等法律职业制度相衔接的研究报告》，载《法学》2012年第9期。

② 《2020年瑞达法考面授教学计划及阶段》，载瑞达教育网，http://www.ruidaedu.com/front/msbc/，最后访问日期：2020年1月4日。

高校扩招之际增加法学专业学生的招生,固然解决了当时的燃眉之急,但现今想将大门关上,恐已不易,也许2022年之后可以尝试对此进行一定程度上的试点。

### (三)正确处理法学本科教育与研究生教育的关系

本科教育与研究生教育是具有本质区别的,这点不仅是法学专业,其他专业也不例外(甚至更甚)。其课程的覆盖面就有所不同,法学本科教育会更加注重法学课程的全面性,使学生有机会充分接触法学领域的所有内容。而研究生教育则更精细,学生在选择特定专业后,会在该专业领域继续深耕,相较本科的老师授课,这个阶段会更加注重学生自身对所感兴趣问题的研究,同时考生会有导师进行指导,跟随导师进行相应领域的问题探究,得到导师更细致的指导才是研究生阶段的意义所在,而毕业论文则是整个研究生阶段最重要的学习成果。所以研究生和本科生的区别应该在于其所受到的教育方式不同,并不是说研究生就一定高人一等。

法律职业资格考试的报考条件改革看似是在走精英化路线,实际上让有志于本科阶段就步入职场的学生陷入两难的境地:直接就业,找不到好工作,想找好工作,就得去攻读研究生。这会迫使大量考生不得不采取继续攻读研究生的做法。然而,并不是所有人都适合研究生的学习模式,有很多学生本身更适合参与实务工作,大量本没必要考研的考生进入研究生阶段只会带来两个后果:(1)有一大批学生不适应研究生的学习方式,以致出产的研究生水准参差不齐;(2)为适应这种状态,大学被迫采取和本科生类似的方式来培养研究生,以致研究生教育和本科生教育没有任何区别。国外的一年制法律硕士(Master of Laws,L. L. M.)就因为学制短和教学模式过于雷同国外本科教学模式而饱受诟病,现在国内的法学研究生教育已存在相关问题(尤其是将法学硕士学制改为2年)。因此,如何在研究生教育和本科生教育中寻求一种平衡,是法考时代来临后各高校应该仔细考虑的一个问题。

## 五、结语

2018年入学的法学专业本科生必须在获得学位证书后才能法考,也就是说,这批学生将在2022年才可以参加法律职业资格考试,届时这批学生的身份是已经工作数月的工作者,还是已经可以继续接受教育的研究生,其比例如何,笔者表示难以预测。但笔者担心,报考条件的这种变化,会让更多人加入考研和出国队伍,进而影响法学研究生教育和本科生教育的同质化。法考的通过率目前是很高,但是这种通过率和题目难度并不匹配;考试题型的难度渐升,但仍然没有脱离司考时代的出题思维。法考的改变值得肯定,但一些变化却埋藏着隐患。

# 我国涉外律师技能培养课程的构建研究*

龙迎湘**

2020年习近平总书记提出"坚持统筹推进国内法治和涉外法治"后,培养涉外法治人才被提到前所未有的新高度,其中涉外律师的培养最先被大规模启动。2021年2月,15所高校的法学院成为首批承担招收涉外律师型法律硕士任务的法学院,引领我国涉外法治人才培养新风尚。涉外律师不仅应通晓国际法律规则,还必须善于处理涉外法律事务。因此,涉外律师的培养不能仅停留于国际法学知识的传授,更应关注学生解决跨法域法律问题的能力养成。①

在传统的知识传授课程基础上设置系统的法律技能培养课程是法学院控制和保障整体教学质量的根本。但从培养方案看,法律技能培养课程不仅未形成完整的体系,而且非常缺乏。以《法律硕士专业学位(涉外律师)研究生指导性培养方案》(以下简称《指导性培养方案》)为例,其中必修课为学习法律知识的基础课,仅在推荐强化模块课的专业能力培养部分推荐了国际法律信息检索技能课。在实践教学与训练部分虽对涉外法律文书写作、涉外法律检索、涉外法律谈判3项技能进行了规定,但这些技能和涉外模拟法庭、模拟仲裁、模拟调解及实习活动却在同一个层次进行排列。前者应是法律技能课程名称,后者是教学活动的模式名称,相互关联但并非同一类型,一同放在实践教学与训练部分,有被当成实践活动加以混淆之嫌。更重要的,这里所列的3项技能虽然重要,但并不能全面概括涉外律师应该掌握的技能。

## 一、我国涉外律师培养需要设计法律技能课程

国际交流的常态化是技术发展给人类社会带来的新变化,因此,涉外律师的培养在全球范围内都是新课题,还没有成熟的理论体系。2008年,切斯特曼对涉外律师培养进

---

* 教育部产学合作协同育人项目"法学课程思政教学研究中心建设"(项目编号:202101067008)、湖南省普通高等学校课程思政建设研究项目"基于'德法监修'社会主义法治人才培养目标的《行政法学》课程思政教学改革研究"(项目编号:HNKCSZ-2020-0084)、黑龙江省高等教育教学改革重点委托项目"基于卓越法治人才教育培养的'四位二元一体'实践教学体系研究与实践"(项目编号:SJGZ20190027)的阶段性研究成果。

** 湖南大学法学院博士后,英国哲学博士(法学教育方向)。

① 参见黄进:《完善法学学科体系,创新涉外法治人才培养机制》,载《国际法研究》2020年第3期。

行了论述,按照他的理论,我国涉外法治人才培养机制其实是非常完备的。但他的理论只解决了涉外法治人才培养的深度问题,却没有解决广度问题,即无法培养能跨3个或更多法域①提供法律服务的涉外律师。

切斯特曼认为,涉外律师培养总体可分为3个阶段,第一阶段为跨国阶段(internationalization stage),这一阶段国际纠纷偶有发生,法学院对学生的培养以国内法为主,国际法方面主要解决适用哪国的法律作为准据法的问题,这个阶段教授冲突法是涉外法律学习的核心。第二阶段是国际阶段(transnationalization stage),这一阶段不同国家的法学院之间会进行定期或不定期的交流和合作,如交换项目。第三阶段是全球阶段(globalization stage),不同国家的法学院之间进行更加深入、长期和固定化的合作和交流,如双学位项目。②

2017年之前,"国际私法(冲突法)"是我国法学本科的核心课程,尽管后来有所调整,③但依然是法律硕士(涉外律师)的必修课程。不仅如此,我国涉外律师的培养科目远远超出了国际私法的范畴,必修课就包括国际关系基础理论、国际公法原理与实务、国际经济法原理与实务等。对于第二阶段的法学院之间的跨国合作项目也非常普遍,首批承担法律硕士(涉外律师)任务的15所法学院都和国外高校建立了合作项目。第三阶段的特点是双学位项目,法律硕士(涉外律师)也包含不少双学位项目,比如,清华大学就与伦敦国王学院、新南威尔士大学法学院及天普大学法学院等合作提供双硕士学位。因此,以现有理论分析,我国涉外律师培养是在我国已经形成的国际法律知识教授为主,中外合作项目、双学位引路的发展格局上建立的,具有国际领先性。但切斯特曼对涉外律师培养的分析仅到双学位培养模式为止,虽满足了学生在特定两个法域进行较精深的法律学习和训练的需求,却无法高效培养能解决跨多个法域(3个或3个以上法域)法律问题的涉外律师。这也是目前我国涉外律师甚至所有涉外法治人才培养中遇到的"瓶颈",即如何解决涉外法律服务对服务提供者能力的无限多样性需求和学校、学生资源和精力有限投入之间的矛盾。这一矛盾具体表现为涉外律师及其他涉外法治人才的高复合性、跨多法域多领域的多样性需求与国际法课程的体系性差、国际资源引入的持续性和稳定性堪忧及经费缺口之间的矛盾。④

## 二、涉外律师的技能体系

为了在涉外律师的培养方案中构建合理的法律技能培养课程,首先要明确这些技能的概念和范围,目前尚无定论。美国法学院未单独针对涉外律师设置课程,但2008年全

---

① 法域,是指法律效力所及的空间范围。本文中跨国和跨法域是模糊等同的关系,因为本文讨论的是提供涉外法律服务的律师培养,所以范围是既跨国又跨法域的,不特指纯粹的一国之内的跨法域服务。

② See Simon Chesterman, *Globalization of Legal Education*, Singapore Journal of Legal Studies (2008).

③ 参见刘坤轮:《我国法学专业核心课程的流变及最新调整》,载《中国法学教育研究》2019年第2期。

④ 参见郭雳:《创新涉外卓越法治人才培养模式》,载《国家教育行政学院学报》2020年第12期。

球金融危机后,受经济不景气牵连,大律所接连破产,倒逼美国法学院关注涉外律师与内国律师的区别及律师职业技能的培养以帮助学生获取更多的就业机会。麦克乔治法学院通过对国际法律人物的访谈,提出了跨文化交流能力对涉外律师的重要性。[①] 英国的律师主要分为业务律师和出庭律师两大类,法律职业教育也主要针对这两类律师提供,涉外律师没有单独的课程。这种现象主要源于英美通过其强大的经济实力和政治影响力将大量的内国法律规则国际化,因此无须对涉外律师进行特别培养,只需将自己的规则带到世界各国推行。

笔者通过对我国涉外律师中的领军者的访谈并比对麦克乔治法学院的访谈记录,发现涉外律师很多是某个法律服务领域的资深专家,这个规律在英美律师中可能更明显。首先,发达国家的律师占有先天优势,再加上国际法律的主体框架也是他们搭建的,因此,只要在自己领域做到资深的位置就有很大机会接收到更加复杂和标的额巨大的跨国案件。而大陆法系国家的律师除在自己专业领域做得出色外还需要有一定的英语沟通能力才能真正成为涉外律师。除英语沟通能力外,拥有一定的跨国经验。尽管专注不同涉外法律服务领域的律师团队在招人的时候会有不同的标准和侧重点,但基本都强调可以融入团队协作、有良好的英语沟通能力、良好的跨国法律素养及一定的创新能力等,这些要求也是涉外律师跨国(法域)解决法律问题的能力要素。以下就从这些要素出发对涉外律师必备的法律技能进行系统的介绍。

(一)跨国(法域)交流能力

跨国(法域)交流能力是一个综合能力,其核心的书面写作技能和口头交流技能将在课程设置部分详细讲解,这里只讨论法律英语和涉外法律信息检索。

1. 法律英语

语言是交流的前提,如果可以通晓当事各方的母语当然是首选,但现实中很难实现,英语是目前跨国交流中使用范围最广的国际语言,大多数的国际法律文件都用英文书写。因此,对于绝大多数涉外律师来说,熟练掌握英语是必不可少的技能。法律英语教育由此受到了重视,其不仅是法律硕士(涉外律师)的必修课,从可查的文献数量来看,法律英语教学也是讨论最多的话题。[②] 法律英语不仅可以是涉外律师的一项基本技能,也可以是一个独立的专业。有学者通过对中国政法大学法律英语专业毕业生的调查发现,翻译,尤其是合同文本翻译是该专业学生入行后的主要工作。[③] 但这里所说的英语和法律英语仅仅是涉外律师的基础技能,而非其全部专业。他们需要看得懂英语法律文件,

---

① See Franklin A. Gevurtz, *Report Regarding the* 2011 *Pacific McGeorge Workshop on Promoting Intercultural Legal Competence* (*the Tahoe* Ⅱ *Conference*), 26 Pacific McGeorge Global Business & Development Law Journal 63(2013).

② 参见易振:《国内近五年法律英语研究综述》,载《海外英语》2021 年第 9 期。

③ 参见叶洪、王凯伦:《〈国标〉视域下法律英语专业课程需求与建构研究》,载《外国语文》2019 年第 6 期。

但他们的主要工作不是翻译成中文或其他语言供别人理解、参考和作决定,而是需要直接用英语作出解决方案。尽管能熟练运用英语的涉外律师的数量增长,可能会在一定程度上减少对法律英语专业人才的依赖。但两者在本质上是一种合作关系,法律英语的专业人才对相关文件的翻译,可以节约涉外律师花在文件准备上的时间,让他们更加专注法律决策本身。

2. 涉外法律信息检索

涉外法律信息检索技能是涉外律师的基本技能,由于篇幅框架的原因,本文将其列入跨国(法域)交流能力的组成部分,但其实质是涉外律师所有职业技能的基础,具有一定的独立性。截至 2016 年,我国法学院开设"法律信息检索"课程的院校比例已高达 73%,①但专门讨论涉外法律信息检索的文章仍为零。涉外法律信息检索必须建立在对相关法域的法律文化有一定了解的基础上,因为不同的法域不仅权威数据库不同、检索方式不同,其不同类别的法律信息的效力和适用范围也不尽相同。因此,"涉外法律信息检索"课程需要分国别(法域)开设。"涉外法律信息检索"课应主要针对英国、美国、"一带一路"沿线国家等我国主要的贸易国及 WTO 等重要国际组织的法律信息检索进行教学。美国法学院教的法律检索范式为 IRAC,②这个范式可以运用到任何一个法域的法律信息检索过程,甚至国际组织法律信息检索,但得出的法律问题、规则、适用和结论都会完全不同。因此,尽管涉外法律信息检索技能是涉外律师的基本技能,却不要求学生对每个国家(法域)法律信息的搜索能力都达到可以直接解决当地法律问题的程度,学生可以有侧重地选择练习,但对非重点练习的国家(法域)的法律信息的熟悉度应达到可以筛选出优质合作伙伴的程度。

(二)合作能力

合作能力是一个被我国法学教育者忽视的能力,未出现在任何法学教育的讨论中,但在国外并不罕见。在澳大利亚,克弗特等认为,无论在大律所还是小律所工作,合作能力都是现代律师不可或缺的技能。③ 美国律师协会要求法学院培养的技能列单中包含合作(collaboration)。④ 在英格兰和威尔士法域,莫恩和韦伯在他们编的法律技能培养教程

---

① 参见聂慧苹:《大数据时代高校"法律检索"课程探索》,载《法学教育研究》2020 年第 4 期。

② 即问题(I)、规则(R)、适用(A),以及结论(C)。

③ See Sally Kift, et al., *Learning and Teaching Academic Standards Project: Bachelor of Laws Academic Standards Statement*, Accessed November 20, 2021, http://www.cald.asn.au/media/uploads/KiftetalLTASStandardsStatement2010%20TLOs%20LLB.pdf, 2010/2019.

④ See ABA Section of Legal Education and Admissions to the Bar, 2015 - 2016 *ABA Standards and Rules of Procedure for Approval of Law Schools*, Accessed November 20, 2021, http://www.americanbar.org/content/dam/aba/publications/misc/legal_education/Standards/2015_2016_aba_standards_for_approval_of_law_schools_final.authcheckdam.pdf, 2015/2021 - 10 - 21.

中用一整章来讲解合作能力的培养。① 涉外法律事件通常很复杂,很少可以由单个律师独自解决,通常需要一个团队协作完成。因此,与传统的国内律师相比,合作能力是涉外律师的必备技能。团队有两种类型:一种是相互平等的团队(team),另一种是有层级划分的团队(group)。相互平等的团队中成员相对平等活跃,决策由共同商议决定,并能保持平等对抗,但有层级划分的团队作决策时有较固定的决策者,可以容纳更多的成员,完成更加复杂的事情。② 尽管相互平等的团队可以保持成员间的思想碰撞,但专注涉外法律服务的大型律所都需要很多的人手面对和解决不同的法律问题,因此都是在有层级划分的结构下的两种团队形式交互并存。但不论是哪种团队,都要警惕群体迷思(group think),这是出现团队意识后容易出现的一种负面思维模式,尤其是在长期固定的人员合作状态下。群体迷思主要有3种情况:第一种是对团队的评价过高,以致有时会对团队决定过于乐观甚至忽视了一些基本的道德底线;第二种是狭隘(closed-mindedness),忽视那些会让他们反思自己决定的外部警告和信息,对于竞争对手产生固化印象,以至于放弃真诚的沟通尝试;第三种是统一的压力,即直接或间接地产生与团队中大多数意见一致的压力。③ 合作能力的培养需要从打破学生的封闭式思维模式开始,让学生经常处于一种团队协作中学习和训练,具体方式会在课程设置中详细说明。

(三)创新能力

在传统的国内法律服务中,律师在现有的法律体系内解决法律问题,无论成文法还是判例法国家,都有较完整的法律规则可供遵循。因此,律师更多的是对法律规则进行解释和适用。但国际上的很多法律规则都是各国协商得来,有很多的空白领域。即便是已经形成系统规则的,也因为缺乏国内公权力机关支持,其执行力主要靠当事人的诚信和自觉,强制执行较弱或需要落到某一具体的国内法管辖中,而具体用何法律为准据法,当事人的选择权也很大。因此,涉外律师必须有创设规则的能力和自己是规则创设者的意识,其所订立的合同应该周全各个方面的内容和细节,即便是已经有一定规则和惯例的领域也要详细列明相关规则,或指出具体适用的规则名称,才能确保日后出现矛盾和纠纷的时候也能在可预见的规则中解决矛盾。虽在我国法学教育的讨论中,创新技能还未见提及,但反面的创新在实践中并不陌生,如国际避税问题和条约滥用。此外,正面的创新表现为弥补现有法律体系的漏洞。④ 创新技能建立在对涉外法律问题很好地理解和掌握上,在高级阶段创新也可能会被固定,成为某位涉外律师自己的风格。和合作能力

---

① See Maughan, Caroline and Webb, Julian, *Lawyering Skills and the Legal Process*, 2nd ed., Cambridge University Press, 2005, p. 81 – 106.

② See R. Meredith, Belbin *Team Roles at Work*, 2nd ed, Routledge, 2010.

③ Irving L. Janis, *Groupthink: Psychological Studies of Policy Decisions and Fiascoes*, 2nd ed., Houghton Mifflin, 1982, p. 174 – 175.

④ Khanna v. Lovell White Durrant [1994] Chancery Division 2653, WLR 121.

一样,创新能力的培养也需要打破学生固有的思维模式,形成开放接纳的思维模式,对它的培养也将贯穿涉外律师培养的始终。

**三、设计涉外法律技能培养课程需要考虑的因素**

在所有的教学活动中,“教”和“学”是相辅相成的两个方面,教的方面考虑教师本身的资质素养及采用的教学模式;学的方面会考虑学生自身学习的驱动力、能力及学习模式。传统的教育大多是以教师为中心的教学模式,而涉外法律技能培养的课程是一个以学生为中心的课程,老师的教授只是教学的引子和为学生提供一个基本的框架,最终的效果更多取决于学生的学习模式和努力程度。以下我们从学生、教师、教学地点和教学理论四个方面进行探讨。

(一)学生

涉外律师的工作环境处于跨国(法域)状态,每天都沉浸在跨文化交流的环境中,所以外语交流能力是基础。在《指导性培养方案》中,就要求培养对象有较高的外语水平。清华大学2022年的法律硕士(涉外律师)的招生简章对学生资质未作特殊要求,但在培养方式上指出有相当比例的全英或中英双语课程。中国人民大学法学院的法律硕士(涉外律师)不在少数民族高层次骨干人才计划和退役大学生士兵中招生。复旦大学在2021年的招生说明中对涉外律师方向的学生定位为双硕士国际班,学生通过申请第二年开始可以在合作院校学习,学费会按海外学校的学费给予不同程度的优惠。总体上看,没有特别的硬性要求。

技能的培养除最开始关于技能的基础知识介绍由老师提供讲解外,学生主要通过反复练习和在自我反思中习得与精进技能,因此学生需要有很强的自我学习驱动力。

(二)教师

涉外律师的培养必须配备合适的教师队伍,①既要有岗位所需的能力又要能融入高校的管理制度。② 法律技能的教师应该具有一定的实践经验,但无须是行业内非常资深的专家。一方面,活跃在涉外法律服务前沿的资深专家不可能花大量的时间在系统地指导学生上;另一方面,这类专家要么天赋异禀,要么离初学这些技能的阶段比较久,已形成条件反射和职业直觉,③很难解释和分解这些技能给初学者理解。根据笔者观察英国法律职业教育教师的招聘经验,一般入行2~5年的涉外律师是最好的选择。因为一般入行两年以上的律师会对相关职业技能有一个比较全面的适用和体会,正处于自己职业技能的成型阶段,是对自己的职业技能反思最频繁和对如何提高职业技能体会最深最有

---

① 参见胡乙:《涉外法律人才培养模式的审视》,载《教育评论》2014年第3期。

② 参见郭丽君:《高校教师教学行为选择的制度逻辑与作用机制——基于教学管理制度类型的分析》,载《大学教育科学》2021年第2期。

③ Hedesstrom T. and Whitley E. A., *What is Meant by Tacit Knowledge? Towards a Better Understanding of the Shape of Actions*, 46 ECIS 2000 Proceedings 46(2000).

发言权的阶段。同时,这个阶段是律师因为自身性格、家庭规划、职业规划等原因选择退出涉外律师行业的高发阶段,所以也是学校可以获得最高性价比的师资队伍的阶段。行业内的资深专家可以作为校外导师参与指导:一方面,他们本身就是非常好的模板和范例可供学生模仿;另一方面,他们敏锐的职业直觉也可以在学生的练习纠错阶段发挥重要的作用。因此,应该在课程开始的阶段请这些人提供一些模板和范例演示。后期在学生练习实践阶段可以参与纠错指导。

(三)教学地点

高校法学院在涉外律师培养中起基础性和先导性的作用,但实务部门、政府部门和涉外企业也要发挥作用是共识。[①] 只是对于这些实务部门发挥何种作用却不甚清楚,笔者认为实务部门、政府部门和涉外企业是人才的使用方,最清楚自己的需求,应主动提出要求。笔者调研发现,英国不少大企业会找相应的法学院定制课程,培养他们需要的人才,企业的参与度高,培养出来的人才和他们的需求契合度也高。当然,这需要相关企业和部门对涉外律师有一定量的需求并且愿意为此花费一定的培养费用和成本。尽管我国也有复旦大学高级律师学院提供的定制课程,但主流还是由高校法学院在政策的指导下寻找实务部门进行合作,实务部门在整个过程中显得很被动,而高校也得付出人力物力去主动调研分析,最终也可能因为调研的样本偏差、研究者自身认知局限及信息不对称等原因造成理解偏差,培养的结果因此不会太理想。所以建议鼓励有需求的单位单独或联合定制课程,以解决培养的同质化和与实践衔接的问题。国浩律师事务所在这方面走在前列,它建立了一个律师学院,并在美国斯坦福大学定制了涉外律师培养的培训课程。

除高校外,是否可以在实务部门进行教学?西班牙一家律师事务所组建了自己的法学院,他们不仅提供硕士阶段课程,还向全世界的客户提供各种定制课程。他们的课程管理人员在访谈中指出,他们不参与本科阶段的教学,因为高校会提供本科阶段需要学习的法律知识,他们作为一家知名律所,可以提供大学教授们不能提供的实战经验方面的知识,甚至一些他们自己律所成员总结出来的实践秘诀(know-how)。他们的授课老师都是具有实战经验的律师,在访谈的当年和前一年其硕士课程都在西班牙排名第一。但这样的模式难以复制,课程管理人也指出他们是所知的唯一有志于提供法学教育的律师事务所。

总体来说,为了避免学生在缺乏基本训练的情况下直接在实际工作场景中练习产生的错误后果打击学生练习的积极性及给相关当事人或单位造成实际损失,另外因为实际场景中会发生的练习内容和方式难以预见,不好系统规划,无法达到全面学习和练习的目的。所以,为了能保证每位同学都有平等的学习和练习机会,学习和练习的初始阶段还是应该放在课堂上。无论从资源配备还是经验来看,高校无疑是最好的课堂组织者和

① 参见杜焕芳:《涉外法治专业人才培养的顶层设计及实现路径》,载《中国大学教学》2020年第6期。

提供者。

(四)适用的教育理论

科尔布提出的体验式学习(experiential learning)①模型②特别适合用于成年人对于技能的学习。因为成年人都已形成部分认知和行为模式,而体验式学习就是强调学习者在学习的过程中通过对新技能的体验对旧有的认知和行为模式进行反思与调整并形成新的认知及行为模式。这是贯穿整个技能课程设计的核心教育理论。此外,情境学习理论(contextual theories)专注直接的物质和社会环境对学习效果的影响。③ 这个理论主要用于练习演示阶段,让学生有更强的带入感和向作为模板或者范例的老师的演示进行学习和模仿。班图拉 1974 年提出社会学习理论(social cognitive theory),该理论认为环境、行为和个人认知都是决定学习效果的重要因素,人们的绝大多数行为是通过观察和模仿习得的。④ 因此,按照该理论,在不考虑个人认知因素的情况下,学生只要跟着一位该领域的专家进行观察模仿就可以习得相应的技能,而该专家的能力决定了学生学习的效果。但班图拉还提出了自我效能(self-efficacy)理论,也就是学生的自律等因素加上观察和模仿才能得出最终的学习效果。⑤

## 四、涉外律师技能课程的总体框架

涉外律师与其他法律硕士课程培养目标都是培养应用型复合型人才,⑥但涉外律师更加小众并具有涉外因素,其课程主要包括基础知识模块和技能培养模块,本文仅讨论技能模块里的技能培养课程。不同的技能要在不同的阶段进行学习和练习,但合作技能和创新技能的培养是贯穿始终的,从热身阶段的分组和思维模式转变开始,到提高阶段的合作模拟练习,学生在其他课业学习的过程中不断地反思和精进。

(一)热身阶段

先用两周做一个介绍课程,目的是将学生从原有的应试模式和被动接受知识的模式切换到新的跨文化的主动学习模式,将他们的理解模式打开,提高学生的创新能力。由于这个阶段是过渡课程,是对学生已有状态的摸底和检测,因此对新的知识只做介绍不做考核。首先给他们介绍课程目标,即课程结束后希望他们拥有的技能和胜任程度,这

---

① 体验式学习并不是一种单一的学习理论,而是一个总括性术语。其基本原则是学生从体验中学习,而这种体验可以类比为行为主义教学理论中的刺激,刺激发生后,学习者通过以前的体验(记忆)来评估新的体验(刺激),从新的体验(刺激)中学到的东西可以帮助学习者修正和更新以前的体验(记忆)。如此往复是库珀的体验式学习模型。

② Kolb D. A., *Experiential Learning: Experience as the Source of Learning and Development*, 2nd ed., Pearson FT Press, 2014, p. 32-51.

③ Ormrod J. E., *Human Learning*, 7th ed., Pearson, 2015, p. 175-176.

④ Bandura A., *Psychological Modeling: Conflicting Theories*, Transaction Publishers, 1974.

⑤ Ormrod J. E., *Human Learning*, 7th ed., Pearson, 2015, p. 146-149.

⑥ 参见屈茂辉、陈锦红:《应用型复合型卓越法律人才培养方案研究》,载《大学教育科学》2015 年第 2 期。

有助于他们给自己树立目标,未来在学习的过程中利用体验式学习理论不断进行自我反思和改进。对他们进行学习偏好和风格测试,采取 VARK① 或者库珀的学习风格量化标准。② 做一些跨文化交流小活动,如邀请一些留学生加入,让他们互相做自我介绍,然后复述别人的介绍,让学生对不同文化之间的交流有个初步的体验。让学生做贝尔宾团队角色测试,③这将有助于学生初步建立团队合作的理念,挑战他们固有的思维。跟学生解释团队合作的重要性及一些理念,将学生分成固定的学习小组进行学习。最后,要求他们写一个自我反思学习体会,让他们分析自己的学习模式并形成报告或与老师或其他组员进行口头交流。

(二)主体阶段

涉外律师的基础技能与英美的律师区别不大,体现在书面写作和口头交流两个方面,所以主体的技能课程就按这两方面去设置。而涉外法律信息的检索能力是书面写作和口头交流的基础,也是其他一切涉外律师职业技能的出发点,其培养模式贯穿始终。

1. 涉外法律信息检索课程

涉外法律信息检索技能需要分阶段、碎片化培养。在学习各部门法律之前对其作一个简单的介绍,配一个简单的练习,学生只需要知道有哪些网站和资料可以去查找,如何进行查找,进行一些简单练习帮助记忆就可以了,是必修课。此后,学生根据自身的喜好和特长选择相关法域和法律部门进行深入学习和练习,是选修课。而法律信息检索因素还会加到书面写作课和口头交流课的练习当中,作为这些课程练习的基础环节,提高阶段的模拟练习也不例外。

2. 书面写作技巧的培养

涉外律师的日常工作需要进行大量的英文书面写作,包括交流的邮件和正式的法律文件。一般来说,我们可以将高效的法律书面写作分为 4 个阶段:准备和检索信息;起草框架;按照框架填充内容;和检查逻辑内容是否正确、表达是否清晰、是否达到了起草的目的。④ 学生在了解书面写作的基本步骤后,学习各类文书的写作,包括常用信函写作和合同起草。律师的常用信函包括写给客户的(非专业人士的律师函)及事务所内部交流信函与公文写作。合同包括国际货物销售合同、购买合同、经销代理合同、加工贸易合

---

① VARK 学习偏好测试将人们的学习偏好分为视觉型(V)、听觉型(A)、阅读型(R)以及实践型(K)。

② 库珀的学习风格量化标准(learning styles inventory)将人们的学习风格分为 9 类:启动型(the initiating style)、经验型(the experiencing style)、想象型(the imagining style)、反思型(the reflecting style)、分析型(the analysing style)、思考型(the thinking style)、决定型(the deciding style)、行动型(the acting style)及均衡型(the balancing style)。

③ 贝尔宾团队角色测试(Belbin test),该测试将团队角色分为 9 种:智多星(plant)、外交家(resource investigator)、审议员(monitor evaluator)、协调者(co-ordinator)、鞭策者(shaper)、凝聚者(teamworker)、执行者(implementer)、完成者(completer finisher)及专业师(specialist)。

④ Annabel Elkington, et al., *Skills for Lawyers*, CLP, 2015, p. 3 – 105.

同、补偿贸易合同、租赁合同、劳务合同、承包合同、合资(合作)经营企业合同、技术贸易合同和借贷合同等。

3. 口头交流技能的培养

口头交流效果取决于三个方面:倾听、提问及非言语交流。倾听这一环节需要学生具备开放的心态,通过热身课程学生应初步具有开放心态。在这个阶段还可以教学生问一些开放的问题,以帮助没有主动表达习惯的交流对象提供有效的交流信息。还要学习使用封闭式问题确认自己的理解是否准确。诱导性提问是一种非常有争议的提问方式,但在交流结果的控制上绝对是不二选择。学生需要对不同提问方式进行熟练掌握。最后教授一定的非言语交流知识,如仪态、微表情管理。在接受了一般性的口头交流的知识介绍后,按照工作场景和功能划分,继续教授客户会见、法庭陈述和辩论、谈判、调解和仲裁等技能,并分模块进行针对性的练习。

(三)提高阶段

在学生完成国际法律知识课程和主体的技能学习阶段之后,进入模拟练习阶段,即提高阶段。先对学生进行一个跨文化交流注意事项的小测试,引发学生对跨文化交流中可能遇到的问题的思考。然后给学生一个外商投资的虚拟场景,整个场景中可以设置若干个交易,学生可以自己选择其中的角色,老师可以参与其中,也可以完全由学生做,他们需要进行交流谈判,谈判之后签署合作合同或其他合同,合同书也由学生起草。合同签署以后,扮演当事人的学生可以合作履行合同,也可以反悔发生纠纷,发生纠纷以后学生可以找老师或其他外援参与寻求调解或仲裁。但每一队在练习中至少需要反悔一次,产生争议。然后再给学生一个中国客户到外国投资的场景,根据学生的外语语种和选修的国外法律体系情况,可以选择提供不同国家的虚拟场景进行练习。学生在每一次模拟练习后须提交学习报告,对自己的优缺点进行反思和精进。

# 法治人才培养的新方式

# 法律硕士实践教学基地评估指标体系的构建研究*

靳文辉** 关 佳***

## 一、引言

2020年9月，教育部、国家发改委、财政部联合发布《关于加快新时代研究生教育改革发展的意见》（教研〔2020〕9号），其中强调完善产教融合联合培养质量评价机制，提升研究生实践创新能力。在我国，对于法律硕士职业技能和实践能力的培养主要通过一系列的实践教学方式来达成，其中，实践教学基地的建设与发展是实践教学体系中的重要环节。法律硕士教育的目标是培养高素质、复合型、应用型的法治人才，其中，职业技能和实践能力的培养是法律硕士培养体系中的重要内容。实践教学基地作为培养法律硕士职业技能和实践能力的关键性基础设施，是对法律硕士展开临床式教育的重要场所，① 对塑造和锻炼法律硕士根据具体事实寻求法律解决方案所必需的法律实务本领，具有不可替代的位置。基于此，通过何种方式、运用哪些手段建设或保障高水平、高质量的法律硕士实践教学基地，便成为一个具有理论意义和实践意义的"问题"。相关理论研讨和教育实践设计对此问题都作出了较充分的回应。其中，在理论研究中有部分学者笼统提及了我国法律硕士教学基地评估指标体系的构建，在部分院校基地建设实践中对此亦有概括性、不成体系性的施行措施。然而，无论理论还是实践，有关法律硕士实践教学基地评估指标体系的专门性、系统性研究或建设都是尚付阙如的。故此，基于填补专门性理论研究空白与实践设计缺失的目的，本文特就法律硕士实践教学基地评估指标体系的构建作出系统性寻探。首先，本文就法律硕士实践教学基地评估指标体系构建的必要性进行充分分析，其是对培养"高素质法治人才"之时代吁求的积极响应、保障和提升法律硕士教育质量的现实需

* 2021年度重庆市研究生教育教学改革研究项目"法律硕士职业能力指标体系构建与培养机制优化研究"阶段性成果。

** 重庆大学法学院教授，副院长。

*** 重庆大学法学院博士研究生。

① 陶建国：《日本法科大学院教育制度及其问题》，载《学位与研究生教育》2009年第9期。

要、法律硕士授权点专项评估体系科学细化的必然要求。其次,本文就构建法律硕士实践教学基地评估指标体系的理论基础、基本原则与总体思路作出论述,以具体构建之内容做铺排。最后,分两步走,先初步构建起评估指标体系,而后通过实证方法(扼要陈述)对各项指标进行筛选与权重赋值,并最终确立终局性的法律硕士实践教学基地评估指标体系。

**二、构建法律硕士实践教学基地评估指标体系的必要性分析**

从一般意义上而言,实践教学基地是培养高校学生创新能力、实践能力、适应能力和就业能力的重要平台,实践教学基地建设是高校实践教学中最重要的一环。[①] 依据教育部发布的《关于加强专业学位研究生案例教学和联合培养基地建设的意见》(教研〔2015〕1号)来看,"实践教学"是指以具体实践活动的形式开展的专业教学环节;"基地",是指培养单位为加强专业学位研究生实践能力培养,与行业、企业、社会组织等合作单位共同建立的人才培养平台,是专业学位研究生进行专业实践的主要场所,是产学结合的重要载体。据此,法律硕士实践教学基地,是指为了培养法律硕士的职业技能和实践能力等实践性专业本领,各大开展法律硕士教育教学的院校培养单位与政法部门、律师事务所、企事业组织等合作单位共同建立的法律硕士人才培养平台。至于评估指标体系,在通常意义上是指由表征评价对象各方面特性及其相互联系的多个指标所构成的具有内在结构的有机整体,其作用在于通过量化性、系统性的统计指标系统来对评价对象作出估值与评判,从而据此改善或增进评价对象的建设与发展。由此,法律硕士实践教学基地评估指标体系的含义便不言自明,概括之,其指一套用以评估法律硕士实践教学基地建设成效的统计指标系统。当下,法律硕士实践教学基地评估指标体系的构建有充分的必要性,至少可从以下三个方面证成,笔者试述之。

(一)对培养"高素质法治人才"之时代吁求的积极响应

自党的十八届四中全会作出前所未有的"法治决定"之后,欲要实现依法治国的总目标及落实各项具体任务,[②]在法治系统运行的各个环节,无一不需要"法治人才"这一有生力量的注入,全面依法治国是一个系统工程,法治人才培养是其重要的组成部分。建设法治国家、法治政府、法治社会,实现科学立法、严格执法、公正司法、全民守法,都离不开一支高素质的法治工作队伍。法治人才培养上不去,法治领域不能人才辈出,全面依法治国就不可能做好。[③] 所谓法治人才,是指德才兼备,驾驭中国特色社会主义法治体系,具备国际法治视野,掌握具体法治知识和技能,从事法治系统各个环节工作的高素质专业人才。[④] 由此,将培养高素

① 刘辉:《校企共建实践教学基地的运转及其不确定性的克服——以某实践基地为例》,载《高教探索》2020年第7期。

② 张守文:《法治人才培养的目标与路径》,载《中国高校社会科学》2017年第4期。

③ 黄进:《治国理政・新思想新实践——志存高远培养卓越法治人才》,载《光明日报》2017年5月27日,第11版。

④ 董娟、赵威:《从法律人才到法治人才:法律硕士培养目标的新转变》,载《学位与研究生教育》2019年第5期。

质法治人才这一习近平法治思想中的重大理论创新成果融入法学教育的各个环节,着力提升法治人才培养质量,造就一大批德才兼备的高素质法治人才,是新时代各大开展法学教育院校的神圣使命与责任担当。[①] 而基于“法治”理想图景的实现有赖于“治”这一维度中实践理性的张扬——“法治”相对于“人治”的优越不在于它否认法治中人的作用,恰恰相反,法治的实现有赖法律职业群体的才能[②]——这一缘由,能够具备相当职业技能素养,并善于将之应用到法律实践中去的本领,[③]当是评判和培养高素质法治人才的主要着力点。

作为我国法学教育体系中重要组成部分的法律硕士教育,在培养高素质法治人才方面具有本身性的独特优势。在高等教育中的社会科学领域,工商管理硕士、公共管理硕士和法律硕士分别代表三大领域的职业性学位。如果说,工商管理硕士和公共管理硕士代表市场经济与民主政治对职业性人才的要求,那么法律硕士则代表法治国家对职业性人才的要求。[④] 法律硕士是我国为培养立法、司法、行政执法和法律服务及各行业领域德才兼备的高层次的专门型/复合型、应用型法治人才而设置的专业学位。[⑤] 自 1995 年国务院学位委员会第十三次会议准予设置法律硕士专业学位,历经十年的试点推广及新近 10 余年的正式实施与发展,[⑥]我国各大院校获准的法律硕士授权点已扩张到 200 余个,招生规模、在校人数与培养完成人数亦与日俱增,教学方式逐渐从传统授课到虚实相结

---

① 马怀德:《贯彻习近平法治思想,培养高素质法治人才》,载《中国教育报》2020 年 12 月 17 日,第 2 版。

② 李龙、周刚志:《论法律家与法学家的思维范式》,载《法制与社会发展》2002 年第 6 期。

③ 王利明:《培养明法厚德的卓越法治人才》,载《中国高校社会科学》2017 年第 4 期。

④ 《JM 教育培养目标、要求、课程与论文改革研究报告》课题组:《中国法律硕士教育研究——JM 教育培养目标、要求、课程与论文改革研究报告》,载《清华法学》2006 年第 3 期。

⑤ 全国法律专业学位研究生教育指导委员会修订的《法律硕士专业学位研究生指导性培养方案》(适用于法学专业毕业生)、《法律硕士专业学位研究生指导性培养方案》(适用于非法学专业毕业生),这两部文件中对法律硕士的培养目标有明确规定。其中,法律硕士(法学)和法律硕士(非法学)在培养高层次应用型法治人才方面是一致的,但是国务院学位办对二者的培养目标又作了具体区分。法律硕士(非法学)要突出复合型人才的培养目标,而法律硕士(法学)则要重点体现专门型人才的培养要求。法律硕士(非法学)本科学习的不是法律而是其他学科的专业知识,本身有法律以外学科的教育背景,在研究生阶段要将此优势加以扩大。法律硕士(法学)培养专门型的人才要建立在应用型人才的基础上,也就是具有更强法律专业能力和水平的应用型人才,而不能理解为专门型的学术理论研究人才。专门型人才和应用型人才在培养目标上是不可分离的,二者要同时考虑,从而更好地与法学硕士的培养目标相区分。参见《关于转发〈法律硕士专业学位研究生指导性培养方案〉的通知》,载教育部官网,http://www.moe.gov.cn/s78/A22/A22_zcwj/201708/t20170821_311503.html。

⑥ 自 1996 年 8 所高校首批试点正式招收法律硕士生(彼时没有限制法学本科毕业生报考),我国法律硕士研究生教育进行了 3 次较大调整:1998 年开展在职攻读法律硕士学位工作;2000 年法律硕士研究生教育规定限招收非法律专业的本科毕业生,通常称为法律硕士(非法学);2009 年,教育部扩大法律硕士专业学位招生规模的同时,增加一个全新的法律硕士专业——法律硕士(法学),招生对象为法学本科毕业生,并于 2010 年将其纳入硕士研究生常规的招生计划。参见李燕、王璐:《论法律职业化导向的“法律硕士联合订单培养制度”之构建》,载《学位与研究生教育》2012 年第 9 期;高轩:《法律硕士(法学)研究生培养模式的改革路径》,载《社会科学家》2017 年第 4 期。

合,培养了一大批能够独立、有效地运用所掌握的专业理论知识与职业技能解决实际问题的高素质法治人才,这在相当程度上壮大了我国法律职业共同体的队伍,在产出复合型、应用型法官、检察官、律师等法治人才方面更是作出了突出贡献。10余年以来,随着国内改革的深入推进、国际开放的深化发展,我国经济社会各个领域对高素质法治人才的渴望日甚一日,而培养目标定位为培养高层次、专门型、复合型、应用型法治人才的法律硕士教育,适时妥帖地在市场供给层面充分回应了高速发展之经济社会期盼"法治"的市场需求。例如,2021年年初,教育部发出通知,决定选取部分高校实施法律硕士专业学位(涉外律师)研究生培养项目。总之,法律硕士教育是以培养高层次、复合型、应用型之高素质法治人才为目标,凸显专业学位人才培养的特色,具有本身性的独特优势。此外,对比其他层次的法学教育,法律硕士教育在培养高素质法治人才方面还具备比较优势。一般而言,在我国法学教育体系中,法学本科教育主要以通识教育的开展为基础,注重本科生的理论知识积淀,其职业技能培养存在普遍性的不足;而法学专科教育或高职教育,虽主要培养学生学习掌握一定的专业技能,但一个明显的现象是,学生群体专业理论储备的匮乏;而法学博士教育的主要目标是培育致力法学学术研究的理论型人才,其同样能为中国的法治蓝图之擘画作出非凡贡献,由他们所组成的法学家群体是当之无愧的"法治人才",但从"法治"之"治"所突出强调的实践理性样态上来看,法学博士群体普遍缺乏与之匹配的实务技能,在笔者看来,这无关宏旨,法学博士应当是韦伯在《学术与政治》中所吁求的——以真正的学术事业为其终身志业。相较之,作为我国法学教育体系中重要组成部分的——法学硕士、法律硕士教育,在培养凸显"法治"之"治"的高素质法治人才方面具备比较优势。其中,有异于法学硕士教育通过认知教育着力培养专业性强的理论学术人才,法律硕士更强调培养拥有多项专业知识、技能的复合型人才或者精专实务的应用型人才,更多地体现了法律教育的职业属性。① 而这正恰切地回应了——要提升教育服务于经济社会发展的能力,重点培养创新型、复合型、应用型人才。鉴于此,法律硕士的培养当居于关乎"法治人才"培养成败的核心位置。故而,统合以上论述,我们可以说,欲要培养高素质法治人才,必当以培养法律硕士为要;欲要培养法律硕士,必以职业技能与实践能力为要;欲致实践性技能之达成,必以实践教学基地为核心,而实践教学基地良善的建设发展亟须构建一套相应的评估指标体系。因此,至少在最低程度上,构建法律硕士实践教学基地评估指标体系是对培养"高素质法治人才"这一时代吁求的积极回应,是可证成构建之必要性的。

(二)保障和提升法律硕士教育质量的现实需要

比附产品质量标准的界定、依据教育质量的专业性概说,所谓法律硕士的教育质量,意指法律硕士专业培养单位就法律硕士研究生群体法律人格的培养结果与相关法律、政

① 霍宪丹:《中国法律硕士专业学位教育制度的实践与反思》,载《河南省政法管理干部学院学报》2008年第5期。

策制定的"质量标准"之间的匹配程度。其中,"质量标准"是以培养出高素质、复合型、应用型之法治人才这一目标为归旨的。然而,基于种种原因,我国的法律硕士教育质量还尚不能达到良善的状态。例如,有学者基于对北京9所高校问卷调查的分析,对我国法律硕士教育质量出现问题的原因进行了归纳概括:培养中职业导向不强、课程设置不够合理、师资配备不尽合理、教学方法仍较传统、实习环节缺乏有效安排等。同时他们从明确职业化培养目标、合理规划课程安排、完善师资组成结构、增加学生实践机会、优化配套政策措施等方面给出了解决方案(徐胜萍、田海鑫,2014年)。不止于宏观层面的探讨,一众法学教育者还从具体领域入手剖析我国法律硕士教育质量出现问题的原因和相应的改进策略,诸如双导师制度运行过程中的问题与对策(李和平、张森,2020年;柳建闽、张艺,2020年)、职业素养与职业伦理在法律硕士培养中的困境及其增进路径(殷娜、郭剑平,2019年;马荣、夏向东、唐永忠,2019年)、如何从保障专业实习质量上提升法律硕士实践水平(胡永平,2020年;杨锐,2020年)、案例教学/研习模式的困境与革新(郭亚全,2014年;刘铁光,2016年)、诊所教育的功能优势与他国实践乃至使其统领实践教学的制度设计(姚显森,2014年;李燕,2019年;冀祥德,2017年)、实践教学基地的规范化建设(杨忠孝、缪志心,2014年;何潇,2015年);等等。可见,无论宏观层面抑或具体领域的探讨,其根本指向都在于如何通过改进培养方式将法律硕士的教育质量提升上去。时下,法律硕士的培养应着力培养一批具备职业技能、实践应用能力的复合型、应用型之高素质法治人才。据此,法律硕士教育质量提升的关键便在于对法律硕士研究生群体职业技能与实践能力的有力塑造。当下,随着国内法学教育部门与各个法学院校的积极探索与实践,我国对法律硕士职业化、实践性能力的培养与塑造主要采取多元化的实践教学方式。换言之,实践教学是保证与提升法律硕士教育质量的核心手段,①其在实现实务型人才培养目标尤其是在激发法律硕士研究生创新精神、提升其职业综合素质等方面具有其他教学环节所不能替代的作用。② 其中,实践教学的重要形式——法律硕士实践教学基地是培养法律硕士职业技能、实践能力的主要载体,③其越来越成为政府部门、各大院校乃至学术界关注的重点。由教育部、中央政法委发布的《关于坚持德法兼修实施卓越法治人才教育培养计划2.0的意见》中强调:"重实践,是法学教育之要,应强化法学实践

---

① 杨忠孝、缪志心:《法律硕士专业学位实践基地建设的路径选择》,载《上海教育评估研究》2014年第3期。

② 何洪奇:《对复合型法律人才实践培养模式的几点思考》,载《辽宁教育行政学院学报》2010年第12期。

③ "实践教学",是指以具体实践活动的形式开展的专业教学环节。"基地",是指培养单位为加强专业学位研究生实践能力培养,与行业、企业、社会组织等合作单位共同建立的人才培养平台,是专业学位研究生进行专业实践的主要场所,是产学结合的重要载体。加强基地建设,是专业学位研究生实践能力培养的基本要求,是推动教育理念转变、深化培养模式改革、提高培养质量的重要保证。参见教育部发布的《关于加强专业学位研究生案例教学和联合培养基地建设的意见》(教研〔2015〕1号)。在我国,法律硕士实践教学基地包括校内和校外两种,本文仅是指狭义上(人们通常性认知维度上)的校外实践教学基地。

教育,积极探索实践教学的方式方法,以切实提高实践教学的质量和效果。要着力推动建立法治实务部门接收法学专业学生实习、法学专业学生担任实习法官检察官助理等制度,将接收、指导学生实习作为法治实务部门的职责。"①其应有之义便在于保障实践教学质量和效果的方式方法当着力实践教学基地的建设上。而在教育部相关政策支持下,我国相继有几十家法学院被列入教育部"法学教育实践基地"建设项目中。近年来,利用政府政策指引,诸多开展法律硕士教育的法学院校积极寻求与法院、检察院、律师事务所、监狱等法律实务部门合作,通过共建、共管、共享的方式共同开发建设法律硕士实践教学基地,②这一现象已然有遍地开花之势。在法学教育学术界,许多学者已经注意到法律硕士实践教学基地建设对于提升法律硕士职业技能、实践能力及保障法律硕士教育质的重要性,并主要就发展建设实践教学基地的路径选择、存在的显著问题和改进策略等内容进行了缕析。例如,在路径选择方面,有政法部门内部挂牌设立、在高校内部设立政法部门工作站、法律硕士参与政法部门定期实习、为律师事务所或企业订单式培养法律硕士等形式(杨忠孝、缪志心,2014 年);在基地运行中凸显的一些问题上,高校单方和工作单位之间的合作意愿与单位实际能提供的支持之间存在落差(哈书菊,2017 年);在组织建设、制度建设、条件建设、师资建设、平台交流机制建设等基地规范建设层面存在诸多不足(黎莲芬,2016 年)等;在改进策略上,应着手制订基地总体建设方案并完善相应配套规章制度、加强组织保障与经费投入补贴、细化基地教学考核评价内容、推进建立基地规范化管理机制等(何潇,2015 年)。然而,基于种种现实条件制约、主观因素束缚等,基地建设发展进程中遇到的诸多问题与阻滞一直得不到妥善解决和处置,其核心表征便在于基地无法产出或者只能在很低程度上产出——符合"质量标准"的"产品",而作为"产品质量"检验、检测的重要机制——法律硕士实践教学基地评估指标体系能够系统、科学、有效地评估实践教学基地建设中的具体情况,从而约束和监督培养单位与合作单位的培养行为,促使其在提升法律硕士教育质量上作出更多改善。基于此,法律硕士实践教学基地评估指标体系的构建实属紧要与迫切。

(三)法律硕士授权点专项评估体系科学细化的必然要求

我国学位授权点,是指由国务院学位委员会批准,有权授予硕士、博士学位的学科、专业点。学位授权点的质量直接影响研究生事业的发展和研究生教育的质量,学位授权点的质量在很大程度上影响了科学研究的水平和社会服务的质量。③ 法律硕士学位授权点专项评估工作是对我国法律硕士研究生教育质量进行监督的重要手段,在保证法律硕

① 《关于坚持德法兼修实施卓越法治人才教育培养计划 2.0 的意见》(教高〔2018〕6 号),载教育部官网,http://www.moe.gov.cn/srcsite/A08/moe_739/s6550/201810/t20181017_351892.html。

② 洪萍、颜三忠:《创新法律硕士校外实践教学基地建设的思考》,载《亚太教育》2019 年第 10 期。

③ 李海生、殷玉新:《学位授权点合格评估指标体系简析——以 24 所研究生院高校制订的指标体系为例》,载《西藏民族大学学报(哲学社会科学版)》2019 年第 3 期。

士学位授权点和法律硕士研究生教育质量方面发挥重要作用。我国法律硕士专业学位授予点专项评估工作始于2014年,由全国法律专业学位研究生教育指导委员会(以下简称教指委)组织实施。教指委根据《法律硕士专业学位研究生指导性培养方案》确定的培养标准,以及《第八批新增法律硕士专业学位研究生培养单位评审办法》确定的申报条件,针对性制定了专项评估工作方案和指标体系。[①] 2018年教指委在专项评估工作方案中要求参评院校报送反映各院校法硕培养主要基础数据的15份表格。根据国务院学位委员会、教育部专项评估工作的通知,专项评估主要是检查学位点研究生培养体系的完备性,包括师资队伍(队伍结构、导师水平)、人才培养(招生选拔、培养方案、课程教学、学术训练或实践教学、学位授予)和质量保证(制度建设、过程管理、学风建设)等。因此,法律硕士专项评估指标体系包括师资队伍、人才培养、质量保证3个一级指标,分别赋值40分、40分和20分。一级指标下共设12个二级指标,26个测评点,采取百分制,测评点分值分别为2分、3分、4分、5分;各测评点分值均按三个等级给分,权重分别为50%、75%、100%(如测评点为4分的,分别为2分、3分、4分);总分达到75分及以上,且8个重点指标(均为《第八批新增法律硕士专业学位研究生培养单位评审办法》要求的)必须达到二级分数以上,方为合格;总分小于75分,且任一重点指标未达到二级分数以上,即不合格。然而,由于评估工作起步较晚,尚存在诸多待完善之处,其中,对实践教学基地的评估就既不科学又不系统,还无法评出实效。在该评估体系中,是以"区域(行业)部门合作建设实习基地使用"称谓"实践教学基地"的建设情况,在分值10分的二级指标"实践教学"中,它只是作为一个主要测评点出现,并只占3分比重。该项指标的评价标准为"实习时间不足、合作一般、效果一般"(权重50%,1.5分)、"实习时间充足、合作密切、效果较好"(权重75%,2.25分)和"实习时间充足、合作密切、效果好"(权重100%,3分)三个层次。此际存在的问题如下,第一,该指标设置不够科学。一方面,评价标准中"实习时间是否充足",专家根据培养方案相对比较好作出判断,但是"合作情况"和"实习效果"却混杂许多复杂多元的主观情形,难以作出实质有效性判断;另一方面,未能充分认识到实践教学基地建设的重要性,给予的分值配比过低。第二,该指标设置不够系统、不够全面,诸如基地的组织建设、管理制度等方面依然有所缺漏,凸显了不够周严全面的遗憾。随后,在2018年专项评估中,就该指标新增了"研究生参与实习实践情况表",要求参评院校提供实践基地单位名称、地点、联系电话、签约情况、教学活动类型和每学年实践基地活动次数、学生人数及时间长度等信息。显然,这一要素的增加也并不能有效改善科学、系统、有效评估实践教学基地建设情况的困境,进而在一定程度上有损法律硕士授权点专项评估体系的科学有效性。为此,出于进一步增进、完善法律

① 全国法律专业学位研究生教育指导委员会:《2014年法律硕士专业——学位授权点专项评估工作方案》,载全国法律专业学位研究生教育指导委员会官网,http://www.china-jm.org/article/?id=506,最后访问日期:2021年5月19日。

硕士授权点专项评估体系的科学有效之效度的需要,以及更好地检验实践教学基地建设中的具体情况,从而对实践教学基地的不良建设行为进行约束和管制,以法律硕士实践教学基地评估指标体系的构建研究显得尤为必要。

## 三、构建法律硕士实践教学基地评估指标体系的理论基础、基本原则与总体思路

评估,是指评议和估价,是对事物和过程的一种判断,是一个包含一系列的步骤和方法的连续性的系统过程。其一般程序是:规定目的、确定目标、系统地采集信息、分析资料,运用包括数学在内的科学手段,对某一对象进行综合的评议和估价。教育评估的本质是基于事实判断基础上的价值判断活动。评估指标是对评估目标某一方面的具体规定,是把抽象、原则的评估目标具体化,建立科学的评估指标体系是开展评估活动的必要前提。[①] 而欲建立科学的评估指标体系需要遵循相关理论学说的指导、一些基本原则的指引,以及具体实证方法的运用。在本部分研究中,聚焦一定的理论学说、基本的原则规束及总体性的构建思路,这是建立科学有效之法律硕士实践教学基地评估指标体系的前置性要件。

### (一)理论基础

相关理论基础是科学理解法律硕士实践教学基地评估指标体系的内涵、科学选取和确立指标并架构指标体系的重要前提,本文以教育评估理论和利益相关者理论为要进行陈述。

#### 1.教育评估理论

教育评估,是指根据既定的目的,确定相应的目标,建立科学的指标体系,通过系统地收集信息和定性、定量分析,依据客观的价值标准,对教育系统的功效和工作状态作出评议和估价的过程,而所获取的信息和资料能够为教育的科学决策提供重要依据。[②] 随着教育评估理论的历史演进与流派整合,专门为决策服务的“改进—决策”模式,即CIPP教育评估模式逐渐成为广为人们所接受的一种能够有效评估并帮助改进决策的评估模式。CIPP教育评估模式,也称决策导向性或者改良导向性评估模式,是由美国著名的教育学者斯塔弗尔比姆(Stufflebeam)根据泰勒“行为—目标”模式于1966年提出的一种提高绩效、明确职责的评估模式,该模式的核心目的是将“证明”(行为过程是否达到预设目标)转变为“改进”。[③] CIPP教育评估模式将评估的目的由证明转向改进,将该评估作为教育治理者作教育决策的参照依据,评估者通过为各方需要评估信息的人服务,使他们作出有效的决策,以促进教育更好地改进与发展,实现了教育评估史上由目标、结果、证明向决策、过程、改进的重大飞跃。CIPP教育评估模式是由背景评估(context

① 顾明远主编:《教育大辞典》,上海教育出版社1998年版。

② 顾明远主编:《教育大辞典》,上海教育出版社1998年版。

③ Daniel L . Stufflebeam, George F. , *Madaus and Thomas Kellaghan. Evaluation Models: Viewpoints on Educational and Human Services Evaluation*,北京大学出版社2007年版,第16~21页。转引自远梦妮:《基于CIPP模型的拔尖创新人才培养质量评估研究》,哈尔滨工业大学管理学2017年硕士学位论文,第4页。

evaluation)、输入评估(input evaluation)、过程评估(process evaluation)、结果评估(product evaluation)4个部分组成的系统工程。概括而言,背景评估是对方案的目标进行合理性分析,投入评估是对方案的可行性进行鉴定,过程评估是对方案的有效性进行评判,成果评估是对方案的运行结果及可推广程度进行评估。[①] 将CIPP教育评估模式用于高等教育各领域评估指标体系构建的研究屡见不鲜,因而将CIPP教育评估模式与法律硕士实践教学基地结合起来具有充分的理论依据与实践依据,而从法律硕士实践教学基地的现实作用考量,其"输入—过程—结果"的人才"锻造"流程与CIPP教育评估模式"背景(目标)—输入—过程—结果"这4个评估要素亦是恰切匹配的。基于此,可以依据逻辑框架法的垂直逻辑将法律硕士实践教学基地的目的、投入、过程、产出4个层次的要素所体现的指标和分解后内含的指标架构为具有一定逻辑关系的评估指标体系。例如,在背景(目标)评估层面,法律硕士实践教学基地的建设目标主要是培养出具备职业技能和实践能力的高素质、复合型、应用型法治人才,围绕被评估对象的目标需要,在这一层面的评估指标当是保障评估目标实现的那些背景性、基础性条件,如组织机构的建立健全、组织管理制度的建设与完善、组织管理运行机制等指标。在输入评估层面,围绕法律硕士实践教学基地的建设目标,培养单位和合作单位应当为评估对象所欲实现的目标提供哪些必备的人、财、物等条件或资源,指标的选取和确立也以此为据。一般而言,在"人"上,应当提供专门的指导实践的导师,其中关注的要素有导师的数量、导师的学历或职称结构、导师的实践工作年龄等;在"财"上,应当具备一定的经费投入,要素内容包括基地建设经费是否充足、人才培养的必要性支出是否完备、给予导师的奖励或补贴是否具备等;在"物"上,应当考量实体性基础设施的建设状况,如实践指导性法律图书或档案文献的数量、法律实验室是否具备或运行状况、智慧司法设施的供给等。在结果评估层面,核心关注点当是针对法律硕士实践教学基地建设目标达成程度所做的评估,即是否有效达成了培养出具备职业技能和实践能力的高素质、复合型、应用型法治人才,此际指标的选取与确立应关注的要素主要是人才培养质量,而对人才培养质量的评估涵摄实践时长与频率、实践报告综合评价、论文选题来源、科研项目研究来源、学术论文发表级别、数量及引注比等。需要注意的是,结果评估的内容并非只有"人才培养质量"这一单一内容,还包括基地的科研成果、成果转化等内容,如基地申请的课题数量和级别(法律实践类)、科研成果的转化率或级别(如实践性科研报告被省级检察院批复采用)等,相应地,其指标选取和确立也以此为据。

2. 利益相关者理论

利益相关者理论是产生并广泛应用于企业管理和经济活动中的重要理论。随着利益相关者理论在教育质量或绩效评估中的嵌入,其在高等教育领域的应用也越来越普遍,学界也不乏将该理论与专业硕士实践教学基地或产学研基地评估结合起来的研究

① 谢娟、张婷、程凤:《基于CIPP的翻转课堂教学评价体系构建》,载《现代远程教育研究》2017年第5期。

(朱晓英,2020年;杨亚娟,2016年;彭雯,2012年),而这些都恰切地符合建构主义评估模式的原理。所谓建构主义评估模式强调的正是不同利益主体对教育的诉求,建构主义评估模式的理论基石正是:根据利益相关者的情况决定需要评估什么问题,以及收集什么信息。[①] 基于此,从总体上来说,利益相关者理论能够对法律硕士实践教学基地中的各个核心利益相关者主体进行限定,并在此限定基础上框定和确立与各个核心利益相关者密切相关的评估指标;而基于各个利益相关者的利益目标不尽相同乃至甚为迥异,可基于此判定来进行评估指标的细分设置。

具体来看,第一,从限定关乎基地建设与发展的几个主要的利益相关者这方面来看。在总结弗里曼和克拉克森等人代表性理论研究的基础上,国内学者综合认为:"利益相关者是指那些在企业的生产活动中进行了一定的专用性投资,并承担了一定风险的个体和群体,其活动能够影响或者改变企业的目标,或者受到企业实现其目标过程的影响。"[②] 将这一利益相关者基础性研究成果应用到法律硕士实践教学基地利益相关者限定方面,笔者认为,各个法律硕士院校(培养单位)、各个提供基地的政法部门、律师事务所、企事业单位(合作单位)与法律硕士群体或个人(培养对象)当是核心的利益相关者。

第二,从根据利益相关者相异的利益目标基础上细分设置评估指标这一方面来看。其一,培养单位主要是各个非营利性的院校,无论是从法治人才培养的时代使命担当上而言,还是从体系性的学科评估压力来看,其主要的利益目标基本上都是以培养高素质、复合型、应用型的法治人才为导向。由于种种现实原因制约,培养单位往往表现为基地建设中的"需求方"角色,其在经费提供与管理、人才培养方案制订、后勤保障、学生实践管理等规章制度建设及基地管理委员会、基地视察指导等组织机构运营建设方面,愿意发挥更多作用。故而,指标范围应以此为考量。其二,合作单位类型多元、职业岗位众多且相异,具体情况具体分析下,各个具体性的合作单位所追求的具体性利益目标是不尽相同的,但总体上而言,由于并无硬性的政策规定、适当的经济激励、一定的制裁措施等,现行法律硕士实践教学基地建设中的普遍情形是无论法检部门、律师事务所,抑或是其他企事业单位,都主要寻求"经济效益"的提升,如能否为我减轻工作繁杂、能否为我创造实践性成果(如科研论文写作与发表)、能否为我培养后备人才等。因而,对合作单位基地建设的评估指标不仅应涵盖基础条件提供层面(经费投入、设施设备、指导导师数量等),更应聚焦人才培养(实践频率与时长、双导师队伍建设情况等)、合作成果(科研成果产出、职业技能水平提升)等层面。其三,法律硕士群体或个人所欲的利益目标主要聚

---

① 桂庆平:《西方教育评估理论变迁的价值之维》,载《大学(研究版)》2018年第9期。

② 弗里曼认为,"利益相关者是能够影响一个组织目标的实现,或者受到一个组织实现其目标过程影响的人",然而这个概念界定过于宽泛,基本上涵盖了直接或间接关联的所有主体。而克拉克森认为:"利益相关者以及在企业中投入了一些实物资本、人力资本、财务资本或一些有价值的东西,并由此而承担了某些形式的风险;或者说,他们因企业活动而承受风险。"克拉克森的定义引入了专用性投资的概念,使利益相关者的定义更加具体化和集中化。参见付俊文、赵红:《利益相关者理论综述》,载《首都经济贸易大学学报》2006年第2期。

焦自身能力的锻炼和储备以用于长远发展。据此，根据其所依赖的资源条件与所致力实现的目标，评估指标几乎涵盖以上两者所有内容。

(二)基本原则

检查、评价、监督法律硕士实践教学基地建设的成效，选择合适的评估指标并构建科学有效的评估指标体系是应然选择。然而，影响法律硕士实践教学基地建设成效的因素繁芜杂乱，即使仅基于“教育评估理论”与“利益相关者理论”涵摄和选取相关联指标，都已经是包括多个维度、含有不同层次、细分节点无数的状态了。因此，具体选择哪些指标来对法律硕士实践教学基地建设成效进行评估是制订评估计划、实施评估方案的前提性要件，其中的关键便在于明晰法律硕士实践教学基地评估指标选取和确立的基本原则。[①]依据统计学原理中统计指标、指标体系设计的通用原则，[②]以及教育评估基础理论，学科评估、专业学位授权点评估、专业研究生教学质量评估、专业研究生教育实践基地评估等关涉的评估指标或指标体系设计原则，法律硕士实践教学基地评估指标体系的构建至少应遵循以下几项基本原则。

第一，科学导向原则。之所以需要坚持科学导向原则，原因如下。其一，教育评估指标是经由收集整理各种教育相关信息，为教育系统提供可解释的资料，以作为教育政策说明与决策参考之用。[③] 之所以评估法律硕士实践教学基地不是为了“证明”，而是为了“改进”，为了给“改造升级”基地建设提供更多反映具体实际、展现客观情况的依据，从而切实保障基地拥有培养具备职业技能、实践能力的高素质、复合型、应用型法治人才之能力，因此必须坚持科学教育理论和统计学的科学性要求，以科学的标准框定指标范围、筛选与确立指标。其二，法律硕士实践教学基地作为一个独立运作的组织系统，结构体系较复杂，含有多元利益主体、各异因素等，为了客观量度该评估对象，不得不寻求科学、严谨的测量与统计方法，以将评估对象的具体因素进行具化、量化。

第二，系统全面、兼顾重点的原则。在 CIPP 教育评估模式“背景(目标)—输入—过程—结果”四要素内容涵摄下，法律硕士实践教学基地评估指标体系至少可分解为垂直逻辑下的 4 个指标系统，每个指标系统下又涵摄多个独立各异的指标，每个独立且各异的指标又有不同的测评标准。以如此分层、分类的方式，能比较系统全面地反映出评估指标体系中所有评估构成要素的具体情况，使评估指标能够形成一套完整的评估体系。然而，基于人类理性的有限性，任何人对任何评估工作都难以声称其能够穷尽罗列所有可以用于所评估对象的评估指标，即使能够穷尽罗列，也是一种不符合经济效益而反理性的行为。故而，针对特定的评估对象，应在尽量保证系统全面的同时，兼顾重点。比如，在法律硕士实践教学基地评估指标体系中，对于“输入”指标系统中的“基础条件”维

① 黄泽霞：《重点大学产学研合作绩效评价研究》，四川大学 2007 年硕士学位论文，第 10 ~ 50 页。

② 王志电、张玉红等：《统计学原理》，中国统计出版社 2015 年版，第 1 ~ 345 页。

③ 简茂发、李琪明：《当代教育指标》，台北，学富文化事业有限公司 2001 年版，第 1 ~ 258 页。

度下的“实践性设施设备”,其当然地包括“会议室中多媒体设备的数量或完好情况”,但该项指标相对基地建设所欲的目标——培养出具备职业技能、实践能力的高素质、复合型、应用型法治人才——而言,无论从普遍性的主观认知还是从科学性的客观评价上来看,它都是无关大碍的一个指标。基于此反向论证,兼顾重点的基本原则实属必要,对于产生“信息冗余”的指标可考虑予以舍弃。

第三,定量与定性相结合的原则。对法律硕士实践教学基地的建设成效进行评估,需要坚持定量与定性相结合的原则,以实现最大限度、全面的(主客观相结合的方式)绩效评估。[①] 法律硕士实践教学基地本身就是一个培育高素质法治人才的平台,我们不能够将所有指标都简单粗暴量化,其中的许多要素内容是难以定量测度的,并不能够一一以量化指标的形式呈现,如管理制度、培养方案、教学方案、人才培养质量、科研成果价值等定性指标对于基地建设的重要影响因素,而这些通常只能依靠法律职业从事者、法学教育者等专家的主观评判。因此,坚持定量与定性相结合的原则是必要的,然而,并不能因为定性测评的需要而“化繁就简”地统统优先定性而后定量,基于科学性原则的要求,当以优先设置简洁可测度的定量指标为要,只要当某些要素实在无法量化时方能设置定性指标。还需强调的是,对于定量指标,应根据专家意见提供层次清晰的达标标准,以增强指标的可测量性;对于定性指标,应根据专家意见,采用多个测评点统摄评估指标,防止评估中的主观随意性评价占比过高。除上述方面外,还应注重以下几个原则的持守,如指标相对独立性原则、规模性指标与效益型指标相结合的原则、过程指标与结果指标相结合的原则、理论性与可操作性相结合的原则,限于篇幅,在此不一一介绍。

### (三)总体思路

本文的根本目标是构建一套科学合理、具有可操作性的法律硕士实践教学基地评估指标体系,以期通过发挥其检测、评估、监督与“改进决策”的作用,切实地评价出我国法律硕士培养现实中法律硕士实践教学基地建设发展的成效,从而助力推进法律硕士实践教学基地步入良性发展轨道,提升“实践性法治人才”培养的质效。以该目标为鹄,本文以教育评估理论(CIPP 教育评估模式为核心)与利益相关者理论为理论基石,将其作为评估指标体系构建的指导思想,在横向上奠定体系构建的基础。同时,以科学导向原则、系统全面与兼顾重点的原则、定量与定性相结合的原则等原则为指引,在纵向上搭建体系构建的框架。基于此,下文将充实体系构建的“血肉”,首先,以相关文献研究、理论学说、政策梳理、实地调研、专家议定等方式为依据,初步确立法律硕士实践教学基地建设中的各项评估指标及其评估指标体系;其次,通过德尔菲法筛选指标和确定权重,并最终确立法律硕士实践教学基地的评估指标体系。

## 四、法律硕士实践教学基地评估指标体系的具体构建路径

依循教育评估理论与利益相关者理论的指引,以几项基本原则为基础,在总括性的

① 冯晖、王奇:《高等教育绩效管理体系探析》,载《中国高等教育》2012 年第 7 期。

构建思路上,深入探讨法律硕士实践教学基地评估指标体系的具体构建路径及其内容,是不可或缺的。由此,方能实现宏观与微观统合、良性设计与可行操作兼备的目的,从而达至又科学又有效的体系构建之根本目标。

(一)评估指标体系的初步构建

法律硕士实践教学基地评估指标体系的初步构建,是指结合法律硕士实践教学基地的建设目标及其建设内容,根据相关文献研究、理论学说、政策梳理及实地调研等方式方法,所初步选定的一系列指标及其按照逻辑架构所形成的一个框架性评估指标体系。其一,在相关文献研究方面,前文已略有涉及,总体上而言,从既有相关文献的研究现状来看(既包括与基地建设直接相关的文献,也包括诸如保障法律硕士实习质量等非直接相关的文献),对法律硕士实践教学基地评估指标体系进行专门研究的理论性文章或实践性报告都是尚付阙如的,多数研究聚焦法律硕士实践教学基地建设发展困境与规范路径,笔者对此进行归纳,管理制度保障(如基地建设方案)、组织机构设置(如加强培养单位与合作单位的沟通机制)、人才培养质量(如实习质量保障、双导师配置)、产出成果(如实践性论文的标准要求)等内容是相关研究的重点。基于此,法律硕士实践教学基地评估指标体系中评估指标的框定与选取当以上述要素为据。其二,在理论学说方面,主要以前文的教育评估理论(CIPP 教育评估模式为核心)与利益相关者理论为归旨,它为法律硕士实践教学基地评估指标体系初步构建所作出的贡献主要在于,依据逻辑框架法的垂直逻辑将法律硕士实践教学基地的目的、投入、过程、产出 4 个层次的要素所体现的指标和分解后内含的指标架构为具有一定逻辑关系的评估指标体系。申言之,依据教育评估理论形成了四个维度的一级指标,依据利益相关者理论中所核心关涉的三方主体,贯穿于一级指标的分解细化中去,形成诸多相互独立的二级指标。前文对此已有详述,不再缀墨。其三,在政策梳理方面,通过对教育部《关于加强专业学位研究生案例教学和联合培养基地建设的意见》(教研〔2015〕1 号)、《法律硕士专业学位研究生指导性培养方案》(适用于法学/非法学专业毕业生)(学位办〔2017〕19 号)、《关于坚持德法兼修实施卓越法治人才教育培养计划 2.0 的意见》(教高〔2018〕6 号)、《学位与研究生教育发展"十三五"规划》(教研〔2017〕1 号)、《专业学位研究生教育发展方案(2020—2025)》(学位〔2020〕20 号)等政府部门颁布的政策文件,以及一些代表性法律硕士院校公布的"关于开展专业学位研究生实践基地建设检查工作"或者"专业学位研究生联合培养基地/实习(践)基地建设管理办法"①等政策文件的研读、梳理与归纳,笔者认为,法律硕士实践教学基地建设的主要内容或普遍性考核标准主要包括以下四个方面:(1)规范基地建设,完善基地运行管理机制;(2)加大基地投入,完善基地各项基础条件的建设;(3)严格人才培养过程,提高人才培养质量;(4)加强合作,推进实践性合作成果的产出。其四,实地

① 《中国政法大学专业学位研究生联合培养基地建设管理办法》,载中国政法大学官网 2020 年 12 月 8 日,http://yjsy.cupl.edu.cn/info/1099/2541.htm。

调研当择选政法部门、律师事务所、企事业等各个层次,并从中遴选代表性的法律硕士实践教学基地,而后通过实地访谈(访谈对象应包括"三方主体"),研判基地建设的核心内容、突出性困境、代表性发展经验、建设目标与趋向等,基于此,为法律硕士实践教学基地评估指标体系的构建提供一些事实依据。总之,法律硕士实践教学基地评估指标体系的初步构建有充分的理论依据、政策依据与事实依据,[①]经过笔者初步提取与归纳,该评估指标体系见表1(限于篇幅,对三级指标的评估标准/评测内容未列出)。

**表1 法律硕士实践教学基地评估指标体系初步构建**

| 一级指标 | 二级指标 | 三级指标 |
| --- | --- | --- |
| 组织管理 | 组织机构设置 | 统一的组织管理机构(领导小组/业务工作小组)<br>岗位职责分工明确 |
| | 管理制度供给 | 经费管理制度<br>后勤保障制度<br>人才培养方案/计划<br>实践成绩管理制度 |
| | 管理运行情况 | 运行机制状况<br>动力机制状况<br>约束机制状况<br>定期交流情况<br>实践总结情况 |
| | 经费投入 | 科研经费充足<br>有一定的人才培养经费<br>有一定的教师指导费用 |
| 基础条件 | 师资条件 | 指导教师的数量<br>指导教师的学历构成<br>指导教师的职称构成<br>实践性导师的占比<br>实践场所干净整洁<br>信息化设施设备拥有量与使用率 |
| | 实践条件 | 专门用于学生法律实践的设施设备(如基地中的"实习法庭") |
| | 教学条件 | 人才培养方案/计划<br>教学计划文件<br>实践指导性法律图书或档案文献的数量 |

① 朱晓英:《专业学位研究生教育实践基地评估指标体系的构建》,河北大学2020年硕士学位论文,第15页。

续表

| 一级指标 | 二级指标 | 三级指标 |
| --- | --- | --- |
| 人才培养 | 实践指导 | 校外实务导师指导<br>校内外导师合作 |
| | 实践考核 | 实践过程考核<br>实践结果考核 |
| | 培养质量 | 实践教学项目参与情况<br>实训报告综合评价<br>论文选题来源 |
| 成果产出 | 法律硕士实践能力的自我提升 | 实践能力提升程度<br>就业竞争力能力提升程度 |
| | 科研成果 | 基地申请的课题数量和级别(法律实践类)<br>省级以上期刊发表数 |
| | 实践性成果 | 合作单位或企业对实践基地学生的评价和满意程度<br>科研成果的转化率或级别(如实践性科研报告被省检察院批复采用) |

(二)评估指标体系的指标筛选、权重设置与最终确立

在初步构建出法律硕士实践教学基地评估指标体系后,为了保障这套评估指标体系的科学性、合理性与权威性,还需要就已框定和选取的指标进行实证检验。从教育评估的指标来看,由于评价主体的多样性、评价对象的复杂性、评价数据的模糊性、评价成本的高额性等原因,评估指标的筛选就如同组织决策,同样甚至更复杂和艰难,确定一组或一套少数简约的评价指标无异于组织决策中的"垃圾桶理论"(The Garbage Can Theory)。[①] 现实中,对指标的筛选方法繁多,[②]基于专家调查法与法律硕士实践教学基地评估指标筛选的高度匹配性,本文只就专家咨询法做一扼要陈述。专家咨询法又称为德尔菲法(Delphi Method),1946 年由美国兰德公司创始实行,其本质上是一种反馈匿名函询法,其大致流程是在对所要预测的问题征得专家的意见之后,进行整理、归纳、统计,再匿名反馈给各专家,再次征求意见,再集中,再反馈,直至得到一致的意见。将德尔菲法应用在法律硕士实践教学基地评估指标体系的构建时,核心内容,是指为了对法律硕

① 陈廷柱、蒋凯等:《高等教育评价体系创新(笔会)》,载《苏州大学学报(教育科学版)》2021 年第 2 期。

② 韦云、唐国强、徐俊杰:《指标体系的构建模型》,载《统计与决策》2013 年第 4 期。

士实践教学基地评估指标体系中的某一指标或某些指标达成一致认识,以分发问题表或专家咨询问卷的形式,征求、汇集并统计一些专家人士对某一项指标重要性程度的意见或判断,以便在这一问题的分析上使大家取得一致的意见。[①] 具体性的流程大致如下:合理选取相关专家,组建咨询专家组;拟定专家咨询问卷;以数理计算方式,进行专家咨询可靠性分析;将专家筛选的指标进行数据化处理;结合专家增删指标的综合建议及数据处理结果确定最终的指标。此间需要特别强调的是,“合理选取专家”需要遵循以下原则:其一,注重理论研究与实践经验的结合,相关专家的选取应当是在多领域扮演多个角色,如教育行政系统的主管人员、法检部门中的检察官法官、监狱系统中的典狱人员、法律院校的专业老师和主管实践教学的行政老师、律师事务所的律师等。其二,相关专家的职务等级、学历结构、人数等应合理配置,以保障评估专家知识素养、知识结构、能力品质、评估理念等内容的合理性。[②] 其三,选取形式或程序应尽量多元,如通过单位推荐、个人申请等多种途径寻求和发掘评估专家;借助互联网和大数据平台对申请人进行条件匹配度审核以形成评估专家数据库;通过组建专家遴选委员会对候选专家进行筛选以确定专家候选人名单;通过书面征求意见、打分排序等多种形式广泛征求参评高校的意见,以最终遴选出具备良好学术品格和职业操守的评估专家。

法律硕士实践教学基地评估指标体系是各层级、各细分领域评估指标的集束。然而,各个指标之间的关系及各个具体性指标在指标体系中的重要程度,并不能当然地反映在“指标集束”中,为了合理权衡各项指标在指标体系中的重要程度,以及出于量化该评估指标体系使之一目了然地用备于改进决策的目的,寻求科学方法合理地确定各个指标的权重,亦是构建法律硕士实践教学基地评估指标体系的一项重要的“基础设施”。在现实中,不同的指标,其重要性程度亦是不同的,往往各指标在计算中被赋予不同的权重。在教育评估中,权重即对评估对象用指标规定的标准进行定量分析的活动,通常表现为对指标体系中各项指标逐个赋值,并进行数学处理的过程。权重反映了所测评指标相对于指标体系的重要程度,权重的确定与分配是评估指标体系设计中非常关键的步骤,[③]如何科学合理地分配指标权重是法律硕士实践教学基地评估指标体系量化评估的关键。在实践中常用的确定权重的方法有主观赋权法、客观赋权法、德尔菲法、层次分析法等,依据其他相关研究,本文选择运用德尔菲法确定法律硕士实践教学基地三级评估指标体系中各项指标的权重。指标权重确定过程为:(1)第一轮专家调查。第一轮专家调查没有任何限制和说明,专家凭各自的经验和理解独立自主打分,直接给出三级指标权重。(2)对第一轮专家调查数据进行统计处理、分析,并将分析结果提供给调查专家,

① 霍力岩:《编制教育评价方案的一个关键问题:加权及其方法研究》,载《教育科学研究》2000 年第 1 期。

② 翟亚军、王晴:《“双一流”建设语境下的学科评估再造》,载《清华大学教育研究》2017 年第 6 期。

③ 李静、王富荣:《专业学位研究生教育:质量评估指标权重述评》,载《黑龙江教育(高教研究与评估)》2011 年第 3 期。

并就指标体系构建思路和内容中指标重叠的部分如何处理，向调查专家作出进一步解释和说明，由专家进行第二轮打分。(3)对第二轮专家打分结果进行统计分析，计算各级指标变异系数、肯德尔协调系数，依据专家打分的中位数和均值，最终确定法律硕士实践教学基地三级评估指标体系中各项指标的权重。[①] 基于以上内容的分析，在初步构建的评估指标体系基础上，运用德尔菲法筛选确立最终的各项指标，而后同样可以运用德尔菲法量度各项指标的权重，从而确立最终的法律硕士实践教学基地评估指标体系。

囿于笔者的专业局限性，本文并未就数理性研究方法及其研究过程一一展开，也未计算、罗列各项指标的权重比值，因及于此，本文暂不能形成一个理论与实证兼备的"终局性"的法律硕士实践教学基地评估指标体系。然而，无论从微观角度还是宏观角度而言，本文都具有独特的理论价值与实践价值。仅从微观层面申述之，我国的法律硕士教学实践基地尚属起步阶段，建设时间还不长，存在一些问题，如何科学有效地考虑评估这些问题或那些问题，从而切实促进和改善基地建设与发展的状况，并真正地实现其"实践育人"的本质追寻，建立健全一套量化的评估指标体系是一个良善的选择，而兼备检查、监督、评估并最终用于"改进决策"等功能的评估指标体系，无疑地，会在实践维度促进法律硕士实践教学基地建设发展的提质增效。总之，本文是一项有关于法律硕士实践教学基地评估指标体系的专门性、系统性研究，在一定程度上能够以一得之见为法律硕士实践教学基地评估指标体系更进一步地专门性理论研究或实践设计起到引玉之砖的作用。

① 刘斌、邹吉权：《"双高计划"绩效评价指标体系内涵分析与权重确定》，载《中国高教研究》2021年第4期。

# 法学课堂内实践性教学中“双向场景案例讨论法”研究

廖振中[*] 高晋康[**] 汤火箭[***]

## 一、引言:如何通过课堂内实践性教学提升职业技能

理论知识学习与职业技能培训一直是法学教育相互颉颃的两面。大陆法系将职业技能视为法学教育目标之一,实行“两阶段法”:学生在法学院学习理论知识之后通过司法考试,再进入实务部门接受两年的强制性实习学徒训练(Referendarzeit)。近年来,两大法系法学教育思路出现了再融合的趋势。这一趋势凸显了两个共识:其一,在市场的压力下,职业技能培训作为全球法学院教育目标之一的重要性正在复苏与回归;其二,课堂内实践性教学将部分取代运行成本过高的实习学徒训练成为职业技能训练的主要路径。①

近10年来,我国各法学院陆续引入了海外的课堂内实践性教学模式,如模拟法庭,法律诊所、请求权基础案例研习,但这些模式在中国语境下都有南橘北枳之虞。学界由此开始探讨中国本土化实践性教学方法,如个案全过程教学法(章武生,2013年)、法律医院(高晋康,2017年)、文本分析与法律诊所的二元互补(班小辉,2018年)等。② 从总

* 西南财经大学中国金融法研究中心研究员。
** 西南财经大学法学院教授。
*** 西南财经大学法学院教授,教务处处长。

① 国内多数学者赞成将法学院定位于法律职业教育,参见王晨光:《法学教育改革现状与宏观制度设计——日韩经验教训反思与中国改革刍议》,载《法学》2016年第8期;郜占川:《新时代卓越法治人才培养之道与术》,载《政法论坛》2019年第2期。也有学者认为,在法学院完成智能技能培训较适合,参见李红海:《统一司法考试与合格法律人才的培养及选拔》,载《中外法学》2012年第4期。

② 参见章武生:《“个案全过程教学法”之推广》,载《法学》2013年第4期;高晋康:《从法律诊所到法律医院:法学实践教学模式的重构——基于西南财经大学实践性教学改革的探索》,载《中国法学教育研究》2017年第3期;班小辉:《论法学案例教学方式的二元化及其互补发展》,载《法学教育研究》2018年第3期。

体上看，法学实践教学的效果与质量评估并不理想。[①] 2018 年教育部《法学类教学质量国家标准》第 5. 2. 2 条提出了“改革教学方法，强化案例教学”的改革方向。

考虑到当前法学教育的对象正在转向“95 后”数字原生代学生，如何开发出中国特色的课堂内实践性课程，以满足全球化背景下市场经济和实践部门对当代法学院毕业生的需求，就成为“立德树人德法兼修抓好法治人才培养”至关重要、亟待回答的一个问题。本文所提出的“双向场景案例讨论法”正是对此问题进行回应的一个初步尝试。

**二、法学课堂内实践性教学的阿喀琉斯之踵：“问题场景缺位”**

对于法学课堂内实践性教育效果不佳的原因学界有多种解释，但几乎所有学者都同意，既有课堂内实践性教学诸多模式中有一个共同的瑕玷之处，即均只从纸面代入了法官视角的判决结论，而有意无意间忽视了当事人与律师，随之造成真实“问题场景”(factual context)之缺位。沙莱克(1993 年)就指出，“在法学课堂上，如果当事人(客户)仅以纸片人(cardboard figures)的形象出现，将使得案例研究脱离引发纠纷的社会环境和关系网络”。[②] 考虑法学院本科生往往都是 20 岁左右莘莘学子，“多像在温室里培育的花朵，社会经验相当匮乏”。如果分析基础仅是文本材料而非真实世界中当事人或律师所面对的场景时，就会出现“抽象基础不足”的学习障碍，“文本中的抽象词汇对缺乏经验的学生没有任何意义”。在此背景下，既有课堂内实践性教学的种种问题在所难免。

第一，信息传导扭曲导致研讨效率低下。由于众所周知的原因，判决文本本身往往并不能构成案件的全貌，相当一部分的“隐性细节信息”在法官写作过程中被有意无意地过滤掉了，而恰恰这些高度个人化的，却很难形式化的隐形细节信息却对案件分析非常重要。当“实践教学的案例往往并不是现实生活中所发生的案例，而是教师为说明某一问题而编制的”，[③]案件信息传导有限扭曲势必注定研讨的低效化。一个明显反例是，教师能向学生提供自身执业经历、具有“隐性细节信息”的真实案例往往教学效果更好。有学者提出了同步观看真实法院庭审的方案，[④]但枯燥冗长的观看内容会提前耗尽学生的

---

① 例如，何美欢(2006 年)认为，中国法学教育在技能训练方面“全方位缺席”，参见何美欢：《理想的专业法学教育》，载《清华法学》2006 年第 3 期；葛云松(2014 年)尖锐地批评，法学院教育类似疗养院，参见葛云松：《法学教育的理想》，载《中外法学》2014 年第 2 期。

② 沙莱克认为，传统案例分析往往把当事人通常被故意刻画为以牺牲他人为代价最大化自己的经济利益的单维度纸片人，忽视了关系、声誉和价值观等其他对当事人起作用的因素。See Ann Shalleck, *Constructions of the Client Within Legal Education*, Stanford Law Review (1993).

③ 房绍坤：《我国法学实践教学存在的问题及对策》，载《人民法治》2018 年第 16 期。

④ 参见卢春龙：《“四型人才”导向的“四跨”——中国政法大学法治人才培养新模式》，载《政法论坛》2019 年第 2 期。

精力。

第二,真实客户缺位导致学习激励不足。在实践中律师对一个案子的投入度往往高于法官,是因为其在案件中具有经济激励,而后者仅仅将案件作为日常工作的一部分。同样,如何激励学生对案件产生"移情和共情"的投入,而非草率应付书本作业是实践性教学必须解决的难题,"(学生)往往缺乏真实世界中律师代表客户时那种不可预测性和紧迫性"。受教育消费主义的影响,"95后"学生很容易对单纯的文本材料产生厌倦感,研讨的学习动力会由此下降。教育部也注意到了这一点,特别指出应当"围绕激发学生学习兴趣和潜能深化教学改革"。①

第三,师生比例失调导致研习效果异化。"95后"学生很容易拒绝接受"自上而下的权威模式"(top-down authoritative model)教育。为了补充文本材料信息的不足,教师势必在课堂上依靠口头表达输出"问题场景"。这种依赖师生一对一高度互动进而创建"问题场景"的办法本质上是一种师徒式的个体培养,其有效性系于师生比例——在理想情况下每位教师面对不超过10名学生,否则教师会进退失据,无法应对。但考虑中国的实际情况,要求个位数的师生比对国内法学院而言并不现实。因此,在实践中大课状态下的文本案例研习效果往往不由自主地异化为改头换面的知识灌输或者剧本导向的话剧表演。

第四,抽象要件空洞导致职业技能偏废。除三段论的逻辑推理和请求权基础分析能力外,全球化的市场至少还需要法学院学生具有两方面的技能:一是站在商业角度从成本效益分析为客户降低交易成本、增加交易价值的复合技能;二是可视化表达、客户沟通、团队协作、业务发展、形象塑造甚至压力管理等对于其职业生涯至关重要的"软技能"。单纯文本的案例教学法过于重视概念与逻辑,让学生在情感真空状态下按图索骥地寻找要件事实,交易场景缺位无法使学生意识到其中的潜在风险,也不利于学生培养复合职业技能。换言之,即便文本研习在某种程度上能够教会学生"像律师(法官)一样思考",但绝对无法教会他们"像律师(法官)一样做事"。

第五,诚信教育匮乏导致职业伦理失范。法学教育的任务之一是要让学生意识到诚信和声誉比金钱和不惜一切代价的胜利更重要。法学教育理应鼓励学生重视职业伦理,但由于缺乏"问题场景",学生很难通过"移情"体验到当事人在真实案件中的直观感受,也无法通过单薄的文本感受案件中的人性化与同理心,因此单纯的文本案例分析很难实现诚信教育,从而提升学生的职业伦理认同。②

① 参见2018年教育部《关于加快建设高水平本科教育全面提高人才培养能力的意见》,载教育部官网,http://www.moe.gov.cn/srcsite//s7056/201810/t20181017_351887.html。

② 有学者注意到了国内法律职业伦理教育缺失的问题,中国政法大学为此专门成立了法律职业伦理教研室,参见刘坤轮:《"学训一体"法律职业伦理教学模式的实践与创新》,载《政法论坛》2019年第2期。

完整的法学教育应当由“三个学徒”来定义：一是“认知学徒”，即学生拥有法律知识与逻辑三段论的分析思维；二是“实践学徒”，即学生获得专业人员所需的种种技能；三是“身份学徒”，即学生认同法律职业价值观。① 缺少“问题场景”的既有课堂实践性教学模式的失败之处在于无法提供后两种教育功能。

**三、双向案例分析实践性教学的运作：机理与流程**

（一）“双向案例分析法”的六大运作机理

与既有研究不同，本文并未停留在单纯的情景模拟层面，而是创新性地提出以下5点作为双向场景案例讨论法的基本运作机理：第一，基于建构主义的能动性学习理论引入“学习合同”以解决后“95后”学生与教师之间“代际交叉”（generational crossroads）问题；第二，根据信息时代的多媒体网络传播的经验，要求学生通过自媒体制作主动创造可视化的“问题场景”；第三，实现教学中心从传统案例分析法官视角为中心向以当事人视角为中心的转移；第四，将类案检索、诉讼可视化、商务谈判等近年来实务界亟须的法律技能与传统请求权案例研习的要件涵摄要素相融合，实现法律思维与职业技能的复合养成；第五，采取双组“平行宇宙”的模拟法庭，实现案例研讨的同构归因与竞争效应；第六，为了低成本可复制性和资源保留，开发了统一的多方互动教学平台以实现多种课程技术支撑底层模块的共用。

需要特别指出的是，建立在建构主义基础上的能动性学习模式与基于网络自媒体的法律信息传播经验是双向场景案例讨论法的任督二脉：前者鼓励学生有意识地主动尝试个性化学习，后者则赋予了能动性学习的互联网工具理性。与传统认知主义观点相反，建构主义教学方法提倡“人类创造意义而不是获得意义”，由此产生了“能动性学习”（agentic engagement）模式，即强调“学生对所接受的教学流程的建设性贡献”。② 所谓“能动”，是指赋予学生更广泛内在化学习选择，促使学生从提高专注、调动情感和调整认知三方面自我改善学习效能。另外，以简短动态视听剪辑为核心的自媒体文化构成了“95后”的法律信息来源的重要渠道。

（二）“双向场景案例讨论法”的运作流程：以表见代理案例研讨为例

双向场景案例讨论法的运作流程包括“学习合同清单—类案检索分析—反向涵摄编剧—自媒体可视化—平行模拟法庭—集体讨论评估—理论后续延展”7个核心步骤。

---

① See William M. Sullivan, et al., *Educating Lawyers: Preparation for the Profession of Law*, 2 John Wiley & Sons 28 (2007).

② Johnmarshall Reeve & C. M. Tseng, *Agency as a Fourth Aspect of Students' Engagement During Learning Activities*, 36 Contemporary Educational Psychology 2 (2011).

第一,学习合同清单。教师与学生通过协商事前制订学习合同(learning contract)①清单。换言之,不能单方面由教师指定需要讨论的案例类型,应当让学生提前参与到案例讨论的选择中,教师转而扮演引导、推荐和补充的角色。一般而言,学生会选择更有直接体会、更感兴趣的案例类型,如夫妻债务的承担、虚拟财产的界定或是消费者格式条款维权。教师则需要提示、补充学生暂时没有直接生活体验,但是对未来工作或理论构建有重要意义的案例类型,如善意取得、表见代理等。教学双方通过学习合同形成整个学期的案例分析清单,兼顾知识点与学生兴趣点。同时,学生互相选择完成组队,然后在每一个案件中指定不同小组为当事人组(A组)、原被告平行代理组[B、C(原告)、E、F(被告)]、法官组(G组)和观摩组(其他学生)一共7个小组。由于每个小组在不同案件中所扮演的角色不一样,可以使学生在不同案件中得到当事人、律师、法官及旁观者4种角色体验。

第二,类案检索分析。A组的学生负责提前完成学习清单上某一类案件检索分析。以表见代理的案件为例,师生协商确定以2015~2018年金融行业、省级以上高级人民法院的表见代理二审或再审案件作为类案分析的对象。A组学生通过中国裁判文书网、北大法宝、无讼进行相关类案检索,共计得到符合条件的案例52个(见表1),A组学生由此出具《类案检索报告》。

第三,反向涵摄编剧。根据《类案检索报告》,A组学生发现2014~2018年"以表见代理为诉由将金融机构列为被告"的案件值得研究,基于此标准又从上述52个案例中提炼出12个类案,②同时根据表见代理构成理论中的表象外观、第三人善意无过失、本人可归责等事实要件,对以上12个案件进行再涵摄与归纳,总结出这些案件中出现频率较高,较容易产生法庭辩论争议的真实世界场景情节,如无权代理人身份、公章或其他印章、合同签订场所、金融机构是否受益、第三人身份、金融机构是否具有过错等(见表2)。

---

① 学习合同被界定为:"由学生与教师协商拟定,具体说明学生在给定时间段内将学习什么和如何学习的文件。"See Jane H. Aiken, David A. Koplow, Lisa G. Lerman & J. P. Ogilvy, *The Learning Contract in Legal Education*, 44 Md. L. Rev. 1047 (1985).

② 其中,最高人民法院案例4个,浙江省高级人民法院3个,黑龙江省、吉林省、四川省、湖南省高级人民法院各1个。

**表 1　2015～2018 年金融行业、省级以上高院的表见代理二审或再审案件类案检索统计**

| | 总数 | 年份 | 数目 | 案号 |
|---|---|---|---|---|
| 湖南 | 3 | 2018 | 0 | 无 |
| | | 2017 | 1 | (2017)湘民终 342 号 |
| | | 2016 | 1 | (2016)湘民终 691 号 |
| | | 2015 | 1 | (2015)湘高法民二终字第 40 号 |
| 江苏 | 1 | 2018 | 0 | 无 |
| | | 2017 | 1 | (2017)苏民终 1554 号 |
| | | 2016 | 0 | 无 |
| | | 2015 | 0 | 无 |
| 福建 | 3 | 2018 | 0 | 无 |
| | | 2017 | 2 | (2017)闽民终 822 号 |
| | | | | (2017)闽民再 101 号 |
| | | 2016 | 1 | (2015)闽民终字第 2182 号 |
| | | 2015 | 0 | 无 |

| | 总数 | 年份 | 数目 | 案号 |
|---|---|---|---|---|
| 浙江 | 3 | 2018 | 2 | (2018)浙民终 827 号 |
| | | | | (2018)浙民终 830 号 |
| | | 2017 | 0 | 无 |
| | | 2016 | 0 | 无 |
| | | 2015 | 1 | (2015)浙民终字第 22 号 |
| 新疆 | 1 | 2018 | 0 | 无 |
| | | 2017 | 1 | (2017)新民终 456 号 |
| | | 2016 | 0 | 无 |
| | | 2015 | 0 | 无 |
| 四川 | 4 | 2018 | 0 | 无 |
| | | 2017 | 1 | (2017)川民终 120 号 |
| | | 2016 | 0 | 无 |
| | | 2015 | 3 | (2014)川民终字第 728 号 |
| | | | | (2015)川民终字第 31 号 |
| | | | | (2015)川民终字第 389 号 |

| | 总数 | 年份 | 数目 | 案号 |
|---|---|---|---|---|
| 湖北 | 2 | 2018 | 1 | (2018)鄂民终 1091 号 |
| | | 2017 | 1 | (2017)鄂民终 2291 号 |
| | | 2016 | 0 | 无 |
| | | 2015 | 0 | 无 |
| 云南 | 3 | 2018 | 1 | (2018)去民终 554 号 |
| | | 2017 | 1 | (2017)云民终 964 号 |
| | | 2016 | 1 | (2016)云民终 699 号 |
| | | 2015 | 0 | 无 |
| 辽宁 | 3 | 2018 | 3 | (2017)民再 168 号 |
| | | | | (2017)辽民终 957 号 |
| | | | | (2018)辽民终 745 号 |
| | | 2017 | 0 | 无 |
| | | 2016 | 0 | 无 |
| | | 2015 | 0 | 无 |

续表

| | 总数 | 年份 | 数目 | 案号 | | 总数 | 年份 | 数目 | 案号 | | 总数 | 年份 | 数目 | 案号 |
|---|---|---|---|---|---|---|---|---|---|---|---|---|---|---|
| 山西 | 1 | 2018 | 0 | 无 | 安徽 | 2 | 2018 | 0 | 无 | 河南 | 1 | 2018 | 1 | 2018 豫民终 150 号 |
| | | 2017 | 0 | 无 | | | 2017 | 1 | (2017)皖民中 377 号 | | | 2017 | 0 | 无 |
| | | 2016 | 1 | (2015)晋民终字第 357 号 | | | 2016 | 1 | (2015)皖民提字第 00070 号 | | | 2016 | 0 | 无 |
| | | 2015 | 0 | 无 | | | 2015 | 0 | 无 | | | 2015 | 0 | 无 |
| 山东 | 5 | 2018 | 1 | (2018)鲁民终 69 号 | 甘肃 | 1 | 2018 | 1 | (2018)甘民申 1849 号 | 北京 | 1 | 2018 | 1 | (2018)京民终 239 号 |
| | | 2017 | 1 | (2017)鲁民终 338 号 | | | 2017 | 0 | 无 | | | 2017 | 0 | 无 |
| | | 2016 | 0 | 无 | | | 2016 | 0 | 无 | | | 2016 | 0 | 无 |
| | | 2015 | 3 | (2015)鲁民一终字第 231 号<br>(2015)鲁商终字第 229 号<br>(2015)鲁民一终字第 257 号 | | | 2015 | 0 | 无 | | | 2015 | 0 | 无 |

续表

| | 总数 | 年份 | 数目 | 案号 |
|---|---|---|---|---|
| 最高人民法院 | 12 | 2018 | 5 | (2018)最高法院终820号 |
| | | | | (2018)最高法民终901号 |
| | | | | (2018)最高法民终147号 |
| | | | | (2018)最高法民终36号 |
| | | | | (2018)最高法民终302号 |
| | | 2017 | 1 | (2017)最高法民终209号 |
| | | 2016 | 3 | (2016)最高法民终800号 |
| | | | | (2016)最高法民终508号 |
| | | | | (2016)最高法民终219号 |
| | | 2015 | 3 | (2014)民四终字第48号 |
| | | | | (2015)民二终字第54号 |
| | | | | (2015)民二终字第311号 |

| | 总数 | 年份 | 数目 | 案号 |
|---|---|---|---|---|
| 黑龙江 | 3 | 2018 | 1 | (2018)黑民再292号 |
| | | 2017 | 1 | (2017)黑民终387号 |
| | | 2016 | 1 | (2016)黑民再222号 |
| | | 2015 | 0 | 无 |

| | 总数 | 年份 | 数目 | 案号 |
|---|---|---|---|---|
| 吉林 | 3 | 2018 | 0 | 无 |
| | | 2017 | 1 | (2017)吉民终405号 |
| | | 2016 | 2 | (2016)吉民终520号 |
| | | | | (2016)吉民终56号 |
| | | 2015 | 0 | 无 |

**表2　2014～2018年金融行业、省级以上高级人民法院的表见代理二审或再审案件类案检索报告**

| 案号 | 表象 | | | | 第三人善意无过失 | 本人可归责 | 判决结果 |
|---|---|---|---|---|---|---|---|
| | 无权代理人身份 | 加盖公章与否 | 行为场合 | 本人获益 | | | |
| (2014)民四终字第48号 | 曾任鼓楼支行行长,但出具《借条》时已不再担任 | 公章× | — | — | 赵某燕不存在合理的信赖 | 鼓楼支行印章的管理尽到了必要的监管义务 | × |
| (2016)最高法民终800号 | 张某并非光大长春分行员工 | 公章和负责人名章均系犯罪分子伪造× | — | — | 招商无锡分行不仅没有与光大长春分行负责人员或相关业务部门工作人员核查 | — | × |
| (2018)最高法民再302号 | 戴某翔作为交行扬中支行时任负责人 | 公章√ | 在工作时间于行长办公室向郭某亮出具案涉借条 | — | 郭某亮此等信赖符合常人理性判断,相关信赖利益应予保护 | — | √ |
| (2016)最高法民申3057号 | 白山工行营业部的经理 | 个人信贷业务专用章√ | — | — | 李某江在明知于竹兵借款并非白山工行业务范围的情况下,依然向于某兵借款,未尽到善良相对人的一般注意义务,主观上存在重大过失 | — | × |
| (2017)吉民终405号 | 工作人员 | 公章× | — | — | 刘某实际控制银行卡长达两年之久,且在两年内李某学对该银行卡置之不理、不闻不问,有悖常理 | — | × |

续表

| 案号 | 表象 | | | | 第三人善意无过失 | 本人可归责 | 判决结果 |
|---|---|---|---|---|---|---|---|
| | 无权代理人身份 | 加盖公章与否 | 行为场合 | 本人获益 | | | |
| (2018)黑民再292号 | 金山屯支行负责人 | 公章√ | 借款未在银行柜台办理，签订借款合同的地点并非在金山屯支行 | 未将所借款项汇入金山屯支行账户 | — | — | × |
| (2016)湘民终691号 | 支行副行长 | 公章× | 均是廖某华在其办公室签订的 | — | 根据诚实信用原则和公平原则，农发行××县支行亦应对廖某华的行为后果承担法律责任 | — | √ |
| (2015)川民终字第31号 | 信托公司营业部工作人员 | 业务公章√ | 不能证明在信托公司的营业场所内办理 | — | 陈某礼有理由相信李某的行为系职务行为 | 信托公司因管理不严，用人不当 | √ |
| (2015)浙民终字第22号 | 专职个贷经理 | 印章系高某乐伪造× | — | 资金亦未进入银行指定的结算账户 | 第三人将该账户的网银设备及密码交由高某乐保管，丧失了银行客户的基本注意义务，导致高某乐具备实施犯罪行为的便利条件 | 内部管理制度混乱，存在巨大漏洞，对员工的业务监管也存在严重缺失 | 50%的责任 |
| (2018)浙民终827号 | 工作人员 | 伪造公章× | 银行路边车上 | 平均年化利率达78.85% | 葛某华作为具有丰富从商经验的完全民事行为能力人，应对该利率标准有清晰认知……葛某华并不属于善意且无过失 | — | × |

续表

| 案号 | 表象 | | | | 第三人善意无过失 | 本人可归责 | 判决 |
|---|---|---|---|---|---|---|---|
| | 无权代理人身份 | 加盖公章与否 | 行为场合 | 本人获益 | | | 结果 |
| (2018)浙民终 830 号 | 工作人员 | 伪造公章 × | 银行路边车上 | 案涉业务平均年化利率达 78.85% | 华某华作为具有丰富从商经验的完全民事行为能力人,应对该利率标准有清晰认知……不属于善意且无过失 | | × |

根据反向涵摄的结果,当事人(A 组)学生将所有出现频率较高的案件情节浓缩改编形成一个虚拟剧本。在该案中,A 组学生得到了这样一个虚拟剧情:

A 银行(被告)的支行行长(法定代表人)甲在 2015 ~ 2017 年从事民间借贷资金掮客角色,多次签字从房地产开发商乙(原告)处借贷资金共计人民币 1000 万元用于放贷给资金需求方。甲为规避监管,利用其妻子丙在 A 银行开立账户,该账户中混同了银行自身的工作经费与甲对外放贷本息。2017 年甲乙双方在某茶楼补签借条(待证事实),此时甲已经被 A 银行内部罢免支行行长,但工商登记尚未变更。甲签字让 A 银行支行秘书丁从银行内部拿出《个贷业务专用章》在担保人栏下盖章。随后,乙起诉要求 A 银行承担担保责任(法律关系见图 1)。

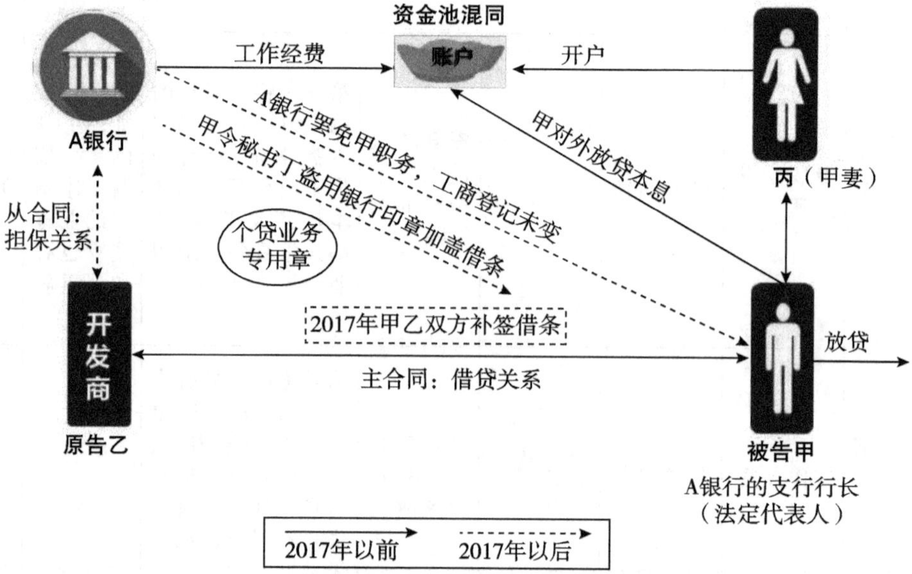


**图 1　虚拟案情法律关系(虚线为待证事实)**

第四,自媒体可视化。根据上述剧情,A组学生采用PS技术,制作相关的借条、个贷业务专用章、转账记录等书面证据,同时分别扮演甲、乙、丙、丁、银行代表等角色,将案件事实制作成15分钟左右的自媒体视频。

第五,平行模拟法庭。A组扮演甲、银行代表的同学委托原告律师组(B、C组)、被告律师组(E、F组),B、C、E、F 4组同学此时听取其陈述并查看证据。然后组织模拟谈判,即由B—E、C—F 4组同学根据手上的材料,分析自身优势与劣势,在法庭组(G组)的主持下,模拟和解谈判。同时,要求B、C、E、F 4组提交建议委托人是否接受和解提议的书面电子邮件。

随后,B、C、E、F 4组分别提交起诉状和答辩状。在法庭组(G组)的主持下,按照B—E和C—F的对决顺序分别进行两次模拟法庭,完成证据交换、质证程序与法庭辩论。同时,观摩组(其他同学)负责观摩庭审,并通过多方互动教学平台软件对每个小组整体进行评估打分,同时可以上传留言和点赞。最后,法庭组(G组)合议之后出具判决书。在此环节,观摩组(其他同学)基于"上帝视角"可以提前观看A组制作的自媒体视频,其他组同学则基于"无知之幕"不得观看该视频。

第六,集体讨论评估。模拟法庭结束后,向全体同学播放A组制作的自媒体视频并提供《类案检索报告》供下载。观摩组同学负责制作《讨论提纲》,组织集体讨论。在该案中,观摩组所提出的讨论问题包括:法定代表人的工商登记变化影响有多大?如该案盖的是公章而非《个贷业务专用章》是否会导致判决不同?合同签订具体地址(茶楼或银行营业场所)的影响?第三人的身份是否应当认定为职业放贷人?个人与银行资金混同是否构成银行管理责任?等等。最后,邀请校外专家——本省高级人民法院作出过类似判决的资深法官和J银行资深法务专员在线进行点评。校外专家(法官25% + 银行法务25%)、观摩组(其他同学25%)与教师(25%)的打分加权平均数作为平时成绩。

第七,理论后续延展。教师在课后需要布置相关中英文理论文献供学生阅读,同时提供中国庭审公开网(http://tingshen. court. gov. cn/)相似真实案件的庭审录像链接供有兴趣的同学观看。学生则可以自愿选择将某类案件作为自己毕业论文或科创项目的选题方向。

**四、双向场景案例讨论法的教学效果评估与分析**

近5年,课题组在民法课程中对同一年级不同班级有意识地差别化地实行了双向场景案例讨论法。从客观效果来看,使用了该方法的班级(A班)与没有使用该方法的班级(B班),最终同一套期末考试题平均分相差4分之多,尤其在案例分析题上,两者百分制总分差达到6分。从主观效果来看,根据我们下发的调查问卷,评分显示,大多数人认为过程有趣(85%)和有指导意义(64%),29%的人认为任务比预期难。其中,学习合同(60%)、自媒体案情展示(74.5%)和平行宇宙模拟法庭(78.6%)3个因素得到了学生较多的认可。同时,法学院本科学生科创立项数量明显增加。根据我们的观察,以上教学效果提升可能是以下七个方面共同作用的结果。

(一)案例信息的高效传递

双向场景案例讨论法有利于提高案例信息传递效率。第一,学习合同清单利于学生形成金字塔结构化思维,使其主动学习相关法条和学说,从而夯实实践性教学的理论知识基础。第二,类案检索与反向涵摄环节实现“逻辑要件与事实经验之融合”,案例信息不再受制于教师输入,学生亦不再单纯地将其等同于书面抽象符号,从而同时改变了案例信息的提炼深度。第三,自媒体可视化给予了学生利用情感来构建学习体验的机会。通过制作证据材料与案件视频,学生通过类似 VR 的客户视角,获取了可感知、可移情、可共情的信息,从而部分弥补了自身所缺乏的社会经验。第四,外部专家担任一个信息补充者的角色,将课堂分析与司法实践缀连起来。

(二)学习激励的合作产生

“95 后”学生面临的课余选择和诱惑之多,使实践性教学必须提供“利用不同的资源创造个人有意义的学习体验”①才能获取(甚至是争夺)学生的时间与精力,从而实现从“为获得知识而学习”过渡到培养解决问题的技能。第一,学习合同清单直接回应了“95 后”希望参与重大决策和目标设定的期许。第二,A 组学生扮演了委托人的角色创造出一个真实的委托主体,这使代理组学生意识到自己不仅是在完成作业,而是在履行一个真实的代理义务,由此带来的使命感与主人翁精神有效地激励了学习。第三,将纸面信息转化为自媒体视听材料刺激了学生的学习欲望。正如一名学生在问卷调查中谈道:“我越是陷入自己角色的表演,就越愈加感受到这一事件演变成一场官司的可悲之处,也就更加试图寻求解决的办法。”第四,模拟法庭环节中 B—E 和 C—F 的两次平行对抗性庭审提供了竞争激励,学生不仅要对抗本组的对方代理人,还必须争取比另一组同样角色的学生表现突出。同时,观察组现场打分与网络平台点赞功能提供了“95 后”最看重的“即时的满足感和频繁奖励”。② 第五,将所有信息公开后的综合讨论环节给学生提供了一个头脑风暴的机会,形成学习吸收率最高的转教别人模式。③ 同时,外部专家评议给予了学生之前的努力有效反馈。

(三)深层反思的习惯养成

青年时期是培养和训练科学思维方法和思维能力的关键时期。反思是实践性学习形成深层思维的重点环节。“95 后”学生数字原生的重要印记之一就是过于依赖快节奏

① Steven K. Berenson, *Educating Millennial Law Students for Public Obligation*, 1 Charlotte L. Rev. 2 (2009).

② 有学者从心理学角度解释,后千禧一代的学生从小就被教导他们是参与的“赢家”,并习惯接受即时奖励。See Emily A. Benfer & C. F. Shanahan, *Educating the Invincibles: Strategies for Teaching the Millennial Generation in Law School*, 113 Journal of thermal analysis & calorimetry 309 (2013).

③ 哈佛大学的“学习吸收率金字塔”指出,听讲、阅读,往往属于被动的个人学习,学习吸收率低于 30%,而如果采取主动的学习方式,如小组讨论学习吸收率可以达到 50% 以上,而将所学到的知识转教别人的学习吸收率可以达到 90%。

的信息吸收,缺乏批判性思维,故而需要学习如何练习放慢速度,集中精力深入思考材料和信息。第一,不同组别的学生对某一类案件先是从当事人、律师、法官多视角有限信息的情况下介入,最后披露所有信息(自媒体视频与类案检索报告)进行全面讨论。这使学生有机会反复检讨之前自身思维的局限性。第二,将教师分享信息转变为学生交流讨论,通过"自我生成的观察"(self-generated observations)养成深层思考的习惯。第三,B—E 和 C—F 的两次模拟法庭对抗所创造出"平行宇宙"(parallel universes)使学生有机会"同构归因"(isomorphic attribution)地观察、比较和解读相同案例中不同小组的工作思路与结果,尽收切磋之益。第四,钳制"95 后"对学习功利消费主义之倾向,促进学生能动思考促进个人成长。

(四)技能培训的多元提升

传统案例研习另一个被人诟病之处在于忽略了学生所亟须的多元法律职业技能,这正是双向场景案例讨论法可资展布之处。第一,类案检索与反向涵摄能有效提升学生检索和消化大量信息的能力,即信息化社会亟须之"搜商"。第二,"庭审是一种用故事解决问题的实践",①多媒体视频制作不但本身是一种必要技能,更可培养学生通过金字塔思维整合思路讲故事的能力。视频制作思路清晰的小组,往往在集体讨论中表现更好。第三,学生对某一类案件(如表见代理)在某一行业(如金融业)产生的深层次原因的分析潜移默化地提升了学生整合法律知识与其他专业背景知识的能力。第四,"善律者不诉",现代商业社会需要学生掌握通过谈判妥协、避免诉讼的能力。诉前纠纷解决课程已经成为全球法学院常见的技能课程设置。双向场景案例讨论法的重要特色之一就在于要求学生"模拟谈判",评估显示,42% 的案件学生都能够通过谈判形成妥协方案。第五,训练学生沟通能力,要求学生就调解方案向当事人小组拟定书面邮件,并尝试说服后者接受这一方案。第六,多项工作同时展开的时间协同、能力互补和相互激励要求学生的团队合作及部分学生的领导技能。第七,给予学生面对不确定性时心理训练,从而培养他们暴露在波动性、随机性、压力和混乱下的复原力。②

(五)职业伦理的潜移默化

双向场景案例讨论法通过场景革命鼓励学生移情和批判性思考,进而引入了培养职业伦理、提倡公平正义的三条路径:第一,自我意识的激发。场景革命可以促进学生培养主动意识,提前修正面对真实世界时的自身性格弱点。第二,伦理敏感的驯致。通过可视化的场景构建并在讨论环节评估可能的道德困境,学生由此潜移默化地逐渐形成当自身行为与法治价值体系发生冲突时自动叫停的直觉。第三,移情反思的养成。学生在讨

① Gerald P. Lopez, *Rebellious Lawyering: One Chicano's Vision of Progressive Law Practice*, Westview Press, 1992, p. 39.

② 参见[美]纳西姆·尼古拉斯·塔勒布:《反脆弱:从不确定性中受益》,雨珂译,中信出版社 2014 年版,第 2 页。

论中将理解并间接体验当事人的感受,从而学会换位思考和沟通交流。

(六)案例资源的传承扩散

在教学案例完成后,视频及讨论所形成书面材料将物化保留于数字化介质以增加记忆黏性,从而解决了教学经验无法“代际传承”的问题。通过保留每一届学生的学习过程痕迹与记录,不同届、不同专业学生之间可以实现跨空间、跨专业互动交流。云储存上的每一个视频都可以成为建立后续教学案例数据库的真实题材,学生甚至新晋老师都可以通过平台随时复查以前的知识,进而推动学生教学和教师培训模式的创新。①

(七)理论研究的涟漪效应

笔者还发现,双向案例研讨法有利于解决既往学生毕业论文选题空洞的难题,同时显著提高了学生科创立项数量。其原因有二:一是学生已经在类案检索与反向涵摄中发现了真实世界中存在的疑问,从而激发了问题意识;二是前期的集体讨论与后续文献研究相对照,让学生产生了深入研究兴趣,因此会自主地投入更多的时间和精力。

**五、双向场景案例讨论法的若干经验及检讨**

(一)强调“互嵌式团队”合作参与案例讨论

笔者发现,双向场景案例讨论法的最大潜在问题在于性别差异、性别差异与交流障碍。首先,学生在参与过程中往往分为驱动型、妥协型、表达型与分析型4种情况。学生的性格往往决定了自身参与讨论的深度。其次,双向案例讨论中女生往往承担驱动型与表达型的角色,而男生之中妥协型较多。这也和课后调研中,女生对双向场景案例讨论法的肯定比例高于男生(22∶17)相印证。那么,是否会存在个体上男生的发言权或自信被女生压制或者剥夺的可能?② 另外,“95后”网络交流优于口头交流,原因在于前者带给他们的安全感更大。这也导致了部分学生在模拟法庭与集中讨论时的交流障碍。

由此,我们鼓励采取性格、性别、专业三方面的“互嵌式组队”:一是考虑较内向的学生不愿意单独暴露在群体面前。因此,通过组队创造一个“安全空间”能让不同性格的学生发挥自身能力。二是组队时男女比例合理,以促进性别优势互补。三是学生专业组成多元化往往可以通过两种相互关联专业视角来观察案例,取得意想不到的效果。例如,在表见代理的案件中,金融专业的学生对银行内控的知识对案件分析提供了重要支持。③

---

① 为保留与分享视频和材料,西南财经大学法学院课题组申报了“卓越法治人才培养自媒体多方互动教学平台建设”项目,并设计了相关软件和建立校内云储存服务器。

② 课题组尚缺乏广泛数据,不能确定是否不同地域、不同类型的高校采取双向案例讨论法时都会存在上述性别差异。

③ 在另一个医疗纠纷的侵权案例中,我们邀请了四川大学华西医学院的学生加入讨论,使法律与医学的学生可以从各自角度对照分析病人的法律投诉,利于“推进法学与外部各学科的理性对话、交叉融合、优势互补、资源共享”的趋势。参见张文显:《在新的历史起点上推进中国特色法学体系构建》,载《中国社会科学》2019年第10期。

（二）基于“95后”学生对及时积极反馈和奖励紧密的依赖性，评价的客观公正与事后反思对教学效果至关重要

最开始笔者选择公布所有学生的分数，但发现低分带给学生的消极反馈可能是毁灭性的。因此，对于评估小组的打分调整为程序上只公开发布表现最好（最高分）的前3组，个体得分则只能由学生自己查询。另外，将校外专家和教师的打分调整为只针对小组而非个人，从而缩减负面影响。尤其重要的是，专家和教师须在事后主动对得分较低的小组提供挫折反馈，通过反思会议（review sessions）组织小组内部开展自我评估，引导学生检讨与总结，从而有效提高学生对负面评价的接受度。

（三）关于开展双向场景案例讨论法的时间与年级

调研显示，大二与大三的本科生对该方法的反应优于研究生（好评率92∶83），这一数据与上课教师的主观感受一致。这有可能是因为研究生受科研、兼职或生活事务的牵制，不愿意投入过多的时间精力。从另一个角度来看，这一数据也反映出法理知识掌握与实践性教学并不存在必然的前后因果关系，印证了将法律实践教学与理论知识讲授同步甚至更加前置化的呼吁。①

（四）不同教师对双向场景案例讨论法的接受度差异

部分教师提出了3个担忧：一是自媒体过于娱乐化从而降低教学的严肃性；二是教师对部分学生提出的学习合同要求自身知识专业储备不足，如学生提出了对网络主播“跳槽”、第三方支付违约等娱乐法、网络法前沿课题的学习要求；三是存在教师电脑技术上无法控制自媒体教学过程。对此，笔者认为，第一，大量研究显示适当地使用娱乐性教学资源或方法以推动教育改革有益无害，传统教学观念在互联网时代的转变则是应有之义。第二，学生前沿化的教学需求正是推动教学内容改革的重要参照，亦是对教师职业终身学习的希冀所在。第三，教师自媒体培训及给年纪较大的教师配以熟悉多媒体技术的学生助教似乎是技术问题的应对之道。

（五）考虑双向场景案例讨论法对教师与学生时间精力的消耗，必须通过规模效应降低该模式的运行成本

笔者在将不同课程使用双向场景案例讨论法所需共通逻辑链汇总的基础上，开发了统一的自媒体多方互动教学平台，可以实现多个课程对底层应用和技术支撑的模块公用，统一技术标准的同时避免重复成本。同时，新冠病毒通过QQ群或其他在线办公软件可以在线完成一对一会议、小组会议、研讨会课程。换言之，除模拟法庭外，其他环节均可以通过线上完成，这大大提高了沟通效率。另外，双向场景案例讨论法当不只适用于法律专业，商学、医学等学科也适合推广这一方法，从长远来看，建立跨院系、跨学科与跨学校网络合作和讨论成果共享机制将进一步增加该方法的规模效应。

① 参见刘坤轮：《走向实践前置：中国法律实践教学的演进趋势》，载《政法论丛》2019年第6期。

# 法学理论教育与诊所法律教育的衔接

韩桂君*

## 一、引言

法学作为世界上最古老三大学科之一,以其特有的“治疗社会”的功能成为学子修习的对象。从古罗马时期的“讲读”“对话”“专题讨论”到近代的法学理论教育,随着这门古老学科健全与发展,传统的法学教育已经不再局限于传统的课堂教学和理论教学。随着各法系的部门的精化和细化,法学生需要从实践中运用和掌握法律知识,缘起于美国宾夕法尼亚大学开设的法律诊所,一开始为弱势群体、民权运动群体提供法律咨询和帮助,①在几十年的发展中,逐渐成为全美法学院的重要课程。本文将从培养优秀法学生的目的出发,结合我国法学理论教育和诊所法律教育的实践,并尝试构建高校衔接法学理论教育与诊所法律教育的机制。

## 二、法学理论教育的优势与不足

### (一)法学理论教育具有的优势

#### 1. 理解并牢记基础概念

早在古罗马时期,就有了以法律大学为依据的法学教育。随着法律知识容量的扩充和体系的精化、发展,法学教育需要更加系统化的学习方式,于是法学教育也走向精致化和系统化,因此出现了以部门法为划分依据的教授方式,为使学生更好掌握法学的基础概念,教师通过教授基础概念的内涵和外缘对法学知识予以规范与解释。现代法学理论教育延续此教育方式,将基础概念和法学规范同时作为法学教育中重要授课点重点区分,开设法律诊所课堂的50多所高校中,也基本采取这一模式,学生在学习过程中不断深化对名词的外延内涵、特点、构成要件等基础知识的掌握和熟悉程度,在此模式下,极易培养出对部门法知识熟悉程度异常高的学生。

---

* 中南财经政法大学法学院教授。

① 参见温璇:《论美国诊所式法律教育模式——兼论诊所法律教育的本土化》,西南政法大学2010年硕士学位论文,第4页。

2. 较全面学习法学知识

按照各高校的培养计划和课程设置，现基本的理论教学都是："必修课 + 选修课 + 专业课"。必修课涵盖了从法理学到各基础主干法的本科生阶段的基本所有课程，选修课一般依据学生的具体分流专业和个人兴趣选择，其范围也包括合同法、物权法等部门法学下细分领域和犯罪心理学、犯罪学等与传统部门法具有一定差异性的法学部门法。课程设置决定了学生在高校本科学习的 4 年间必然会系统掌握 14 门基础法学课程及其他部门法的内容，从一开始就可以阅览法学世界的多样画卷，从而基本掌握法学部门法划分、各部门所调整社会关系、部门法规范和规制手段、特点等具体有全局认识性的内容。在法学教师教学过程中，也侧重对各个部门法的法学规范和历史、理论的讲解，即使是学艺不精的学生，在经过 4 年的培养后，也能对法学的各部门法和法学基础有大致的概览。

3. 掌握抽象化的法学思维

在具体学习部门法的过程中，法学教师一般采用教师教授、抽问学生的方式推进课堂进度。[①] 概念和定时之外，教师分析和讲解法条多采取演绎推理，将某一概念或者行为的构成要件拆分并将具体的案件事实涵射于要件中，反复对比和分析，解决具体个案问题，从而获得对此概念和要件的更好掌握。由于教师在具体讲授某一章节过程中一般采取演绎式的讲解方式，法学因其学科的严谨性和精密性，涉同一章节的讲解内容必然较烦琐，学生无论是为了应对学校考试、法考、考研还是精进，都需要自主地对某一知识点、某一编章节甚至某一部门法从划分结构、对比概念、归纳特定等方面进行翔实的归纳总结。

4. 锻炼居中裁判理念和法官视角

高考后，相当一部分高中毕业生选择法学专业的实用目的是进入法律职业圈，其中又以检察官、法官、律师为其中的主要代表。胸怀"正义""公正"的法学生进入大学后的第一门课也多是法理课程，作为法理五大原则之一的公正在法学生的心中犹如信仰和理想："以事实为根据，以法律为准绳。"法学生在课堂上接受的民法、刑法课程教育他们要居中裁判、要惩治犯罪、行为要符合公平原则。"公平"被进入社会实践前的法学生们作为自己评判社会热点和法律事实最重要的原则，在其理论学习中不断得到强化和深化，极易培养出具有深厚思考能力和强烈社会责任感的法律职业预备成员，这无疑从思想上武装了法学生，督促其在职业生涯中同样以较高的社会责任感和职业道德感约束言行，培养法律职业共同体较高的职业荣誉感。

（二）法学理论教育的不足

1. 教育模式固化

受限于传统法学理论课堂少至几十人多至上百人的课堂容量，法学理论教育仍然采

---

① 参见邹学海：《从"案例教学法"到"法律诊所教育"——美国法学教育模式的转换及其对我国的借鉴义》，苏州大学 2002 年硕士学位论文，第 27 页。

用近代以来的"以教师讲授为主,学生回答参与为辅"的授课方式,这在极大程度上打击了学生思考和回答问题的积极性。即使学生对讲授内容有思考和看法,教师基于讲课进度和课堂考核也不得不推进进度,这打击了学生自主发言和思考的积极性。即使北京大学、中南财经政法大学等高校已经引入了案例式教学方式,但也未能完全打破教学形式较单一、课堂氛围僵化、学生思考性、自主性不高的情况。在教师讲授过程中,学生很难有质疑的机会,批判精神和怀疑精神发展受到阻碍,法律人才区分于机械的法律工具的重要标志——创造性和发散性思维难以得到培养。

2. 与实践相脱节,不适应培养法学实践人才目标

法律是在实践中运用和发展的社会科学,没有实践就难以将法条精准、细致地运用到具体实践中去。大多数高校教师遵循本科生—硕士研究生—博士研究生—任教的发展轨迹,多数教师在硕士研究生阶段就确定未来职业方向偏向研究,因此普遍缺乏对法官视角、检察官视角和律师视角的研究。

如果教师缺乏实务经验,那么将难以从实务操作过程的专业角度入手,教授学生如何运用法律实现特定主体之目的。纸上谈兵的教学模式使法学理论教育与司法实践之间没有衔接和沟通机制,难以达到现代社会要求的培养应用性法治人才的要求。不仅如此,实务经验的缺乏也会导致教师在思维上存在局限性,即使部分教师理论水平深厚,在面对会见当事人、获取证人证言等较具有实践性的事务时也难以做到游刃有余。退而言之,根据法学依托实践的特殊性,即使是将培养目标定位为研究型人才的学生也应当对法律是如何运行的、各机构职能在现实中的操作有粗浅的了解,纯粹法学理论教育难以支撑起深厚的研究需求。

从现实而言,部分高校虽然不乏曾经从事律师、法官、检察官和法律编辑的教师,但此类教师因其实践水平高,在课程安排中也会倾向将教师安排到课程容量较大的课程中,而参与小班教学的案例式甚至诊所法律教育的机会更是少之又少。

3. 程序法与实体法脱节

对法学部门法较粗略的分类就是实体法和程序法,此种分类虽然较粗疏,但也反映了实体法和程序法两者的明显差距。在法学理论教学中,高校多采取法理、民法、刑法、民事诉讼法、刑事诉讼法……的课程设置顺序,在逻辑上学生很容易理解其差异性,也较便于教学的开展。但高校教师大多仅仅教授一门课程,如讲授实体法课程的教师对与其相关的程序法的熟悉程度远远不及本学科,造成了在教学中"忽略了程序法与实体法的内在关联,使学生也较难在单一部门法学学习中兼顾程序法与实体法"。

例如,教师在讲授刑法关于证据的要求时,一般扩展的内容是证据的"三性",然而对各种证据取得的程序、非法证据的排除、证据瑕疵的效力认定、律师对证人证言的处理方法等程序性问题的关注较少,造成了在学习实体法的时候"只知其然,却不知其所以然"的局面。长此以往,不仅学生在学习中满足于仅仅对单一法学分类的掌握,在真实进入法律实务行业后才发现自己的缺疏之处。

4. 与相关学科脱节

法学与医学、神学并称为最古老的三大学科，法学在当代社会仍有很大的作用和意义。但是法学的发展不能仅仅依靠其内生的、纯逻辑的演绎推理，要使法学成为发展的、实践的社会科学需要培养具有广泛生活经验和深刻思想的法学职业人。然而在法学传统课堂上我们发现，许多教师着重知识的讲解而并不教授社会运行的逻辑，擅长用“诉”的方式解决纠纷却很少鼓励以成本更低的非诉方式化解矛盾的意识，强调法律的重要性却不谈与法学相关的社会学、伦理学、神学的逻辑。受限于法学课程设置和教师的水平，学生在课堂上学到的只是法学这一单纯的理论学科，却难以掌握诉讼纠纷的其他解决机制、预防和惩治犯罪的其他方法、案件中当事人行为的动机和如何更好地为当事人服务的技巧。

5. 视角和观念单一

秉持公正的理念是多数法学生强烈社会责任感的体现，同时也是制约法学生多视角思维的阻碍。如在刑法学课堂教学中，教师通常要求学生从“居中裁判”的角度通过给定的证据判定某刑事案件是否构成犯罪、构成何种犯罪、应受何种刑罚，却容易当然地认为所呈现的证据全部基于客观事实，具有“三性”，却容易忽略在取证时间、取证人员和口供是否存在刑讯逼供等问题，站在法官的“上帝视角”固然有利于从中间无差别的角度出发定分止争，但是长此僵化，不免丧失对案件多面的考察。并且，即使是对于将来立志从事法官职业的法学生，高校教育也不应当仅仅鼓励其从单一视角思考问题。在英美国家，要成为法官首先需要经过多年的法学理论和案例学习，在担任多年职业律师后才有可能被提名为法官，英美法官丰富的法律执业生涯和办案经验不仅有利于他们更好地熟悉不同案件的流程和法律的适用，也有助于法官在法庭上通过锐眼看控辩双方的真实意图。例如，法官若从未站在律师的角度思考问题，便极易出现受到劳务关系合同的蒙蔽而将事实上的劳动关系认定为劳动关系的情况。因此，法学理论教育多以法官的居中裁判视角和保护实质公平的角度出发，缺乏多元角色和思考的机会。

**三、诊所法律教育的优势与不足**

（一）诊所法律教育具有的优势

1. 对学生

（1）调动学生学习积极性。在传统的法学理论教学中，教师居于主导地位，学生通常是被动的听讲者和记录者，在许多高校经常出现老师在课桌上根据教纲和教学计划梳理知识点，学生在座位上奋笔疾书或者拍教学 PPT 的情况，教师没有时间、精力扩展实践知识，学生也忙于记录知识点，学生的积极性和创造性被严重剥夺。在诊所式法律教育的课堂，如在法律诊所或者接待当事人的过程中，学生是解决实际问题的主角，教师则成为协助和解答的次要辅助地位。在法律诊所课堂中，学生担任案件的主要解决和分析者，他们可以在课堂上自主学习和交流接待当事人技巧、获取证人证言方式、阅卷笔录制作、辩诉技巧的使用等在传统法学理论课堂中难以学到的技能。在学生接受当事人咨询的时候,将自己自主思考和掌握的技能运用到具体案件中,从而检验自己学习的成果。技能运用于实践成功的获得感或者是经对照发现自己技能有待提升的激励性都有利于激发学生的学习热情,从而成就学生的自主学习习惯。

(2)帮助学生融会部门法。上已论述,传统法学理论课堂仅仅侧重于某一部门法而不关注与其相关的程序法或实体法,而诊所法律教育可以很好扭转学生在某一学习阶段中仅仅掌握一门部门法的不当现状。法律诊所课堂要求学生关注某一学科和与之相关的其他法学学科。例如,在劳动法法律诊所课堂中,我们不仅将规范劳动关系的《劳动法》纳入教学和实践范围,此外与此相关的《劳动合同法》《劳动法实施条例》《最高人民法院关于审理劳动争议案件适用法律问题的解释》都需要学生自主学习和融会贯通,不论是实体法,还是程序法,学生在解决实际问题的时候都有迫切打破实体法和程序法界限的需求,法律诊所课堂能够促进学生扭转程序法和实体法之间间隙巨大的情况。

(3)培养学生理论和实践并重的观念。法学教育本应当服务于社会实践,但是目前传统的法学理论教育却将法学学科划分为刑法、民法、经济法、法理学、宪法学等二级学科,在每个法学教育课堂中,教师在课堂中着重阐释每个学科中的理论。现实是,大多数的法学生毕业后从事的都是实践岗位,但是缺乏既基础的实践经验成了法学生走向实践岗位的阻碍,他们难以快速掌握实务的技能。诊所式法律教育给予学生以实践为导向、切实一步步掌握实践技能的机会。以劳动法法律诊所为例,学生首先需要对比分析法官思维和律师思维的区别,从而奠定在诊所课堂中的思考角度,学习接待当事人应当遵循的保密原则、当事人利益原则,掌握让证人开口技巧和取得有效证据的程序和方式,在制作阅卷笔录的过程中学习效率阅卷技巧和分析我方优势,在讨论争议焦点和法律依据过程中权衡诉讼策略,从而学会律师技能。① 诊所法律课堂在借鉴传统的案例式教学方法之外,还将医学中的临床教学模式方式吸纳入课堂。在法学理论教育的框架下,即使是案例式教学方式,也会在很大程度上固化在已有经典案例和固式解决程序和方案的框架下,而在法律诊所课堂中,教师并不会将已经证据和案件事实事先呈现在学生面前,而是通过模拟或者实战的方式以当事人的诉求为导向,引导学生自主研究案件事实、当事人诉求、证据、争议焦点,从而进行法律分析,并衡量当事人权益得到主张的可能性、多元纠纷化解机制的运用可能性、道德考量等现实因素,综合考虑。

(4)改变学生单一视角和法官思维。在刚进入法学院第一门专业课中,教师多通过形象的“平之如水”“獬豸以角触不平”的讲解奠定了法学生关于公正的第一印象。在此后的教学实践中,教师也倾向反复从冷静的、纯理性的角度出发教导学生公正客观看待问题。在长期的强化思维过程中,学生突然需要从律师角度尽可能保护当事人合理合法权益,容易出现适应不能的情况,例如,不愿主张向法院一般不予支持的较高违约金、接

① 参见温璇:《论美国诊所式法律教育模式——兼论诊所法律教育的本土化》,西南政法大学2010年硕士学位论文,第20页。

待当事人的时候容易站在法官的视角对当事人某些不符合道德的行为和言语内心批判。正因如此,学生应当及时转变固化思维,脱离法官视角下价值评判的框架,从当事人视角出发,积极为当当事人争取利益,从而为从事律师职业做好充足的心理准备。

(5)培养学生职业伦理和法学素养。诊所法律教育将法学理论和具体实践结合,能让学生在实践中找到自己的不足和在实践上的欠缺,在学中做、做中学,自主补足理论不足和在实践中强化职业技能与职业素养。同时,学生在具体模拟接待和接待过程中也有助于其站在当事人的角度,遵守保守当事人秘密、保护当事人利益的职业伦理,培养良好的职业道德,弘扬社会正气。

2. 对法学教育

(1)促进教学改革和课程改革。传统法学理论教学通常将成绩构成分为平时表现+期末成绩,期末成绩通常以闭卷考试或者论文写作为考核标准。学生成绩评价的主体是教师,而受限于理论教学课堂人数较多的情况,在此机制下教师很难了解每个学生平时的学习情况,因此平时表现考核大多以举手发言次数和发言质量为标准,造成了较单一和片面的考核机制。在期末考核中,统一闭卷考试的内容大多是名词解释、正误判断、简述、案例等较固定和僵化的内容。但在诊所法律教育中,采取的是学生主导、教师辅助的上课形式,课程容量也较少,有利于教师在教学中了解学生的真实水平和学习情况。此外,诊所法律教育不仅关注学生的知识水平和理论水平,还将职业技能、职业思维、职业道德等因素考虑在内,并将学生具体的援助工作产生的实践效果作为考核的重要标准,推动课程科赫标准向多元化、实践化发展。

(2)推进教学质量评价变革。[①] 随着各高校法学专业的转型发展,"以保证人才培养规格为基础,以社会需求为导向,以应用为主线,以能力培养为核心"的实践性、应用型人才培养成为法学专业内涵建设的重要举措,教学质量评价成为监控教师教学质量和确保人才培养质量的重要手段。尽管目前大多数院校都形成了以评价主体、方式、内容为核心的质量评价体系,但现有的法学实务类课程教学质量评价体系仍存在诸多不足,实务类课程教学质量缺乏内在的自我约束机制和完整、规范及操作性较强的质量评价体系和评价模型。在此背景下,探讨如何让法学实务类课程教学质量评价科学化和有效化,进而提高教学质量,促进法学专业人才培养质量等问题,无疑具有十分重要的意义。

3. 对社会

(1)帮助弱势群体。在许多高校中,诊所法律教育采取案例式或者实践型的方式为学生提供手段。而在另一些高校中,出于对弱势群体和自身运行可能性的综合安排,诊所法律教育通常以法律援助的形式呈现,即为社会弱势群体和经济方面较困难的当事人提供法律服务。[②]

① 参见潘静:《我国诊所式法律教学模式之探析》,首都师范大学2003年硕士学位论文,第25页。

② 参见薛晓东:《法律诊所社会价值分析》,复旦大学2009年硕士学位论文,第27页。

(2)丰富多元化的纠纷解决机制。[①] 我国纠纷解决系统由诉讼与非诉讼两大类型构成,具体包括和解、调解、仲裁和诉讼等。和解,是指争议双方当事人自主地就如何解决纠纷达成协议。调解,是指争议双方当事人在第三方的主持下,就如何解决该纠纷达成协议,进一步包括诉内调解和诉外调解。仲裁,是指争议双方当事人协议将争议交由其共同选定的仲裁机构进行裁决。多种解决机制都有其特有的功能和运行方式,但是独立于诉讼的替代性纠纷解决机制(ADR)以其特有的成本低、效率高的优势成为较新的纠纷解决策略。

以劳动法法律诊所课堂为例,普通的民事诉讼一审程序的审结期限为6个月,加上立案和通知开庭等所需要的时间,当事人常常面临少至两三个月,多至半年的诉讼周期。并且,诊所课堂学生参与课堂时间的时间只有两三个月,也难以完整终结一个诉讼周期,即使是学生自愿跟进案件,假期、交通成本等因素也是制约学生完整代理的巨大阻碍。因此从保护当事人生活秩序的角度出发,学生在进行诉讼代理中相较律师代理更有理由通过调解、仲裁等替代性手段解决争端。

(二)诊所法律教育的不足

1.课程性质和课程容量不足

目前诊所法律教育主要设置为法律诊所课堂,以选修形式开展。法律诊所课堂容量小、对教师要求高。由于多数法学生在大学首先接触的是理论教育,学生对于此类课程较陌生,在选课的时候容易产生畏难心理,有可能会出现选课人数较少的情况。但法律诊所课堂理论上需要教师与学生比例大致为1∶5,以便教师进行实时有效的监控和指导,而在学校大规模鼓励选课的情况下,又容易出现课程规模过大的情况,这就需要增加教师的数量,这一矛盾已经成为制约法律诊所课堂在全国高校推广和发展的主要矛盾之一。

2.考核主体单一、内容单质化

在法律诊所课程中,教学内容已经不再局限于传统的课堂教授,但是在考评方式上,仍有改进的空间。法律诊所的考核虽然已经将学生的证据搜集、法庭辩论、撰写法律文书等内容纳入考核标准,但是仍是以教师为主体进行评价,这样虽然有利于考核分数标准的统一性,但是在此模式下,学生是作为被考评的对象而不是参与考评的主体,未免缺乏积极改进和推进教学进步的动力。并且,教师作为教学主体,其教学质量和教学效果,也并未纳入考核的内容,缺乏相关的考查。再者,学生和教师自身对其表现最清楚和有切身感受,然而自身评分并未纳入考核。

在法律诊所课堂中,学生的学习内容包括会见当事人、获取证据、会见当事人、撰写法律文书、与法院和检察院交流。但是在考核过程中,并未针对各个环节的重要性赋权,而基本都是通过简单地考核课堂到勤情况和表现积极性进行成绩的评定。并且,针对法

① 参见李尚泽:《我国法律诊所教育的实践及完善》,云南财经大学2016年硕士学位论文,第22页。

学实务技能和职业伦理也未有统一的标准。

3. 资金和师资力量不足

诊所法律教育运行存在资金不足的情况。① 法律诊所实战课程接待当事人中需要打印复印文书、交通通勤、住宿补贴、普法宣传、场地租用等资金支持。② 法律诊所实战因其公益性不会向当事人收取费用,并且让学生自己承担办案的所有费用。在资金来源方面,国内法律诊所的运营资金主要来自社会公益基金和学校拨款。

诊所法律教育的开展不仅需要从事理论教学的专业教师,也需要配备实践经验丰富的律师等法律实务工作者。在双师制机制下,专业教师不仅需要从事传统课堂教学,还需要在专业课的基础上再开展诊所法律教学。③ 依照法律诊所教育的要求,课堂师生比应该严格控制在 1∶5,而清华大学的法律诊所课堂在设立之初只有四名教师,北京大学的在设立法律诊所时,也只有 4 位指导教师和两位法律工作者,而这些学校的法学院,每个年级至少 300 人。④ 近年来,各个学校的法律诊所工作都有了一定进步,在中南财经政法大学,有 40 ~ 50 位教师接受过诊所法律教育培训而掌握了诊所法律教育方法,但是每学期开课的教师各有不同,且大多数因各种主客观原因并不愿意开设课堂。该校常年保持开设法律诊所课堂的有 10 名指导教师(韩桂君老师、郭倍倍老师、郭少华老师、王永强老师、曾祥明老师、疏义红老师、刘春梅老师、胡阳老师、黄勇老师、李岩老师),他们均在不同时段开设了不同课堂。另外,这些教师还利用自身社会资源,邀请律师为学生们做职业技能培训和指导,较好地满足了学生的需求。但是我们应当看到,指导教师从事教学,而诊所法律教育又是需要较大精力的事务,因此专业教师的教学压力成了制约诊所法律教育发展的重要因素。同样,从事实务的教师不仅先要完成自己的本职工作,还要提前为学生准备职业培训课程内容,并且,在实际的实务课程中随时指导和帮助学生进行实务,时间较紧张,任务也较繁重,这也是目前师资中存在的问题。

4. 考核与激励机制不足

国内高校目前对法律诊所课堂的考评大致分为两类:实践性解决当事人问题的采用学生自评、当事人评价及教师评价综合打分;案例式分析问题的课堂采取老师主导评分。前者虽然已经可以较好体现了学生表现,但是受限于学生个人水平不一、年级不一、社会阅历和成长环境不一,指导教师对学生的评价也会受到影响。同时,不同学生接待和处理的案件难度有很大差别,加之当事人有不同性格和期望值,若当事人缺乏相应法律素养、不理解学生工作难度和诉讼策略,也会导致当事人对学生的评价偏低。

---

① 参见王娟娟:《诊所式法律教育的本土化模式研究》,河北科技大学 2012 年硕士学位论文,第 27 页。

② 参见谢长发:《诊所式法律教育及其在我国的实践》,广西师范大学 2004 年硕士学位论文,第 31 页。

③ 参见林国强:《论法学专业教育中的双师同堂教学模式》,载《教育观察》2021 年第 33 期。

④ 参见温璇:《论美国诊所式法律教育模式——兼论诊所法律教育的本土化》,西南政法大学 2010 年硕士学位论文,第 23 页。

5.学生精力不足和身份局限

学生需要协调其他课程学习和本课程的时间分配冲突;法律诊所课堂在多数高校开设在大二或者大三,多数高校也正是将这两个学年作为专业主干课的开设学期,以中南财经政法大学为例,在大二选修法律诊所意味着学生需要在学习民法、刑法、民事诉讼法、刑事诉讼法、经济法、商法、国际公法、国际私法、国际经济法等十几门学科的同时进行法律诊所课的学习。而法律诊所课堂不仅需要学生提前自主学习实务技能并交流学习,还需要学生接待当事人并代理案件,这就决定了学生需要花费大量的时间在此课程上。

诊所法律教育需要在教育制度框架下运行,而提供法律援助是诊所法律教育走向实践化的必然需要。以刑事诉讼为例,学习法律诊所课程的学生不具有律师身份,因而也没有调查权、与在押犯罪嫌疑人会面和通信的权利。而在多数法律援助的业务范围内的民事诉讼中,则需要学校成立相应的法律援助团体、一定的资金保障其运行、学校出具的推荐信等条件。因此,学生天然的身份局限也使诊所法律教育的开展有相当的难度。[①]

此外,传统理论教学只教授单一的法学理论课程,基本不涉及法律的具体操作和方法,而在法律诊所课堂中,则是经过简单讲解后让学生直接转变身份为律师,此教学方式看似对学生的实务能力进行迅速培养,却忽略了学生在身份转变中的心理冲击和知识衔接不足的问题。学生没有得到相应的培训和指引直接面对当事人,难免会产生畏难情绪,而在接待过程中由于理论和实践的差距较大,学生也难以立刻结合所学有关部门法的全部知识进行分析,因此可能导致学生在尚没有完整学习实务课程的情况下就直接“走马上任”。

6.实践中学生课堂参与度不足

不同于理论课堂,法律诊所课堂要求学生成为课堂主导,对学生理论水平、合作意识和个人积极性有较高的要求。而长期适应教师主导、学生听讲模式的学生在面临角色和课堂主导权变化的时候,极易出现无所适从的心态。同样,诊所法律教育虽偏重实践,但其课程设置也应当有章可循,学生理论知识较浅薄、课堂应变能力较弱,即使有着自我主导课堂的愿望,在实践中也容易偏离课堂主要教学目的,难以达到教学目标。

## 四、两者衔接的具体思路

### (一)课程设置改革

1.明确法律诊所课程定位

诊所法律教育应当是与法学理论教育处于并列地位的一种教育方式,但是在国内多数高校,仅仅将法律诊所课列为选修作为学生可以选择的一种课程,这将直接导致部分未选修学生没有接触诊所法律教育的机会。为对接诊所法律教育与后者,应当将诊所法

---

① 参见王娟娟:《诊所式法律教育的本土化模式研究》,河北科技大学2012年硕士学位论文,第27~28页。

律教育纳入法学专业必修课中,让每个学生有机会选择偏向和喜爱的法律诊所课。考虑学生接受知识的先后逻辑,应当将相应的法学理论和实务课程作为修读相应法律诊所课的前置条件,促进学生在部门法学习上遵循:理论—实务—实践的逻辑,同时减轻学生的学习压力和教师的教学压力。

2. 增加法律诊所授课时长

根据法律诊所教育需要教师和学生的时间较多的情况,应当将其定位为与多数部门法相同的32学时,2学分的课程。在教师配备上,考虑目前高校的教师资源紧张,可以将课程的教师和学生比例暂时定为2∶15,其中的“2”是指双教师配备,即一个课堂配备一个指导教师和一个实践教师,在高校中有更多教师具备开设法律诊所课条件后,再逐步将比例降低到理论层面的2∶5。

3. 规范法律诊所授课内容

同时,规范化的课程设置也是促进法律诊所课堂发展的重要因素,虽然不同部门法的法律诊所课堂内容不同,但是其涉及的律师技能和办案流程是大致相同的,针对32学时的课程,应当合理教学内容。以转变思维、律师技能和职业素养、会见当事人、取得证人证言、阅卷、编写证据目录、选择诉讼策略、文书写作培训、调解与仲裁程序学习、开庭技能培训、职业技能和职业伦理总结等涉及律师实务技能和素养培养的专题为内容。在每一课堂中,应当设置理论引入(由指导老师进行,每节课10~15分钟)、实践课程(学生主导,指导老师和实践教师共同参与,每节课约65分钟)、教师评价和学生复盘(每节课10~15分钟)。

4. 健全教师考评方式和激励机制衔接

将从事传统理论教学和从事诊所法律教育的教师纳入统一考核框架下,但是通过对从事两种课堂的教师成果的比较,分析总结两种课堂的区别和对学生实际能力提升的作用,通过考核评分的方式引导教师积极主动在课堂理论教学中适当拓展,以减少学生从理论到实务的过渡难度。并且,应当鼓励教师在坚持传统理论教学外尝试开设法律诊所课堂,增强自身实务技能的同时理解所教学部门法在现实中的运行,使教师成为不仅懂理论,也具有强大实践能力的引导者。

(二)应用多元化授课方式

法学理论教育注重对知识的教授,而诊所法律教育则注重对学生法律诠释能力、法律论证能力和探知法律事实的能力全方位培养。在多数高校,在没有充足资金支持和教师的前提下,诊所法律教育可以逐步从授课方式转变、与法律理论教育对接的形式,最终实现培养应用型法学人才的目的。

1. 课程前期采用讲演式教学法和问答式教学法实现理论教育和诊所法律教育的对接

在法律诊所课堂开设的前期,为使学生更加了解诊所法律教育及其主要教学方式,实行每节课10~15分钟的讲演式教学法,对诊所法律教育方法、课堂教学内容、案例、针对案例的法律问题和法律理论进行适当讲解，便于学生从惯常的授课方式过渡到诊所法律教育方式。

指导教师和实践教师针对本节课主要教学内容，采取苏格拉底助产士教学的方式，通过问答的方式使学生主动思考问题，复习、巩固、加深理论课堂学习内容。引导学生从“要我学”到“我要学”转变，激发学生实现传统课堂的思维转变。

2. 课堂中综合多种教学方法巩固理论和深化实践能力的目标

在法学课堂特别是法律诊所课堂上，结合课堂内容，综合运用角色扮演教学法、观摩式教学法、合作式教学法、督导式教学法、头脑风暴教学法等教学方法，促进在课堂上实现法学理论教育和诊所法律教育对接。在角色扮演教学中，通过教师选取真实案件并设置语言目标，引导学生扮演律师等角色，让学生在角色扮演中回顾法律知识、训练法律技能、解决法律问题。引入观摩式教学法，通过学生对真实案件或者模拟法庭庭审的观察、记录等，让学生学习案件的审理程序、观察培养能力、记录能力，以达到完善知识体系、获得基本法律技能的目的。

3. 课堂后及时反馈—反思

霍姆斯有言：“法律的生命不在于逻辑而在于经验。”这句话对教育也有相当大的参考性，衔接法学理论教育和诊所法律教育不仅需要纯粹理论的分析推理，也需要在实践中不断发现问题和解决问题。在实际操作的过程中，应当先进行笼统、概括性的规定，并在发现问题后深化、细化其规定，使两者衔接更有效。每节课中实行录像自评法，把自己的角色扮演的过程进行录像，及时将自己做得好的和不好的方面列举和总结，让学生实现课后的及时复盘。在课堂后及时引导学生自我反思成功和不足之处，将自己的体验反馈给其他同学，锻炼学生综合素质。

实行教师点评、自我点评和同学点评3个维度评价，促进学生在自我反思和对照其他同学优缺点的基础上反思理论和技能缺漏，及时补足和完善不足的知识体系。①

(三)教师培养与选拔

1. 增加从事诊所法律教育指导教师人数

在目前开设法律诊所课堂的50多所高校中，教师数量是制约其发展的重要因素。②以中南财经政法大学为例：目前开设法律诊所课堂的老师一共10位，10位教师分别在不同时间段开设多门课程，每个课堂的容量均是1∶15，最多可以容纳200名左右的学生，然而法学院一个年级便有将近900人，很难达到每个学生都修学法律诊所课的标准。因此，要大力发动、鼓励、培养理知识深厚或者实践经验丰富的优秀教师积极开设法律诊所课程，在数量上要基本达到每个学生都有机会修学法律诊所课程的标准，以便教师在具

---

① 参见张伟：《诊所法律教育教学评价研究》，首都师范大学2014硕士学位论文，第32页。

② 韩桂君、吴欢：《诊所法律教育的耶鲁标本及其启示意义——评〈法庭风暴：美国耶鲁师生诉战总统〉》，载《法学教育研究》2019年第3期。

体教学实践中引导、发现、关注每位学生的学习进度，及时给予学生帮助，最终达到帮助学生实现理论与实践知识相融合的目标。

为在教师中推广诊所法律教育，使长期从事理论教学的教师关注新的教学方式，应当将法律诊所教学设置为每个法学教师职业生涯需开展的课程。其中，应当将法律诊所课堂教学质量考核逐步作为中青年教师职称评定、推优评奖的重要指标。对于临退休教师，实行经济和荣誉鼓励，放宽政策。

2. 选拔、培养、邀请具有深厚理论和实践经验的教师进课堂授课

法律教育的最终目的是培养实践性法律人才，为构建完善的法律教育体系，须培养、选拔、邀请具有深厚理论水平和实践水平的指导教师及实践教师。在法律诊所课堂中，在课程指导老师的培养上，应当选拔理论功底深厚、有实践经验的教师或者是精力充沛、有强烈责任心的青年教师，前者可以为课堂提供较好的理论指引，促进学生理论与实践知识的融会贯通，后者则是未来诊所法律教育的中坚力量，这部分教师通常有较强进步和职称考评的需求，又有较多的精力帮助和指导学生。在邀请和选拔校外实践教师的问题上，应当以本课堂指导教师的选择为主导，邀请本法律诊所课堂中涉及部门法和实践领域较熟悉和精通的律师、法官、检察官，充分利用指导教师的社会资源。

（四）设置主体多元、标准统一的考核标准

1. 纳入多元化考核标准

如前所述，高校开设的法律诊所课堂分为案例式和实践式。对于前者，考核标准过于单一，有较多的发展空间，不必赘述。后者的考核标准虽然体现了一定的内容多元性，但是尚不足以将法律诊所教育价值的所有标准纳入其范围。① 在设置考核标准时，应当综合各项指标重要性，以加权形式进行考评：职业技能 50%（接待当事人技巧、证人证言获取技巧、质证技巧、文书写作能力、辩护策略选取、纠纷解决方式的选择），职业素养 30%，职业道德 20%（保密原则、接待当事人态度、保护当事人利益原则），并且在 3 项考核标准中根据此课堂进度和学生实战演习情况予以评分。

2. 增加考核主体，了解多方评价

同时，传统法学理论课程评价的主体局限于教师一人，而在法律诊所课堂中，应当把学生和当事人也列入评价主体，当事人可以根据自身体会对学生的接待技巧、案件处理满意度对学生打分，学生自己可以根据自我成长、反思、学习成果进行自我评价。

（五）获取资金支持

制约诊所法律教育发展的一个重要因素是资金的短缺，在整个包括诊所法律教育、实务法律教育、法学理论教育的法学教育体系中同样如此。② 要推进法学理论教育和诊所法律教育更有效衔接，需要为法学教育特别是诊所法律教育提供更多资金支持。在理

① 参见张伟：《诊所法律教育教学评价研究》，首都师范大学 2014 年硕士学位论文，第 22 页。

② 参见李尚泽：《我国法律诊所教育的实践及完善》，云南财经大学 2016 年硕士学位论文，第 22 页。

论教学阶段以法学讲座、法学网络模式实战等方式增强学生对理论法学的认识,同时激发他们对于实务学习的热情和好奇心。在法律诊所课程阶段为参与法律诊所课程的学生提供资料打印、数据库查询、律师咨询等支持,方便学生进行学习。

**五、结语**

法学理论教育与诊所法律教育的衔接之关键,在于诊所法律教育教师在组织法律诊所课堂时,注意将专业课程内容融入学生的法律职业技能训练过程中。因此,诊所法律教育教师必须既精通法学理论又要深谙法律职业技能,属于复合型、高素质的高校师资。高校应该对诊所法律教育教师提供更大的制度支持和对其教学付出给予充分肯定,这样才能激励更多的教师投入诊所法律教育教学活动中。

# 法律职业能力体系及培养路径

陈海平*

## 一、引言

党的十八大将“依法治国”方略提到新高度，要求造就规模宏大、素质优良的法治人才队伍。党的十八届四中全会要求创新法治人才培养机制。党的十九大进一步要求“坚持全面依法治国”，提出着力建设“高素质”“专业化”干部队伍。习近平总书记围绕政法队伍建设、法学教育的多次讲话要求：加快推进政法队伍革命化、正规化、专业化、职业化建设；法学教育要处理好知识教学和实践教学的关系、要打破高校和社会之间的体制壁垒，将优质实践教学资源引进高校。习近平法治思想为法学教育和法治人才培养指明了方向，对我国法学教育和法治人才培养具有重要指导意义。①

我国法治进程的洪流不可阻挡，紧锣密鼓的法治建设进程给法学教育带来了前所未有的机遇，也带来了巨大挑战。法学教育涉及政治制度、法律体系、意识形态的分野，并不存在放之四海而皆准的培养模式。我国法学界热议多年形成的共识有：必须继续推动法学教育改革，高校应当制订适合自身建设和发展、具有差异性和个性化的培养方案，社会对法学专业毕业生的能力需求包括专业知识、知识拓展、实践创新等，法学教育应当加强实践性、深化实践教学模式改革、关注法律职能技能的培养。

身处如此伟大的时代，必须直面法学教育的“大众化”供给和法律人才的“精英化”需求之间的深刻矛盾，尤其要顺应新文科建设重大战略，重新定位培养目标，改革培养模式、创新培养机制，引导法学教育与法律职业有效衔接，满足社会对高素质、专业化、精英化法律人才的需要。

## 二、法学教育面临的新形势

历史上从没有像今天一样如此地重视法治，这无疑成为法学教育的重要机遇，但现实证明我国的法学教育并未如预期般飞速发展。“法学教育面临着重重挑战，难以适应

* 兰州大学法学院副教授、院长助理，华东政法大学法学博士后科研人员。

① 马怀德：《法学教育法治人才培养的根本遵循》，载《中国党政干部论坛》2020年第12期。

新时代的法治需求”,[①]“法学教育的培养目标和培养模式正在发生转变,从专业教育转向职业教育”。[②] 挖掘其深层次原因,揭示其面临的新形势,才能对症下药,法学教育才能行稳致远。

(一)法学教育进入大众化时代

改革开放以来,我国法学教育经历了重建、恢复发展过程,法学教育发生了翻天覆地的变化,规模急剧扩张后开设法学专业的高校早已超过600所,各类法科在校生已近百万,法学专业多年一直稳居报考热门专业,加上法治建设的大环境,法学教育似乎理应进入“黄金时代”。但是,法学专业的就业率近几年始终不容乐观,始终顶着“就业难”标签,法学毕业生的法律职业能力受到社会各界的质疑,学难致用导致实务界对法学教育有所失望,原本该大受欢迎的科班出身毕业生,如今却并不太受社会欢迎,这与法治建设的高歌猛进格格不入。法学教育理应高速发展,却陷入“饱和危机”,“法学教育规模的盲目扩张导致法学教育质量下降、毕业生不能满足社会的需要”,[③]根本原因就在于大众化时代的法学教育未能回应社会对法律人才的实际需求,无法胜任法律职业。2013年“法学教育转型发展峰会”形成的共识是“中国法学人才数量过剩高端短缺”。综上可见,法学就业难并非市场需求不足,而是供求失衡,法学教育满足不了市场对高素质、精英型法律人才的需求。

(二)法学教育培养模式亟待改革

经过改革开放以来的蓬勃发展,我国法学教育已形成“多层次、多类型的学位体系”。[④] 然而,专业设置的不合理、培养模式的同质化,导致法律人才的供求失衡。现行法学教育偏重传统的诉讼法律人才培养,忽视非诉讼和新型业务领域的法律人才培养,这种落后的培养导向亟须改变,优化调整法律人才培养结构,才能更好地满足全面依法治国进程对法律人才的多样性需求。[⑤] 放眼我国的法学教育,高职高专、大学本科、法律硕士(非法学)、法律硕士(法学)、法学硕士、法学博士教育等共同构成了法律人才培养体系。在种类繁多的法学教育体系中,各层次的培养目标并不清晰,普遍缺乏对法律职业技能的关注和发力,呈现法学教育千校一面、培养目标与社会需求严重脱节等共同问题。法律类高职院校的大专,近些年正试水“应用型”教育改革,大幅压缩课程学习时间,更多课时被安排实验式实践教学、知识含量不高的体力型专业实习,学生习得的法学基础知识尚极有限,甚至欠缺基本的法治理念和法律思维,要求高超的职业技能简直就是无本之木。法学本科教育,历来注重理论灌输,对实践教学的强调不够、效果也比较有

---

① 冯果:《新理念与法学教育创新》,载《中国大学教学》2019年第10期。

② 徐显明、黄进、潘剑锋、韩大元、申卫星:《改革开放四十年的中国法学教育》,载《中国法律评论》2018年第3期。

③ 王晨光:《中国法学教育的结构失调及对策》,载《法制日报》2008年6月1日,第9版。

④ 冯玉军:《我国法学教育的现状与面临的挑战刍议》,载《中国大学教学》2013年第12期。

⑤ 廖永安:《促进法学教育供需平衡》,载《人民日报》2016年6月6日,第20版。

限,造成毕业生的职业技能普遍不足,导致学生难以满足社会需要,往往是毕业即失业。法律硕士近些年热招,成为一些考生提高“身价”、谋求“转身”的途径,也被一些院校当作“创收”来源,包括法律硕士(非法学)、法律硕士(法学)两类4种(各有全日制、非全日制),考生来源各异、培养过程复杂。陡增的培养压力,使不少高校对法律硕士的培养无奈“放养”:有些高校表现为“注水版法学本科”模式,教学内容上重复法学本科教育,但在教学管理上远不如本科教学那般重视和严格;有些高校表现为“缩水版法学硕士”,培养过程基本与法学硕士无差别,毫无道理地采取所谓“研讨式”教学(学生主讲、教师点评),毕业论文的写作要求与法学硕士相同等。虽然,法律硕士教育管理层近年来一再要求强化实践教学,但不少高校的实践教学效果并不乐观。法学硕士其实也颇为难,理论研究方面有法学博士碾压,法律实务又不如法律硕士有相关课程要求,由于理论研究导向的目标设定,培养过程以理论研究为主、以实务技能为辅。但在我国法律人才培养体系中,在理论研究方面博士更具优势,把海量的法学硕士都全部培养成法学博士不但不可能,而且不必要。作为最高层次的法学博士,其培养以理论研究为主并无疑问,但从目前来看,博士生人数众多,功利色彩明显,法学学术产出并不可观。

(三)法学教育的法律职业能力培养不足

法学教育与法律职业有天然的密切联系,法学院校作为法律人才培养的主要承担者,能否满足社会的法律人才需求,是检验其办学成功与否的基本标准。我国法学教育与法律职业严重脱节,法学专业就业率连续“亮红灯”,其原因在于:法学教育忽视法律职业能力的培养,过分注重理论知识的灌输,忽视社会对法律人才的实际需求,法科学生所学不能致用。正如苏力教授所言“法学是世俗的学问,甚至很多是实践性的、技术性的,因此仅靠课堂讲授是不够的”。① 法律职业能力与法律技能不同,前者是综合素质、综合能力的培养,后者是运用法律的技巧,前者包括后者。法律职业能力不仅要求法学理论知识、实务操作技能,还要求具备严谨的法律思维、坚定的法律信仰、崇高的职业伦理。法学教育的目的不应是培养法律工匠,更不能立足于培养法学大师,社会更需要能够学以致用的应用型法律人才。综上所述,法学教育应当重视法律职业能力的培养,肩负起为法治建设保驾护航的重任,将培养高素质、职业化、精英化的法律人才队伍作为法学教育的光荣使命。所以,必须积极推动法学教育的供给侧结构性改革,实现与法律职业能力需求的对接,关注法科学生的职业能力培养。

## 三、法律职业能力体系

基于多年来教学改革实践和思考、对法律人所需职业能力的系统梳理、对国外法学教育的比较借鉴,我们将法律职业能力分为职业准入、职业胜任、职业发展三大能力,每项能力包括5项内容,能力指标体系如图1所示。

---

① 苏力:《当代中国法学教育的挑战与机遇》,载《法学》2006年第2期。

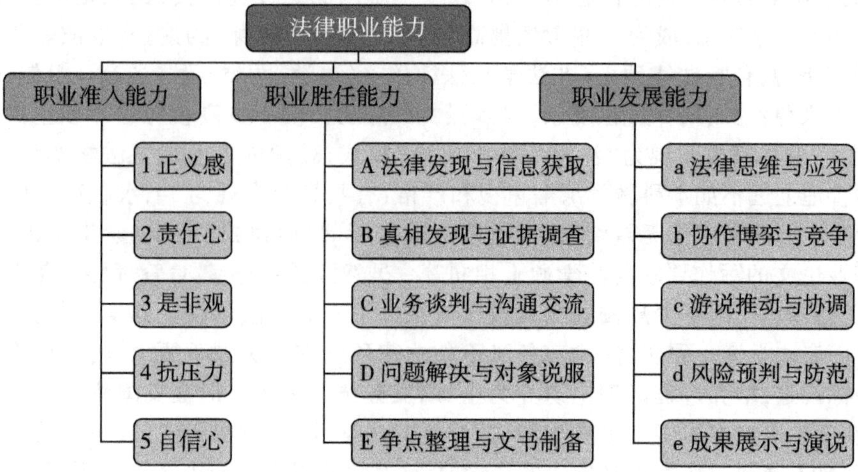


**图 1　法律职业能力体系**

(一)职业准入能力

职业准入能力是从事法律职业的前提和基础,是从事法律职业的基本要求。法律职业不同于其他职业,法律是协调社会关系的规范,是解决社会纠纷的依据,法律职业群体,就是依据法律规定,按照法律程序,处理法律事务,解决社会纠纷,维护社会正义的人。所以,法律职业无论是对法律理论知识,还是个人品格都有特定的高要求。在某种程度上,法律职业需要的人格品质甚至比法律知识更重要。

**正义感**。荷兰法学家胡果·格劳秀斯认为,法学是"从正义而生活之学"。[①] 法律职业以维护社会正义为己任,要从事这一职业,正义感是首要的品质,试想没有正义感的人从事法律职业,损害的不仅是法律的尊严,甚至是人的生命。

**责任心**。责任感是法律人的基本素质。有责任感,是所有职业的共同要求,对法律人而言,责任感则是其断讼决狱、匡扶正义必不可少的基本素质。法律职业关乎他人的身家性命,因此法律职业必须具备更大的责任心。"不能想象,假如没有了责任感,是否还配称法律人。"[②]

**是非观**。法律是判断是非的标准,是非观对法律职业者至关重要,正确的是非观是法律职业从业者的最基本要求。无论在法律职业中扮演什么角色,都有一个共同的出发点,就是依据法律的规定。不管站在谁的立场上,采取的手段都要有法律上的依据,正当的才可为,不正当的绝对不为,判断的标准和选择的底线只能是法律。

**抗压力**。法律职业的压力巨大,案多人少的情况由来已久。很多法官、检察官都在

① 转引自王勇飞:《法学基础理论参考资料》(第 1 册),北京大学出版社 1980 年版,第 42 页。

② 陈雯雯:《法律人的责任感有何特殊》,载《人民法院报》2016 年 4 月 24 日,第 7 版。

超负荷工作，所以拥有强大的抗压能力是必要的，这是能否胜任法检工作的关键。此外，面对案件的复杂、产生较大社会影响等情况时，也需要法律职业者拥有巨大的抗压力。

**自信心**。自信来源自身的实力。法律职业者首先需要有过硬的专业知识，熟练地掌握法律的基础知识和法律法规，才能在工作中满怀信心地处理遇到的各种法律问题。

（二）职业胜任能力

职业胜任能力，即法律职业技能，是从事法律职业的关键，一个具备职业准入能力的人并不必然能够从事法律职业，法学是世俗的学问，是实践性、技术性很强的学科，学法的目的不在于侃侃而谈，而在于用以解决具体的社会纠纷，这必然需要高超的职业技能。

**法律发现与信息获取**。遇到纠纷、处理法律实务问题，需要从纷繁复杂的事实争议中明确所属法律关系、提炼出争议焦点，从浩瀚法律法规中找到相应法律规范，收集法律适用所需信息。

**真相发现与证据调查**。证据调查的能力是法律从业者职业能力的关键，也是评价一个优秀法律工作者的重要参照。① 任何争讼都处于事实真伪不明的状态，只有通过调查收集证据，才能还原真相，在诉讼或非诉的准备阶段收集更多、更有利于己方的证据，就能占据主动、赢得未来。

**业务谈判与沟通交流**。丹宁勋爵有言："要想在与法律有关的职业中取得成功，你必须尽力培养自己掌握语言的能力。"法律是调整社会关系的规范，法律面向社会大众，要把法律精神和意思有效传递给当事人，就需要良好的业务谈判和沟通表达能力，否则极难胜任法律职业。

**问题解决与对象说服**。法律职业旨在解决社会冲突、化解社会矛盾。只有合理合法地把各种纠纷置于法律框架下解决，做到案结事了，才能完成法律职业的使命。在化解纠纷的过程中，与对方的协商谈判必不可少，最理想者莫过于通过协商解决纠纷，避免漫长诉讼过程。法律职业从业者必须具有出众的沟通技能和说服能力。

**争点整理与文书制备**。能准确快速地发现案件争议焦点，并找到支持己方观点的法律依据，是解决纠纷的关键。法律职业从业者，必然要与大量法律文书打交道，文书制备能力是一个法律人必备的技能，也是法律规定的程序要求。②

（三）职业发展能力

职业发展能力，是高素质法律人的职业要求，是职业胜任能力之上的更高要求。职业发展能力，是指具备法律职业素养的法律人，能够适应社会变迁和职业发展要求，不断获取新知识、更新专业理论、及时掌握新技能、适应岗位调整，并能够不断提升其法律职业素养的能力。

**法律思维与应变**。法律思维是法律职业从业者特有的思维模式，是指法律人应该具

① 何家弘：《刑事诉讼中证据调查的实证研究》，载《中外法学》2012 年第 1 期。

② 彭中礼：《司法判决说服性的修辞学审视》，载《法制与社会发展》2011 年第 1 期。

备的逻辑、逆向、程序、规则、证据、公平、民主等思维模式。面对纷繁复杂的社会现象、面对各说各有理的法律纠纷,高素质法律人不能只是牢记法律术语,还需通过法律行为重新界定和塑造法律规则。①

**协作博弈与竞争**。法律实务是一种特殊的博弈,随时随地充斥利益博弈,法律人时刻处于"战争与和平"状态。法律职业同行间充满竞争,也无处不在合作中,不做团队合作的单打独斗,无法处理复杂法律纠纷;在法律职业共同体内,法官、检察官、律师也构成独特的竞争与协作关系。

**游说推动与协调**。沟通与表达是法律职业的基本能力要求,出色的游说和协调组织能力对高端法律人来说必不可少。寻找职业发展机会、争夺话语权、推动谈判、促成和解、寻找共赢等,都离不开高水平的游说推动和协调能力。

**风险预判与防范**。无论是传统的刑民诉讼领域,还是新生的企业并购、资产重组等非诉领域,高素质法律人都需要敏锐的职业眼光与洞察力,如果能准确地预见风险,把矛盾扼杀在萌芽状态,做到防患于未然,既能避免不必要的司法资源浪费,又能及时地化解社会冲突。

**成果展示与演说**。精彩的口头表达和公开演讲,是成为优秀法律人的必备能力。无论是法官、检察官、律师,还是其他法律职业从业者,都离不开与人打交道,都需要展示自己事实提炼、法律分析、调查取证等努力的成果,都以说服对方接受己方主张为日常工作。

## 四、法律职业能力的培养路径

法律职业能力的培养路径在于改变"重理论轻实践、重知识轻技能"的传统培养模式,实践教学从"实验式"走向"实战式",构建多层次实践教学体系,实施基础型、综合型、创新型实践教学,以职业准入能力、职业胜任能力、职业发展能力培养为中心组成递进式教学方案。

### (一)培养目标强调职业能力

传统的法学教育模式过于注重培养学生的理论思辨能力,而不太关注职业能力方面的培养,在道德情操方面习惯于简单的道德说教,效果并不好,导致毕业生不能适应工作岗位要求。法学教育应该以法律职业能力为基本的目标导向,②改变实务部门承担职业技能培训的现状。正如有学者所言:"法学教育的职业教育属性已经成为法学教育工作者的共识,职业化也已经成为法律实务界与法律理论界的共同的期待。"③

法学教育注重职业技能的培养,是国际通行做法。重视理论学习,忽视职业技能训练,必然造成法学毕业生只会纸上谈兵、放到实践中往往束手无策,进而招致实务界的失

① 苏力:《法律人思维》,载《北大法律评论》2013 年第 2 期。

② 贾宇:《改革开放三十年法学教育的发展及其当前改革》,载《法律科学》2008 年第 6 期。

③ 徐显明:《中国法学教育的发展趋势与改革任务》,载《中国大学教学》2009 年第 12 期。

望和不满。因此应当通过强化法律职业技能,改变重理论、轻实践的教学理念,把实践教学作为法学教育的重点,从培养目标、培养方案、培养模式、课程设置等方面全面改革,加大实践教学的力度与投入,借鉴国外经验,广泛开展法律诊所、法律援助、案例研讨等实践教学方法,与实务部门开展合作,安排学生到办案一线顶岗实习,接受一线实务专家的指导,熟悉办案流程,参与真实案件办理,通过制作法律文书、接待当事人、参与业务谈判等实务操作,学会像法官、检察官、律师一样思考,如此才能形成法律职业所需的思维方式。

(二)倡导"实战式"实践教学

要回应社会对法律职业人才的实际需求,就得开展法律人才的供给侧结构性改革,努力输送符合职业能力需求的高质量人才。重视实践教学,已成法学教育的基本共识,但在操作上,实践教学尚存认识误区:把技能教育等同于实务技巧教育,将通才教育等同传授法律内容最大化,把专才教育等同专业知识教育,主要表现为"实验式"实践教学。

"实验式"教学模式,依托既判案件或教辅资料给定的案例,这种案例往往已经过加工处理,难以营造出结果难以预知的职业氛围,学生往往重视"表演"。以模拟法庭为例,常规教学模式为法学专任教师担纲主讲,偏重理论推演和应然程序,模拟案例多为教学案例,难以全面呈现实际审判过程;操作上靠"剧本"推动,教师做"导演",学生当"主演",沦为"走秀"、流于形式,难以调动学生积极性,对社会冲突缺乏完整认识,对法律争议缺乏深刻感受,对批判思维、语言表达、沟通辩论、证据调查、文书写作、团队协作等能力的培塑乏力。

"实战型"教学模式,旨在改变灌输式教学理念,变平面为立体,变消极吸收为主动汲取。以模拟法庭为例,发动学生群策群力找"案件"、调查取证固"证据"、深入细致备"庭审"、举证质证打"攻防"、殚精竭虑促"调解","走秀"自然成为"实战"。实战式实践教学,潜移默化中就能强化法律思维、法律职业伦理、法律职业技能,具有常规实践教学无法比拟的优越性。研究再多案例,背诵再多法条,观摩再多庭审,也不过是纸上谈兵,远不如亲力亲为解决"案件",更能体会法律的力量。

(三)加强涉外职业能力培养

党的十八届四中全会明确要求:"建设通晓国际法律规则、善于处理涉外法律事务的涉外法治人才队伍。"党的十九届四中全会强调,"加强涉外法治工作,建立涉外工作法务制度,加强国际法研究和运用,提高涉外工作法治化水平"。近年来,随着"一带一路"倡议和"走出去"深入实施,随着中国企业对外投资开启新纪元,大量国企、民企纷纷涌向国际竞争舞台,涉外法律事务呈井喷之势,擅长涉外业务、通晓国际规则的法律人才需求剧增,现有法律人才队伍中涉外人才缺口甚大,"目前涉外法治专业人才严重短缺是我国必须面对的严峻现实"。① 截至2017年年底,全国律师已突破30万人,能够熟练办理涉外

① 杜焕芳:《涉外法治专业人才培养的顶层设计及实现路径》,载《中国大学教学》2020年第6期。

法律业务者不足3000名,[①]能够办理“双反双保”(反倾销、反补贴、保障措施和特别保障措施)业务的律师不到50名,能够在WTO上诉机构独立办理业务的律师只有数名。[②]基于此,2017年年初,司法部等四部委联合下发了《关于发展涉外法律服务业的意见》,鼓励法学院系大力加强涉外法律人才的培养力度。2021年2月4日,教育部、司法部联合下发《关于实施法律硕士专业学位(涉外律师)研究生培养项目的通知》(教研司〔2021〕1号),选取15所高校探索实施法律硕士专业学位(涉外律师)研究生培养项目。

法学教育的国际化,可以从构建国际化培养模式、打造国际化师资两个途径入手。一是构建国际化培养模式,可以通过中外高校的国际合作、联合培养等机制,加强与境外法学院系、法律实务机构的交流互动,形成国际视野,培养国际接轨、国际交流能力。二是国际化师资。依托“双一流”建设契机,继续深入推进“卓越计划”,加大涉外法律人才培养力度,推动法学教师到海外访问交流、引进海外力量充实教学团队,打造国际化师资。三是适度扩大法律硕士专业学位(涉外律师)研究生培养项目,2021年已招生15所院校,京内5校各招生40名,京外10校各招生30名,可以考虑允许有条件的其他高校申请举办涉外律师方向法律硕士研究生,进一步扩充涉外法务人才培养力量。

**五、结语**

在新的时代背景下,我国法学教育面临新的时代难题,不仅有宏观上的,也有微观上的,法学人才难以满足当今时代的现实要求,法律人才培养机制亟待创新,把法学教育的优质“产品”,有效的投放市场,是时代赋予的责任和使命。面对高层次法律人才奇缺的现实,我国法学教育必须回应法律职业能力的需要,把培养法律职业能力,注重学以致用作为法学教育义不容辞的责任。若能如此,不远的将来,法科毕业生定能不负众望,为我国法治建设的提速和提质作出卓越贡献。

① 孟建柱:《依法保障执业权利　切实规范执业行为》,载《中国司法》2015年第10期。

② 叶青:《培养法治人才亟需法学教育改革》,载《上海法治报》2015年9月16日,第6版。

# 法科研究生的角色转变：由“学”向“研”

宋亚辉*

## 一、法科研究生入门后的常见困惑

“保研”或“考研”是当下国内众多法学本科生努力的目标，然而，当既定目标实现后，不少新晋研究生（若无特别说明，本文的研究生特指硕士研究生）却陷入了困惑之中，有些同学竟不知“研究生”所谓何事，有些同学付出了巨大的努力，步入研究生阶段后产生了心理落差。茫然无所适从的局面，不仅影响广大学生个人价值的实现，而且偏离了大学研究生教育的整体培养目标，亟须在正本清源的基础上进行目标校准和行为引导。笔者通过长期的观察和访谈发现，研究生入门后的常见困惑主要有以下几类。

第一，未来无意从事学术研究工作的研究生为何还要写论文？很多研究生将写论文视为科研人员的专属职责，基于这种认知，他们认为无意从事学术研究工作的研究生似乎就没必要写论文。至于申请学位所需的毕业论文，则被视为学校强加的“考核”手段。由于对“写论文”的意义存在模糊认知，于是便不难理解为何大量硕士学位论文存在结构上的千篇一律、内容上的低水平等质量问题。①

第二，为何研究生教学以课堂讨论和学生报告为主，老师多讲点知识不好吗？大学的授课方式因人而异，但相较本科课堂，研究生课堂往往会引入更多的课堂讨论和学生报告环节。若此种授课方式在学生眼中缺乏正当性，则其承载的授课内容也很难内化于心。

第三，为何导师不太“管”我？成长于应试教育环境中的学生常有一种心理上的路径依赖，认为对学生管束越多、越严格的导师越是好导师，“放养式”的导师常被视为不负责任的表现，这种看法在人文社科领域尤为显著。我们不排除有些导师的“放养”策略可能确实源于责任心欠缺，但导师究竟该如何“管”研究生？这是个需要认真思考的现实

* 南京大学法学院教授。

① 参见李友根：《法律硕士论文质量与案例研究：现状考察与改善建议——基于83篇“惩罚性赔偿”学位论文的研究》，载《中国法学教育研究》2017年第1期；夏新华、周洋：《法律硕士学位论文存在的问题及写作的规范化——以某校2014年法律硕士学位论文答辩为分析对象》，载《时代法学》2015年第4期。

问题。

第四,研究生学习阶段2~3年的时间该如何度过?对于已在学校度过近20年光阴的本科毕业生来说,研究生阶段2~3年的时间是否只是本科的延续。尤其对于法学硕士来说,4年本科阶段已经修读了绝大多数法学课程,若把研究生教育理解为本科学习的延续,换个身份再来一遍,显然不会有多大的边际收益。于是便不难理解,摆脱了本科考试压力的研究生,为何突然变得茫然无措。

第五,研究生学历到底有无实际价值?以上诸种困惑引发学生对研究生学历存在价值的怀疑。

对以上困惑的不同回答将会产生不同的行为指引。若研究生一年级新生对这些问题的回答都是负面的,认为不从事科研工作就无须写论文,研究生课堂应当多讲授知识而不是让学生研讨,导师应该多管束自己,不然就无所事事。这样的研究生学历似乎就真的只剩下一纸文凭了。对于持这种观点的学生来说,与其在校园等待毕业拿文凭,不如外出实习,以便提前上手或者丰富简历,待毕业时谋得一份好工作。于是便不难理解,为何有些研究生一年级就已外出实习,把"研究生"读成了"实习生"。就笔者的观察来看,有此想法和做法的研究生不在少数。由于法科研究生的培养理念与本科生有显著不同,若不清醒认识这一差异,很多新晋研究生将陷入迷茫,进而影响研究生的培养质量。总体来看,上述5种困惑都还停留在"术"的层面,而"道为术之灵,术为道之体",技术层面的困惑根本上源于对法科研究生教育之"道"的不同认知。

## 二、法科研究生培养目标的定位

### 1.通识教育还是职业教育

只要澄清了法科研究生学历的设置之"道",上述困惑也将迎刃而解。这首先要从法学教育的目标与理念谈起。近现代以来各国法学教育的目标总体上游走于两个不同的方向:一是职业教育,二是通识教育。前者以培养专业的律师、检察官、法官、法学家等法律职业群体为己任,后者以提升国民的整体法律素养为目标。不同的教育目标意味着不同的教学理念和教学方法。中国的法学教育整体上游走于"职业教育"和"通识教育"的二重目标之间,教学体系的设计"如果对于法学教育的二重性没有清楚的认识和深入的探究,就难免会在法学教育的性质、宗旨、内容、方法等一系列问题上产生思想上的模糊或混乱"。[①] 例如,若以职业教育为目标,则教学内容和方法不仅要注重传授系统性的法律知识(以课堂讲授为主),还要从方法论和实际操作层面训练法律人的职业技能(以动手操作为主);反之,若定位于通识教育,则教学内容和方法应以传授法律知识、培养人文情怀为主导,趋向一种博雅教育。根据目标与手段相匹配的原理,不同的教育目标对于教师的教学方法、学生的课堂参与方式及师生之间的互动模式提出了不同的要求。对

① 王晨光:《法学教育的宗旨——兼论案例教学模式和实践性法律教学模式在法学教育中的地位、作用和关系》,载《法制与社会发展》2002年第6期。

此,美国法学家富勒曾总结了4种不同的教育理念:讲授知识、传授技能、培养情怀、让学生感受“法律人参与其中的过程”。[①] 不同的教学理念服务于不同的教育目标。上述法科研究生的困惑,根本上源于对我国法学教育的目标缺乏清醒的认识,进而引发对教学理念和方法的不解。

基于正本清源的需要,首先应当深入思考当今中国为何设置研究生阶段的学历教育?若只是为了提升人文主义素养,则大学4年足以引领学生入门并打下通识教育的基础,似无必要让本科毕业生在学校再花费2~3年时间。毕竟,提升人文素养是一生的事业,诚如孔子所言:“吾十有五,而志于学,三十而立,四十而不惑,五十而知天命,六十……”既然是一生的事业,那么大学的通识教育重在将青年人“领进门”并树立人文主义价值观,余下的任务将在社会的“大熔炉”中逐步完成。因此,法科研究生学历的设置目的,绝非是提升通识教育的层次,而是以培养职业法律人为目标的职业教育。

立足中国当下的法学教育体制,[②]如果说,法学本科教育的目标游走于职业教育和通识教育的二元目标之间,[③]法科研究生教育的定位则相对清晰,即在4年法学本科教育的基础上,通过增设研究生教育(法学硕士)致力于培养专业的律师、检察官、法官、法学家等法律职业者,或者以法学或非法学本科学历为起点培养跨学科的复合型法治人才(法律硕士)。[④] 既然法科研究生学历以培养职业法律人为目标,那么相应的教学理念和方法问题也将迎刃而解。为满足法律职业技能的要求,法科研究生教育要在传授法律知识的基础上,结合实际法律问题培养法律人的职业技能。如果说,法律知识的传授是一个输入的过程,那么职业技能的培养就是一个训练输出能力的过程。由此也区分了本科生和研究生的角色差异。

2. 成文法体系的知识“输入”阶段

基于大陆法系的成文法传统,对于法律职业者来说,要准确适用庞杂的法律规则,其奥秘在于掌握成文法的内在体系。“要弄懂一种法律制度,不能单研究其条文规范,而要明白这个条文是如何组合到一起的,该制度是如何架构的,它的条文应当如何解

---

① 参见[美]朗·L. 富勒:《法学院对于法律人的成长能够贡献什么》,王志勇译,载《中国法学教育研究》2020年第1期。

② 各国的法学教育体制存在较大差异,如美国和德国并无法学本科学历,中国则区分了法学本科与研究生两个阶段的学历教育。但有观点认为,我国应通过6年制或7年制的系统性法学教育,直接颁发法学硕士文凭。参见何美欢:《理想的专业法学教育》,载《清华法学》2006年第9期。本文暂不讨论这一争议,将立足我国现行教育体制,从法学教育的既定目标出发,区分本科生与研究生教育的不同定位。

③ 2018年教育部颁布的《普通高等学校法学类本科专业教学质量国家标准》规定:“法学类专业教育是素质教育和专业教育基础上的职业教育。”学界的相关讨论,参见刘勇:《素质教育与职业教育的有机结合——当前我国法学本科教育模式的适当定位》,载《经济与社会发展》2011年第12期;曾宪义、张文显:《法学本科教育属于素质教育——关于我国现阶段法学本科教育之属性和功能的认识》,载《法学家》2003年第6期。

④ 参见教育部发布的《法律硕士专业学位研究生指导性培养方案》(学位办〔2017〕19号)。

释。”[①]但难题在于,这些关键的体系性知识大多是隐性的,并不直接展现于法律概念和法律规范本身。这意味着,仅靠个人阅读法条很难领会成文法的精髓,在字面上熟背法条不等于掌握了法律知识。这就需要在教师的引导下,有计划地传授知识,本文简称“成文法体系的知识输入阶段”。

正是基于此,大陆法系国家的法学教育呈现一个共同特征,即在入门阶段需要相当长时间的“填鸭式”教学,通过分门别类的高强度集中授课,将历史积淀下来的系统性法律知识灌输给学生,为后续的法律应用奠定基础。例如,中国法学教育的本科阶段,重在完成基础知识的输入和储备,且耗时4年之久。作为大陆法系的典型代表,德国的大学虽不明确区分法学本科学历,但德国的法学教育自1869年以来,总体上分为“大学教育”与“实践见习”两个阶段,其分别对应两次国家司法考试。[②] 其中,第一阶段的“大学教育”是以通过第一次司法考试作为完成标准,教育目标也是为了法学基础知识的集中输入,其强度之高令人咋舌。因此,法学本科阶段的教育目标总体上聚焦知识的输入,教学方法也以课堂上的知识讲授和案例解析为主,难有什么花样和捷径。

3.法律职业技能的“输出”训练

“输入”的目的是“输出”,这是法律职业教育的落脚点,两大法系在这一点上立场一致,这也是法律职业教育的核心目标。大陆法系的体系化思维需要以高强度的知识体系输入为基础,英美法系的法官造法与判例法的动态运作范式,[③]使之尤其重视以方法论为核心的职业技能训练。[④] 中国沿袭大陆法系的“输入”与“输出”两阶段法学教育模式。本文根据难易程度将“输出”分为3个层次。第一层次的“输出”是法律的初级应用,即以法的形式逻辑将法律规则(大前提)运用到具体案件事实中(小前提),进而推导出结论。这种初级“输出”是任何一个律师、法官或检察官都必须掌握的一套基本技能。在此基础上,第二层次的“输出”是进行法解释,当遇到法律规则的含义模糊,或者照搬法条字面文义可能引发不当后果的疑难案件时,法律人需要在同一论辩平台上,以相对统一的方法论规则,通过法解释技巧追寻法的真意或立法者的本意,确保法律适用的妥当性和体系上的统一性。这对法律人提出了较高要求,未经专业训练难以担此重任。第三个层次是法律的创制和法学理论的创新发展,回顾过去,人类法治文明的进步离不开法律的演化发展,大陆法系自法典编纂运动以来,法国与德国各自引领了19世纪与20世纪的法律发展,这离不开法国与德国法律人共同体的不懈努力,尤其是法学家与立法者的创造性“输出”工作。面向未来,21世纪中国的法律发展与理论创新需要大量训练有素的

---

① [美]艾伦·沃森:《民法法系的演变及形成》,李静冰等译,中国法制出版社2005年版,第20页。

② 参见卜元石:《德国法学与当代中国》,北京大学出版社2021年版,第207页。

③ 参见[美]弗里德里克·肖尔:《像法律人那样思考:法律推理新理论》,雷磊译,中国法制出版社2016年版,第114~115页。

④ 参见何美欢:《论当代中国的普通法教育》,中国政法大学出版社2005年版,第101~102页。

职业法律人作为人才储备,这有赖职业化的法学教育。

以上3个层次的输出能力培养绝非一日之功,这需要在知识输入的基础上做有针对性的训练,职业技能的训练正是法科研究生的教育之"道"。以第一和第二层次的技能为例,面对体系庞杂的成文法,若要将"纸面上的法"转化为"行动中的法",需要掌握一系列法学方法论的技能,这谈何容易。"知识可以用讲课传授,技能只能从练习中学习,法学院的讲课教学方法根本不能教授技能。技能培育的唯一方法就是练习。"①这意味着,法科研究生培养的真正难点和重点在于训练职业技能。有学者喻为游泳训练,"如果希望学会游泳,除了入水练习外,没有其他途径。不愿意入水的人,如本人,无论他多么努力聆听关于游泳的讲课,多么努力做笔记,多么成功地考笔试,他也不会懂得如何游泳"。②

在中国培养一名完整的法律人,从本科阶段、硕士阶段到博士阶段需耗费10余年时间,总体需经历"输入"和"输出"两个阶段。对比当下本科生和研究生的教育理念差异可清晰看出其分界线——本科生重在知识输入,研究生重在输出训练,即以培养未来的律师、法官、检察官、立法者、学者等为目标的技能输出训练。"输入"阶段的教育理念和方法相对单一,以学院内的讲授和学生的理解记忆为主,而"输出"则需要在老师的引领下发挥学生的主观能动性,通过体验式的实践教育来训练输出技能,如各式诊所教育、模拟法庭教育等可视化的实践训练,③以及更重要的训练方式——论文写作训练。所谓"纸上得来终觉浅,绝知此事要躬行"。一名训练有素的职业法律人,不仅要能熟练运用法解释适用技巧,而且需要掌握成文法的体系运作原理,甚至需要对法律制度从古至今的演化过程和方向有所认知,如此才能在庞杂的规范体系中游刃有余地解决实际问题。这些技能只有在专业的学术论辩中、在深度思考中、在"输入"和"输出"的交互训练中才能习得。

**三、不走学术道路的研究生也需"做研究"**

当下有一种似是而非的观点认为:"只有从事法学教育、法学研究的人员,才有必要攻读法学硕士与博士学位。"④该观点成立的前提是,法学本科阶段能完成"知识+技能"两阶段的职业教育目标,但实际上很难做到。一名完整的法律人首先要接受人文社会科学的通识教育,以便对社会有基本的认识,如此才可感知何为公平正义。在此基础上,法律职业教育不仅要完成体系庞杂的成文法知识的"输入",而且还要从实践教育角度完成职业技能的训练,这些任务似乎难以在4年本科阶段完成。这也是为何学者建议将"基

---

① 何美欢:《理想的专业法学教育》,载《清华法学》2006年第3期。

② 何美欢:《理想的专业法学教育》,载《清华法学》2006年第3期。

③ 英美法系的判例法传统使之更加重视可视化的实践训练,考虑"学院制"法学教育可能存在脱离实践的风险,当今英美法系的法学教育大量引入"诊所教育",这也被称为"学院制中的学徒制"。参见张红:《学徒制VS学院制:诊所法律教育的产生及其背后》,载《中外法学》2009年第4期。

④ 樊建民:《法学教育模式改革之探析》,载《河南社会科学》2013年第8期。

本法学学位课程”增至7年的原因。① 立足当前中国法学教育对本科与研究生的区分体制,如果说法学本科阶段主要定位于成文法知识的“输入”,那么,研究生阶段的核心任务是进行法律职业技能的训练,如此才能培养出具备“知识+技能”的完整法律人。因此,法科研究生阶段的教育目标显然不只是为了培养学术研究人员。

由此看来,研究生学历教育是培养完整法律人的一个重要环节,未来不走学术道路者,只要拟从事法律职业,仍有必要接受研究生教育(当然也可在工作岗位上通过“学徒式”训练加以弥补),以便在研究生阶段通过“做研究”获得职业技能的训练。有些职业技能可以或只能在工作岗位上通过不断磨炼而获得,比如,司法裁判中的经验判断、政策判断、人际沟通及对法律运作程序的把控能力等经验主义技能。但有些规范层面的技能更适宜通过学院内较长时间的专门训练而获得,比如,法律推理、法解释方法、书面表达和法律论辩技巧,这些“学院派”技能并非可有可无,它们是确保法治统一的重要约束机制,尤其是掌握生杀予夺权力的职业法律人若缺乏这些规范层面的技能,容易出现死抠字眼的“法条主义”抑或是“法律虚无主义”倾向。借用“法律系统论”对法律运作体系的二元区分视角来看,②法律运作的封闭性要求职业法律人必须掌握法律统一运作的逻辑推理和解释技能,这需要在研究生阶段以“做研究”的方式加以训练;而法律认知的开放性则是法律人一生的事业,可在工作岗位上通过学徒式引导和日积月累的训练而获得。就前者而言,须在研究生阶段加以训练的职业技能包括如下方面。

1. 法律思维方式的训练

不走学术道路的研究生为何也要“做研究”?首要原因是法律的运作要求职业法律人必须掌握法律推理和解释、适用的技能,因为法律文本是稳固的,而社会生活是多彩的,如何“让规范舞动起来”,有赖法律人的推理和解释,谓之“像法律人那样思考”。③ 法律人的思维方式对于外行人或新入门者来说十分枯燥和乏味,非经专业训练和反复磨炼难以悟其真意。也正因如此,职业法律人的培养在一定程度上也是思维方式的培养。笔者常常以此勉励学生:“研究生毕业后,记忆的很多法条和制度也许已经忘记,但这并不重要,真正重要的是,在学术研究过程中所领悟和内化的法律人思维方式,而这恰恰不易遗忘,且终生受用。”因此,对于研究生新生来说,哪怕未来不走学术道路,只要拟从事法律职业,研究生阶段也需要通过“做研究”来训练法律人的思维方式,这是一项必备技能。

法律思维对于正确理解和适用法律极为重要。举例而言,中国《公司法》规定了“一人公司”,在“刺破公司面纱”制度上(符合法定条件时由股东为公司债务承担连带责

① 参见何美欢:《理想的专业法学教育》,载《清华法学》2006年第9期。

② 德国法学家卢曼开创的“法律系统论”认为,“法律系统的运作在规范上是关闭的,同时在认知(审理上)又是开放的”。这种法律运作的封闭性与认知的开放性,使法律实践既能保持法的规范性,又能适应外部社会环境的变化。参见[德]卢曼:《社会的法律》,郑伊倩译,人民出版社2009年版,第38页。

③ [美]弗里德里克·肖尔:《像法律人那样思考:法律推理新理论》,雷磊译,中国法制出版社2016年版,第1页。

任),“一人公司”的认定标准显著低于其他类型的公司,且举证责任倒置。[①] 在实务中一些俗称“夫妻店”的公司(以夫妻共同财产出资设立、股东登记为夫妻双方的有限责任公司)被诉至法院,债权人依据“刺破公司面纱”制度要求股东为公司债务承担连带责任。为提高胜诉率(一人公司被“刺破面纱”的成功率约为92%),[②]债权人往往将“夫妻店”视为“一人公司”,要求适用低标准“刺破公司面纱”。对此,不同的思维方式之间将出现明显分歧。非法律人的经验判断通常认为,以夫妻共同财产出资设立的“夫妻店”乃实质意义上的一人公司。但根据法律适用的涵摄逻辑,作为大前提的“一人公司”在《公司法》第57条第2款中明确界定为“只有一个自然人股东或者一个法人股东的有限责任公司”,判断标准为股东人数,而非财产性质。若股东数量为两人以上,则不构成法律意义上的“一人公司”。但令人惊讶的是,裁判文书网上公开的判决中竟有约1/3的判决将“夫妻店”视为“一人公司”,其理由要么是含糊不清的经验判断,要么以出资财产的单一性或实际控制人的单一性作为判断标准,这些理由听起来似乎有一定的合理性,却完全背离法定标准,违反法律推理的形式逻辑。

上述案例反映出个体思维方式的差异。笔者曾将案情描述给诸多非法律专业的人士,得到的反馈大多认为“夫妻店”为“一人公司”,这源于一般公众的经验主义判断,大众习惯于以生活经验和伦理法则来评价坊间事物。但经验法则与法律逻辑并不一定完全吻合,因为经验大多是个人主义和地方性知识的产物,不同的履历背景和时空差异意味着不同的经验,而法治的普适性、统一性和可预期性要求法律评价必须以法定概念和规则预设的“大前提”作为逻辑起点,以此为标准评价“小前提(案件事实)”是否落入法定行为模式的射程范围内,并根据是或否的结论赋予个案相应的法律效果。若回归法律逻辑,“夫妻店”显然并非“一人公司”,不适用《公司法》第63条。以法律逻辑看来如此简单、确定的案件,在实务中竟有约1/3的错误判决,着实令人震惊。甚至还有人以实质正义为错误判决辩护。实际上,商事交易和民事活动在法律上存在价值观的差异,前者对商事外观主义原理和交易效率的倚重常常导致有别于民事逻辑的判决结果。

对于法科研究生来说,法律思维的训练就是引导法律人超越个人经验、偏见和地方性知识的局限,致力塑造规范化的法律人思维,把日常生活中琐碎的事实问题转化成法律问题,纳入法律的框架,通过法律推理得出结论,这是法律人最基本的输出技能。但即便是基本技能,也要反复训练才能掌握,因为人类很难摆脱先入为主的经验判断,这种潜移默化的影响无处不在,需要通过专业训练才能重塑思维方式,直至形成法律思维的条

---

① 根据现行法的规定,“一人公司”“刺破面纱”的标准源于《公司法》第63条,即“一人有限责任公司的股东不能证明公司财产独立于股东自己财产的,应当对公司债务承担连带责任”。若非“一人公司”,则适用《公司法》第20条第3款,即“公司股东滥用公司法人独立地位和股东有限责任,逃避债务,严重损害公司债权人利益的,应当对公司债务承担连带责任”。显然前者的构成标准较低。

② 这一数据来自对相关案例的统计,参见黄辉:《中国公司法人格否认制度实证研究》,载《法学研究》2012年第1期;卢迎:《公司法人人格否认制度的司法适用》,载《东南法学》2015年第2期。

件反射,当面对具体案件时,可自然而然地把事实问题转化成法律问题加以评价。在训练方法上,大陆法系国家探索形成了不少训练模式,如请求权基础思维方法、鉴定式案例分析法等,[①]尤其是鉴定式案例分析法有助于引导学生从一个个零散的法律问题中解脱出来,学会体系化地进行法律评价,[②]这是职业法律人不可或缺的技能。而"做研究"正是要训练学生在法律的轨道上发现问题、分析问题、解决问题,如此循环往复,逐步塑造法律人的思维习惯。因此,不走学术研究道路的研究生也要通过"做研究"来训练法律思维。研究生阶段2~3年的时间固然无法培养出通晓所有法律问题的完美法律人,但熟谙法律思维之人却能以不变应万变。诚如有学者所言:"我们的任务在于,开启他的自我教育之路,并且给予他深刻洞见和思维方式,这些洞见和方式将使他能够从人生阅历大学堂的后期教育中获取最大利益。"[③]

2. 法律人共同体对话平台的搭建

法治建设离不开法律人共同体的良性互动与合作,但法律人共同体不像消费者协会、行业协会那样,只要目标一致便可展开对话与合作。大陆法系的职业法律人"很少信任门外汉",[④]正是因为双方缺乏互认的对话平台,所谓"秀才遇到兵"同此道理。法律的运作须严格限制在法定概念、规则、原则、体系和法学方法论的框架下,超越这一框架便无法有效地对话。这与坊间的情感交流或街头讨价还价的逻辑迥异,后者的约束主要是人伦道德、社会情感、地域文化等经验层面的法则,这些内容因人而异,难有统一的评价标准和方法,共识的达成往往依赖让步与妥协。而法律追求的是一种运作的规范性和结论的确定性,必要时,还不得不对社会事实做法律上的裁剪,这离不开法律人的专业对话平台。当然,法律思维并不完全排斥经验判断,但经验判断应在法律推理的轨道上运行,即在法解释方法允许的时点,以解释法定概念、规则、原则的方式谨慎引入,切不可随意使用,更不可以经验判断取代法律推理。否则,因人而异的经验判断将破坏法的稳定性。例如,来自贫困家庭和富裕家庭的学生,可能会因财富基础和情感体验的不同,而对奢侈品买卖中的"意思自由"或对巨额财产侵权中的"过失"作出不同判断。再如,性别差异也会影响人们对离婚、家暴案件中夫妻双方"过错"的评价。这些都是个人经验和情感对法律适用带来的干扰。

若要减少法外因素的干扰,提升法律运行的规范性和稳定性,显然需要训练有素的法律人在专业的对话平台上进行推理。法律思维方式的特殊性决定了法律人之间的合作离不开共同的对话平台。法庭上的律师、检察官、法官之间的对话之所以显得规范、确

① 参见于程远:《论鉴定式案例分析方法的本土化价值》,载《中国法学教育研究》2021年第1期。

② 参见章程:《继受法域的案例教学:为何而又如何?》,载《南大法学》2020年第4期。

③ [美]朗·L. 富勒:《法学院对于法律人的成长能够贡献什么》,王志勇译,载《中国法学教育研究》2020年第1期。

④ [德]卡尔·恩吉施:《法律思维导论》,郑永流译,法律出版社2013年版,第7页。

定和高效，正是因为他们拥有并接受共同的对话平台。学者之间的论辩是否卓有成效，同样取决于学者之间是否有共同的知识基础作为对话平台。例如，若法律人与非法律人就盗赃物的“善意取得”问题展开讨论，完全可以想象双方交流的障碍与成本，仅就何为“善意”可能就已南辕北辙，更不要谈如何处理“负担行为”与“处分行为”的法效果，甚至双方的讨论可能早已止步于对“盗”之价值立场的分歧。然而，若是职业法律人之间的讨论，一个特定的概念符号便可传递出丰富且确定的信息，无须阐释对方便可心领神会，需要讨论的可能只是现有证据能否证明当事人“非因重大过失而不知”，至于证成或证伪之后的法效果，在法律人眼中属于不言自明的连锁反应。因此，对于法科研究生来说，在输入基础性法律知识的前提下，继续攻读研究生的意义重在通过“做研究”来培养法律思维，搭建法律人共同体的对话平台。

3. 法律人表达技能的训练

法科研究生之所以要动手“做研究”，还有一个重要原因是训练法律人的法律表达技能。在当今的信息化时代，专业工作在很大程度上都以书面形式展开，法律职业尤其如此。由于法律职业在形式上重视证据，内容上讲究专业、严谨，法律人共同体之间的工作交流，大多以书面形式传达。尤其是各种法律文书的撰写对法律职业者的书面表达能力提出了极高的要求。例如，文字上既要以法言法语精准传达专业意见，逻辑上还要前后连贯确保严谨无隙，当涉及个人观点时还要留有余地和解释空间等。如此高超的语言技能，非经专业训练无法获得。对于法科研究生来说，即使未来不从事法律职业，也需要撰写所在行业的文书或工作报告，至少也需要对履职中遇到的问题进行分析并提出建议。这种书面形式的工作交流，在当下和未来的信息社会只会越来越重要。

书面表达能力训练是法科研究生的必修课，而最佳的训练方式便是撰写学术论文。一名法律从业者是否受过专业训练，窥其法律文书便一目了然。从实证调研情况来看，我国基层法官的书面表达能力整体上并不乐观。例如，笔者曾在裁判文书网上随机抽取并研究了某地级市两审法院2015年审理的52份适用《消费者权益保护法》第55条有关消费欺诈的判决书发现，基层法官对“欺诈”概念的使用极不严谨。[①] 根据现行法的规定，“欺诈”应有4个构成要件：(1)主观上有欺诈之故意；(2)客观上告知对方虚假情况或故意隐瞒真实情况；(3)对方当事人陷入错误；(4)对方当事人因错误而为意思表示。[②] 然而，不少基层法院的判决对“欺诈”的理解近乎望文生义，如有些判决将销售“假冒伪劣商品”等同“欺诈”，有些判决将销售“质量不合格产品”等同“欺诈”，有些判决将违反

① 参见宋亚辉：《2016年院外评委评查上网裁判文书的情况通报（四） 惩罚性赔偿案件“欺诈”的认定》，载《审判管理工作通报》2017年第11期。

② 最高人民法院《关于贯彻执行〈中华人民共和国民法通则〉若干问题的意见（试行）》（已失效）第68条规定：“一方当事人故意告知对方虚假情况，或者故意隐瞒真实情况，诱使对方当事人作出错误意思表示的，可以认定为欺诈行为。”

谨慎验货义务等同“欺诈”,甚至还有判决偷换概念,以“欺骗”取代“欺诈”,几乎无视“欺诈”的法定构成要件。而“欺诈”的4个构成要件不仅是基本的理论共识,更是我国司法解释的明文规定。对于这样一个内涵确定的概念,却在判决书中被随意使用,既反映出文书撰写者法律思维的欠缺,更显示出案件经办法官书面表达能力的不足。训练有素的职业法官群体不应有如此不严谨的书面表达。

应当如何训练法科研究生的书面表达能力?一个不可替代的训练方式便是写论文,通过一篇篇论文的写作不断推敲概念的严谨性和表达的准确性,逐步形成规范且优美的语言风格。经验表明,唯有训练有素才能恰如其分地进行书面表达,严谨的书面表达也会影响一个人的思维方式和口头表达。在一定程度上,语言文字既是个人内心状态的外化,也是引导和规范心理秩序的标尺,书面表达能力的训练有助于提升法律人的逻辑思维能力与说理水平。多数人可能都有这样的体验,若我们对某个问题的研究很透彻,尤其是论文撰写完成后,口头报告的语言表达也会更流畅;若问题还停留在思考阶段,尚未付诸行动撰写论文,口头报告时常常遭遇思维和表达上的障碍。因为论文撰写的过程也是逐步推理和验证的过程,只有将所思所想写出来才能发现自己是否真正弄懂了某个问题,所谓“眼高手低”,主要是因为尚未进行推理和验证而导致的过度自信的认知偏差。

**四、由“学”向“研”的转变思路**

“学”与“研”的关键差异在于,学习是一个知识输入的过程,而研究则是自主“发现问题、分析问题、解决问题”的知识输出过程。法科研究生由“学”向“研”的转变,实际上也是从“输入”向“输出”的转变。长期沉浸于应试教育环境中的学生,习惯围绕教材打转、以考试为主要目标、一切听从老师的指挥,久而久之,只适应学习确定的书本知识,自主“发现问题、分析问题、解决问题”的研究能力相对欠缺。这样的学生进入研究生阶段后,面对大量的空闲时间常常无所适从,研究生课程也许没有教材,课堂讨论的法律制度大多在本科期间已有所耳闻(非法本法律硕士除外),缺乏好奇心和追问的能力自然会引发前文所述之“困惑”。不解之余,“研究生”逐步走向了“实习生”。更有甚者,从事律师职业的毕业生可能会后悔当初不该选择考研,若本科毕业便去律师事务所,3年后也许已成为独当一面的执业律师。这些问题均源于对法科研究生教育目标的误读,未能完成从“学”到“研”的角色转化。如何解决这一问题?本文提出如下应对思路。

1.“写论文”是通往“研究”的必经之路

法科研究生培养旨在训练法律人的思维方式、论辩技巧、对话能力、恰如其分地表达法律推理过程和结论的能力。这些能力部分可通过模仿、冥想、庭审演练、田野调查等方式得到训练,但只是对法律思维与对话能力的局部训练,相对而言,更综合性的训练途径无疑是“写论文”。这种训练方式之所以重要,一方面,是因为眼高手低的通病将造就不少似懂非懂的“半成品”法律人,而动手写作的过程才是精细化推理的过程,逻辑上的跳跃和谬误大多会在写作过程中被发现并得到纠正。另一方面,论文写作过程融合了“自主发现法律问题(论点)、运用法律逻辑分析问题(论据)、解决问题(结论)并以书面形式加以呈现”的全流程训练，职业法律人所需的核心技能均可通过“写论文”的综合性训练得到提升。在一定意义上写论文是与法律人共同体对话的便捷渠道，论文的论辩过程实际上也是与不同论点的支持者进行对话的过程。根据论文选题的不同，一篇论文可以与某个法官、学者或立法者对话，完全不受对象和时空的限制。通过这种专业对话，不仅能训练法律思维，而且能搭建法律人共同体的对话平台，进而才能在法律职业中进行有效“输出”。因此，作为一种综合性的训练方式，“写论文”是通往“研究”的必经之路。严谨的论文训练将使法律人展现出强大的法律推理、论辩和书面表达能力，这是必备的职业素养。

以“写论文”作为能力训练的主要途径，必须建立在正确理解何为“论文”的基础上，不少学生因不解“论文”为何物，导致论文的写作未能起到能力训练的效果。虽然都表现为文字叙述，但论文与其他文体有重大差异。论文旨在解决某个特定的理论或实践问题，即把前人尚未解决（或前人已解决但有更好的解决方案）的问题，以逻辑推理、实证检验、比较研究等方式加以分析并形成解决方案，进而才能作出一定的学术贡献。据此，一篇合格的学术论文至少要具备以下要素：(1)独立的学术命题，所谓的“论点”就蕴含于学术命题之中，这是论文写作的灵魂。① 学术命题通常表现为一个带问号的句式，如“广告承诺是否具有契约法的效力？”其“论点”可能是具备或不具备契约法的效力，具体如何有待研究。有了学术命题，才有论辩的可能，“无病呻吟”的文章多半是因为没有学术命题。(2)论辩的过程，论文在提出学术命题和论点后，便需要以特定的论据和方法展开论辩，论文之“论”正是指论辩的过程，论文的说服力和理论深度也主要体现在论辩的一招一式中。在针对不同论点进行论辩的过程中，法律人所需的职业技能才可得到实实在在的训练。(3)结论，论文区别于叙事文和说明文的关键之处在于，论文通常要有结论。论文既然始于带问号的命题，经过论辩自然要得出一定的结论。论文的意义和贡献也主要蕴含于结论之中。

从发现学术命题到最终得出结论的过程，虽然艰辛，却是最能训练和考验法律人职业技能的一项工作。写论文需要一个相对安静的环境、连贯的时间和丰富的文献资料作为保障，当然还需要专业人士的指导。可提供此条件者，非大学莫属。这正是现代大学的法科研究生教育均要求写学位论文的原因。对于研究生来说，论文只是一种载体，其所承载的内容是技能训练，这是古往今来的法学教育所发现并普遍采用的综合性训练手段。虽然是一种职业技能的训练手段，对于未来不走学术道路的研究生来说，也应认真对待“写论文”。

2.“做研究”是一种创造性劳动

根据字面文义，所谓“研究”，是指通过研讨、探究来发现未知或解决未解之题。一个

① 参见刘南平：《法学博士论文的“骨髓”和“皮囊”——兼论我国法学研究之流弊》，载《中外法学》2000年第1期。

法律问题如果已被前人解决,或法律规定很清楚,则完全没有“研究”的必要,直接“学习”即可。因此,“做研究”的过程也是探索未知、解决未解之题的过程,这无疑是一种创造性劳动。认识到这一点对于研究生角色的转变尤其重要。作为一段通向未知的旅程,“做研究”需要遵循以下规律:

第一,创造性劳动需要“站在前人的肩上”。研究生写论文之所以要穷尽阅读所有文献,是因为“做研究”这种创造性劳动需要“站在前人的肩上”,将未解之题向前推进一小步或一大步。近现代以来的科学发展史表明,学术上的贡献大多是边际性的,只有熟悉前人所作的贡献,才能精准地发现未解之题,进而向前作出推进。若不阅读既有文献,不仅很难发现问题,而且所谓的“创新”大概率将是重复劳动。在这个意义上,“论文的注释绝不是一个包装问题而被视为可有可无,它的功用就如同人体的‘皮囊’,较之于‘骨髓’”。[①] 在功能上,规范的注释既可督促研究生认真阅读文献,还能“站在前人的肩上”观察未解之题,同时便于后人了解学术发展脉络、评价前人研究结论的可靠性。

第二,创造性劳动非本人亲为不可。有一种误解认为,“管”得多的导师才是好导师;研究生课堂应以老师讲授为主,而不是学生讨论、作报告。若正本清源来看,既然“研究”是一种探索未知的创造性劳动,则只能由本人为之,包括导师在内的任何其他人都无法代劳。创造能力具有人身依附性,只有亲自阅读和调研才能发现适合自己的选题,只有独立思考才能说服自己接受或放弃某个论点,只有切身体验才能将职业技能内化于心。正是基于此,笔者几乎不会给研究生指定选题,若学生提出这种诉求,得到的答复往往是“请从文献阅读或调研中去发现选题”,最多是给学生指引一个大致的范围,具体的学术命题只能由学生自己去发现。因为提问和发现有价值的问题本身就是一种能力训练,[②] 能发现好的学术命题表明学生有前期的知识输入和积累,当然还需要一定的眼光、悟性和独立判断,这是职业法律人核心竞争力的重要体现。若发现的问题没有意义或是假命题,表明还需要加大知识输入,不会提问的研究生显然不是一个合格的研究生。任何大学都无法教给学生所有现存或未来的法律知识,唯有掌握发现问题并解决问题的能力才能游刃有余,这种能力的训练非本人亲为不可。

第三,创造性劳动中的师生互动。既然“研究”需要本人为之,那么导师的角色只能是督促、引导和纠正,即在学生松懈时督促其努力钻研,在具体探索过程中给学生提供经验、方法上的引导或纠正,使之在探索未知的旅程中少走弯路。导师的作用莫过于此。唯有厘清了导师与研究生之间的角色定位,才能正确处理师生关系。师生关系当然也受到学科领域的影响,比如,人文社科和理工科领域的师生关系就存在明显差异。但总体上,导师的作用虽然有限,但站在学生的角度,仍有相当大的空间去挖掘导师的资源来助

① 参见刘南平:《法学博士论文的“骨髓”和“皮囊”——兼论我国法学研究之流弊》,载《中外法学》2000年第1期。

② 参见凌斌:《论文写作的提问和选题》,载《中外法学》2015年第1期。

力自身的研究。在师生比相对较低的大学,期待导师全面了解每位学生并不现实,而人际互动的方式和效率往往因人而异,寻找师生互动的恰当方式需要学生发挥能动性,在阅读文献、发现问题、解决问题的过程中主动寻求导师的帮助,而不是被动地等待导师关心。在信息不对称的情况下,导师并不知道在何时该关心何种问题。建议由学生发挥主观能动性,在需要的时候联系导师进行交流,比如,最近发现了什么问题？研究进展如何？比较法上有无先例？等等。若以这样的方式主动与导师交流,师生关系将会进入良性循环。若导师对此提问不感兴趣,则是不合格的导师。通常而言,勇于主动向导师提问和交流的研究生,往往会受到更好的学术训练。

3.“做研究”需要批判性思维

既然“做研究”是一个发现未知的旅程,那么一个合格的研究生显然要有怀疑精神和批判性思维,包括“发现问题、分析问题、解决问题”在内的学术研究的全过程都离不开批判性思维,这在一定程度上也是由“学”通往“研”的桥梁。研究生需要有问题意识,若“看山是山,看水是水”,毫无问题意识和批判性思维,或者以应试的套路去“做研究”,唯前人的观点是从,将很难发现有价值的学术命题。除非以怀疑的眼光、强烈的好奇心看待既有理论、制度、案例和社会现象,对于任何现象都勇于追问为什么,是否有更好的方案才有助于发现新问题、创造新理论、发展新制度。哪怕是学界普遍认可的法理或者源远流长的教义和通说,必要时,仍可带着怀疑的眼光去反思,这是研究能力训练的必修课。学术上的怀疑与批判是学术共同体合作的独特方式,也是研究生训练有素的表现。

举例而言,前文提到的“欺诈”概念四要件(双重错误)是民法上历史悠久的通说,当遇到这一概念时,民法学者会不假思索地以通说视之。然而,随着市场管制法的增多,大量公法性质的行政立法也开始使用“欺诈”概念,如“价格欺诈”,但它只要求单方虚假陈述即可成立,无论相对人是否陷入错误。① 国家发改委还专门发文重申,只要“经营者通过标价形式或者价格手段虚构事实、隐瞒真实情况,欺骗、诱导消费者或者其他经营者与其进行交易;无论是否形成交易结果,均构成价格欺诈行为”。② 这确认了“价格欺诈”不要求相对人陷入错误的立场。由此,欺诈在私法与公法上出现了不同的含义,此时,有无批判性思维将意义不同。唯民法通说是从者,可能会视之为低层级行政立法所犯的常识性错误;坚守公私法二元论者可能会认为,公法与私法原本就隶属不同的体系,有这种差异并不奇怪。若照此理解,也许会漏掉一个有价值的研究课题,“欺诈”的制度和理论也将失去一次被重新思考的机会。若有强烈的好奇心和批判性思维,当遇到同一概念在公

---

① 《明码标价和禁止价格欺诈规定(2022 年 4 月 14 日国家市场监督管理总局令第 56 号)》第 2 条第 3 款规定:“本规定所称价格欺诈,是指经营者利用虚假的或者使人误解的价格手段,诱骗消费者或者其他经营者与其进行交易的行为。”

② 参见国家发展改革委《关于〈禁止价格欺诈行为的规定〉有关条款解释的通知》(发改价监〔2015〕1382 号)第 1 条。

法与私法上出现不同的含义时，自然会引发反思：私法上的"欺诈"与公法上的"欺诈"到底有何不同？介于公法与私法之间的消费者保护法上的"消费欺诈"又该如何理解？立法上为何作区别对待？孕育"欺诈"之民法通说的社会基础与今天的信息技术社会是否有本质不同？不同的社会基础是否会对"欺诈"制度产生不同的期待？若有这样的好奇心，就不太可能将问题简单归结为规章起草者不懂民法所致。若确实是一个立法错误，至少也应思考行政立法为何勇于突破常识？背后有无立法法上的结构性原因？当然，也可能提出的是个假命题，但证实属于假命题也是一种贡献，然后再去寻找真正有价值的真命题。总之，无论结论如何，对于法科研究生来说，这种好奇心和批判性思维不可或缺，若能慎重思考并追根溯源，也许会在跨学科的"欺诈"概念上取得最前沿的研究成果。

4."做研究"需要恰当的方法

任何一个专业领域都需要恰当的方法作为支撑，法学研究也不例外。对于法学本科生来说，"学"的方法不外乎在理解的基础上进行重复记忆；但对于研究生来说，"研"的方法相对复杂。因为研究是一种创造性劳动，既然是创造，难有"一刀切"的方法。即便如此，对于新入门的研究生来说，经验上仍有一些相对普适的方法有助于学生尽快完成从"学"到"研"的角色转化。

第一，从以学科为单位的广泛阅读转向以问题为导向的深度挖掘。相较本科阶段对知识广度的要求，研究生阶段需要转向以问题为导向的深度挖掘。笔者称为"打井式"研究，即在选取自己感兴趣的问题后，带着特定的问题意识全面收集整理文献资料，提升文献阅读和思考的深度。有些学生喜欢在图书馆漫无目的地读书，博览群书后，研究具体问题时也会厚积薄发，但对于2～3年学制的研究生来说，这种方法可能会走一些弯路，比如，缺乏问题意识的阅读往往效率不高，如果一开始阅读的是高阶的理论著作，可能耗费了大量时间也只掌握了皮毛。相较之下，若带着自己拟研究的问题展开阅读，不仅会提高吸收效率，而且自然而然地会走向深度挖掘。当然，对于存在本科知识短板的人来说，"打井式"研究的弊端可能会导致"只见树木，不见森林"，若出现这样的问题，就需要在科研的空档期换一种思路，拓展阅读的广度。

第二，从单向度的知识输入转向知识输入与输出的交互进行。不同于本科阶段以法律知识输入为主的学习方法，研究生阶段"做研究"是一个知识输入与输出交互的过程。其中"输入"依赖文献阅读，"输出"需要思考、论辩和写作，有了扎实的"输入"才会有可靠的"输出"，而"输出"的过程也最容易发现有待"输入"的知识短板，这两个进程需要交互进行，不可割裂。例如，有些学生坚持要将本领域的文献全部读完才动笔写作，有些学生拿到问题后就开始苦思冥想、皓首穷经地写作，还有些学生不愿跟同学和老师交流，每天泡在图书馆里自己创作。这些做法都有提升的空间，因为"学而不思则罔，思而不学则殆"，其间还需要与同行交流和论辩，避免陷入单一视角和思维中无法自拔。"做研究"的过程也是"发现问题、分析问题、解决问题"的过程，任何一个环节都需要"输入"与"输出"交互进行。

第三,除从"学"转向"研"的方法外,法科研究生还须掌握"做研究"本身的方法,如法解释学的方法、比较法的方法、法律的经济分析法、法律社会学的方法,法学方法论本身也是一个相对独立的分支学科。恰当的方法可收获事半功倍的效果,如掌握形式逻辑推理的方法后再去读判决书,会自觉注意到法官的涵摄过程,如法官如何将小前提放入大前提中推导出结论,如何对概念进行扩张或限缩解释,这种解释是否超出法条文义可能的范围等。掌握这些方法后,文献阅读和分析论辩就会有的放矢,不至于漏掉文字背后的重要信息。这不仅有助于发现问题,而且是解决问题的常规方法。同时,法学并非自足的学科,法学研究中遇到的问题可能还要借助其他学科的方法加以解决,比如,定量的实证研究可能还要通过调研提取案例和数据,在此基础上借助经济学的成本收益分析、社会学的回归分析等方法来寻找规律、证实或证伪学术命题。

总之,方法是多元的,"研"无定法,适合的便是最好的。但各种方法的共性在于,都需要在亲身体验和实训中才能掌握。知识可以"言传",但解决问题的方法和能力唯有"身教"。在这个意义上,"亲身体验"是一切方法之母。这也是法学教育在人类历史的相当长时间内采用"学徒式"教育的重要原因。①

5."做研究"需要沉浸式体验

优秀的学者需要"板凳十年冷"的历练,而法科研究生的培养也同此道理。由"学"向"研"的角色转变,需要研究生静下心来,经过一段时间的沉浸式体验才能逐步进入"做研究"的状态。就笔者的观察来看,不少法科研究生心态浮躁,写论文坚持几天就打退堂鼓,以各种理由说服自己和导师换题目。此后可能又以类似理由再次放弃。这种心态显然无法展开有效的学术训练。为此,建议新晋研究生寻找自己感兴趣的研究方向或领域进行沉浸式训练,若不知兴趣何在,可首选所在学科发展较成熟的领域作为研究方向,在行动中培养兴趣。研究领域可大可小,选定后便需持续关注该领域的理论与实践问题,以沉浸式体验开展"打井式"研究,避免浮于表层。当围绕某个领域挖了足够多的"深井"后,串联起来就会汇流成河,进而成为本领域的专家。即便不以学术为业,从事其他法律职业所需的核心技能,也会在"挖井"的过程中得到潜移默化的训练。因此,法科研究生只有专注于特定的领域做沉浸式训练,才能体会"研究"之乐趣、领悟研究之精髓,进而才能有所得。

或许有人担心,若沉浸于一个领域,可能限制未来的择业空间。这种担心不无道理,但影响相对有限。因为法的内在原理具有普遍性,不同法律分支的认知方法、推理逻辑在一定层次和程度上是彼此相通的,甚至整个人文社科领域的很多道理都是互联互通的。精于一业,便很容易打通周边的一切。在一个精深领域悟得的经验和方法,可用于

① "学徒制"是最早的法学教育模式,始于罗马法,英美法系早期的法学教育也采用"学徒制"。直至18世纪后期以来,"学院制"法学教育才逐步出现并普及。参见张红:《学徒制 VS 学院制:诊所法律教育的产生及其背后》,载《中外法学》2009年第4期。

打通另一个新的分支领域。例如,物权法的学者想要继续打通债法、婚姻家庭法,显然会比新入门的研究生学得更快,因为已经掌握了私法的思维方式和适合自己的研究方法,从“专才”到“通才”也许只是时间问题。由于学制限制,要求法科研究生打通所有部门法显然是不现实的,但只要精于一业,从中沉淀下来的经验和方法,就可帮助毕业生根据未来工作需要应对任何想要了解或需要解决的法律问题,这才是法律职业教育的精髓。

## 五、结语:研究生培养的“道”与“术”

从发展视角来看,对于法科研究生的培养,能力输出比知识输入之所以更重要,不只是因为法律是一门应用型学科,更是因为21世纪的信息技术革命使社会发展和法律更新的速度加剧,适用于昨天的知识也许转眼间便已过时。当社会基础发生变化时,立基于传统社会的法律也将开启动态演化的进程。当一切都处于变化之中时,教育的唯一使命便是教人们如何应对变化。[①] 此情此景,法学教育的使命已不再是传授信息和知识,培养健全的人格、法律人的价值观和自主发现问题、解决问题、应对变化的能力才是大学的核心使命。此为教育之“道”。

在“术”的层面,法律知识可以传授,但运用知识解决问题的技能只能靠训练获得。在我国区分法学本科与研究生学历的教育体制下,本科生重在法律知识的“输入”,教学方法以“言传”为主;研究生重在职业技能的“输出”,训练方法以问题导向的“做研究”为主,而论文是“做研究”的载体,通过写论文可完成“从发现问题、分析问题到解决问题”的全流程训练。长期沉浸于研究一个问题所内化的经验和方法,有助于未来打通周边的分支学科领域。此为法科研究生培养之“术”。据此便可一举澄清开篇提到的5种困惑:(1)未来不走学术道路者也要写论文,这是职业技能训练的常规路径;(2)研究生课堂应激发学生的主观能动性展开自我探索,职业技能的“输出”训练非本人亲为不可;(3)“做研究”属于创造性劳动,在探索未知的旅程中导师“管”得越多未必越好;(4)研究生期间应选取某个领域做沉浸式训练,不求通晓一切,但求精于一业;(5)研究生学历的真实价值取决于职业技能的“输出”训练水平。

---

① 参见[以色列]尤瓦尔·赫拉利:《今日简史——人类命运大议题》,林俊宏译,中信出版集团2018年版,第251~253页。

# 信 息 动 态*

* 信息动态有关职务以会议手册上记载为准。

# 习近平法治思想<br>大讲堂启动仪式在北京举办

为深入贯彻落实习近平法治思想和中央全面依法治国工作会议精神，落实教育部党组推进习近平法治思想进教材、进课堂、进头脑工作部署，日前，教育部印发《关于推进习近平法治思想纳入高校法治理论教学体系的通知》，指导各地各高校将习近平法治思想全面贯彻落实到法治人才培养的全过程和各方面，抓好各门法学专业课程的有机融入，开设好“习近平法治思想概论”专门课程，开展好面向全体学生的法治思想学习教育。

为提高法学专业教师教育教学水平，教育部指导高校法学类专业教学指导委员会整合全国优质师资力量，利用全国高校教师网络培训平台，面向全国法学专业教师推出习近平法治思想大讲堂。2022 年 5 月 28 日，教育部在京举办习近平法治思想大讲堂启动仪式。

教育部高等教育司负责人在启动仪式上表示，习近平法治思想是全面依法治国的根本遵循和行动指南，也为推动法学教育高质量发展、培养德才兼备的高素质法治人才提供了根本遵循。各法学院校要抓好习近平法治思想的学习贯彻落实工作，法学专业教师要做到全覆盖学习、开展原创性研究、抓好融入式教学。习近平法治思想大讲堂将推出 13 讲，13 位授课教师都是中国最顶级的法学家、大老师、大先生，参训教师要在他们的带领下，全面、系统、深入地读原著、学原文、悟原理，努力成为习近平法治思想的深度学习者；要做好学理转化，将其有机融入专业课教育教学中，努力成为习近平法治思想的专业解读者；要将其核心要义和工作要求落实到法治人才培养的全过程各环节，努力成为习近平法治思想的积极践行者；要推出一批原创性、高质量的研究成果，努力成为习近平法治思想的有力传播者。

启动仪式后，中国法学会学术委员会主任张文显为参训教师讲授了“习近平法治思想导论”，法学类专业教学指导委员会主任委员、全国人大监察和司法委员会副主任委员徐显明讲授了“习近平法治思想中的辩证法”。

法学类专业教学指导委员会在京委员、在京法学院校负责同志、法学专业教师代表百余人在主会场参会，500 多所高校设分会场，16，000 余名法学专业教师在线参会。

# 教育部高校法学类专业教学指导委员会、中国法学会法学教育研究会会员大会暨2021年年会“中国共产党百年与中国法学教育”论坛顺利召开

为了进一步贯彻落实党的十九届四中、五中全会精神,深入学习贯彻习近平法治思想、中央全面依法治国工作会议精神和习近平总书记在庆祝中国共产党成立100周年大会上的重要讲话精神,努力开启全面建设社会主义现代化强国新征程中的中国法学教育新局面,教育部高校法学类专业教学指导委员会、中国法学会法学教育研究会定于2021年11月5~7日在厦门共同主办2021年年会暨“建党百年与中国法学教育”论坛。本次年会由教育部高校法学类专业教学指导委员会(以下简称教指委)和中国法学会法学教育研究会(以下简称研究会)共同主办,由厦门大学法学院具体承办。受新冠疫情影响,本次年会调整为线上线下相结合的形式,主会场设在厦门大学法学院,北京分会场设在北京友谊宾馆,其他嘉宾通过腾讯会议在线参会。

本次年会以“建党百年与中国法学教育”为会议主题,下设多个分议题,包括但不限于:(1)中国共产党建党百年与中国法学教育回顾。(2)习近平法治思想的“三进”与法学教育。(3)社会主义现代化强国新征程与法治建设。(4)法学教育中的课程思政示范建设。(5)法学研究生教育模式评估与改革。(6)统筹国内法治与涉外法治的人才培养。(7)法学理论教育与法律实践教育的衔接。(8)后疫情时代中外法学教育比较与借鉴。(9)法学教育中的教务队伍建设。本次年会设立特别论坛“首届全国优秀法学教务工作者经验交流圆桌论坛”。

2021年11月6日上午,论坛正式开幕。厦门大学校长张荣,福建省委副书记、政法委书记、省法学会会长罗东川,教育部高等教育司副司长武世兴,教育部高校法学类专业教学指导委员会副主任委员、中国政法大学校长马怀德,中国法学会党组成员、副会长王其江分别致辞,中国法学会党组成员、学术委员会主任、中国法学会法学教育研究会会长张文显作工作报告,开幕式由厦门大学法学院院长宋方青主持。

张荣表示,厦门大学是全国较早开展法学教育的高校之一,已成长为中国法学教育的重镇,为国家的法律人才培养、法学昌盛、法治建设和社会进步作出了积极贡献。新百年,新征程。厦门大学将深入贯彻落实习近平法治思想,将其核心要义和工作要求落实

到法治人才培养的全过程各环节,将社会主义法治建设的经验转化为优质的育人资源,不断推动法学教育、法学理论研究及法学学科改革创新,培养一批高素质法治人才,为完善中国特色社会主义法治体系、建设社会主义法治国家提供支撑。

罗东川强调,学习宣传贯彻习近平法治思想是政法战线和法学界的重要政治任务。福建省是习近平法治思想的重要孕育地和实践地,福建将发挥这一优势,不断加强习近平法治思想的学习宣传、深刻领悟和深入研究,形成更多研究成果,培养更多高素质法治人才,推进建设更高水平的法治福建。

武世兴指出,统筹推进习近平法治思想要重点抓好以下四个方面:一是要结合党史学习教育,提高思想站位,强化政治担当;二是要将习近平法治思想贯彻落实到法治人才培养全过程和各方面;三是要积极参与新文科建设,推动法学教育高质量发展;四是要加强培养新时代急需的重点领域法治人才。

马怀德表示,当前法学教育发展需要思考并解决以下问题:法学教育如何适应社会主义现代化强国建设的需要,如何进一步落实习近平法治思想"三进"工作,如何加大涉外法治人才培养的力度,以及如何进一步发挥法学"四个组织"的作用。

王其江强调,要坚持党对研究会的领导,用习近平法治思想全方位引领法学教育和法学研究,不断加强研究会思想和组织建设,努力培养一支政治立场坚定,专业素质过硬,跨学科、跨领域,善于破解实践难题的一流涉外法治人才队伍。

张文显代表研究会作工作报告,全面回顾研究会过去 5 年的工作成绩和经验不足,分享了建党百年来中国法学教育的基本经验,经过长期的探索、实践、反思、提炼,党和人民积累和创造了法学教育"十个坚持"的成功经验,使中国法学教育跻身于世界法学教育的大国强国之列。

会上,中国法学会副会长、中央党校(国家行政学院)原副教育长卓泽渊教授宣读第七届中国法学教育成果奖获奖名单。

开幕式后,大会进行研究会会员大会、党员大会和主旨发言环节。会员大会由中国人民大学法学院党委常务副书记、副院长杜焕芳教授主持,党员大会由中国政法大学法学院袁钢教授主持。中国法学会研究部张涛副主任宣读了会长、常务副会长、副会长、秘书长等其他负责人以及常务理事、理事、党员大会的换届选举的批复及说明。换届选举投票工作在线上开展,法学教育研究会国际交流专业委员会委员、大连海事大学法学院教授杨晓楠担任总监票人。经过线上投票产生新一届的理事会。

投票期间进行主题报告环节,第一阶段由中国人民大学法学院韩大元教授主持,第二阶段由华东政法大学校长叶青教授主持。西北政法大学副校长王健教授,华东政法大学原校长何勤华教授,清华大学法学院院长申卫星教授,法学教育成果奖获奖代表、北京大学法学院党委书记郭雳教授,优秀教务工作者参评代表、厦门大学法学院教学秘书陈丽清分别以"中国共产党百年与中国法学教育回顾""新中国法学教育的演进与中国法学教育研究会的使命""习近平法治思想与法学教育改革的三个面向""新发展时期的涉外法治人才培养”“担当育人使命、提供一流服务”为议题作主题报告。

中国法学会法学教育研究会会长张文显教授发表讲话,表示新一届理事会和常务理事会将不负法学教育界的重托,深入推进习近平法治思想“三进”工作,推进法学教育与法治建设深度融合,为推进全面依法治国,加快法治强国建设作出应有的贡献。

在各分论坛,以及诊所法律教育专业委员会2021年年会、模拟法庭教学专业委员会2021年年会上,与会专家分别就“建党百年、习近平法治思想与中国法学教育”“法学教育课程思政与实践教育的衔接”“中外法学教育比较与法学研究生教育评价”“统筹推进国内法治和涉外法治的人才培养”“法学教育中的教务队伍建设与经验分享”“习近平法治思想指引下的中国诊所法律教育”“模拟法庭实践与创新”等议题展开热烈讨论。

大会闭幕式由北京大学法学院院长潘剑锋教授主持。马跃进教授、龙翼飞教授、李寿平教授、许身健教授分别代表法学特色专业建设委员会、诊所法律教育专业委员会、理工类高校法学教育专业委员会、模拟法庭教学专业委员会作了报告。厦门大学法学院院长宋方青教授代表本届年会承办单位发言,对主办方以及参会嘉宾和专家学者的鼎力支持表示衷心感谢。下一届年会承办方为辽宁大学法学院,双方完成了年会承办方的交接仪式,辽宁大学法学院院长闫海教授发表讲话。中国社会科学院大学党委副书记、副校长,中国社会科学院研究生院院长王新清教授对本次大会进行总结,对作为承办单位的厦门大学法学院给予了高度肯定。他概括了本次会议的创新点和成就,指出应贯彻落实习近平法治思想、推动中国法学教育研究再上新台阶。本次年会圆满成功,在掌声中落下帷幕。

# 中国诊所法律教育2021年年会暨“习近平法治思想指引下的中国诊所法律教育”论坛成功举办

中国诊所法律教育2021年年会暨“习近平法治思想指引下的中国诊所法律教育”论坛，以及诊所教师年度培训工作会于2021年11月6日、7日以线上会议的方式顺利举行。本次年会由中国法学会法学教育研究会诊所法律教育专业委员会(CCCLE)主办，由厦门大学法学院承办，采取线上与线下同时进行的方式举行，来自全国各法律院校的百余名诊所教师参加了本次大会。

**开幕式**

本次年会的开幕式由CCCLE秘书长潘文军主持。首先，由中国法学会法学教育研究会常务副会长、中国人民大学韩大元教授致辞。

韩大元教授代表中国法学教育研究会，向诊所年会的举办表示了祝贺，并向工作在诊所法律教育第一线的各位老师们表示了崇高的敬意。韩大元教授指出，诊所法律教育在中国法学教育体系中具有特殊的地位与重要的贡献，他对全体诊所教师多年的付出与努力，以及取得的丰硕成果表示了充分肯定。他期望诊所教师们能够在未来继续坚持诊所法律教育的理念，在习近平法治思想的指引下，通过CCCLE这样一个平台，互相学习和交流，进一步丰富中国诊所法律教育的内涵，把诊所法律教育与全面依法治国、加强涉外法律人才培养的战略目标密切结合起来，在提升中国法学教育的竞争力方面发挥更大的作用。

随后，CCCLE主任，中国人民大学龙翼飞教授作了CCCLE年度工作报告。

龙翼飞主任对2021年全国各大诊所院校诊所教师们取得的成绩给予了充分肯定。诊所老师克服各种困难，团结一心，共同努力，在进一步推广和完善《法律诊所课程质量标准》的基础上，积极探索和运用新的诊所教育模式，研究新的教学方法，取得了很多有益的成果。各委员单位互相合作，通过各种技术手段，加强了区域内委员单位之间的信息互通和资源共享，促进了诊所教育水平的提高。诊所老师们的辛勤工作，为本单位的一流法学本科课程建设提供了重要支持，取得了不小的成绩。中国诊所法律教育经过20年的发展历程，已经初步形成了中国特色的诊所法律教育体系的基本框架。

在总结汇报之后，龙翼飞主任还代表第五届常委会对2022年CCCLE的工作计划作了说明。新的一年，CCCLE有五个方面的工作重点：一是总结中国特色的诊所法律教育理念、理论和体系;二是继续实施、推广和完善诊所法律教育课程标准,加强诊所教育与司法实务部门的衔接,开创诊所法律教育的新的机制;三是加强对经过诊所教育培训后步入社会的法科毕业生的追踪调查工作,正确评估诊所法律教育对学生未来法律职业能力和法律职业伦理水平的影响力;四是继续加强 CCCLE 的自身能力建设,提高诊所师资能力培训的水平;五是在立足中国诊所法律教育发展实际的基础上,通过国际交流,吸收和学习先进的经验,进一步提高中国诊所法律教育的整体水平和国际竞争力。

**“习近平法治思想指引下的中国诊所法律教育”论坛**

本次论坛分为两个主题发言阶段,分别由 CCCLE 副主任北京大学杨晓雷教授和 CCCLE 常委清华大学黄新华教授主持,共有 6 位发言人作了主题发言。CCCLE 常委、扬州大学李秀华教授就“习近平法治思想指引下创新法治人才建设范式探索”,河海大学范艳萍教授就“诊所法律教育与课程思政建设”,CCCLE 常委、中南财经政法大学韩桂君教授就“法学理论教育与诊所法律教育的衔接”,中国人民大学姚欢庆教授就“数字经济与知识产权诊所法律教育”,福建师范大学林少东教授就“三全育人诊所法律教育实践与创新研究”和江苏警官学院刘浩教授就“关于强化警察院校法律专业学生诊所式法律教育的思考”6 个问题先后发表主题演讲,CCCLE 常委黑龙江大学胡东教授、烟台大学黄伟明教授、海南大学叶英萍教授、武汉大学项焱教授、中山大学罗剑雯教授、大连海事大学李国强教授、中国社会科学院大学苗鸣宇教授、CCCLE 顾问武汉大学李傲教授,以及中国政法大学刘瑛教授、江苏警官学院刘莉教授等 12 位与谈人分别就相关主题作了简短而深入的探讨。在自由讨论环节,来自甘肃政法大学的黄荣昌教授等几位老师同与会者进行了分享和交流。最后,CCCLE 副主任西北政法大学汪世荣教授对本次论坛作了总结,对全体参会老师们表示了衷心的感谢,并指出全体诊所教师们应当在习近平法治思想的指引下,更深入地研究和探讨新时期中国特色的诊所法律教育发展道路。

**2021 年度 CCCLE 诊所教师培训**

2021 年 11 月 7 日上午,2021 年度诊所教师培训通过线上方式进行。本年度诊所教师培训以“诊所法律教育中的法律职业伦理教育”为主题,由 CCCLE 副主任许身健教授主讲。培训分为两个阶段,分别由 CCCLE 常委四川大学傅江教授和中南财经政法大学韩桂君教授主持。在第一阶段,许身健教授结合诊所式法律教育的教学方法、哲学意义、培养目标、道德感的培育等特点,深入剖析了应当如何在诊所进行职业伦理教学,以及案例、研讨在法律职业伦理教学中的应用。在第二阶段,许身健教授又以“如何介绍以委托人为中心的代理”为范例进行了诊所课堂上的法律职业伦理教学演示,向与会教师详细讲解了课堂的整体设计、课程的具体展开、设计课堂需要注意的重点等内容。此次培训取得了非常好的效果,参会的诊所教师们纷纷表示在培训活动中受益良多。

**闭幕式**

大会闭幕式由 CCCLE 副秘书长刘志华老师主持,CCCLE 主任龙翼飞教授对本次年会进行了总结,提出了诊所法律教育“六个真实”的核心特征,即真实教育主体、真实案件事实、师生真实体验、真实法律服务、学生得到真实锻炼、得到真正成长;同时他指出,诊所法律教育具备6个属性,即真实性、体验性、互动性、整体性、系统性、公益性,这6个属性决定了诊所法律教育模式的不可替代性,在中国法学教育体系中具有非常重要的地位。龙翼飞主任还对诊所教育的发展进行了全面的总结,指出诊所法律教育自进入中国以来,先后经历了不同的发展阶段:第一个十年(2000~2010年)是开立时代,主要的工作是"引进来、走出去,本土化,打基础";第二个十年(2011~2020年)是提升时代,实现了"入主流、高标准、有特色、国际化"的目标;从2021年开始,诊所教育进入一个新的发展阶段,即创新时代,我们要有"新理念、新机制、新资源、新作为"。他期望全体诊所同仁在新一个十年中,继续开拓、奋进。

# 模拟法庭教学专业委员会2021年年会暨“模拟法庭实践与创新”成功举办

2021年11月6日,中国法学会法学教育研究会模拟法庭教学专业委员会2021年年会暨“模拟法庭实践与创新”成功举办,会议总结了过去5年来委员会致力开展的各项工作,交流了模拟法庭教育前沿信息,进行了换届选举。大会选举通过了中国政法大学法律硕士学院院长许身健教授为主任。委员会主任、副主任、常务委员及各理事单位代表等共计65人参会,论坛采用线上方式举行。

开幕式上,王晨光主任致辞,他从搭建学术交流平台、推动国际性模拟法庭比赛、发展区域性模拟法庭赛事、编写模拟法庭教材4个方面总结了过去5年委员会完成的主要工作,就进一步推动区域性赛事活动、进一步发展模拟法庭教学常规教学模式、进一步完善教材案例、进一步拓展资源等方面提出了发展规划及殷切希望。王晨光主任表示,法学教育应该面向未来,更应该思考法学教育的发展瓶颈,思考未来应如何进一步开拓与突破,法律院校应当探索新的教学模式,致力适应新时代的下一代法律人的培养。同时,法学院的教学不应该画地为牢,应真正投身于法律实践当中。他希望通过模拟法庭教学这一平台,不仅要把法学各个不同部门的壁垒打开,也要把国内、国际法学教育的壁垒打通。

论坛第一场主旨发言由许身健副主任主持,谢进杰、石悦、杨建广、宋振武、刘仁琦、张光君6位学者进行了发言。第二场主旨发言由张光君副主任主持,全亮、娄必县、吕辉、荣振华、冯子轩、张杰6位学者进行了发言。在为期半天的论坛交流中,与会专家学者交流教学研究心得,倾听同仁的反馈意见,分享了饱含新观点、新视角的多元教学与研究经验,就如何推动模拟法庭实践与创新畅所欲言,进行了深入交流。

在中国法学会法学教育研究会2021年年会闭幕式上,许身健主任代表委员会向大会作了报告。他代表委员会向上一届主任王晨光老师致敬,感谢王晨光老师在过去对模拟法庭教学专业委员会工作作出的巨大贡献。自2016年模拟法庭教学专业委员会成立以来,一直致力推进模拟法庭教学的改革与发展,推动国际性模拟法庭赛事在中国落地,扩大和提高各个院校开展模拟法庭教学的规模、水平。通过对法学实践教育不断的探索与努力,引导学生将法学知识和法学实务有机结合起来,获得了广大法学院校的认可与配合,取得了卓越成效。在今后的工作中,委员会要深入学习习近平法治思想,培养理论联系实际的新型法治人才,更加深切地感悟和把握法学实践教育培养目标,将法学理论的教育在实践中进行深化与提升。要进一步推进各大高校中模拟法庭训练等实践性课程的开设与常规化,将理论教育落到实处,避免法学教学过于空洞与虚浮。从目前情况来看,模拟法庭教材编写,模拟法庭教学方式、内容和评价体系等方面都有进一步规范化和提高的空间。模拟法庭教学没有完全纳入教学模式,并没有使每一名学生充分参与进来。今后委员会将进一步拓展比赛资源,鼓励模拟法庭区域性赛事的举办,包括各个院校内赛事的举办。此外,新一届专业委员会也将在推动模拟法庭课程常规化发展这一方面作进一步的努力和探索,要推动模拟法庭课程教学作为常规模式,成为常设课程,并推进模拟法庭案件与教材的编写,探索教学模式的创新,提高课程对学生的吸引力,使更多的学生能够参与其中。模拟法庭教学专业委员会将继续致力于我国模拟法庭教学水平的进一步提升,促进法科生深入了解身为法律人应当具备的素质和应当履行的职责,为进一步建设法治国家、法治社会与法治政府作出贡献,培养出中国特色社会主义法治体系的复合型、职业型、创新型法治人才及后备力量。

# 财经类特色专业委员会第十三届全国财经高校法学教育论坛暨第六届法律职业技能大赛在贵阳举办

2021年10月30日,贵州财经大学法学院承办的第十三届全国财经高校法学教育论坛暨第六届法律职业技能大赛在贵州贵阳花溪迎宾馆隆重举行。本次论坛由中国法学会法学教育研究会与中国法学会法学教育研究会法学特色专业建设委员会(财经类院校)主办。贵州财经大学党委书记刘雷、副书记朱克乾,中国法学会法学教育研究会副会长王健,中国法学会法学教育研究会法学特色专业建设委员会(财经类高校)副主任委员马跃进,贵州省社会科学院党委书记吴大华等嘉宾出席了本次论坛。此次论坛以"习近平法治思想与法治人才培养"为主题,来自全国35所财经高校法学院的专家学者共5000余人次以线上线下的方式共聚一堂,就贯彻落实习近平法治思想与法治人才培养展开了充分研究与热烈讨论。

贵州财经大学党委副书记朱克乾主持开幕式。贵州财经大学党委书记刘雷代表贵州财经大学全体师生员工对参与本次论坛的嘉宾表示欢迎与感谢。同时,对贵州财经大学的学科优势与特色、人才培养、师资队伍等方面作了全方位介绍,并就如何更好地贯彻落实习近平法治思想及提高高素质财经法治人才的培养水平提出了具体意见。西北政法大学副校长王健代表中国法学会法学教育研究会发表重要讲话,回顾了财经法学教育论坛的发展历程,对贯彻落实习近平法治思想指明了方向。法学特色专业建设委员会(财经类高校)副主任委员马跃进对贯彻落实习近平法治思想提出了具体要求。最后,贵州省社会科学院党委书记吴大华结合贵州地方特色法治人才培养提出建设性意见,并对法治人才牢记习近平总书记的谆谆教诲投身新时代法治建设给予殷切希望。

主旨发言环节,来自上海财经大学、江西财经大学、广东财经大学等高校的法学院院长就涉外财经法治人才、高素质法治人才、卓越法治人才及应用型财商人才的培养模式、内在要求、实践与探索等进行了深入探讨。下午各专家学者分别围绕"习近平法治思想与法治人才培养""法律职业技能案例分析"进行了主题发言。

本次会议,对财经高校法学教育在新法科和"双一流"建设背景下的发展方向进行了深入交流,进一步推动了习近平法治思想应用实践。同时,提升了贵州财经大学法学学科在财经类高校中的影响力,启发了财经院校法学教育管理者对高校特色法学教育更深层次思考,促进了财经特色与法学教育的深度交叉与融合。本次会议贯彻实施中央全面依法治国的决策部署,有利于进一步加强财经类高校习近平法治思想的教学和研究,创新财经类高校法治人才培养模式。

# "中国法学会法学教育研究会理工类大学法学教育专业委员会成立暨复合型法治人才培养"高端论坛在北京举办

2021年10月16日,由中国法学会法学教育研究会与北京理工大学法学院共同主办的"中国法学会法学教育研究会理工类大学法学教育专业委员会成立暨复合型法治人才培养"高端论坛在北京理工大学国际交流中心召开。北京理工大学党委副书记、纪委书记秦志辉,中国法学会党组成员、学术委员会主任、法学教育研究会会长张文显出席会议。来自清华大学、天津大学、同济大学、东南大学、北京航空航天大学、西安交通大学、华中科技大学、华南理工大学、重庆大学等全国60多所高校的法学院院长、法律系主任共聚一堂,共同探讨复合型法治人才培养的创新举措。

秦志辉致欢迎词。他对中国法学会法学教育研究会理工类高校法学教育专业委员会的成立表示热烈祝贺。在新文科建设中,理工类高校的法学教育面临重大发展机遇,如何实现理工科技与法学的交叉融合,如何将学科交叉融合的优势应用于法学教育,需要大家共同应对和探讨。北京理工大学在人工智能、大数据、网络科技等领域处于国内领先地位,学校一直重视法学学科发展,不断推动法学学科与优势学科交叉融合,取得了一系列成果。期待此次与各位同仁共同探讨复合型法治人才培养模式,为国家新文科建设、新法科建设作出贡献。

张文显教授致辞。他代表中国法学会法学教育研究会向理工类高校法学教育专业委员会的正式成立表示热烈祝贺。他谈道,理工类高校近年来一直在探索法学教育的特点和路径,专业委员会的成立将进一步推动理工类高校法学人才培养工作的深化、拓展和创新。张文显教授提出,要依托专业委员会的成立,利用理工类特色学校的优势,深入研究法学的常规教育与特色教育的关系;要进一步提高政治站位,深入推进习近平法治思想进校园、进课堂、进头脑,用好讲好《习近平法治思想概论》教材;要深入探讨法治与科技的深度融合,充分发挥我国制度优势和科技优势,加快建设社会主义法治国家。他表示,要牢记"为党育人、为国育才"使命,深入探索新时代法治人才培养的方法和途径,培养更多的复合型法治人才。

会议举行了中国法学会法学教育研究会理工类高校法学教育专业委员会成立仪式,北京理工大学法学院院长李寿平教授任主任委员,副院长孙天全担任秘书长。

主旨报告阶段,同济大学法学院院长蒋惠岭教授、重庆大学法学院院长黄锡生教授、湖南大学法学院院长屈茂辉教授、大连海事大学法学院院长初北平教授分别就理工类高校如何发挥专业优势培养复合型人才的实践进行了阐述。

论坛分为三个单元展开讨论，主题分别为“习近平法治思想与法学类课程思政建设”“新法科建设背景下复合型法治人才培养模式创新”“智能科技时代复合型法治人才培养课程建设和实践体系建设”。与会代表围绕课程思政建设、新法科建设、复合型法治人才培养等方面，相互交流经验、分享成果。

大连海洋大学海洋法律与人文学院院长裴兆斌围绕“新时代海洋法治人才培养模式研究”发言。他指出，目前全国设立法学本科专业的高等院校已达632所。有法学一级学科博士点55个、硕士点149个、法律硕士授权点247个。大连海洋大学成功进入海洋水产类院校法学专业学科第一方阵的成功经验：一是准确定位，走错位发展之路，聚焦海洋行政法方向和海洋安全（维权）与执法方向；二是突出海洋，走特色发展之路，以海洋法治与文化为切入点，与中国海警局、国家海洋局、农业农村部及地方海洋渔业执法部门开展校局合作，以3个研究会、4个基地、5个省部级研究中心为申报平台，收效甚好。对于大连海洋大学法学学科来说，要想发展必须走特色发展之路。北方工业大学文法学院法律系主任王海桥表示将继续与法学会及其他高校共同为推进全面依法治国、培养卓越法律人才作出贡献。

在“智能科技时代复合型法治人才培养课程建设和实践体系建设”单元中，辽宁科技大学经济与法律学院院长宋怡林教授围绕“工科高校‘工程法’特色人才培养的思考与实践”发言。“工程法”特色人才培养的总目标是培养应用型高级专门人才，以应用型导向、专业特色、服务地方、制度保障为专业人才培养的指导思想，从而培养满足社会需求、适应社会发展、胜任专业化分工、具备差异化优势的特色人才。宋怡林教授阐述了“工程法学”特色方向和内涵，并介绍了应用型导向下经法学院的法学专业师资队伍、经法学院实训中心及法学专业实习基地的基本情况。昆明理工大学法学院李婉琳教授作了题为《智慧环境下法学教学方式的改革和探索》的报告，与众专家进行了充分交流。李婉琳教授介绍了昆明理工大学法学院的建院历史和发展沿革，法学院发展定位的“一体两翼”发展模式。在智慧环境下，期望达到在网络化和信息化背景下弥补在其他资源和信息获取上的劣势。当前存在的主要问题包括：首先，大家对于智慧环境的概念的理解存在碎片化。其次，智慧环境下的教学面临变革，如何处理好传统与特色、线上与线下的关系、理论与实践的关系。再次，智慧环境下法学教学的评价标准需要改革与探索。最后，希望提供智慧环境的互动交流平台。北方工业大学文法学院邓恒副教授介绍了北方工业大学知识产权专业发展历程与特色，提出复合型法治人才培养是一个系统工程，需要认真研究法律硕士指导性人才培养方案；在分析培养“交叉融合技术类知识产权人才”培养模式的思路和举措的基础上，提出“复合型、创新性、应用型”是新时代背景下知识产权人才培养的应有之义，应当建立和发展与国家治理体系和治理能力现代化相适应的现代化法治人才培养机制。

闭幕式上,李寿平对会议进行总结。他认为,本次会议成果丰硕,建立了理工类大学法学教育的联系平台,加深了理工类大学法学院系之间的沟通和了解。期待未来专业委员会成员单位加强联系,发挥各自特色优势,推动资源共享,为复合型法治人才的培养贡献力量。

# 全国政法院校“立格联盟”第十一届高峰论坛在西安召开

2021年7月16日,由西北政法大学承办的全国政法院校“立格联盟”第十一届高峰论坛在西安召开。“立格联盟”成员单位中国政法大学、西南政法大学、华东政法大学、中南财经政法大学、西北政法大学、甘肃政法大学、上海政法学院、山东政法学院、河南财经政法大学9所政法院校的党委书记、校长出席会议。西北政法大学校长杨宗科主持开幕式。

西北政法大学党委书记孙国华在开幕式致辞中表示,“立格联盟”是9所政法院校的交流研讨平台,高峰论坛是全国有重要影响的法学高等教育和法学研究盛会。11年来,“立格联盟”坚守为法学教育“立格”初心,在共享优质法学教育资源,提升法治人才培养质量,促进法学研究繁荣,推动全面依法治国方面发挥了积极作用,已成为坚持马克思主义法治理论中国化最新成果的重要阵地和引领法学教育教学改革、创新法治人才培养模式的法学教育共同体,本次会议的成功召开,将进一步深化校际合作,促进优质法学教育资源共享,提高高层次法治人才培养能力,更好地发挥“立格联盟”在国家法治教育的引领作用和辐射作用。

中国政法大学党委书记胡明表示,“立格联盟”要立足新起点、展现新作为,在对习近平法治思想的学习领会上、宣传阐释上、常态化推进上下功夫,为办好中国特色、世界一流法学教育,助力全面依法治国作出新的更大贡献。

最高人民法院第六巡回法庭分党组副书记、副庭长高晓力希望进一步加强与“立格联盟”成员单位的合作,坚持协同创新,加强涉外法治人才培养,补齐涉外法治人才短板,为全面依法治国培养高素质法治人才而共同努力。

最高人民检察院检察理论研究所所长谢鹏程在致辞中表示,检察机关将不断拓展与“立格联盟”成员单位合作的广度与深度,创新合作方式,在打造忠诚干净担当的检察队伍、提高新时代检察机关的履职能力、培养高素质法治人才等方面取得更大成效。

教育部高等教育司人文社科教育处三级调研员朱蓓蓓说,“立格联盟”成员单位要进一步深入学习贯彻落实习近平法治思想,在德法兼修法治人才培养、法学教材建设、与司法实务部门协同育人等方面提出新思路、新举措。

“西北政法大学是西北地区法学教育、法学研究中心和人文社会科学的重要基地,是陕西省法治建设的主力军。”陕西省政协副主席刘宽忍希望陕西省高校的法学院加强与

“立格联盟”的合作交流,为提高陕西法学教育层次、为提高法治陕西建设水平、为建设社会主义法治国家而不懈努力。

据了解,本次论坛以“立足新发展阶段,推动政法院校高质量发展”“加快涉外法治人才培养”等内容展开研讨、交流思想、分享成果。来自中央和陕西政法系统、教育系统,“立格联盟”成员单位代表,陕西省内院校代表等200余人参加论坛。

# 法学教育创新联盟涉外法治人才培养高端论坛在天津举行

2021年6月17日,在教育部高等教育司和法学类专业教育指导委员会的指导下,中国新文科建设的首个高校联盟——法学教育创新联盟在天津大学召开"涉外法治人才培养高端论坛"。教育部高等教育司副司长范海林,教育部法学类专业教育指导委员会主任徐显明,中国人民大学党委常委、副校长、法学院院长兼党委书记王轶,华东政法大学副校长陈晶莹,西北政法大学副校长王健,西南政法大学党委常委、副校长岳彩申,辽宁大学党委常委、副校长杨松,北京大学法学院院长潘剑锋,清华大学法学院院长申卫星,武汉大学法学院院长冯果,山东大学法学院院长周长军,浙江大学法学院院长胡铭,吉林大学法学院院长何志鹏,南京大学法学院院长叶金强,北京理工大学法学院院长李寿平,对外经贸大学法学院院长梅夏英,上海海事大学法学院院长王国华,湖南师范大学法学院院长肖北庚,天津师范大学法学院院长郝磊,南开大学法学院副院长、教务处副处长宋华琳,上海交通大学法学院副院长蒋红珍,中南财经政法大学法学院副院长江河,中国政法大学法学教育研究与评估中心副主任刘坤轮,青海民族大学法学院党委书记祁生贵,青海民族大学法学院教授王刚,北海仲裁委员会主任钟宏,天津大学党委常委、副校长巩金龙,天津大学党委学生工作部部长赵欣,天津大学国际合作与交流处处长张振,天津大学教务处副处长杨光,天津大学新媒体与传播学院院长陆小华,天津大学马克思主义学院副院长张巍,天津大学法学院院长孙佑海,天津大学法学党委书记杨欢,以及天津大学法学院卓越教授张恒山、讲席教授熊文钊、英才教授王小钢等专家学者通过线上和线下等方式出席会议。论坛由孙佑海院长主持。

范海林副司长致辞。他指出,当前世界正经历百年未有之大变局,全球治理体系和国际秩序变革加速推进。特别是随着中国日益走向世界舞台中央,成为推动世界和平发展的参与者、建设者和引领者,这对创新涉外法治人才培养机制提出了更高的要求,也成为法学教育创新联盟所面临的一个重要时代课题。党的十八届四中全会明确提出要建设通晓国际法律规则、善于处理涉外法律事务的涉外法治人才队伍。教育部高等教育司将涉外法治人才培养作为新文科建设的重要内容,不断探索推进体制机制建设,努力为我国参与全球治理提供人才支撑。范海林副司长围绕涉外法治人才培养,提出3点意见。第一,坚持德育为先,铸就法治人才之魂。在涉外法治人才培养过程中,必须坚持以马克思主义法学思想和中国特色社会主义法治理论为指导,深入推进习近平法治思想

“三进”工作,将社会主义核心价值观教育贯穿法治人才培养全过程,将法律职业伦理教育融入法治人才培养各环节。第二,加强顶层设计,完善人才培养体系。要围绕涉外法治人才“具有国际视野、通晓国际规则、善于处理国际事务”的核心培养目标,在课程设置、教材建设、教师资源、教学方法、实践实习等方面进行制度重构,更加注重外向型、复合型,将国际化融入人才培养的全过程。同时,努力构建高校和实务部门协同、法学和外语教育协同、国内和国外协同培养的培养机制。第三,搭建交流平台,强化法律实践教育。建立政法院校与涉外政府部门、涉外司法机关、涉外企业、涉外法律服务机构等实务部门联合培养涉外法治人才的协同工作机制,有计划有组织地选派学生赴国际组织或境外机构实习,做到涉外法律知识与国际法律实践的无缝衔接,切实提高学生的涉外法律事务应用能力。徐显明主任书面致辞。他指出,涉外法治人才培养高端论坛的召开,是联盟面对国际形势变化和国家战略需求,深化高等法学教育教学改革和提高法学人才培养质量的重要举措,体现了中国高等法学教育的时代担当。改革开放以来,我国法学院校加大涉外法学教育力度,在学科建设、培养模式、国际合作、学习实践等方面做了大量探索,为涉外法治领域输送了一大批涉外法治人才,在促进对外开放、维护国家利益方面发挥了重要作用。与此同时,现有涉外法治专业人才数量和质量远不能满足新时代对外开放、参与国际事务和涉外法治建设的需求。如何培养一批拥有家国情怀、法治信仰、精通国际法律规则、外语能力出众的涉外法治人才,是新时代中国法学教育面临的新课题,需要进行系统研究和深入探讨。希望各位专家学者围绕加强涉外法治人才培养这一主题,聚焦我国在参与全球治理和涉外法治建设中的难点和短板,深入探讨进一步加快完善涉外法治人才培养的学科体系、培养体系、保障体系的发展路径,为更充分发挥高校法学教育在涉外法治人才培养中的基础性先导性作用建言献策。徐显明主任肯定了法学教育创新联盟秘书处单位所做的大量工作,也希望各联盟成员单位充分利用联盟平台,进一步深化合作交流,探索创新人才培养方法,促进法学教育教学模式的创新与实施,为推动中国法学教育发展,培养德法兼修的高素质法治人才,助力全面依法治国建设作出新的更大贡献。

会上,来自20余所高校的法学专家学者围绕涉外法治人才的培养体系、理念与思路、知识体系等作了主题发言。经过与会嘉宾的讨论研究,会议达成了《法学教育创新联盟涉外法治人才培养天津共识》(以下简称《共识》)。《共识》由巩金龙副校长宣读。《共识》指出:

当前,国际形势风云变幻,全球环境日趋复杂,不稳定性不确定性因素明显增加。作为崛起中的大国,中国要在全球治理和构建人类命运共同体进程中发挥负责任大国作用,离不开一支高素质的涉外法治人才队伍。党的十八届四中全会明确提出,要建设通晓国际法律规则、善于处理涉外法律事务的涉外法治人才队伍。习近平总书记明确指出,“加强法治工作队伍建设和法治人才培养”,更好地发挥法学教育的基础性、先导性作用。涉外法治人才培养是涉外法治建设的基石保障,也是法学教育服务于“一带一路”建设与全球治理变革的关键路径。在新文科建设如火如荼进行的当下,法学教育理应顺势而为,对涉外法治人才培养的迫切需求作出强有力的回应。

与会专家一致认为,要做好涉外法治人才培养工作,需要在以下三个方面作出更大努力:

第一,以习近平法治思想为指导,引领涉外法治人才培养。中央全面依法治国工作会议明确提出了习近平法治思想,这是我国社会主义法治建设进程中具有里程碑意义的大事。习近平法治思想内涵丰富、论述深刻、逻辑严密、系统完备,是全面依法治国的根本遵循和行动指南。在涉外法治人才培养工作中,要研究明白习近平法治思想的核心要义,将其贯穿统筹推进国内法治和涉外法治实践的全过程,为涉外法治人才培养开新局谋新篇创新绩奠定坚实的思想理论基础。

第二,以顶层设计为统领,深化涉外法治人才培养。涉外法治人才培养是一项"牵一发而动全身"的系统工程。在这项重大的系统工程中,以涉外法治人才培养目标理念的统一、培养标准的构建、相关学科的设置、课程体系的完善、教学模式的创新、教务方法的更新、师资队伍的优化及优质教材的本土化建设为核心内容的顶层设计至关重要。科学的顶层设计,既要依靠各级教育主管部门的科学规划,也离不开各高校法学教育部门及社会各界的建言献策。只有做好了顶层设计,才能取得实质性的人才培养成果,培养一大批既富有家国情怀又兼具国际视野,既通晓国际规则又善于维护国家权益的涉外卓越法治人才。

第三,以协同创新为抓手,推动涉外法治人才培养。涉外法治人才培养是新形势、新背景下法学教育面临的崭新课题,要敢于打破传统法学教育的"条条框框",采用新模式、新方法来协同推动,具体可从四个层面入手。一是强化高校与高校之间的协同创新。建议除加强传统的国际法教育外,由教育部会同外交部等部门,针对不同国家和地区的国别法作出培养任务调配,指定具有专业优势的高校"对口"承包、重点解决,并鼓励各高校间协同合作、交叉培养。二是强化高校与实务部门之间的协同。充分发挥涉外党政部门、司法机关、涉外企业、涉外法律服务机构等实务部门的作用,借助涉外实践教学、国际组织实习等契机,加强涉外法治教学与实践技能培养的"无缝对接"。三是强化法学教育与外语教学之间的协同。有效提升涉外法治人才的外语水平,培养能够用外语作为工作语言进行涉外法律服务的理论和实务专家。四是强化国内教育与国际化教学之间的协同。有效利用现代信息技术,运用在线教学、智慧教学等手段,将国外先进的教育教学资源引进来,用于高质量涉外法治人才培养。

当今世界正经历百年未有之大变局,人才将是我们在新一轮国际竞争中争夺更多话语权的关键要素。与会专家一致认为,涉外法治人才培养是一件功在当代利在千秋的伟大事业,全体法学教育工作者应在凝聚共识的基础上开拓创新,为早日实现中华民族伟大复兴的中国梦不懈奋斗。

# “涉外法治人才培养机制探索与实践”高端论坛暨《法学教育研究》第五届专题研讨会在西安召开

2021年12月11日,“涉外法治人才培养机制探索与实践”高端论坛暨《法学教育研究》第五届专题研讨会在西北政法大学召开。此次研讨会由西北政法大学主办,高等教育研究所、《法学教育研究》编辑部、西北政法大学国际法学院承办,北京高文律师事务所协办,会议采取线上线下相结合的方式进行。来自中国政法大学、西南政法大学、华东政法大学、中南财经政法大学、西北政法大学、上海政法学院等“立格联盟”院校,清华大学、武汉大学、西安交通大学、湖南大学、北京航空航天大学、厦门大学、云南大学、哈尔滨工程大学、陕西师范大学、江西财经大学等20余所高等院校及自然资源部海洋发展战略研究所、西安仲裁委员会等法治实务部门的100余名专家学者参与本次会议。西北政法大学校长杨宗科教授在开幕式上致辞。开幕式由西北政法大学副校长张荣刚教授主持。

**开幕式 & 颁奖仪式**

杨宗科教授在致辞中表示,涉外法治人才培养是支撑国家涉外法治建设的基础。对于我们这样的一个经济大国、人口大国、文化大国来说,走向世界舞台的中央、扮演越来越重要的角色,需要增强运用国际法规则等手段来维护国家的主权安全和发展利益,进一步提升参与全球治理的话语权和主导性。作为西北地区法学教育、法学研究中心和人文社会科学研究的重要基地,西北政法大学强化使命担当,自觉把习近平法治思想贯穿办学治校、人才培养的全过程,积极探索涉外法治人才培养的新机制。一是坚持用习近平法治思想引领涉外法治人才培养;二是建强国际法学科,带动涉外法治人才培养;三是强化协同育人,培养高素质涉外法治人才。此次研讨会通过交流工作经验,探索创新方式,将为培养德法兼修的高素质涉外法治人才,助力全面依法治国建设作出贡献。

在颁奖仪式环节,西北政法大学高等教育研究所所长、《法学教育研究》常务副主编闫亚林研究员宣读了《法学教育研究》第五届专题研讨会有奖征文获奖名单。杨宗科校长、王瀚教授、韩松教授、闫亚林研究员及北京高文律师事务所合伙人姚进峰律师分别向获奖论文作者代表颁奖。

**第一单元　主旨发言**

主旨发言环节由西北政法大学国际法学院王瀚教授主持。中国国际法学会会长、中国政法大学黄进教授,清华大学法学院王晨光教授分别作题为“加快建立国际法学科专业,着力培养涉外法治人才”“新型涉外法律人才培养泛议”的主旨发言。

黄进教授强调了培养涉外法治人才的重要性,界定了“涉外法治”和“涉外法治人才”概念的内涵,指出了我国涉外法治人才培养存在的3个问题。我国培养的涉外法治人才,是从中国自身角度出发的,具有家国情怀、社会责任感、世界眼光与文化交流的能力,熟悉国际法律规则,善于处理法律事务,特别是中国的涉外法律事务的德法兼修的高素质人才。黄进教授对创新涉外法治人才的培养机制提出了五个方面的建议:一是完善法学学科体系,构建国际法学的体系,将国际法学确立为法学学科门类下的一级学科,恢复国际法本科专业;二是优化涉外法治人才培养方案;三是强化涉外法律实践教育;四是加强法治工作队伍的在职培训;五是法学院校在涉外法治人才方面,走差异化的发展道路,突出自己的特色。

王晨光教授表示,百年未有之大变局对涉外法治人才培养提出新要求,参与全球治理需要一大批熟悉党和国家方针政策、了解我国国情、具有全球视野、熟练运用外语、通晓国际规则、精通国际谈判的专业人才。传统观点认为,国际法律人才应当具备良好的外语能力、扎实的国际法知识,以及一定的国际经历。面对复杂多变的国际环境,传统的国际法律人才培养模式的弊端逐渐暴露。王晨光教授认为,根据未来执业领域的需求,国际法人才应当掌握的知识至少应包括国内法规则体系、国际法规则体系、相关学科的知识体系三大部分。这三部分不是简单的拼盘,而是有机地结合在一起,从而使学生能够在这些知识体系基础上培养出统揽全局、融会贯通、深入分析和缜密设计的法治思维能力。国际法律人才的能力和素质包括多个方面:首先是坚定的政治信念、服务国家和民族的精神,以及构建人类命运共同体的博大胸怀;其次是出色的外语和国际沟通能力;最后是高超的法治思维能力。

**第二单元　主题发言**

第二单元由西北政法大学民商法学院韩松教授主持。武汉大学国际法研究所杨泽伟教授、西北政法大学王瀚教授、中国政法大学国际法学院院长孔庆江教授、西南政法大学国际法学院院长张晓君教授、华东政法大学国际法学院院长杜涛教授作主题发言。发言题目分别为:“中国国际法教育:现状、问题与前景”“我国涉外法治人才培养的制度建构与协同培养路径”“涉外法治人才培养现状、存在的问题及对策建议”“国别法律人才培养的协同性问题”“中国特色社会主义对外关系法的理论建构初探”。

**第三单元　主题发言**

第三单元由西安交通大学法学院副院长丁卫教授主持。自然资源部海洋发展战略研究所副所长吴继陆研究员、西北政法大学国际法学院院长刘亚军教授、中南财经政法大学法学院李培锋副教授、北京航空航天大学法学院乔博娟副教授、武汉大学博士研究生邓云成作主题发言。发言题目分别为:“新时代我国涉外海洋法治人才培养的机遇与挑战”“涉外律师研究生项目人才培养模式创新的思考”“论新时代涉外法治人才的分方向联合培养”“科技全球化背景下涉外法律人才培养路径研究”“论未来国际法学院之建构——以发展中国家国际法需求为切入点”。

之后的3个分论坛分别以“习近平法治思想与新法学建设”“国际法教育与涉外法治人才培养”“全球化时代的法学课程与教学”为议题展开了讨论。

**分论坛一**

分论坛一由西安仲裁委员会办公室徐文新主任主持。西南政法大学张春良教授、西北政法大学国际法学院副院长张光教授、西南石油大学法学院院长助理王浩副教授、云南大学法学院刘红春副教授、西南政法大学张惠彬副教授、西北政法大学国际法学院刘学文副教授作主题报告。报告题目分别为:《涉外法治人才培养的当前困境与未来举措——西南政法大学经验谈》《论新时代我国涉外法治人才培养机制的创新与完善》《能源行业类高校培养涉外能源法治人才的路径选择》《论卓越法治人才培养主体的协同育人路径》《新文科背景下涉外知识产权人才培养机制研究》《涉外法治人才培养课程建设的体系与方法研究》。西北政法大学国际法学院王泽林副教授、王兆平副教授分别进行了评议。

**分论坛二**

分论坛二由西北政法大学外国语学院窦坤教授主持。由上海政法学院刘长秋教授、湖南大学法学院党委副书记罗英副教授、西安交通大学法学院王鹏副教授、武汉大学国际法研究所博士研究生唐刚、西北政法大学博士研究生杨思怡和尉钏作主题报告。报告题目分别为:《论习近平法治思想中的法学教育》《习近平法治思想指导下的法学课程思政改革研究》《留学生如何课程思政?留学生国际法教学的中国叙事分析》《习近平法治思想中的涉外法治人才培养观》《以习近平法治思想引领新时代法学教育》《学科交叉促进新法学建设》。西北政法大学政治与公共管理学院张师伟教授、西北政法大学《法学教育研究》副主编余涛副研究员分别评议。

**分论坛三**

分论坛三由西北政法大学教学质量监测与评价中心副主任王若梅研究员主持。哈尔滨工程大学院长助理刘久副教授、陕西师范大学教育学部罗阳讲师、西北政法大学外国语学院史煜讲师、西北政法大学博士研究生李明、厦门大学博士研究生吴一楷、西北政法大学教育经济与管理专业硕士研究生孔爽作主题报告。发言题目分别为:《全球化时代CLTL模式下国际法全英文教学探索》《全球化时代法学教育的不确定性及其应对》《新文科背景下涉外法治人才英语能力培养研究》《“一带一路”倡议下涉外国家安全法治人才的培养》《涉外金融法律队伍的现状与培养路径》《后疫情时期来华留学生教育服务:挑战、机遇与应对》。西北政法大学国际法学院副院长潘俊武教授、西北政法大学国际法学院张超汉副教授分别评议。

**总结与闭幕式**

研讨会总结与闭幕式由闫亚林研究员主持。西北政法大学国际法学院王泽林副教授、《法学教育研究》副主编余涛副研究员、国际法学院张超汉副教授分别总结了3个分论坛的研讨成果。西北政法大学高教所副所长邱昭继教授与刘亚军教授分别代表承办方致辞。本次会议取得圆满成功。

# “习近平法治思想与新时代法学教育”高端论坛暨河北省法学会法学教育研究会2021年年会(一)在保定成功举办

2021年10月17日上午，由法学院主办的庆祝河北大学百年校庆暨河北大学法学学科招生四十周年系列活动之“习近平法治思想与新时代法学教育”高端论坛暨河北省法学会法学教育研究会2021年年会(一)于河北大学七一路校区图书馆报告厅成功举办。本次论坛由河北大学党委常委、副校长孟庆瑜教授主持，特别邀请到中国社会科学院学部委员、中国法学会法理学研究会会长李林研究员，《中国法学》总编辑黄文艺教授，西北政法大学副校长王健教授及北京大学法学院院长潘剑锋教授作为主讲嘉宾。本次论坛的主题为“习近平法治思想与新时代法学教育”，旨在鼓励广大法学师生深入研讨习近平法治思想蕴含的新思想、新观点、新论断，用新时代法治理念武装头脑、指导实践、推动工作。

中国社会科学院学部委员、中国法学会法理学研究会会长李林研究员作题为《深入研究阐释习近平法治思想理论体系》的主旨发言。李林研究员首先对河北大学法学学科招生40周年表示祝贺并祝愿河北大学和河北大学法学院越办越好。紧接着李林研究员分别从习近平法治思想的4个理论渊源、4条逻辑主线、“四位一体”的法治发展格局、4个层面基本内容、四梁八柱的理论架构五个方面深入研究阐释了习近平法治思想理论体系。他特别强调，推进法治中国建设必须要贯彻习近平法治思想、创新和发展中国特色社会主义法治理论体系、坚定中国特色社会主义法治理论自信。

《中国法学》总编辑黄文艺教授发言的主题是《习近平法治思想中的新时代法治人才培养理论》。黄文艺教授首先对河北大学百年华诞和河北大学法学学科恢复招生40周年致以诚挚的祝贺，他将习近平法治思想中关于新时代法治人才培养理论概括为“七个新”，围绕法治人才培养中的目标定位、教师主体、特征体系、学科体系、实现目的、重点任务等各方面作了全面解读，为高校新时代法治人才培养提供了重要指导。

西北政法大学副校长王健教授首先对河北大学百年华诞及法学学科招生四十周年庆祝大会的召开表示热烈祝贺，接着从习近平法治思想中的“十一个坚持”入手，对新时代法学教育如何贯彻落实习近平法治思想作了深刻阐述，为新时代法学教育指明了方向。

北京大学法学院院长潘剑锋教授作了题为《北大教改十年：成果与经验》的主题报

告。潘剑锋教授把习近平法治思想和北大教改的经验相结合,从北京大学法学院的历史、教学改革、涉外法律人才培养及北京大学教育改革十年所取得的成果和遇到的困难四个方面进行了详细解读,为国内其他法学院以习近平法治思想为指导、深化教改提供了借鉴。

孟庆瑜副校长对本次论坛进行了总结,他指出,习近平法治思想是顺应实现中华民族伟大复兴时代要求应运而生的重大理论创新成果,是马克思主义法治理论中国化最新成果,是习近平新时代中国特色社会主义思想的重要组成部分,是全面依法治国的根本遵循和行动指南。为推动习近平法治思想进教材进课堂进头脑,我们特此组织了本次论坛,通过4位专家的系统阐述,使我们更加明确了习近平法治思想的鲜明特色、重大意义、丰富内涵、核心要义、科学方法、实践要求,有助于广大师生牢固树立中国特色社会主义法治道路自信、法治理论自信、法治制度自信和法治文化自信。

# “习近平法治思想与新时代法学教育”高端论坛暨河北省法学会法学教育研究会2021年年会(二)在保定成功举办

2021年10月17日下午,由法学院主办的庆祝河北大学百年校庆暨河北大学法学学科招生四十周年系列活动之“习近平法治思想与新时代法学教育”高端论坛暨河北省法学会法学教育研究会2021年年会(二)于卓正国际酒店颐和厅成功举办。本次论坛分为两个分论坛。

**分论坛一**

分论坛一为“一流本科专业建设与卓越法治人才培养”,由华北电力大学法政系主任梁平教授主持。

湘潭大学法学院副院长连光阳教授作为首位发言人,首先对河北大学法学学科招生40周年表达了由衷的祝贺,其次介绍了湘潭大学的知识产权培养的模式,并提到该校致力中非的经贸合作并取得了优秀的成果。此外,连光阳教授介绍了该校开展了全国首个信用法的专业,该专业注重金融知识及法学知识的共同培养。最后连光阳教授强调该校同样注重培养学生的思想道德建设,秉持德法兼修的理念。

第二位发言的是河北金融学院法学院院长王宝娜教授,王宝娜院长强调该校法学院强调以师生发展为中心,构建师生成长共同体,并按照思政加专业加科技的新文科人才培养思路进行教学的综合改革,以求培养更高质量的法治人才。

随后,石家庄学院法学院院长孙英伟教授围绕该主题展开了发言,孙英伟院长首先对河北大学法学院的人才培养的工作给予了充分的肯定,认为河北大学法学院作为卓越法治人才培养基地名副其实。此外,孙英伟院长提出要注重培养学生的实践能力,要善于在课堂上引入案例进行教学。

河北经贸大学法学院副院长李大庆副教授首先表达了对于河北大学建校100周年的祝贺,然后从本校教学经验出发,提出不同类型的学校要“办特色入主流”:通过设立人工智能法学实验班、配套法律训练等,实现淘汰“水课”,打造“金课”,提升学生的实践能力。通过开设“习近平法治思想概论”课程,将政治素质培养融入日常学习中,培养新时代法学人才。

河北农业大学人文社会科学院副院长房建恩副教授指出,农业大学在法学建设中仍存在痛点和难题,在师资引进、教育资金上存在差距,同时分享了在面临诸多考验的情况下,河北农业大学在课程建设标准和法学人才培养上的经验,表达了对未来法学发展和法治建设的信心。

河北地质大学法政学院法律系主任李慧英教授首先对河北大学建校一百周年、河北大学法学学科招生40周年表示祝贺,随后对本校法学学科建设的经验进行总结,提出在理论教学上,要以人才培养为核心,课程改革为关键,构建科学合理的人才培养制度,增设跨学院专业交叉融合课程、大数据管理模块选修课;在实践研习上,实施双师同堂教学模式,鼓励学生参加大学生辩论赛,参加科研申报,组建学术司法实务微信群等,推动学生的学术提升和实践历练。

河北科技师范学院文法学院法学教学部主任郝世坤博士分享了关于涉外法治人才培养的见解与看法。他首先指出现阶段涉外法治人才的欠缺,进而提出:涉外法治人才的培养可以仲裁为切入点进行发力,建立联合仲裁机构,强化社会法律服务,并依托省内的高校,以及涉外法律的研究会、"一带一路"的研究中心等平台加强涉外法律服务建设,培养一批通晓国际规则,具有世界眼光和国际视野的高素质的涉外法律服务人才。

河北大学法学院法律系副主任刘茜副教授围绕一流本科专业和一流卓越法治人才进行了发言,她提出:一流本科专业要求本科发展要有品质、要高级、要精致,达到一流水平,应着重打造一流师资、培养一流学生、提升创新能力三个方面。在培养一流卓越法治人才方面,要着眼复合型法治人才的培养,增强学生的知识输出能力,并改革创新培养模式。

在与谈环节,北京师范大学法学院党委书记梁迎修教授首先表示了对河北大学法学学科招生40周年的祝贺,并对连光阳、王宝娜、孙英伟、李大庆4位老师的发言进行了总结。之后,梁书记指出本科人才培养的两个制约因素:一是老师"重科研而轻教学"的倾向性;二是本科人才培养受到硕士研究生和博士研究生培养的挤压。针对上述问题,他指出,要从评价机制改革和教学资源投入两个方面入手,要强化本科专业在法学人才培养中的基础地位。

天津师范大学法学院院长郝磊教授先祝贺河北大学法学学科恢复招生40周年,接着作为与谈人对房建恩、李慧英、郝世坤、刘茜4位老师的发言进行了点评,他指出几位老师的发言内容都紧扣国家一流本科法学专业建设,同时围绕"需求导向、标准导向、特色导向"进行展开,即学校如何教育培养适应社会发展的需求人才,如何规范主要教学的课程模式、方法和评价机制,如何结合自身情况挖掘学校特色。最后,郝磊教授对天津师范大学法学专业招生情况、专业定位、课程建设、实践应用、服务社会及配套设施建设等方面进行了简单的介绍。

在进行激烈的讨论后,大家对论坛一"一流本科专业建设与卓越法治人才培养"达成了高度共识,积极表达了本校的教学理念以及对法学教育的期许,并相互鼓励与学习,为法学专业的发展提供了更多的前景与教育模式。

**分论坛二**

分论坛二“新文科建设与卓越法治人才培养”由河北经贸大学法学院院长王利军教授主持。

西北政法大学《法律科学》编辑肖新喜副教授第一个发言，他指出新文科是相对旧文科而言的，旧文科时代及其时代背景下的法学理论相互影响，我们首先应当将这两种内在关系勾连起来再对新文科进行探讨。完成对新文科及其对法学理论影响的界定后再对法律的基本理论、价值取向、体系构成、立法论层面、解释论层面及如何跟新闻互动方面的问题进行研究。

河北科技师范学院文法学院院长赵福江教授首先对河北大学法学院深厚的文化底蕴表示赞赏，接着以“构建中国特色法学教育质量保障体系”为主题进行了探讨，赵福江教授指出，新文科建设的主要内容是要坚持学生中心，坚持产出导向，坚持持续改进，最终目的是保持卓越法治人才建设高质量发展。这对于河北法学教育总的来说是机遇大于挑战。法学人才培养首先要明确培养目标，对学生重视基础培养，达到毕业后能熟练应用法律的基本要求，并且学校要重视考核评价的难点问题。

河北工业大学文法学院副院长马立民教授首先表达了对论坛主题的理解，认为法学院的立体性视野是3个面向，即面向世界，面向未来，面向现代化。法学教育需要具有立体视野，需要学科之间的交叉融合，协同发展，协同育人，还需要学生的勇于实践，创新老师的评价机制。

河北科技师范学院文法学院知识产权法专业带头人陈立峰教授提出，知识产权专业是河北科技师范学院文法学院的重点。从他们的经验来看，制订培养方案之时就应当注重学科交叉。为了对培养方案进行优化，他们请来专家作指导，与实务部门建立联系。在学生的培养过程中实行双导师制，注重学生实践能力的培养。

河北工业大学文法学院讲师李飞对新文科建设与卓越法治人才培养提出了一些问题。李飞老师结合自身教学工作指出，“新文科”的内涵并不清晰，标准并不明确，由传统文科向新文科的转变过程中缺少方向，落实到具体工作中缺少抓手，李飞老师指出，如何让“传统文科”背景下的老师去从事“新文科”要求下的教学工作仍是一个困局，如何建立一个合理的、长效的教师考核机制来促进新文科的建设是一个亟待解决的课题。

中央财经大学法学院党委书记吴韬教授提出，传统文科彻底地转到新文科的轨道上来是一个巨大挑战，在教学理念上要做到：第一，聚焦立德树人，要切实地把立德树人、人才培养放在最基础、最核心的地位上，在机制上、思想引领上，要让一批学者能够躬身教学实践，发挥大学的人才培养、科学研究、服务社会等功能；第二，政治引领、价值引领，在教学工作中充分挖掘习近平法治思想内涵，阐释充分，阐释准确。推动授课方式改革，用多元化的授课方式激发思政课程的感染力。吴韬教授也介绍了中央财经大学法学院新文科建设的一些具体做法：首先，强调实践教学，通过课程体系的建设与实践基地的合作来帮助学生进行实习；其次，积极推动小学期建设，增设小学期作为实践课程为实践教学提供契机,建立教学工作坊实现教学相长。

北京航空航天大学法学院党委书记周友军教授提出新文科建设的思路在于“入主流、强特色”,具体做法要结合各校情况体现差异。周友军教授提出了“四强”人才培养模式。第一,强情怀,结合北京航空航天大学特色提出“空天报国,敢为人先”发展理念,鼓励学生敢创新,能创新。第二,强基础,把哲学的、经济的、外语的等多类文科纳入教学中来以强化人文通识基础,重视民法、刑法等核心课程的建设以强化专业基础。第三,强实践,建设“社会课堂”,参与模拟法庭,增强法律援助,使学生贴近生活,了解生活。第四,强融通,将科研优势转化为教学优势,建立“科研课堂”,设计一些学生力所能及的“微课题”,使学生获得一些初步感受。

河北工业大学文法学院副院长马立民教授对本次论坛进行了总结,他指出随着现代化进程的加快,中华民族伟大复兴已经进入不可逆转的历史进程,这也对加快新文科建设提出了新要求新期待,各高校理应加强合作、互相借鉴、集腋成裘,汇聚思想洪流,做到“苟日新日日新又日新”,不断与时俱进。

# 辽宁省法学会法学教育研究会换届大会暨“法学教育改革和法治人才培养”学术研讨会2021年学术年会圆满召开

2021年5月29日,辽宁省法学会法学教育研究会换届大会暨“法学教育改革和法治人才培养”学术研讨会2021年学术年会顺利召开,本次会议采取线上的方式进行。本次会议由辽宁省法学会主办、沈阳师范大学法学院承办,来自辽宁省委党校、吉林大学、辽宁大学、东北大学、辽宁工程技术大学、中国刑事警察学院、辽宁科技大学、辽宁师范大学、大连大学、东北财经大学、大连民族大学、大连理工大学、大连医科大学、中国医科大学、沈阳工业大学、渤海大学、沈阳大学、大连海洋大学、沈阳工程学院、辽宁理工学院、沈阳建筑大学、辽宁公安司法管理干部学院、沈阳理工大学、沈阳开放大学、大连财经学院、沈阳师范大学等高校和辽宁人民律师事务所、北京隆安(沈阳)律师事务所、北京盈科(沈阳)律师事务所等实务部门代表及部分研究生出席了本次会议。

会议开幕式由沈阳师范大学法学院副院长武航宇教授主持。首先,辽宁省法学会党组成员、秘书长毕征代表主办方致欢迎辞,毕征秘书长提出了法学教育的重大意义、重大影响及辽宁省教育事业的广阔前景,他表示研究会应坚持正确的法治思想推进辽宁法学教育事业的进步,促进辽宁特色法学教育事业研究的繁荣,培育法律人才,进一步实现法学教育可持续发展。同时他预祝大会圆满成功。

紧接着,沈阳师范大学法学院王旭伟院长致辞,对各位专家和学者的到来表示热烈欢迎,首先,他对辽宁省法学会对本次会议给予的指导,辽宁省委党校李玮教授及吉林大学田洪鋆教授为辽宁省法学教育贡献的力量,以及莅临本次会议的专家表示感谢。其次,他对本次会议线下转线上的形式举行表示抱歉。最后,他祝愿本次会议能取得预期成果,共同携手将辽宁省法学教育推进更好的阶段。

开幕式的最后一个环节是公布优秀论文颁奖名单。

大会第二个环节,辽宁省法学会法学教育研究会换届大会,由沈阳师范大学法学院研究生学位与教育中心主任方芳进行主持。首先,由方芳主任宣读换届规则,公布理事名单。其次,依次宣读常务理事名单、副会长名单、会长名单,表决选举常务理事、副会长以及会长。最后,由新当选会长王旭伟会长讲话,他指出习近平法治思想对我们高校法学教育的重要指导作用,且不仅要有辽宁的视野更要有世界的格局,要向习近平总书记要求的那样要统筹国内法治和涉外法治,更要有全世界这种胸怀,这是我们辽宁法律同仁的共同的使命。

大会第三个环节主题发言环节,由东北财经大学法学院副院长、石鲁夫副教授主持。大会主题发言的第一部分是由辽宁省委党校法学教研部李玮教授进行题目为“习近平法治思想研究”的主题发言。首先,李玮教授对习近平法治思想的形成与确立进行介绍。其次,重点讲解了习近平法治思想的主要内容,回答了历史之问为何要法治,回答了时代之问为何实行全面依法治国,回答了法治之问新时代怎样实行全面依法治国。最后,就学深悟透,全面贯彻习近平法治思想进行展开,提出深刻领会习近平法治思想提出的总体要求、战略定位,加强思想理论研究,落实实践要求,转化为法治辽宁建设的生动实践。

在与谈部分,中国刑事警察学院法律部副主任,李新权教授就李玮教授的讲话表达两点体会:一方面,学习习近平法治思想是必须坚持贯彻党依法治国的领导,坚持法学教育的正确方向;另一方面,学习贯彻习近平法治思想应该无愧于时代属于法学教师的使命,将习近平法治思想贯穿法学教育全过程,实现我们的课堂教学、实践教学、课程思政、科学研究的法学教育全要素的有机融合。

东北大学文法学院法律系主任隋军副教授从法学教育角度谈及对习近平法治思想的理解,强调法治教育及培养高素质法治人才的重要性,提出理论先行,立德树人,合法兼修,协同育人,对外合作交流等方法进行法治教育培养法治人才。

辽宁师范大学法学院副院长王祯军教授就研究路径和思路,提出要深入研究论证习近平法治思想的正当性及本体论问题,构架法治体系法治模型,在前两个问题的基础上加强习近平法治思想功能研究、习近平法治思想具体制度研究,推动习近平法治思想研究的学术化、学理化。

大连大学法学院院长翟羽艳教授就全面依法治国的工作布局方面、全面依法治国的重要保障方面,以及中国特色法治道路方面结合李玮教授的主题发言进行展开。

大会主题发言的第二个部分是由吉林大学法学院教授、博士研究生导师、吉林大学课程思政教学研究中心副主任田洪鋆教授发言,题目为《思政元素的挖掘与融入》。

首先,田洪鋆教授指出应从3点把握思政元素:一是从人和知识的互动中挖掘思政元素,为学生树立正确观念,观念决定了使用知识的方式,观念决定了体验知识的方式,同时树立正确观念是成熟国家的标志。二是从人的个性化角度挖掘思政元素。洪鋆教授表示应在法学教育所能辐射到的社会领域,展现法学老师自身独特的审美及其人文艺术素养,同时也要从老师最能驾驭的角度去挖掘思政元素。三是从法学教育与思政元素的适配性把握思政元素,指出高度不能过高,角度不能过于宏观,同时注重选择合适的话语体系的转变,实现思政元素“贴地挖掘”。

其次,田洪鋆教授指出,思政元素如何融入法学教育,应借助批判性思维将思政元素与法学教育融入。观念的树立属于思维培养的范畴,提出借助批判思维培养的模型,通过识别判断、审视判断、挖掘“依据”背后的“观念”、审视分析“观念”,以及验证观念的过程来帮助学生树立正确观念。

在与谈部分，辽宁大学法学院副院长高宁教授，结合田洪鋆教授的发言与自身教学经验，对思政元素进行理解，高宁教授表示，课程思政是一种理念、一种方法、一个过程，高校老师应以此为理念，培养高素质的法律人才。

再次，渤海大学法学院副院长宋宏飞副教授表示课程思政是每位老师的日常工作，其意义重大，提出在专业课中隐形思政教育的重要性，并对思政教育应如何评价、如何衡量及如何提升发表了自己的看法。

紧接着，沈阳大学文法学院副院长丁鹏副教授，从育人角度，以及从法学教育考核标准、设立合适的评价机制角度对思政元素进行展开。

最后，大连海洋大学海洋法律与人文学院副主任王黎黎副教授指出，对于法学教育不仅局限于高层的政治话语方面，应将社会主义核心价值观融入于课程思政。总体来看，大会讨论高潮迭起，与会学者进行了深入的学术探讨和交流，碰撞出了思想的火花。

会议的最后一个阶段是大会闭幕式环节，由辽宁科技大学经济与法律学院院长宋怡琳教授进行大会总结并致闭幕词。首先，宋怡琳教授祝贺研究会圆满地完成日程安排，其次，提出在习近平法治思想的领导下，进一步统一认识明辨队伍，对提高辽宁培养人才的质量有重要推动意义。辽宁省法学会为辽宁院校和老师们搭建了大家协力，高瞻望远，分享心得的平台。最后，宋怡琳教授表示希望在王旭伟院长的领导下开启辽宁法学教育的新征程。辽宁省法学会法学教育研究会换届大会暨“法学教育改革和法治人才培养”学术研讨会2021年学术年会至此圆满结束。

# 江苏省法学会法学教育研究会2021年年会暨学术研讨会在扬州顺利召开

江苏省社科院党委书记、院长，江苏省法学会副会长、江苏省法学会法学教育研究会会长夏锦文教授，淮阴师范学院校长、江苏省法学会法学教育研究会副会长焦富民教授，扬州大学副校长俞洪亮教授，江苏省法学会法学教育研究会副会长、东南大学法学院博士生导师杨春福教授，江苏省法学会法学教育研究会副会长、南京师范大学法学院博士生导师蔡道通教授，江苏省法学会法学教育研究会副会长、江苏大学廉政与法治研究院院长刘同君教授，江苏省法学会法学教育研究会副会长、扬州大学教务处处长王承堂教授，江苏省法学会法学教育研究会秘书长、南京师范大学法学院院长方乐教授等出席会议。江苏省社会科学院党委书记、江苏省法学会副会长、法学教育研究会会长夏锦文教授与扬州大学副校长俞洪亮教授分别在开幕式上致辞。扬州大学法学院院长蔡宝刚教授主持开幕式。

夏锦文会长以“深刻把握党的百年奋斗重大成就和历史经验”为题，深入解读党的十九届六中全会精神，围绕六个“深刻认识”作专题辅导报告。与会专家学者围绕“习近平法治思想在法学教育中的贯彻与法治人才培养”“法学课程思政创新研究”“法学课程建设与创新研究”“法治人才培养的具体模式研究”等议题展开了专题交流和热烈讨论。

本次会议由江苏省法学会法学教育研究会主办，扬州大学法学院承办，江苏钛云辰旭律师事务所协办。来自南京大学、东南大学、南京师范大学、苏州大学、河海大学、南京审计大学、南京财经大学、江南大学、南通大学、江苏大学、扬州大学等省内多家高校和科研院所的专家学者及研究生代表80多人参加了此次活动。会议增选方乐为法学教育研究会副会长。

江苏省法学会法学教育研究会于2012年成立，是江苏法学教育发展重要的研究交流平台。研究会自成立以来，积极推进江苏法学教育的改革与发展，创新法律人才培养的思路与模式，为提高江苏法治人才培养质量、提升全省法学教育水平、促进“法治江苏”建设发挥了重要作用。

# 湖北省法学会法学教育研究会 2021 年年会圆满召开

2021 年 10 月 9 日上午,湖北省法学会法学教育研究会第七届年会在国家检察官学院湖北分院综合楼 4 楼 99 号会议厅举行。本次年会采用线上线下相结合的会议模式,由湖北省法学会法学教育研究会主办,国家检察官学院湖北分院承办,中南财经政法大学法学院协办,来自湖北省各高等院校、政法部门及知名律师事务所的众多代表参加会议。本次年会包括两个阶段:第一阶段为研究会年度工作报告,第二阶段为法学教育论坛。

年会开幕式由湖北省法学会法学教育研究会副秘书长、中南财经政法大学教务部副部长郭倍倍副教授主持。湖北省法学会研究部主任王雪锋代表湖北省法学会在开幕式上致辞,他充分肯定了湖北省法学会法学教育研究会在法学教育合作、教育资源整合、课程思政建设等方面的工作成果,指出法学教育应和习近平法治思想深度结合,形成常态化的活动机制,坚守意识形态阵地。

年会第一阶段,由湖北省法学会法学教育研究会会长、中南财经政法大学校长助理徐涤宇教授作年度工作报告。徐涤宇教授从六个方面总结了过去一年研究会的工作成果。第一,肩负国家法治教育重任,共建湖北省法学教育发展平台;第二,法学人才培养模式多样化,展示出法学教育强省优势;第三,丰富法学教育教学内容,促进法学课程思政建设;第四,建立"双向交流机制",共促高素质法治人才培养模式;第五,展开多样态国际交流合作,促进国际法律人才培养;第六,搭建多维度交流平台,提供实习实践良机。徐涤宇会长希望本次论坛能以法学教育相关问题为导向,在研讨交流中探索法学教育发展的新路径,为培养"德法兼修、明法笃行"的创新法治人才提供"湖北智慧",开启全面建设社会主义现代化强国新征程中的湖北法学教育新局面。

年会第二阶段为法学教育论坛,论坛第一部分的主题是"习近平法治思想'三进'中的法治人才培养",由研究会常务理事、江汉大学法学院院长赵立新教授主持。研究会副会长、华中农业大学文法学院副院长王德强副教授提出基于刑法案例,将知识传授和价值引领相结合,帮助学生树立正确价值观的教学方法。研究会副会长、武汉理工大学法学与人文社会学院胡神松教授就新文科背景下知产教学改革与创新研究进行了阐述。研究会常务理事、湖北经济学院法学院院长邱秋教授介绍了湖北经济学院法学国家一流本科专业的建设探索。研究会副会长、中南民族大学法学院陈光斌教授介绍了将德法兼修融入民族地区卓越法治人才分层培养的探索与实践。研究会副会长、华中师范大学法硕教育中心主任文杰教授从法学实践教学出发,指出在法学教育中应该处理好理论和实践的关系、丰富法学课程体系。研究会秘书长、中南财经政法大学法学院副院长李俊副教授基于法学专业教育与思政教育的融通与互促,讲述了"中南大"法治人才培养"三进"体系的构建,以及"三进"路径下法学教育的新发展。

与谈环节,华中农业大学文法学院裴敬伟副教授谈到本校特色法学课程设置。长江大学法学院胡骑兵副教授认为,代表的发言为法学教育课程设置提供了有益借鉴,并简述了该校课程思政建设情况。湖北今天律师事务所高级合伙人付军律师从律师实务角度谈法学教育,希望能涌现出多样化、高素质的法学人才。

论坛第二部分的主题是"法学高等教育与司法实务的衔接",由研究会副会长、中南民族大学法学院陈光斌教授主持。国家检察官学院湖北分院汪中华副院长认为,检察官应坚持正确政治导向,构建教学练战一体化培训机制。研究会副会长、湖北省高级人民法院湖北法官学院副院长杨文雄重点介绍创新法官培训模式的探索——以"轻骑兵"的模式送教下基层。襄阳市人民检察院党组书记常本勇检察长委派代表发言,指出法学教育应紧扣新时代检察官办案核心业务技能推动检察办案业务实训。湖北左岸律师事务所法律研究中心执行主任舒砚律师从自身经历出发,探讨了在律师培养中坚持贯彻群众路线的原因和方法。

与谈环节,中南财经政法大学法学院巢荣华副教授认为,在法学高等院校教育阶段应注重理论培训和系统化的思维培养,法教育学下的鉴定式案例分析教学模式值得借鉴。湖北经济学院法学院段宏磊副教授认为,应实现理论法学与实务法学的衔接,建设有坚实信仰的法律共同体。湖北天工律师事务所李寅律师强调,在法学教育中案例分析教学的重要性。

论坛第三部分的主题是"法学研究生教育教学改革",由研究会副会长、华中师范大学法硕教育中心主任文杰教授主持。研究会副会长、武汉大学法学院副院长何荣功教授以推进研究生教育面临的挑战为引,提出该校研究生教育的特色是重视基本理论、强调实务、走国际化办学道路。中南民族大学法学院周遵友教授简述了德国法学教育的新发展。东南大学法学院博士研究生姜明坤阐释了对地方立法学教研特殊性的理解,从地方立法学"寓教于研"的教学目标、实施策略及践行技术三个方面阐释教学模式。中南财经政法大学法学院彭凯博士从规范含义和评价要素两个角度切入,对新时代"德法兼修"的法治人才培养标准进行探讨。

与谈环节,江汉大学法学院侯永兰副教授指出,实践教学的重要性,认为采用现代教育手段对于培养法治人才大有裨益。武汉工程大学代江龙教授认为,写作和沟通能力是研究生教育的重点。中国地质大学公共管理学院副教授宋冬冬则从强特色、建平台、重实践三方面概括了该校特色法学教育。

在颁奖典礼暨闭幕式环节,研究会副秘书长、中南财经政法大学教务部副部长郭倍倍副教授宣读了湖北省法学会法学教育研究会2021年年会优秀论文评选获奖名单。颁奖嘉宾为年会优秀论文一等、二等、三等奖获奖者颁发荣誉证书。

郭倍倍副秘书长代表研究会感谢国家检察官学院湖北分院对本次年会的大力支持，并对本次年会进行了简单总结，希望湖北省法学教育者和法律工作者以研究会为平台，共同推动湖北省法学教育事业的发展。

至此，湖北省法学会法学教育研究会第七届年会圆满结束。

# 湖南省法学教育研究会 2021 年年会在长沙召开

2021 年 12 月 19 日,湖南省法学教育研究会 2021 年年会在长沙市召开。60 余名专家学者聚焦"新文科背景下交叉融合的创新型法治人才培养"建设纷纷献计献策。本次会议由湖南省法学会法学教育研究会主办,湖南工商大学法学院承办,广东广和(长沙)律师事务所协办。

湖南省法学会秘书长、办公室主任罗良方,湖南大学法学院教授、湖南省法学教育研究会名誉会长刘定华,湖南省法学会法学教育研究会会长喻玲,湖南工商大学法学院院长刘期湘,广东广和(长沙)律师事务所主任李洪文等来自湖南省 17 所高校和机构的 60 余位专家、领导出席。湖南工商大学副校长甘德健出席并对会议的召开表示热烈祝贺,对会议来宾表示热烈欢迎。

本次年会暨"新文科背景下交叉融合的创新型法治人才培养"研讨会,围绕"新文科背景下交叉融合的创新型法治人才培养"主题展开,湖南大学法学院院长屈茂辉、湘潭大学法学院院长欧爱民、中南大学法学院副院长敖双红、湖南省法学会法治文化研究会会长夏新华、湖南工商大学法学院院长刘期湘、湖南省法学会法学教育研究会会长喻玲等专家纷纷进行了主题发言。

湖南省法学教育研究会名誉会长刘定华表示,坚持发展是党的第一要务,人才是第一资源,创新是第一动力。如何培养人才?一是高校要发挥人才培养基础研究人才的主力军作用;二是提出全方位培养人才目标与计划;三是发挥用人主体在人才培养中的积极作用,就是创新法治人才培养。

湖南大学法学院院长屈茂辉发言指出,推动融合发展是新文科建设的必然选择,要进一步打破学科专业壁垒,推动不同专业之间深度融通,融入现代信息技术赋能文科教育。他重点介绍了其领衔的国家级首批新文科项目"以信息技术与法律融合为抓手的'新法科'改革与实践"。该项目以学科融合为中心,直面新文科建设带来的法学教育范式的变革,推进"新法科"建设。学院通过灵活方式聘任信息科学专家、计量法学专家、计算社会学专家、系统工程专家,培育一支具有交叉学科背景的师资队伍,为学科融合提供了人才保障与智力支持,推动跨学科交叉、协同和合作;搭建"司法大数据分析中心""司法人工智能研发中心""经济社会司法大数据服务中心""法院信息化集成评估中心"等系列平台,开发"人民法院司法绩效智能化评估系统"、基于超算大数据智能化同案同判支撑系统,创新"互联网+法学教育"模式;开设计算法学、大数据检索、能源法学、法律心理学等一系列学科融合的新课程。项目重在打通学科学制壁垒,实现专业教育方案融合,建设湖南大学智慧司法交叉研究中心、湖南大学数据法治研究院等跨领域平台;布局开设人工智能与计算法学实验班。依托国家超级计算中心(长沙)及各级司法机关,拓展新培养途径,动员社会力量,注重协同培养理论与实践相结合的新型法治人才。

湖南工商大学法学院院长刘期湘表示,会议中学术新动态的交流、新成果的分享、新思路的确立、新方法的探讨,必将为新时代湖南法学教育的创新发展提供更加强有力的智力支持。作为本次会议的承办单位,湖南工商大学十分珍惜这次难得的学习交流机会。以此次会议为契机,该校将同省内各高校开展更加紧密的交流与合作,与省内法学领域的专家开展更深层次的合作,以深化法学教学与研究的融合互动,全力推进法学专业建设进程,为湖南省法治人才的培养和法治事业的进步贡献更多的力量。

湖南大学法学院副院长喻玲教授发言的主题是《面向新文科建设,培养新法科人才》,她从新文科的概念出发,着重分析了新文科的时代内涵与中国特色,从教育部首批立项的新文科研究与改革实践项目解读《新文科宣言》描绘的"施工图",解析新法科的实现路径,认为新法科建设应该是从理念、课程体系、教材体系、培养模式、评价体系全方位的变革,需要突破传统思维方式,强调学科交叉与融合,强调新技术革命与专业融合,面向中国创新实践,解决全球治理面临的新问题。

下午专题发言环节,张辉、张敏纯、朱彧、蒋海松、肖伟志以"新文科背景下交叉融合的法治人才培养"为主题进行发言;屈振辉、杨传兰、唐全民以"新文科背景下交叉融合的法学专业与课程建设"为主题进行发言。下午专题发言由段启俊、杨传兰主持。会场互动频繁,学术氛围浓烈。

湖南大学法学院副院长蒋海松副教授结合其主持的湖南省高校教改重点项目"新文科背景下'人工智能+法学'复合型人才培养模式改革研究"进行了探讨。他提出,人工智能是新一代信息技术的代表,加快"人工智能+法律"横向复合型人才的培养是大势所趋,智慧法院建设、司法智能评估等遍地开花,人工智能贯穿整个诉讼过程。AI在法律检索、文件审阅、案件预测和咨询服务、文书生成等方面大展身手。互联网公司纷纷成立法律研究院,推出智能法律产品。这些都督促法学教育改革。为了将人工智能更好融入法学教育,需要重构面向人工智能时代复合型法学人才培养目标;更新培养方案,推进学科融合;培育多元化师资力量,为新法科提供智力支持;开发智能系统,更新智能化教学手段;搭建跨学科平台,整合社会资源;做好智能时代的价值引领,打破算法垄断,共享数据文明。

自由发言环节由研究会名誉会长刘定华教授主持,各理事会成员就理事会组成人员、机构设置等方面提出了自己的意见,为研究会的发展建言献策。

会议闭幕式由研究会秘书长郭哲主持。会长喻玲教授对本次年会进行总结发言,梳理了与会代表的创新理念和创新实践,对各方的付出与贡献表示感谢,希望与省内各院校法学教育工作者和法律实务专家一起,以习近平法治思想为根本遵循,面向国家重大需求、面向未来、面向“四新”建设,以研究会为平台,共同探索推进新法科建设,推动湖南省法学教育事业新的发展。

# 广东省法学会法学教育研究会、广东省本科高校法学类专业教学指导委员会、广东省高校法学院院长联席会议2021年学术年会在广州召开

2021年12月26日，广东省法学会法学教育研究会、广东省本科高校法学类专业教学指导委员会、广东省高校法学院院长联席会议2021年学术年会在广州逸林假日酒店成功举办。广东省法学会副会长、广东省法学会法学教育研究会会长、广东省本科高校法学类教学指导委员会主任委员、广东外语外贸大学校长石佑启教授，广东技术师范大学校长戴青云教授，广东省教育厅高等教育处处长姜琳教授，以及来自中山大学、华南理工大学、暨南大学、广东外语外贸大学、华南师范大学、华南农业大学、广东工业大学、广东财经大学、广东海洋大学、广州医科大学、广东开放大学、广东技术师范大学、广东省检察官培训学院等省内28家高校和实务部门120余名专家学者参加本次会议。广东省本科高校法学类教学指导委员会副主任委员、广东警官学院副校级干部夏蔚教授主持了开幕式。

戴青云对与会人员表示热烈欢迎，表示法学教育承担为新时代中国特色社会主义法治建设人才培养的重任，年会研讨主题紧扣时代脉搏、关注理论热点、回应社会关切，体现高度的责任意识。感谢省法学会对广东技术师范大学法学专业的大力支持，希望法学与知识产权学院借此次会议就加强法学学科内涵建设、提升人才培养质量，优化卓越法治人才培养模式等方面进行深入研讨，有所收获。

广东省教育厅高等教育处处长姜琳指出，作为经济和人才大省，广东省法学教育研究必须立足广东，体现广东特色。法学教育应当担起广东省新文科建设突破点的重任，以习近平法治思想为指导，以新文科建设为契机，坚持以人才培养质量为根本，大力加强涉外法治人才培养，加强应用型、复合型法治人才培养，为建设德才兼备的高素质法治工作队伍贡献应有的力量。

石佑启指出，2020年11月，中央全面依法治国工作会议确立了习近平法治思想，并将其确定为全面依法治国的指导思想。教育部2021年5月印发了《关于推进习近平法治思想纳入高校法治理论教学体系的通知》。本次年会将“学习贯彻习近平法治思想培养德才兼备法治人才”作为主题，旨在研讨如何将习近平法治思想更好地贯彻落实到法治人才培养的全过程和各方面，推进法学教育、法学理论研究及法学学科的创新发展。作为新时代的法学教育工作者，我们肩负的历史使命重大而又光荣。要坚持以习近平法治思想为指引，矢志培养德才兼备、德法兼修的高素质法治人才，要认真总结广东经验，

形成有益方案,取得更大成效。

本次学术年会分设“习近平法治思想融入法学教育”“德才兼备法治人才培养体制机制创新”“粤港澳大湾区涉外法治人才培养探索”3个分议题进行研讨交流。

第一阶段是“习近平法治思想融入法学教育”主题研讨,中山大学法学院副院长陈毅坚副教授,广东省本科高校法学类专业教学指导委员会副主任委员、华南理工大学法学院副院长张友好教授担任主持人。广东省本科高校法学类专业教学指导委员会副主任委员、广东财经大学科研处处长邓世豹教授以“论构建‘双教育双牌照’的卓越涉外法律人才培养模式”为题,提出高水平对外开放急需一大批涉外法律人才,对接“大湾区律师”制度构建“双教育+双牌照”的卓越法律人才队伍建设培养机制。广东省法学会法学教育研究会副会长、东莞理工学院法律与社会工作学院强昌文教授以《论习近平教育重要论述精神与教育法治化》为题,阐述法治是社会主义现代化强国的必由之路,教育法治作为中国特色社会主义法治体系的重要组成部分,理应把习近平教育重要论述精神更好地贯彻落实到教育发展的具体实际中。广东技术师范大学法知学院副院长李小萍副教授以《四史融入法学教育的逻辑与路径》为题,阐述了四史融入法学教育的具体逻辑与路径。广东外语外贸大学法学院法律系主任黄喆副教授以《习近平法治思想融入行政法案例教学的思考》为题,论述了习近平法治思想融入行政法案例教学的必要性及三重维度。与谈环节,广东省法学会法学教育研究会副会长、华南师范大学法学院副院长孔繁华教授认为,学习习近平法治思想,培养法治人才,应当完善学科设置和人才培养方案;广东省法学会法学教育研究会副会长、汕头大学法学院副院长邓剑光教授认为,习近平法治思想是我们法治教育的一个重要思想,我们要立德树人,且德为重。

第二阶段是“德才兼备法治人才培养体制机制创新”主题研讨,广东省法学会法学教育研究会副会长、广东开放大学副校长孙平教授,广东技术师范大学法知学院院长黄俊辉教授担任主持人。广东省法学会法学教育研究会副会长、广东海洋大学法政学院院长张显伟教授以《课程思政目标下行政法教育教学的应对》为题,提出“行政法”课程融入思政教育具有重要价值,通过确立“行政法”课程思政教育理念、提升课程思政教学能力、革新课程思政教学方式等路径实现“行政法”课程思政教学目标。广东财经大学法学院副院长谢伟教授以《完善粤港澳大湾区在线开放课程共建共享机制初探》为题,提出应在“一国两制”原则下,以促进大湾区高校协同创新发展、提高自身竞争力为目标,完善大湾区高校在线开放课程共建共享机制。广东石油化工学院文法学院院长马波教授以《人工智能赋能法学教育融合发展:挑战与回应》为题,阐述法学教育作为新文科教育范式转变的重要内容之一,必须更新人才培养理念,充分利用大数据、人工智能等新技术为国家培养符合新时代发展需求的专业人才。广州医科大学法律系教授肖鹏以《论我国判例教学法的应用及拓展》为题,详细解释判例教学法的概念以及优点和实践,同时阐述了判例教学法的应用拓展及存在的困境。与谈环节,暨南大学法学院副院长高轩教授指出,课程思政不是一门课程,而是一种体系,课程思政的引入是一种隐性引入;判例法教学仍然属于案例教学中的一种,即一种教学方法,不能与教学内容混淆。嘉应学院法学院院长蔡国芹教授指出,人工智能不但是一种新的技术,也是一种新的行为方式,有人工智能赋能肯定会提升法治人才的培养和教育质量。在课程思政中,把社会主义核心价值观全面有效地贯彻到法治思想的教育当中非常重要。

第三阶段是“粤港澳大湾区涉外法治人才培养探索”主题研讨,广东省法学会法学教育研究会副会长、广东工业大学政法学院院长邵俊武教授,广东省法学会法学教育研究会副会长、广东金融学院法学院院长张长龙教授担任主持人。广东外语外贸大学法学院副院长韩永红教授以《我国高校涉外法治人才培养的现状分析——基于15所高校的考察》为题,阐述我国高校涉外法治人才培养的发展历程、课程体系,并且提出了推进高校涉外法治人才培养的建议。广东技术师范大学法学与知识产权学院付文佚副教授以《粤港澳大湾区背景下国际私法教学内容的改革研究》为题,指出粤港澳大湾区建设亟须专业的涉外法治人才,检视现有国际私法教学内容的缺陷,并提出改革建议。华南师范大学法学院许顺福讲师以《日韩法学人才培养模式对于粤港澳大湾区法学课程的启示》为题,介绍了日韩法学人才的培养模式,分析了其对粤港澳大湾区法学课程的启示。汕头大学法学院古俊峰讲师以《论大湾区涉外法治人才的能动育人模式:国际模拟法庭竞赛》为题,提出国际模拟法庭竞赛,具有促进学生能动学习、能动思考、能动表达三大能动性育人要素,是一种有效的涉外法治人才培养模式。与谈环节,广东省法学会法学教育研究会副会长、广东外语外贸大学广东法治研究院院长袁泉教授提出,我们正处在百年未有之大变局,为了更好地回应社会存在的问题,我们需要积极培养涉外法治人才,并提出了如何从微观到宏观上培养人才的想法。广东省检察官培训学院副院长刘小红副教授就如何培养复合型人才、如何更好地运用课程研讨进行了交流。

闭幕式由广东省法学会法学教育研究会副会长兼秘书长、广东外语外贸大学科研处副处长王荣珍教授主持。王荣珍教授介绍,本次年会参评论文共计76篇,通过专家匿名评审,并根据省法学会关于复制比要求进行评选,最终评出一等奖2名,二等奖4名,三等奖8名,优秀奖9名,获奖者分别来自华南理工大学、广东外语外贸大学、暨南大学、华南师范大学、汕头大学、广东技术师范大学等10余家省内高校。

大会总结阶段由华南理工大学法学院教授、广东省法学会法学教育研究会顾问吴家清,广东外语外贸大学法学院院长、教授、广东省法学会法学教育研究会副会长陈云良担任总结嘉宾。

会议总结阶段,吴家清教授表示,诸多专家学者发表意见,进行思想碰撞,很受启发,指出融入思想政治教育必须进行科学性、规范性、革命性的有机统一,在这样的原则下,思想政治教育才能真正融入现实生活中。陈云良教授表示,此次会议举办十分成功,并且从很多创新性话题中受到启发,提出法学教育要培养高素质、高品德人才,培养合格的共产主义接班人。

本次会议在热烈的掌声中圆满结束。

# 广西法学教育研究会 2021 年学术年会在南宁举行

2021 年 12 月 26 日,由广西法学教育研究会、广西高校法学类专业教学指导委员会主办,广西警察学院承办,广西警察学院法学院协办的广西法学教育研究会 2021 年学术年会在南宁市召开。自治区法学会党组书记、常务副会长、自治区党委政法委委员黄光华,广西警察学院党委副书记、院长、广西高校法学类专业教学指导委员会主任委员张军出席会议并讲话。

本届年会主题是“习近平法治思想与地方法治人才培养”。会议对广西法学教育研究会 2021 年来取得的成绩表示肯定。针对广西法学教育研究会及各研究会下一阶段的工作,会议要求:

一是更加注重强化思想政治引领。要深入学习贯彻习近平总书记系列重要讲话精神和习近平法治思想,深入学习贯彻党的十九届六中全会精神和自治区第十二次党代会精神,深刻领悟“两个确立”的决定性意义,增强“四个意识”、坚定“四个自信”,做到“两个维护”。要推动习近平法治思想进院校、进教材、进课堂,立德树人、培根铸魂,自觉做习近平法治思想的坚定信仰者、积极传播者和模范实践者。

二是更加注重服务党委政府工作大局。要紧紧围绕建设壮美广西“1 + 1 + 4 + 3 + N”目标体系要求,面向中国—东盟国际大通道和西部陆海新通道建设,面向广西治理现代化和基层社会治理现代化,面向民生保障和产业就业,坚持问题导向,组织院校专家学者,重点研究发展经济中的涉法问题、改善民生中的法治保障问题、涉外事务中法律咨询服务等问题,为各级党委政府及有关部门提供法理支撑,建言献策,为群众和企业提供公益法律咨询服务,助推全区经济社会高质量发展。

三是更加注重培养法治人才。深入学习贯彻习近平总书记在中央人才工作会议上的重要讲话精神,坚持党管人才,坚持守正创新。各法学研究会要利用自身的资源和优势,推动高校深化法学教育改革,创新培育机制,重点培养一批服务经济发展的法治人才、精通执法司法的法治人才、熟悉涉外事务的法治人才,使高校成为培养高层法治人才的摇篮,成为青年法治人才辈出的“小高地”,让事业激励法治人才,让法治人才成就事业。

会议强调,广西法学教育研究会、各学科研究会要坚持以习近平新时代中国特色社会主义思想为指导,围绕中心,服务大局,发挥优势,主动担当,为建设更高水平的平安广西、法治广西贡献法学会的智慧和力量。

# 四川省法学会法学教育研究会2021年年会暨“习近平法治思想与高校法学教育改革”学术研讨会在成都召开

2021年12月4日,四川省法学会法学教育研究会2021年年会暨“习近平法治思想与高校法学教育改革”学术研讨会在西南民族大学召开。会议由四川省法学会、西南民族大学主办,西南民族大学法学院承办。本次会议设置线上线下两个会场,来自川内外各大高校、实务部门的专家学者研究生共100余人参加会议。

会议第一单元开幕式由四川省法学会法学教育研究会常务副会长、法学院副院长田钒平教授主持。开幕式上,法学院党委书记郝洪刚代表学院全体师生致欢迎词,向参会专家学者表示热烈欢迎和诚挚问候。郝洪刚书记指出,高等院校法学院(系)是培养法治人才的主要阵地,西南民族大学自开办法学专业以来,始终围绕民族事务依法治理和民族地区法治建设需要为重点开展教学和研究,培养了大批德法兼修的法治人才,为民族地区法治建设作出了重要贡献。本次学术研讨会的召开,将以习近平法治思想为指导,进一步深化对法治人才培养的模式、机制和方法的认识,为培养高素质法治人才奠定坚实的基础。

四川省法学会法学教育研究会会长、法学院院长周洪波教授向大会传达了党的十九届六中全会精神,总结了2021年的工作,并对2022年工作作了安排和部署。他指出,2021年11月18日,四川省法学会召开党组会议,专题学习传达党的十九届六中全会精神,研究贯彻落实意见。会议强调,要提高政治站位,迅速掀起学习宣传贯彻党的十九届六中全会精神热潮,认真贯彻落实中央和省委部署要求,把学习宣传贯彻习近平总书记重要讲话和全会精神作为当前和今后一个时期的重大政治任务,引领全省广大法学法律工作者切实把思想和行动统一到全会精神和中央、省委部署要求上来,进一步增强“四个意识”、坚定“四个自信”、做到“两个维护”,以更加昂扬的姿态迈进新征程、建功新时代。要坚持党对学会工作的全面领导,增强政治判断力、政治领悟力、政治执行力,坚持问题导向,从严从实整改问题、改进工作。作为高端智库、科研院校和法律实务部门的工作人员,要深刻领会党的十九届六中全会的重大意义,把学习体会心得进一步落实到具体工作和行动中,为四川省高端智库建设和法学教育事业贡献力量。

大会的第二单元为主题报告“习近平法治思想与法学教育”,由法学研究会副会长西南民族大学副院长贺玲主持。四川师范大学法学院副院长余华教授作了题为《将习近平法治思想融入宪法学教学的三重逻辑》的报告,法学教育研究会常务理事、西南民族大学法学院副院长李文军教授了题为《习近平法治思想的理论意义》的报告,西华师范大学刘永红教授及法学教育研究会常务理事、西南民族大学法学院侯斌副教授作为与谈人进行了与谈。

第三单元"职场竞争与法学教育"由研究会理事、成都大学法学院副院长唐文娟教授主持。西南民族大学法学院教授陈卯轩作了题为《法学教育要以学生职场竞争力培养为中心》的报告,西南民族大学法学院2021级民商法专业硕士研究生石佳作了题为《习近平法治思想下的法治人才培养创新路径和方法——以西南地区某大学法学专业课程设计为例》的报告,西南民族大学法学院杨永钊老师作了题为《非政法院校司法鉴定专门人才培养困境和突围》的报告。研究会副会长、成都大学法学院院长、邓陕峡教授,西南民族大学法学院何真教授,研究会副会长、西南财经大学法学院副院长兰荣杰教授作为本单元与谈人参与与谈。

大会第四单元"法治思维与法学教育"专题由西南民族大学法学院杨华双副教授主持,北京师范大学珠海分校法政学院讲师魏志栋作了题为《法科学生科研能力及论文写作水平的培养问题思考》的报告,西南民族大学2020级法学理论硕士研究生范熊节、王玖瑶分别以《批判性思维与法学教育》《建构主义下高校学生自主学习习近平法治思想问题研究》为题作报告。研究会常务理事、西南科技大学法学院副院长徐文教授,西南民族大学法学院才让旺秀副教授,研究会理事、成都大学法学院刘剑老师作为本专题与谈人进行了与谈。

专题讨论结束后,西南民族大学田钒平教授作了总结发言,认为克服时艰召开本次会议,离不开各高校、实务部门领导和同仁的关心和支持,对与会代表的支持和会务组的辛苦付出表示衷心的感谢。

成都大学法学院院长邓陕峡教授代表下一届年会承办单位成都大学法学院致欢迎词,向兄弟院校及实务部门同仁发出邀请,表示将积极筹备2022年年会,为四川省法学教育的研究尽绵薄之力。

# 粤港澳大湾区法学教育与人才培养联盟2021年年会在深圳举行

2021年11月28日至29日，粤港澳大湾区法学教育与人才培养联盟2021年年会在深圳市顺利举行。来自广东省教育厅、广东省司法厅、广东省法学会、香港大学、香港中文大学、澳门大学、澳门科技大学、澳门城市大学、中山大学、暨南大学、华南理工大学、华南师范大学、广东外语外贸大学、广东财经大学、广州大学、深圳大学等单位的参会代表40余人参加了会议。会议由粤港澳大湾区法学教育与人才培养联盟主办，深圳大学港澳基本法研究中心、深圳大学港澳及国际问题研究中心、港澳青少年宪法基本法深圳研修基地、广东省法学会港澳基本法研究会、深圳市法学会港澳法律研究会承办。

2021年11月28日下午，开幕式由深圳大学港澳基本法研究中心主任邹平学教授主持，深圳大学社会科学部副主任刘懿萱代表学校致欢迎词。她表示，加强大湾区法学专业教育的深度合作，优化大湾区法学教育和人才培养机制，造就一批高素质跨域法律人才，将为大湾区进一步发展提供有利的法治保障。她期待参会的各位嘉宾能充分发挥远见卓识，将大湾区法学教育和人才培养工作推向新的高度。

广东省教育厅副厅长朱超华以视频形式发表讲话。他首先肯定了联盟成立以来取得的成绩。他认为我们应创造性地开展工作，共建共享粤港澳大湾区法学教育与人才培养平台：一是打造法治建设平台，推动港澳特别行政区法律研究，深化内地与港澳特别行政区法律比较研究，推动大湾区建设重大法律问题研究，特别是共建大湾区现在最紧迫的法律规则和机制衔接对接问题；二是打造法律人士交流平台，要扩大法学师生的参与，促进粤港澳法律人士之间的交往；三是打造法学教育平台，建立法学教育交流协作机制，发挥各自的教学科研优势，共同开发跨域法律人才培养课程体系；四是打造法律人才高地，通过合作培养等方式，进一步提高大湾区法学专业的人才培养质量。

主题报告环节，特邀嘉宾中国法学会副会长、中国国际法学会会长、中国政法大学黄进教授以视频形式就《涉外法治人才培养》作专题报告，他分别从建立国际法学一级学科专业，加强涉外法治人才培养的重要性、必要性，我们需要什么样的涉外法治人才，什么是涉外法治人才，涉外法治人才培养的现状及存在的问题四个方面进行论述。针对加强涉外法治人才培养的建议，他提出：一是要完善法学学术体系，将国际法学确定为法学一级学科，恢复设立国际法本科专业；二是优化法治人才的培养方案；三是要强化涉外法律实践；四是要加强涉外法治工作队伍的在职培训；五是要加大对外法律培训的能力；六是建议各法学院校在涉外法律人才培养方面突出特色。

"粤港澳大湾区跨域法律人才培养"圆桌座谈环节由澳门城市大学协理副校长叶桂平教授主持。中山大学法学院院长助理陈惠珍,华南理工大学法学院讲师朱姗姗,暨南大学法学院、知识产权学院院长助理、知识产权系系主任陈贤凯副教授,华南师范大学法学院院长张永忠教授,广东外语外贸大学法学院副院长韩永红教授,广东财经大学法学院副院长谢伟教授,广州大学法学院副院长周少华教授,深圳大学法学院副院长叶海波教授8位发言人就粤港澳大湾区跨域法律人才培养进行了深度对话。

2021年11月29日上午,会议代表首先审读了广东省港澳台侨学生特色课堂视频——《国安家好,港区国安法护航东方之珠》,该特色课堂由暨南大学发起成立的广东省高校港澳台侨学生管理研究联盟精心打造,主要面向广东省高校的我国港澳台地区学生和华侨学生,对他们进行国情教育。审读环节由华南师范大学法学院院长张永忠教授主持,观看完课堂视频片花后,现场各位专家学者纷纷建言献策,提出了许多具有建设性的修改完善意见。

联盟各成员单位2021年工作总结发言环节,由中山大学港澳台事务办公室副主任古文力主持。香港大学法律学院赵云教授,香港中文大学法学院副院长习超教授,澳门大学法学院全球法律部高级导师李可,澳门科技大学法学院助理教授肖慧娜,华南理工大学法学院讲师朱珊珊,暨南大学法学院、知识产权学院院长助理、知识产权系系主任陈贤凯副教授,华南师范大学沈虹副教授,广东外语外贸大学港澳台办副主任周鹏,广东财经大学法学院副院长谢伟教授,广州大学法学院副院长周少华教授10位发言人分别分享了2021年本单位在法学教育及人才培养方面的工作成果和经验总结。

商议联盟2022年工作计划环节,由暨南大学法学院、知识产权学院院长朱义坤教授主持。香港大学法律学院赵云教授、香港中文大学法学院副院长习超教授、澳门大学法学院全球法律部高级导师李可、澳门科技大学法学院助理教授肖慧娜、中山大学港澳台事务办公室副主任古文力、华南理工大学法学院讲师朱珊珊、华南师范大学沈虹副教授、广东外语外贸大学港澳台办副主任周鹏、广东财经大学法学院副院长谢伟教授、广州大学法学院副院长周少华教授10位发言人分别发言,畅谈对联盟2022年工作的建议和设想。会议最后由深圳大学港澳基本法研究中心主任邹平学教授进行总结。

2021年11月29日下午,交流团先后前往深圳国际仲裁院、深圳前海合作区人民法院进行参观座谈。参观过程中,交流团深入了解了深圳国际仲裁院和深圳前海合作区人民法院的历史沿革和发展情况,对涉外法治和跨区域法治人才的需求,并与现场工作人员进行深入交流。

本次活动圆满结束。

# 研究资料

# 法学教育研究著作目录

1. 蒋志如:《法学本科教育研究:主要基于教师教材的考察》,社会科学文献出版社2021年版。

2. 劳凯声、余雅风、陈鹏编:《中国教育法制评论》(第19辑),教育科学出版社2021年版。

3. 李占荣主编:《浙江财经大学法学教育评论》(第2辑),浙江工商大学出版社2021年版。

4. 刘定华、段启俊编:《法学教育研究》(第6辑),学苑出版社2021年版。

5. 刘旺洪:《法学专业思政教育改革探索》,南京大学出版社2021年版。

6. 秦惠民编,王定华、杨丹总主编:《教育法治与大学治理(新时代北外文库)》,人民出版社2021年版。

7. 任海涛、张惠虹主编:《法学学科课程思政教学范例》,华东师范大学出版社2021年版。

8. 田士永主编,王超奕执行主编:《中国法学教育研究》(2020年第4辑),中国政法大学出版社2021年版。

9. 田士永主编:《中国法学教育研究》(2020年第2辑),中国政法大学出版社2021年版。

10. 田士永主编:《中国法学教育研究》(2020年第3辑),中国政法大学出版社2021年版。

11. 杨宗科主编:《法学教育研究》(第34卷),法律出版社2021年版。

12. 张文显编:《中国法学教育年刊》(2020年第8卷),法律出版社2021年版。

13. 中国法学会法学教育研究会、北京市曾宪义法学教育与法律文化基金会编:《曾宪义与中国法学教育》,中国人民大学出版社2021年版。

14. 中国政法大学法学教育研究与评估中心编:《中国法学专业评估报告2020》,中国政法大学出版社2021年版。

15. 中国人民大学律师学院编:《我与律师学院——中国人民大学律师学院十周年纪念文集》,中国法制出版社2021年版。

# 法学教育研究论文目录

1. 王琦、张晓凤:《习近平法治思想中的法学教育理论》,载《海南大学学报(人文社会科学版)》2021 年第 5 期。

2. 沈明敏:《法学教育为何应该重视人文科学?——从人文科学与法学教育的双重视角展开》,载《天府新论》2021 年第 6 期。

3. 常立飞:《法学教育与新工科人才培养相融合之路径探索》,载《当代法学》2021 年第 1 期。

4. 叶静宜:《探索法律实践教学的新路径——评〈法学教育研究〉》,载《教育发展研究》2021 年第 17 期。

5. 黄瑶:《新冠肺炎疫情对法学教育的挑战与应对——以实证调研为基础的分析》,载《中国大学教学》2021 年第 4 期。

6. 雷俊生:《复合型人才培养视角下的财经院校法学教育改革》,载《黑龙江高教研究》2021 年第 8 期。

7. 刘勇:《法律援助与法学教育的互动模式及其本土化路径——评〈大学生法律援助立德树人培养机制研究〉》,载《中国教育学刊》2021 年第 9 期。

8. 刘杰:《"博洛尼亚进程"下的德国法学教育》,载《中国高等教育》2021 年第 5 期。

9. 杜学亮:《我国法学优秀成果的分布规律及对法学研究的影响——以教育部高等学校科学研究优秀成果奖(法学)获奖数据为对象》,载《中国政法大学学报》2021 年第 4 期。

10. 周乾:《重视人文精神　培养新时代法治人才——评〈法学教育的人文精神〉》,载《中国教育学刊》2021 年第 12 期。

11. 宋鋆:《我国高校法学教育地方特色的彰显——评〈陕甘宁边区法制史概论〉》,载《中国教育学刊》2021 年第 10 期。

12. 龚家慧:《基于创新发展需求的法律教育研究——评〈法律教育学的新发展〉》,载《教育发展研究》2021 年第 4 期。

13. 黄维:《法学专业实验教学信息化平台建设与应用》,载《中国电化教育》2021 年第 8 期。

14. 陈楚铟:《新时代法学专业课程思政育人研究》,载《学校党建与思想教育》2021 年第 18 期。

15. 孙长永、闫召华:《法学专业线上一流课程的实践探索与思考——以西南政法大学“刑事诉讼法学”MOOC为例》,载《中国大学教学》2021年第4期。

16. 吴育生、郑玉芝、方堃:《新文科背景下法学实验教学云平台建设》,载《实验技术与管理》2021年第12期。

17. 苏宇:《“信息技术+法学”的教学、研究与平台建设:一个整体性的观察与反思》,载《中国法律评论》2021年第6期。

18. 王丹屏:《高校民族法案例教学现状与改进路径——评〈民族法学理论与热点问题研究〉》,载《中国教育学刊》2021年第9期。

19. 郭斯伦、马韶青、冉晔:《卫生法学专业法律诊所教学体系的构建》,载《中华医学教育探索杂志》2021年第1期。

20. 高建东:《从分离到融合:终身教育理念下的教学反思——以劳动法教学为例》,载《中国职业技术教育》2021年第27期。

21. 杜梓潇:《把立德树人融入法学实践教学的思考》,载《中国高等教育》2021年第9期。

22. 雷磊:《当代中国法学学科评价机制的问题与重建——以德国法学学科评价机制为参照系》,载《国家教育行政学院学报》2021年第12期。

23. 王运召:《扩展现实(XR)技术在法学教学中的价值与应用》,载《教育理论与实践》2021年第30期。

24. 武建鑫、罗云:《哲学社会科学领域中国特色一流学科的发展逻辑——以中国人民大学法学学科为例》,载《湖北社会科学》2021年第4期。

25. 杨信:《法律职业教育的技术主义倾向及其克服》,载《黑龙江高教研究》2021年第8期。

26. 韩大元:《本期聚焦:中国宪法教育的起源及其演变》,载《苏州大学学报(法学版)》2021年第3期。

27. 姚建龙、朱奕颖:《大学生法治教育的特殊性:理念、内容与方法》,载《教育发展研究》2021年第6期。

28. 林露峰、杨丽泰:《民族法学在和谐社会与法治建设中的重要性探析——评〈民族法学理论与热点问题研究〉》,载《中国教育学刊》2021年第7期。

29. 张云涛、陈晨:《后疫情时代大学生就业挑战与应对之策——以法学专业为例》,载《教育与职业》2021年第16期。

30. 王志永:《教育评价改革背景下学科评估的法律规制》,载《行政法学研究》2021年第3期。

31. 焦洪昌:《树立和维护宪法权威:新时代宪法宣传教育的关键》,载《法学评论》2021年第3期。

32. 徐显明:《新文科建设与卓越法治人才培养》,载《中国高等教育》2021年第1期。

33. 徐祥民、王斐:《习近平“目标法治论”中的法治人才培养理论研究》,载《河南财经政法大学学报》2021 年第 6 期。

34. 梁平:《德法兼修:新时代卓越法治人才培养的实践进路探索》,载《河北法学》2021 年第 3 期。

35. 孟庆瑜、李汶卓:《地方高校涉外法治人才培养的目标定位与实现机制——基于我国自贸试验区建设的人才需求分析》,载《河北法学》2021 年第 8 期。

36. 朱明哲:《西法东渐中的知识自主:以里昂中法大学法学博士培养为例》,载《上海交通大学学报(哲学社会科学版)》2021 年第 5 期。

37. 付子堂、郭小东:《中国法理学教材改革新论——以新中国法理学教材 70 年为研究对象》,载《河南财经政法大学学报》2021 年第 3 期。

38. 王威:《运用多元化教学方法,培养应用型法律人才——评〈行政法律实务实训教程〉》,载《山西财经大学学报》2021 年第 6 期。

39. 吴岩:《培养卓越法治师资 推进习近平法治思想纳入高校法治理论教学体系》,载《中国大学教学》2021 年第 6 期。

40. 刘伟琦:《法学课程思政教学改革的新理路:法治中国情怀培育》,载《黑龙江高教研究》2021 年第 10 期。

41. 袁钢、何欣、万青:《我国法律博士专业学位研究生培养模式的探索》,载《学位与研究生教育》2021 年第 6 期。

42. 刘坤轮:《四个大学排行榜评价指标体系刍议》,载《高教发展与评估》2021 年第 5 期。

43. 韩大元:《中国近代以来宪法课程体系的演变》,载《苏州大学学报(法学版)》2021 年第 3 期。

44. 杨宗科:《习近平德法兼修高素质法治人才培养思想的科学内涵》,载《法学》2021 年第 1 期。

45. 梁平:《新时代“德法兼修”法治人才培养——基于习近平法治思想的时代意蕴》,载《湖北社会科学》2021 年第 2 期。

46. 孟磊:《我国复合型卓越法治人才培养探究》,载《中国高教研究》2021 年第 11 期。

47. 朱柏铭:《提升税务硕士专业学位研究生的法律素养》,载《研究生教育研究》2021 年第 5 期。

48. 刘星显:《当法律遇见艺术——法律与艺术跨学科研究的形成及发展趋向》,载《江西社会科学》2021 年第 1 期。

49. 陈新宇:《事不过三——清华法律学系的三次筹建始末》,载《清华法学》2021 年第 2 期。

50. 汪华、孙霄兵:《中国高等教育法律体系的逻辑结构与立法完善》,载《华东师范大学学报(教育科学版)》2021 年第 6 期。

51. 李章仙:《德国教育体系中私立学校法律地位研究》,载《比较教育研究》2021 年第 5 期。

52. 沈晓敏:《立足法治思维的日本法教育——在解决冲突中体悟规则(法律)的意义与作用》,载《教育发展研究》2021 年第 6 期。

53. 赵丹龄、徐启飞、寇光涛:《培养新时代堪担大任的优秀法律人才——北京大学法学院优秀教学与科研团队访谈报告》,载《中国高等教育》2021 年第 22 期。

54. 程金华:《法律人才与中国“新文治”》,载《中国法律评论》2021 年第 1 期。

55. 赵琳:《信息技术下法律课程教学探究——评〈信息技术在学科教学中的应用〉》,载《中国科技论文》2021 年第 10 期。

56. 耿柏洋:《信息化时代国际法学相关理论、实务与案例分析研究》,载《中国电化教育》2021 年第 12 期。

57. 李秀清:《中国私立法政学校之嚆矢——浙江私立法政学校创建考论》,载《法商研究》2021 年第 1 期。

58. 冯丹红:《青年德育与法育有效协同的实施路径》,载《人民论坛》2021 年第 36 期。

59. 黎理:《现代化背景下民商法教育理念的转变与发展——评〈民商法转型与再现代化〉》,载《中国教育学刊》2021 年第 9 期。

60. 李清瑜:《现代化转型背景下民商法教育理念转变与发展——评〈民商法转型与再现代化〉》,载《中国教育学刊》2021 年第 1 期。

61. 闻凌晨、孙康:《法治课程与理性培育》,载《教育发展研究》2021 年第 6 期。

62. 柴荣:《高素质政法队伍的职业伦理培育探析——以传统法文化为视角》,载《人民论坛》2021 年第 22 期。

63. 王健:《河北法科百年发展》,载《中国法律评论》2021 年第 5 期。

64. 苏新建:《法律职业伦理:历史、价值与挑战》,载《河南财经政法大学学报》2021 年第 6 期。

65. 石中英、张羽:《综合性大学教育学院非教育学背景研究生的培养问题》,载《教育发展研究》2021 年第 19 期。

66. 张怀印:《复合型知识产权人才培养与知识产权交叉学科设置研究》,载《法学教育研究》2021 年第 3 期。

67. 吴欢,常畅:《学历认否、学制改革与民初教育行政诉讼——1916 年杨成源等诉北洋政府教育部案评析》,载《法学教育研究》2021 年第 3 期。

68. 李威:《中外合作办学机构的办学自主权及其法律规制》,载《法学教育研究》2021 年第 3 期。

69. 陈玺、范强:《高山仰止:杨永华教授学术人生追思录》,载《法学教育研究》2021

年第3期。

70. 刘诚:《面向“制度上游”的法学教育》,载《法学教育研究》2021年第3期。

71. 王祥修、赵永鹏:《“一带一路”倡议下中国涉外法治人才培养目标及方案》,载《法学教育研究》2021年第3期。

72. 刘坤轮:《〈法学国标〉与涉外法治人才培养关系辨析》,载《法学教育研究》2021年第3期。

73. 薛前强:《女性主义公司法的底生性缔造:研究与教学的视角》,载《法学教育研究》2021年第3期。

74. 罗东:《西藏高校法学教育三十年:现状、成就与未来》,载《法学教育研究》2021年第3期。

75. 冀洋、刘艳红:《全面推进“课程思政”时代刑法学的教学逻辑》,载《法学教育研究》2021年第3期。

76. 李军:《构建法学课程思政教学路径》,载《法学教育研究》2021年第3期。

77. 黎沛文、何建宗、杨梓哲:《我国高校本科生“港澳基本法”教学探究——以深圳大学、暨南大学及中国政法大学三校为分析样本》,载《法学教育研究》2021年第3期。

78. 席晓娟:《领域法学视域下“财税法学”“金课”建设探究》,载《法学教育研究》2021年第3期。

79. 王起超:《我国立法学课程的教学困境、成因与缓解——以立法学研究方法为视域》,载《法学教育研究》2021年第3期。

80. 杨帆:《法科学生从事实证研究应该注意的几个问题》,载《法学教育研究》2021年第3期。

81. 谢行焱:《一部生动的法科留学教育史——评王伟〈中国近代留洋法学博士考〉》,载《法学教育研究》2021年第3期。

82. 蔡艺生、唐云阳:《中国高校线上教学的实证调查与未来发展》,载《法学教育研究》2021年第2期。

83. 陈虹睿:《练习型法律翻转课堂教学改革初探——以提高法科学生实践能力为目标》,载《法学教育研究》2021年第2期。

84. 李博:《新时代我国法学教育展望——基于法律职业伦理与规范的分析》,载《法学教育研究》2021年第2期。

85. 刘征峰、吴少璐:《中国法英文硕士培养机制的目标背离及其改进》,载《法学教育研究》2021年第2期。

86. 刘久:《法学学科视角下核法律方向的构建研究》,载《法学教育研究》2021年第2期。

87. 宋菲:《新法学建设背景下的法律逻辑教学改革》,载《法学教育研究》2021年第2期。

88. 岳彩申、章晓明:《着力三个“深度融合”培养新时代社会主义卓越法治人才》,载《法学教育研究》2021 年第 2 期。

89. 孙昊亮:《习近平法治思想为指导,培养高素质研究生法治人才》,载《法学教育研究》2021 年第 2 期。

90. 彭中礼、王亮:《新文科时代法学教育的使命与坚守》,载《法学教育研究》2021 年第 2 期。

91. 杨学科:《数字时代的“新法学”建设研究》,载《法学教育研究》2021 年第 2 期。

92. 王禄生、王爽:《大数据与人工智能法学方向研究生人才培养模式探索——基于东南大学的“三元融合”教育实践》,载《法学教育研究》2021 年第 2 期。

93. 华立成:《在法律人工智能时代,法学院本科生需要怎样的教育——宏观框架与微观方案》,载《法学教育研究》2021 年第 2 期。

94. 马岭:《讨论式教学的意义及其方法》,载《法学教育研究》2021 年第 2 期。

95. 王鹏飞:《刑事一体化视野下高校刑法学研究生课程的体系构建——基于五所政法院校的实证考察》,载《法学教育研究》2021 年第 2 期。

96. 王浩、曾子为、杨智:《论卓越能源法治人才精准培养的路径选择》,载《法学教育研究》2021 年第 2 期。

97. 陆根书、宋亚萍、李珍艳:《高校一流本科教育建设方案的特征、存在的问题与优化策略探析——基于 15 所高校方案的文本分析》,载《法学教育研究》2021 年第 2 期。

98. 郜岭、王钰烨:《专业学位研究生教育与职业资格证书制度衔接与协同发展的可行性分析——基于 PEST 模型》,载《法学教育研究》2021 年第 2 期。

99. 戴妍、陈佳薇:《我国高等教育立法的历史审思与未来路向》,载《法学教育研究》2021 年第 2 期。

100. 陈怡玮:《令和元年(2019 年)第 44 号法律评述——日本司法考试与法科大学院的最新改革》,载《法学教育研究》2021 年第 2 期。

101. 张建文、潘林青:《人工智能时代法律人才培养的新起点、新理念与新方案》,载《法学教育研究》2021 年第 1 期。

102. 潘俊武、南铁颖:《法学线上教学之域外考察及其启示》,载《法学教育研究》2021 年第 1 期。

103. 李婧嵘:《互联网时代法学混合式教学的需求、挑战与应对》,载《法学教育研究》2021 年第 1 期。

104. 杨宗科:《新时代法学教育新理念新思想新战略》,载《法学教育研究》2021 年第 1 期。

105. 张师伟:《习近平法治思想在中国特色社会主义法治人才培养中的定向与铸魂作用》,载《法学教育研究》2021 年第 1 期。

106. 舒瑶芝、董储超:《疫情背景下法学教育的新常态——基于线上线下混合教学模式的兴起》,载《法学教育研究》2021 年第 1 期。

107. 赵琪:《作为国际关系语言的国际法在教学认知与实施中的逻辑》,载《法学教育研究》2021 年第 1 期。

108. 王志勇:《法学教育的目标究竟是什么?——对富勒法学教育观的审视与反思》,载《法学教育研究》2021 年第 1 期。

109. 张阳、尚彩云:《澳大利亚的法学教育改革:经验、彷徨与启示》,载《法学教育研究》2021 年第 1 期。

110. 夏雪:《回归与救赎:教育惩戒权的价值重塑和规范建构》,载《法学教育研究》2021 年第 1 期。

111. 刘冰珂:《新法学建设的理论研究与实践探索——〈法学教育研究〉第四届专题研讨会综述》,载《法学教育研究》2021 年第 1 期。

112. 王坤:《司法改革语境下卓越法律人才培养路径新探——以实习法官助理的培养为视角》,载《法学教育研究》2021 年第 1 期。

113. 袁钢、何欣、万青:《我国法律博士专业学位的探索与实践——以中国政法大学改革试点工作为例》,载《法学教育研究》2021 年第 1 期。

114. 付玉明、焦建峰:《法科研究生人才培养模式的类型建构——以"五院四系"为样本的分析》,载《法学教育研究》2021 年第 1 期。

115. 琚明亮:《法学博士"申请—考核制"招生模式的省思与重塑》,载《法学教育研究》2021 年第 1 期。

116. 杨攀、杜志红:《后疫情期"慕课 + "法学本科教学模式研究》,载《法学教育研究》2021 年第 1 期。

117. 王葆莳、柏雪:《建立紧密型双师合作模式培养法律应用能力——以湖南师范大学的实践教学改革为切入点》,载《法学教育研究》2021 年第 1 期。

118. 王瀚:《涉外法治人才培养和涉外法治建设》,载《法学教育研究》2021 年第 1 期。